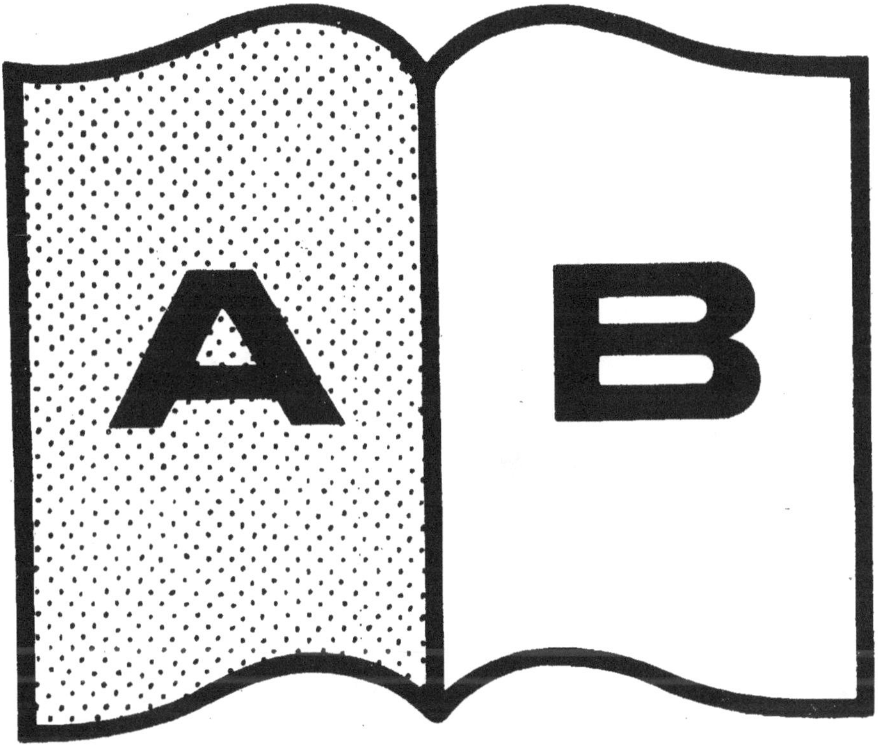

Contraste insuffisant

DES ARTS GRAPHIQUES

DESTINÉS

A MULTIPLIER PAR L'IMPRESSION

CONSIDÉRÉS SOUS LE DOUBLE POINT DE VUE

HISTORIQUE ET PRATIQUE

PAR

J.-M.-Herman HAMMANN

Membre de la Classe des Beaux-Arts et de la Classe d'Industrie et de Commerce de la Société des Arts.

> Comment l'homme a-t-il fait pour fixer sa pensée? Quels moyens a-t-il employés pour multiplier cette pensée une fois fixée et la propager?
>
> La première de ces questions n'étant pas du ressort de l'auteur, il n'a fait que l'indiquer; mais il a cherché à résoudre la seconde.

GENÈVE

JOËL CHERBULIEZ, LIBRAIRE-ÉDITEUR

PARIS

MÊME MAISON, RUE DE LA MONNAIE, 10

1857

DES

ARTS GRAPHIQUES

DES
ARTS GRAPHIQUES

GENÈVE. — IMPRIMERIE RAMBOZ ET SCHUCHARDT

DES

ARTS GRAPHIQUES

DESTINÉS

A MULTIPLIER PAR L'IMPRESSION

CONSIDÉRÉS SOUS LE DOUBLE POINT DE VUE

HISTORIQUE ET PRATIQUE

PAR

J.-M.-Herman HAMMANN

Membre de la Classe des Beaux-Arts et de la Classe d'Industrie et de Commerce
de la Société des Arts.

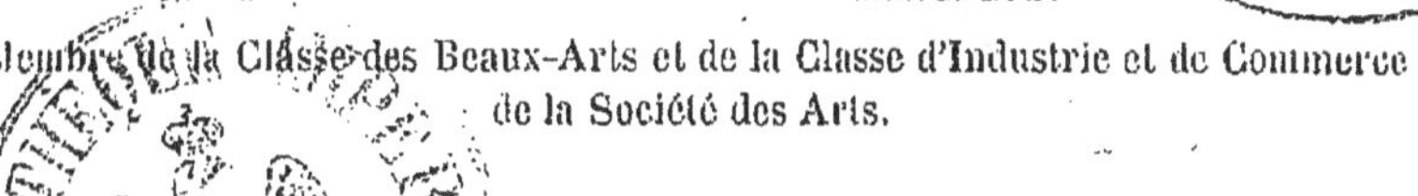

> Comment l'homme a-t-il fait pour fixer sa pensée? Quels moyens a-t-il employés pour multiplier cette pensée une fois fixée et la propager?
>
> La première de ces questions n'étant pas du ressort de l'auteur, il n'a fait que l'indiquer; mais il a cherché à résoudre la seconde.

GENÈVE

JOËL CHERBULIEZ, LIBRAIRE-ÉDITEUR

PARIS

MÊME MAISON, RUE DE LA MONNAIE, 10

1857

DÉDIÉ

AUX ARTISTES ET INDUSTRIELS

DE GENÈVE

MESSIEURS ET CHERS COLLÈGUES,

Les arts graphiques, par leur nature particulière, qui les rend propres à la décoration et à la multiplication, sont en rapport direct ou indirect avec toutes les industries et tous les arts. Aussi Genève les a-t-elle vus de tout temps fleurir dans ses murs.

Très-anciennement nous y voyons établies des fabriques d'armes ornées de gravures. Plus tard, aux dix-huitième siècle, la fabrication des montres occupe un grand nombre de graveurs décorateurs, et, comme chacun le sait, Rousseau fut graveur avant d'être philosophe.

La plupart de nos artistes distingués exercèrent cet art au début de leur carrière, et il nous suffira de citer Töpffer père, Pradier, Chaponnière, MM. Hornung, Dorcière, Deville, etc.

La gravure des médailles faisant partie des arts plastiques ne nous occupera pas, non plus que les médailleurs célèbres, tels que les Thiébaut, les Dassier et les Bovy; mais nous parlerons particulièrement de la gravure considérée comme moyen de multiplication.

Dans la première époque de la typographie genevoise il y avait des graveurs sur bois : c'était ordinairement les imprimeurs eux-mêmes qui embellissaient leurs livres d'initiales, de vignettes et de sujets. Bernard Salomon, entre autres, qui vivait vers 1550, tantôt à Genève, tantôt à Lyon, fut l'un des plus habiles. On le nommait le petit Bernard, à cause du petit format de ses planches.

Le dix-septième et le dix-huitième siècle ont été riches en graveurs genevois. Les portefeuilles des amateurs renferment un grand nombre de leurs estampes. On y remarque les gravures en taille-douce de Jean Simonin (1633) [1] ; les vues de Chouet (1656), de Daudet (1669), de Jean Lacroix, de François Ferrière ; les vues et les portraits de François Diodati (né en 1647), de Robert Gardelle (né en 1682) ; les ornements de Jean-Louis Durand (1673), et du serrurier Pierre Gignoux (né en 1678) ; les cartes géographiques et les vignettes sur bois d'Antoine Chopy (1750) ; les eaux-fortes de C. Steiner (1775) ; les reproductions des grands maîtres, par Michel Liotard (né en 1702, mort en 1796), frère du célèbre peintre au pastel ; les estampes de Pierre Soubeyran (né en 1709) et de l'architecte Bovey ; les gravures d'après Wilter de Thomas Seguin ; le livre intitulé : *Explication des médailles*, par Jean Dassier (né en 1676, mort en 1763) et par son fils Jacob-Antoine (né en 1715, mort en 1759) représentant une suite de sujets tirés de l'histoire romaine, gravés par eux-mêmes et imprimés à Paris ; les Plaisirs anglais, par T.-C. Portier (1787) ; et les vues de Genève, par C.-G. Geissler (1777).

Beaucoup de peintres genevois de cette époque manièrent, à côté du pinceau, la pointe et le burin. Les eaux-fortes de Jean Huber (né en 1721), homme d'esprit autant que peintre ingénieux, et celles du paysagiste distingué, Pierre-Louis de la Rive (né en 1753), jouissent d'une réputation méritée.

Saint-Ours, le peintre d'histoire ; Adam Töpffer, dont

(1) Voyez sur ces artistes l'excellent ouvrage de M. J.-J. Rigaud, ancien syndic : Les Beaux-Arts à Genève, 1849.

le pinceau est l'interprète spirituel et original des scènes et des sites champêtres ; Jacques Agasse, qui peint si bien les animaux ; Ami Arlaud, célèbre par ses gracieux portraits du beau sexe de Londres ; Louis Bouvier, auteur d'un traité de peinture et du portrait de Mme de Staël, qu'il peignit et grava lui-même ; Henri l'Evêque, peintre sur émail ; Antoine Linck, célèbre peintre à la gouache, se sont tous également essayés à la gravure.

De nos jours, l'on préfère à la gravure sur cuivre la lithographie, cet autre art graphique qui offre tant de facilités et de ressources, et chacun connaît ces autographies spirituelles et pleines d'humour de Rodolphe Töpffer qui jouissent d'une réputation européenne, et que l'on a souvent essayé d'imiter sans jamais atteindre à l'originalité et à la fraîcheur de l'auteur original.

L'Album de la Suisse romane, les Esquisses d'atelier, publiées par une réunion d'artistes, et un grand nombre d'autres publications, soit en feuilles, soit en recueils, contiennent de nombreuses planches dessinées sur pierre dans des manières et des genres différents, par presque tous les peintres genevois : MM. J. Coindet, Alméras, Guigon, Muntzberger, Mme Goy, H. Mottu, Charles DuBois, H.-P. George, G. Castan, Fontanesie, S. Delapeine, L. Mennet, Humbert, Lugardon fils, traitent le paysage et les animaux ; MM. Hornung, d'Albert-Durade, Deville, E. Frégevise, Grosclaude, Langlois, Hébert, Elie Bovet, Abraham Bouvier, Gandon, font la figure ; et MM. Dériaz, Aymonier, Blavignac traitent l'architecture et l'ornement.

M. Hornung a remarquablement imité en lithographie la vigueur des eaux-fortes ; MM. Diday, Calame et Guigon ont les premiers produit des dessins de paysage au lavis lithographique ; M. Burdallet a excellé dans le dessin à la plume sur pierre, et M. Calame, sans se tenir aux genres ordinaires de la lithographie, les a heureusement mélangés pour en obtenir des effets nouveaux et plus beaux. C'est ainsi qu'il a traité avec succès le genre du lavis, la lithographie au pinceau et la manière noire au grattoir, et que ses eaux-fortes sur cuivre sont ce qu'il y a de plus remarquable en fait de gravure de paysages. M. Diday a également exécuté de belles eaux-fortes. Il vient de faire paraître deux magnifiques feuilles : l'Aar à la Handeck et le Temps orageux, autographiées dans le genre des eaux-fortes, habilement transportées sur pierre lithographique et imprimées avec une teinte par MM. Pilet et Cougnard, lithographes de notre ville.

Les chalcographes de profession n'ont pas manqué à Genève, et il y en a eu de fort distingués. Remarquons entre autres Jacob Wielandy (dans la première moitié du dix-huitième siècle); Alexandre Chaponnier (né en 1753); F.-D. Soiron; Grand, peintre hollandais établi à Genève; Joseph Collart (né en 1754, mort en 1830); Charles-Simon Pradier (né en 1782, mort en 1847), frère du célèbre sculpteur ; mais surtout Nicolas Schenker, élève du graveur parisien Macret. Schenker (né en 1760, mort en 1848), habile à la taille et au pointillé, fut nommé directeur d'une école de gravure en taille-douce projetée en 1790 et fondée en 1817 par la Société des Arts de Genève, et qui a formé plusieurs bons élèves, tels que MM. Anspach, Deville, Verre, Millenet, Elie Bovet, Bouvier. M. Abraham Bouvier, le seul qui ait continué la gravure sur cuivre et sur acier, a produit des planches remarquables dans divers genres de gravure, surtout dans la gravure au burin et dans la manière noire. Dans la première exposition des produits de l'industrie genevoise, ouverte par la Classe d'industrie de la Société des arts en 1828[1] on re-

[1] La première expositon publique de peinture eut lieu en 1789; mais jusqu'en 1828 on n'y voit point figurer de gravures.

marquait entre plusieurs produits des arts graphiques: le portrait de Michel Cervantes, gravé par Bouvier; un portrait par Elie Bovet; des planches de poissons, par Escuyer, et de plantes par Anspach, Millenet, Heyland et Bouvier. La Société des Amis des Arts, instituée en 1822, a puissamment contribué à l'avancement de la gravure en taille-douce, en faisant graver de temps en temps, pour son compte, des portraits et des sujets. N'oublions pas enfin les cartes géographiques de l'Atlas de la Suisse, exécutées sous la direction du général Dufour, dans le bureau topographique établi à Genève. Ces cartes, autant par la précision et la beauté du dessin, que par l'excellence de la gravure, peuvent être regardées comme un des chefs-d'œuvre dans ce genre.

Le nombre des graveurs qui s'occupent aujourd'hui principalement de la gravure des objets de luxe et de fantaisie relatifs aux fabriques d'horlogerie, de bijouterie et d'orfévrerie est si grand, que nous ne croyons pas exagérer en les estimant à plus de trois cents, parmi lesquels il y a de véritables artistes (en 1788, il y avait à Genève 204 graveurs). Ne pouvant les nommer tous, nous rappellerons seulement les noms de ceux qui ne sont plus et qui jouissaient d'une certaine réputation: Jean-Nicolas Châlon (né en 1742, mort en 1812), Joseph Collart (né en 1754, mort en 1830), D. Detella (né en 1762, mort en 1836), Rambaud, Pierre Gervais, Kiesling, Tournier, Lamy, Romilly père, Frédéric Bury (mort à Hanau), Bachten, etc., et parmi les vivants nous ne citerons que ceux qui pratiquent un genre particulier, tels que MM. Subit et Pelaz, qui depuis 1830 ont exécuté des gravures niellées au moyen d'un vernis-émail de leur invention; M. Maeule, émailleur, qui a fait de véritables nielles dans toute leur perfection; MM. Reymond et Martin et M. Mestral, guillocheurs, qui emploient avec habileté le procédé Collas, à la décoration des montres.

Pour exciter à la recherche du nouveau et du mieux, et pour contribuer au perfectionnement de la gravure, la Classe des Beaux-Arts de la Société des Arts, sur la proposition de M. Dorcière, avait en 1845 essayé d'instituer un concours de gravure et de ciselure, et destiné la somme de 300 francs à des prix. Ce concours n'a eu lieu qu'une fois, vu le petit nombre de graveurs qui y ont pris part. M. Benoît-Muzy obtint le prix de gravure, et M. Gœllner celui de la ciselure.

Quant aux imprimeurs de Genève en typographie, en lithographie et en taille-douce, ils ont aussi contribué pour leur part aux progrès des arts graphiques.

La typographie genevoise du XVe siècle, ainsi que celle du XVIe siècle, a produit de nombreuses et belles éditions. Elle a langui pendant le XVIIe et le XVIIIe siècle, et nous pouvons dire qu'elle ne s'est relevée que vers 1830 environ, par les efforts de M. Pelletier. Dès lors MM. Fick père et fils, Ramboz et Schuchardt, et Gruaz ont persévéré dans cette marche de progrès. Ils ont tout récemment introduit les premières machines à imprimer.

M. Fick a introduit, en 1840, la typographie polychrome et l'impression à la congrève et à embossage. Ses éditions imprimées dans le goût du XVIe siècle pour M. Gustave Revilliod, avec des vignettes et des initiales ornées, en partie tirées sur d'anciens types, et en partie dues au burin de M. Burillon, sont très-estimées. M. Ramboz est le premier à Genève qui a imprimé en or, et MM. Ramboz et Schuchardt ont exécuté avec distinction les *Etudes critiques sur le Traité du sublime* par M. Louis Vaucher, les *Mélanges d'histoire littéraire* par G. Favre, etc.

MM. Suardet et Tattegrain, imprimeurs en taille-douce, ont produit en 1828 des gravures représentant des plantes, et imprimées en couleur, d'après le procédé du célèbre peintre Redouté.

C'est vers l'année 1820 que la lithographie a été introduite à Genève par M. l'ancien Syndic Necker. Les premiers établissements lithographiques furent ceux de M. Gallot et de M. Charton. Mme Munier-Romilly, et MM. Deville et Auguste Bovet ont été les premiers artistes qui aient produit des dessins sur pierre. M. Gruaz, imprimeur, lithographe et éditeur, secondé par MM. Calame et Diday, et par M. Ledoux, lithographe, a introduit en 1841 divers genres lithographiques, et en dernier lieu la chromolithographie jointe à la xylographie. Les planches de ce genre qui ornent « *la Suisse historique et pittoresque* de MM. Gaullieur et Schaub, » sont d'une bonne réussite. M. Ledoux, lithographe, a exécuté pour les Mémoires de l'Institut Genevois des planches très-remarquables en chromolithographie. Dans le grand établissement graphique de M. Schmid, actuellement Pilet et Cougnard, outre les genres de gravure et de lithographie déjà nommés, on a introduit encore le procédé Collas sur métaux et sur pierre, exécuté avec une machine construite par M. Sechehaye, mécanicien de notre ville.

La daguerréotypie, la photographie et la galvanoplastie sont pratiquées avec succès, mais on ne s'en sert que fort peu pour reproduire des planches propres à être imprimées. M. Bonijol a profité des procédés électrotypiques pour reproduire des plaques daguerriennes, et M. Goll, du bureau topographique, a fait plusieurs essais fort bien réussis de reproduction électrotypique de planches gravées en taille-douce. Et puisque nous parlons de procédés chimiques, mentionnons encore, qu'en 1835 environ, un nommé Meyer fit, à Genève, pendant quelques temps des contrefaçons de grands journaux français, au moyen d'une impression anastatique, ou d'un report chimique sur pierre, procédé qui lui permettait d'obtenir des reproductions identiques. N'oublions pas non plus de remarquer le procédé ingénieux et utile qu'emploie M. Dietz, pour blanchir ou pour détacher des estampes et des imprimés typographiques vieux ou salis par le temps, ou tachés de graisse et d'encre. Cette méthode, par laquelle M. Dietz rend au papier sa netteté primitive, a cela de particulier et d'avantageux, qu'elle ne nuit en aucune manière ni à sa force, ni à sa souplesse, malgré les opérations successives qu'il doit subir pour redevenir blanc. M. Dietz peut également lui donner toutes les teintes désirables sans compromettre l'impression, chose précieuse pour les imprimeurs, qui sont parfois obligés de se servir de papier de différentes nuances pour la même édition, lorsqu'ils ne se sont pas munis à temps de la quantité nécessaire.

Il existait autrefois, à Genève, de grandes fabriques d'indiennes dirigées par MM. Fazy, Petit, Labarthe, etc., qui occupaient beaucoup de graveurs et de dessinateurs. Aujourd'hui celles de papier gaufré de MM. Meylan, de faïence de M. Beylon, de papier-tenture de M. P. Arnaud (1), et de cartes à jouer de M. Gassmann, se servent toutes de planches gravées en creux et de gravures sur bois pour leurs transports, pour le gaufrage et pour l'impression en couleur.

Nous clorons ici nos investigations domestiques, et nous croyons que cette revue sommaire, tout imparfaite qu'elle est sans doute, montre cependant combien il y a eu, et combien il y a encore d'activité dans les arts graphiques à Genève ; et justifie la dédicace de notre livre.

H. HAMMANN.

(1) M. P. Arnaud a lu l'hiver dernier, à l'Institut genevois, un mémoire fort intéressant sur la fabrication du papier-tenture.

INTRODUCTION

S'il est intéressant et utile de suivre le développement de la civilisation de l'homme dans ses différentes phases, de sonder le secret des rouages sans nombre de la politique, des actions de la vie civile ou des événements qui se succèdent rapidement dans la société humaine de tous les temps; il ne paraît pas moins attrayant ni moins instructif et profitable de pénétrer dans le cabinet du savant, dans l'atelier de l'artiste, dans le laboratoire de l'industriel, pour y surprendre leurs travaux, pour y constater les progrès qu'ont faits de nos jours les arts et les métiers, secondés par cette triple alliance de la science, des arts et de l'industrie, pour comparer enfin les progrès, en les confrontant avec les essais primitifs, les premiers tâtonnements, et de poursuivre ainsi la marche successive et ascendante des diverses inventions et des perfectionnements qu'elles ont subis.

Un tel travail est au-dessus des forces d'un seul homme; il convient donc de le diviser. Pour notre compte nous nous som-

1

mes limité à un seul art parmi un si grand nombre, et nous avons choisi l'*Art graphique*, art dans lequel la science, l'art proprement dit et l'industrie ont également leur part; art qui, autant par l'antiquité de son origine que par la perfection remarquable qu'il a atteinte; autant par l'influence qu'il a exercée sur le goût et la civilisation, que par la grande variété de procédés et de genres concourant tous au même but; et par d'autres qualités encore, présente une image des plus vives et des plus attrayantes de l'activité et de l'esprit inventif des hommes.

Sous le nom d'arts graphiques on comprend une série d'arts qui ont pour but la reproduction soit par l'écriture, soit par le dessin, soit par la gravure. C'est de quelques-uns de ces arts seulement que nous nous proposons de faire un court exposé historique et pratique. Nous choisirons principalement ceux qui ont rendu le plus de service à l'homme, en lui procurant les moyens non-seulement de reproduire et de fixer ses pensées, mais aussi de les propager par l'impression.

Ici il y a encore des distinctions à faire; d'abord, les arts de reproduction sont nombreux et présentent en général deux grandes catégories très-distinctes : ceux qui reproduisent en relief, tels sont les arts plastiques, la sculpture sur pierre et sur bois, la gravure de médailles, la fonte, le moulage et la frappe; et ceux qui reproduisent sur une surface plane, comme le dessin, la gravure proprement dite, la lithographie et d'autres.

Nous ne nous occuperons que de cette dernière catégorie, c'est-à-dire *des arts qui ont pour but la reproduction d'un objet quelconque sur une surface plane, n'importe de quelle matière elle soit, en métal ou en pierre, en bois ou en verre, mais qui est destinée à multiplier l'original au moyen de l'impression en couleur* (1).

(1) L'impression en couleur est une impression au moyen de n'importe quelle cou-

Quelques-uns de ces arts procèdent tout à fait mécaniquement par le travail des mains; ce sont les plus anciens. Tels sont par exemple la gravure sur bois, la gravure au burin sur cuivre et sur acier. — D'autres ont recours à des instruments plus ou moins compliqués, comme dans le guilloché, la mezzotinte, l'impression à la congrève. — La chimie a été d'un puissant secours pour beaucoup d'entre eux; surtout pour la gravure à l'eau-forte, au lavis, pour la gravure sur verre et pour la lithographie. — Par l'électricité on a produit des choses remarquables en galvanographie, en électrotypie et en autographie galvanoplastique. — Enfin, de la lumière même on a fait un pinceau, et alors furent créées les merveilles de l'héliographie, traduites ensuite en lithophotographie et en gravure héliographique.

Tel est le champ vaste, immense que nous avons à parcourir; champ varié d'objets, brillant de résultats, plein d'instruction et d'attraits. Pour suivre avec précision et avec une certaine sûreté le développement successif et graduel de ces arts, nous procéderons chronologiquement. Cette tâche, nous ne l'entreprenons qu'avec timidité, mais sincèrement et en nous appuyant sur les meilleures autorités.

Divers fragments de ce Mémoire ont été lus le 17 et le 24 mars 1848, à la Société genevoise des Amis de l'instruction; le 2 janvier 1855, à la Société familière; le 12 janvier 1855 et le 7 mars 1856, à la Classe des Beaux-Arts; le 23 janvier, le 11 mars et le 2 avril 1855, et le 13 février 1856, à la Classe

leur, noire, brune, rouge, en opposition à une impression à sec. Ainsi l'empreinte laissée par le cachet sur le papier, ou sur le pain à cacheter d'une lettre est une impression à sec, tandis que le timbre apposé au moyen d'une encre ou couleur d'imprimeur, c'est ce que j'appelle une impression en couleur.

H. H.

d'Industrie et de Commerce de la Société des Arts de Genève; enfin, dans sept séances publiques pendant les mois de janvier et de février 1849, et dans huit séances aux mois de novembre et décembre 1855, faisant partie des cours spéciaux que la Classe d'Industrie fait donner annuellement depuis 1843.

DES
ARTS GRAPHIQUES
DESTINÉS
A MULTIPLIER PAR L'IMPRESSION
CONSIDÉRÉS SOUS LE DOUBLE POINT DE VUE
HISTORIQUE ET PRATIQUE

I

ÉTAT DE CES ARTS
CHEZ L'HOMME PRIMITIF

L'histoire nous apprend que l'instinct de l'imitation est inné dans l'homme. C'est à cet instinct, d'abord servile, devenu libre ensuite, que les arts doivent leur origine.

L'homme primitif imitait les animaux dans la construction de leurs demeures; de là est née l'architecture; il imitait les sons, de là le langage et la musique; il copiait les objets de la nature, de là les arts du dessin et l'écriture qui, primitivement, était figurative.

Lorsqu'il sut fixer sa pensée, ses impressions, le souvenir de ses exploits, au moyen de quelques signes figuratifs, l'homme désira les conserver, les communiquer à d'autres hommes et aux générations futures.

A cet effet, il les traçait sur les rochers, il les creusait sur des planches d'airain, afin que la postérité pût les lire, et admirer ces annales particulières de son histoire.

On voit que l'art de la gravure (1) a été connu et pratiqué dans les temps les plus reculés. Pour connaître l'inventeur de cet art, il faut remonter à l'homme primitif creusant sur le rocher ou sur des lames de métal, traçant sur des tablettes de bois ou de cire des figures grossières ou des signes de formes singulières.

Telles sont les représentations informes qu'on a découvertes sur les parois des cavernes de l'Australie (2), faites par le peuple le plus inculte du genre humain; les figures moins mal faites des rochers de l'Afrique australe, tracées par les Boschjesmans (3), qui vivent encore dans les huttes de branches d'arbres; cette immense quantité de rochers sculptés qui s'étendent sur quelques milliers de lieues dans ces pays, peuplés autrefois, déserts aujourd'hui, de l'Amérique méridionale (4), entre les rivières de l'Essequibo et de l'Orénoque; ces rochers couverts de figures sculptées près du lac Erie (5), dans les vallées du Mississipi et de l'Ohio, de l'Amérique du Nord.

C'est là, dans ces signes primitifs, qu'il faut chercher la double invention de l'écriture ou du dessin, et de la gravure.

Le sauvage de la nouvelle Galle ne se figurait certainement pas quel rôle jouerait, à quelle perfection arriverait un jour cet art, qu'il exerçait sans s'en rendre compte.

Les femmes des îles Taïti ou de la Société, de la mer du Sud, pra-

(1) Le mot *graver* vient du grec *graphein*, écrire, dessiner, comme faisaient les anciens, en *gravant* les figures avec un poinçon sur des tablettes de cire. Du temps d'Homère le mot *graphos* signifiait creuser, sillonner, *ritzen;* l'écriture n'étant pas encore connue.

(2) Voyage de Péron en Australie en 1801.

(3) Barrow travels, 1797 et 1798. — Walckenaer, Collect. des voyages en Afrique.

(4) Humboldt, Tableaux de la nature. — Spix et Martius, Voyage au Brésil.

(5) Information respecting the hist. etc. of the Indians tribes of the United States, bey H. R. Schoolcraft; Philadelphia, 4°, 1852.

tiquent, selon Cook, un genre d'impression très-ingénieux et très-simple, dans lequel la gravure ne joue aucun rôle. Outre les figures variées qu'elles dessinent délicatement, à l'aide d'un petit roseau fendu, sur les étoffes d'écorces d'arbres fabriquées par elles-mêmes, les Taïtiennes ornent les angles de leurs grandes pièces de vêtements de dessins représentant un feuillage très-découpé et très-élégant, qu'elles impriment par le moyen des feuilles d'une jolie fougère de montagne. Elles trempent cette fougère dans une couleur colorante toujours obtenue à froid, et elles lui font ainsi remplir l'office de planche propre à transmettre ses découpures et ses formes.

Des empreintes obtenues par un procédé analogue ont été remarquées par M. John Stephens, dans une de ces constructions si remarquables, découvertes par lui dans le Yucatan. Ces empreintes représentaient des mains rouges, faites à l'aide de la main même d'un homme; la main, enduite préalablement d'ocre rouge, faisait l'office d'une planche d'impression qui, appliquée sur le mur, s'y marquait avec tous ces détails.

Cet usage ne se borne pas à cette contrée seule, mais se rencontre, suivant M. Schoolcraft, dans presque toute l'Amérique du Nord, d'où il tire son origine.

Une main ainsi représentée paraît avoir une signification symbolique; dans le système d'écriture hiéroglyphique de ce pays, elle est le symbole de la puissance et de la force. Une main ouverte, imprimée de cette façon, ou simplement peinte ou dessinée, sert aux Indiens du Nord comme l'expression de leur prière adressée au Grand-Esprit; et imprimée sur la poitrine ou sur l'épaule ils lui attribuent une certaine puissance magique.

II

ANTIQUITÉ

Les peuples plus civilisés de la haute antiquité n'agissaient point différemment pour perpétuer la mémoire des événements remarquables de leur histoire, mais leurs procédés et leurs outils étaient déjà plus perfectionnés et plus variés.

INSCRIPTIONS. Lisez les saintes Ecritures, et vous trouverez qu'il y est souvent question de lames de plomb, de planches d'airain et de tablettes de pierre, sur lesquelles on traçait des inscriptions (1).

Regardez les ruines encore debout de Persépolis, les restes à peine mis à jour de la grande Ninive (2), dont presque toutes les pierres sont couvertes d'innombrables inscriptions en caractères cunéiformes, écriture particulière aux anciens Perses, aux Assyriens et aux Babyloniens.

Examinez les monuments si grandioses de l'Egypte et de la Nubie, remarquablement conservés pendant plus de trente siècles, et vous serez frappés du grand nombre de figures tracées sur les murs, de la quantité extraordinaire d'inscriptions en écriture hiéroglyphique et démotique. Les rochers sculptés par les anciens Egyptiens s'étendent même au delà de la chaîne libyque, jusqu'à Ghat, au milieu de l'Afrique centrale, suivant le rapport des derniers voyageurs, Richardson, Barth, Oberweg et Vogel, en 1854.

Vous ne trouverez pas moins de ces inscriptions sur les monuments de l'Asie Mineure et de l'ancienne Grèce, en caractères lyciens, boustrophédons (3) et grecs.

Ajoutons les inscriptions et les figures gravées sur les miroirs métalliques, sur les vases en terre, sur les parois des tombeaux étrusques (4), et les caractères runiques creusés sur des pierres isolées de la Scandinavie (5).

Toutes ces gravures en creux, tous ces tracés de figures et de lettres, opérés les uns à l'aide d'outils imparfaits en pierre, les

(1) Exode, XXXIV, 1, et XXVIII, 9 — 11 et 36. — Deutéron. XXVII, 8. — 1 Macc. 8, 22. — Job. 19-24, etc.

(2) A. H. Layard, Niniveh, 1848. — W. S. W. Vaux, Niniveh and Persepolis, 1850.

(3) Charles Fellows, ein Ausflug nach Kleinasien und Entdeckungen in Lycien; éd. allemande. Leipz. 1853.

(4) George Dennis, die Städte und Begräbnissplätze Etruriens, éd. allemande. Leipz. 1852, et d'autres.

(5) Dr. Gust. Thormod Legis, Fundgruben des alten Nordens; Leipz. 1829. — Verzeichn. der Runensteine, etc. von R. Nyerup; Kopenhagen, 1824.

autres avec des instruments de métal, ceux-ci à traits creusés en biseau, quelquefois très-profondément, ceux-là simplement piqués, jamais ou rarement en relief, sont autant de preuves de l'antiquité de la gravure ; mais, si bien faites qu'elles fussent, ces gravures ne servaient point encore à multiplier l'objet qu'elles représentaient.

MARQUES IMPRIMÉES EN CREUX ET EN RELIEF. Cependant il y a d'autres objets qui, par leur nature et par la manière dont ils sont confectionnés, attestent que les anciens n'ignoraient pas entièrement l'emploi de moyens accélérateurs et servant à multiplier ; néanmoins, ils ne s'en servaient que rarement.

Ces objets sont de différents genres. En première ligne nous mettrons les briques de terre, séchées au soleil ou cuites au four, qu'on a trouvées en grand nombre, soit dans les ruines de Babylone et de Ninive, soit en Egypte [1], et sur lesquelles on voit des inscriptions en caractères cunéiformes ou d'autres signes, imprimés au moyen de formes en bois ou en métal gravées en relief.

Ces empreintes sont formées quelquefois par le moyen de lettres mobiles, c'est-à-dire qu'elles ont été composées lettre par lettre. D'autres fois, l'inscription a été gravée en entier sur l'estampille ou le cachet en relief, et reproduite en creux sur la brique encore molle. D'autres fois encore, l'inscription se détache en relief sur l'objet [2] et alors on y rencontre aussi, outre les lettres, des figures et des ornements. Ce dernier genre a été surtout en usage chez les Romains, et fut appliqué aux briques, aux tuiles et aux vases de terre rouge. L'on opérait de deux manières différentes : tantôt les marques ou estampilles étaient imprimées dans les moules qui servaient à façonner la poterie et les briques, lesquelles, au sortir du moule, portaient l'empreinte en relief ; tantôt on produisait ces reliefs par le moyen de cachets en bois ou en métal gravés en creux, et qui, imprimés sur l'objet, laissaient une empreinte en relief.

L'usage des cachets est très-ancien [3]. Les Babyloniens déjà

(1) Layard, Ninivch. -- Riffaut, Voy. en Egypte.
(2) Alex. Brongniart, Traité des Arts céramiques, 2e édit. 1854. vol. I, 424 et suiv.
(3) Exode XXVIII, 11 et suiv.—Aggée, II, 24.—Ep. aux Rom. IV, 11. —1 Ép. aux

portaient des bagues incrustées de pierres fines gravées en creux, et qui leur servaient pour sceller les missives, les portes des maisons et les trésors. Les pierres gravées égyptiennes, connues sous le nom de scarabées, avaient probablement le même emploi.

Nous ne parlerons point des médailles et des monnaies que l'on gravait, frappait et montait très-bien dans l'antiquité (1); elles font partie des arts plastiques. Mais nous remarquerons que les anciens Grecs se servaient à la fois de poinçons gravés en creux et d'autres en relief, pour la frappe de leurs monnaies. Les plus anciennes, celles d'Egine, qui datent du huitième siècle avant Jésus-Christ, portent d'un côté l'empreinte en relief d'une tortue, et au revers une figure en creux de forme carrée, divisée en quatre champs (quadratum incusum); les monnaies de Métaponte ont à la face un épi en relief, et au revers une tête de taureau en creux; celles de Crotone un trépied en relief d'un côté, et de l'autre un aigle en creux.

La figure en relief se trouvait généralement taillée sur l'enclume, tandis que l'image en creux était gravée sur le marteau qui servait à frapper la monnaie. Le procédé de marquer l'empreinte sur les monnaies à l'aide du marteau et de l'enclume est resté en usage jusqu'au dix-septième siècle. Ce n'est qu'en 1617 que Briot inventa la presse mécanique pour battre monnaie.

Pour faciliter la frappe des grandes pièces, les anciens moulaient préalablement les flancs dans une forme de terre; les matrices et les coins étaient alors souvent en airain durci. — Les principales pièces ou instruments qui servaient dans l'antiquité à la frappe des monnaies, se voient sur un dessin de Carisius (l'étau, le marteau et la pince).

Les monnaies antiques portent souvent aussi des contre-marques (2); la forme des poinçons à contre-marques était ou ronde ou ovale, ou carrée, de trois et de quatre lignes de diamètre. Ces poinçons étaient gravés en creux et à rebours, afin que leur im-

Corinth. IX, 2; id. 2 Ép. III, 2, 3.—2 Ép. à Timoth. II, 19.—Ezéch. IX, 2.—L'Apocalypse, VII, 2. —Hérodot, Hist. VII, 69.

(1) K. O. Muller, Handbuch der Archäologie; Bresl. 1830, p. 72 et 387. — Falkenstein, 112; voyez plus bas.

(2) Mém. de l'Acad. des Inscriptions, t. XIV, p. 132.

pression rendît en relief et dans le sens naturel les figures et les lettres dont ils étaient chargés.

Nous ne devons pas oublier de faire mention des *tesseræ signatoriæ,* ou estampilles, reliefs en métal avec lesquels les Romains marquaient les esclaves, le bétail et le pain; ainsi, on a trouvé dans les ruines de Pompéi, dans la boutique d'un boulanger, un pain dont la forme était encore intacte, et qui était marqué du nom du boulanger. Les pharmaciens marquaient également de cette façon leurs médicaments.

Nous laisserons de côté ce que nous disent Cicéron, Quintilien et saint Jérôme sur les lettres mobiles, ainsi que le procédé de Varron, comme étant trop vagues.

IMPRESSIONS EN COULEUR. La plupart des empreintes que nous avons mentionnées jusqu'à présent se faisaient à sec, sans couleur, jamais, comme nous le pratiquons dans la typographie, en couvrant d'encre la surface des caractères pour les imprimer en couleur sur le papier. Les anciens employaient pourtant aussi quelquefois la couleur pour marquer, mais différemment que nous. A cet effet, ils se servaient de lames de métal minces, dans lesquelles ils perçaient à jour des noms ou des signatures; puis, après les avoir appliquées sur l'objet qu'ils voulaient marquer, ils passaient par-dessus un pinceau ou un tampon imprégné de couleur, de manière que celle-ci ne marquait qu'aux places où la plaquette de métal était percée. Ces patrons ([1]) étaient appelés chez les Grecs *hypogrammes*; chez les Romains *laminæ interrasiles,* et ils servaient à remplacer les signatures dans les actes et édits écrits à la main; telles sont les signatures de l'empereur Justinien, celles de Théodoric, celles de Constantius du quatrième siècle, et d'autres venues jusqu'à nous.

N'oublions pas non plus l'histoire de ce roi de Sparte, citée par Plutarque ([2]), fait qui à lui seul aurait pu conduire dans l'antiquité déjà à l'invention de l'imprimerie, surtout lorsqu'on prend en considération l'état de la gravure, alors passablement avancé. « Agé-

(1) Procope, cap. V. — Tristan, Comment. hist. t. III, p. 681. — Quintilien, Inst. Orat. I, 2.

(2) Plutarque Apophth. Lacon. Agésilas, 77.

« silas, voyant ses soldats découragés, écrivit secrètement dans le « creux de sa main et à rebours le mot NIKH, victoire, puis, pre- « nant du devin le foie de la victime, il y appliqua sa main ainsi « inscrite en dessous, et la tenant appuyée le temps nécessaire, il « parut plongé dans des méditations et inquiétudes, jusqu'à ce « que les traits *des lettres eussent pris* et fussent imprimés sur le « foie. Alors, la montrant à ceux qui allaient livrer bataille, il leur « dit que par cette inscription les dieux leur présageaient la vic- « toire, qu'ils remportèrent en effet. »

Voilà un procédé d'impression bien simple, mais cet exemple isolé dans l'antiquité n'a point eu de suite.

Ainsi, en passant en revue les connaissances des peuples de l'antiquité dans la gravure et l'impression, nous avons acquis la certitude qu'ils ne pratiquaient ni ne connaissaient point les arts de reproduction qui servent à multiplier un original par l'impression en couleur, quoiqu'ils n'ignorassent pas certains procédés qui en approchent. On a lieu d'être étonné que ces peuples, surtout les Grecs et les Romains, qui étaient civilisés à un haut degré, n'aient pas poussé plus loin ces arts.

Dans le moyen âge, on ne les connaissait pas davantage, peut-être même moins. Jetons un coup d'œil sur cette époque.

III

MOYEN AGE

Pendant toute la durée du moyen âge, depuis la chute de l'empire romain jusqu'à Emmanuel Chrysoloras et Jean de Bruges, du cinquième siècle de notre ère au commencement du quinzième, pendant ce long espace de dix siècles, qu'a-t-on fait pour multiplier les œuvres d'art, les manuscrits ? Qu'a-t-on fait pour rendre facile l'accès des ouvrages écrits à la main, les chefs-d'œuvre de l'esprit, les classiques de l'antiquité, les traités de tous genres, si nécessaires à l'instruction, à la civilisation renaissante ? — On les a péniblement et laborieusement copiées à la main, et on les vendait au poids de l'or. L'eût-on fait si on avait eu connaissance d'un procédé plus expéditif?

C'étaient les moines qui étaient alors en possession de toutes les sciences, de tous les arts, connus dans ces temps, et les couvents en étaient les dépositaires. Aussi c'était là exclusivement, et principalement chez les bénédictins, les cisterciens et les chartreux, que l'on s'occupait de la copie des manuscrits de toute nature; plus tard, ce furent surtout les fratres communis vitæ, ou frères vivant en commun, en allemand Kogelherrn (société fondée par Gérard de Groot, dans la seconde moitié du quatorzième siècle), qui s'adonnèrent principalement à la copie des manuscrits, en suivant le précepte de leur maître, qui disait que le penchant de recueillir des livres avait une plus grande valeur que tous les trésors en argent.

Ces copies s'écrivirent d'abord sur le papyrus d'Egypte, puis sur du parchemin. Ce dernier étant devenu rare et cher, on lui substitua le papier de coton, qui avait été introduit en Europe dans le neuvième siècle par les Arabes.

Ce travail des copistes était lent, difficile et coûteux. « Il n'y « avait que les princes et les grands seigneurs qui pussent faire « des bibliothèques, et récompenser la peine des écrivains, » nous dit l'historien de Charles VI. Et cependant, malgré ces obstacles, on ne cherchait pas de moyens plus faciles, de procédés plus expéditifs et plus avantageux pour tous.

Les arts et leur pratique que l'antiquité avait légués au moyen âge, étaient généralement négligés ou totalement oubliés; de temps en temps seulement, on en rencontre quelque réminiscence. Dans les manuscrits du cinquième au huitième siècle, on trouve de rares traces d'impression; ce sont des initiales, accompagnées parfois de quelques ornements, taillées probablement en relief sur bois et imprimées à sec. On les appelait *lettres grises*, parce qu'elles étaient imprimées sans encre, et destinées à être dorées ou peintes au pinceau.

Dans les diplômes du onzième siècle (1), on trouve souvent, sur-

(1) J. D. F. Sotzmann, Aelteste Gesch. der Xylographie; in Raumer's hist. Taschenbuch, 8ter Jahrg. 1837, p. 468.

tout en Angleterre, l'empreinte de la sainte croix, marquée à sec au moyen d'une bague à cacheter.

Cette espèce de signature fut ensuite dorée.

MONOGRAMMES. Les monogrammes furent une autre réminiscence (1). Ce sont des espèces de chiffres qui contiennent les lettres du nom de quelqu'un, entrelacées en un seul caractère.

Ces monogrammes, en usage pendant tout le moyen âge, employés sur les monnaies, sur les drapeaux, sur les murs et les tapisseries, mais principalement dans les diplômes et édits, étaient dans ce dernier cas appliquées de trois manières différentes. La plus ordinaire était de les écrire avec le calamus ou la plume. On les marquait aussi avec de la couleur à travers une feuille de métal ou d'ivoire dans laquelle le chiffre était percé à jour; c'étaient les hypogrammes des Grecs.

L'emploi des hypogrammes au moyen âge ne se bornait pas seulement aux tracés des monogrammes (2); on s'en servait aussi pour peindre des initiales, et on fabriquait même des livres entiers de cette manière. Un recueil de vêpres et de vigiles reliées avec le célèbre psautier de 1457, conservé dans le couvent de Roth près Memmingue, en est une preuve. Ce procédé était encore en usage dans le siècle passé; Breitkopf a découvert, dans le chœur de l'église des chartreux d'Erfurt, trois ouvrages grand in-folio, peints au moyen d'hypogrammes. L'un de ces livres est un *Proprium sanct. secundum ritum s. ord. cartasiensis*, de l'année 1757; les deux autres sont des *Oficii Temporis, a Dominica Pass. usque ad Adventum conscripta*, avec des notes de musique, de 1758. Dans le couvent des chartreux de Mayence, on a conservé jusqu'à soixante alphabets découpés en patrons. Le meilleur fabricant de ce genre de lettres, à Paris, dans les dernières années du dix-huitième siècle, fut un nommé Malo, père et fils, qui s'appelaient *faiseurs de caractères*. Malo possédait un grand nombre d'alphabets en lettres capitales et en courantes, depuis la grandeur d'un

(1) J.-C. Gatterer, Diplomatik, 1798.

(2) Fr. Toustain et Tassin, bénédictins, Nouveau traité de diplomatique; Paris, 1750—65, 6 vol. in-4°. — J. G. J. Breitkopf, Ueber den Ursprung der Spielkarten, etc., etc. Leipz. 1784—1801. 2 vol. in-4°.

pouce et quart jusqu'au petit cicéro, ainsi qu'un assortiment d'ornements et de vignettes très-variées.

Aujourd'hui encore on se sert de ces lames de métal percées à jour pour paginer les livres, pour numéroter les étiquettes et pour tracer les écriteaux.

Le dernier genre pour tracer les monogrammes (1), au moyen âge, consistait à les imprimer en couleur, au moyen d'une estampille, sur laquelle était représenté le monogramme en relief.

Les Arabes en Espagne, si savants, si habiles dans les arts, chez lesquels presque toute la science du moyen âge était concentré, ne furent pas beaucoup plus avancés que d'autres peuples dans les procédés d'impression et de multiplication, à en juger d'après une remarque du célèbre orientaliste, M. Hammer Purgstall (2), ainsi conçue. « Vers la fin du premier volume de l'Ihathet, j'ai « trouvé dans la biographie du savant Aboubekr-el-Vellosi, un pas- « sage fort curieux sur l'art d'imprimer chez les Arabes en Es- « pagne. Voici le passage traduit par M. Pascual de Gayangos. Il « composa le livre de la *Perle cachée,* sur les beautés d'*Esthebu-* « *neh* (Estepone), et il composa aussi un excellent traité sur la « marche du soleil et l'équilibre de la mer, et la connaissance des « heures dans leur marche. Il écrivait en vers un *Ardjouzeh*, com- « mentant les *Melaheu* d'Ibn-Doreïd, et un autre *Ardjouzeh*, ser- « vant de commentaire au livre *Fassih;* il dédia au vizir *Alhaquim* « un livre sur les propriétés et la fabrication de l'encre et les ins- « truments de l'imprimerie, et c'est un livre singulier par son « contenu. »

M. Gayangos, en envoyant cette traduction à M. Hammer, y avait joint « l'empreinte d'une estampille arabe, un sceau en bois qui avait été trouvé, il y a quelque temps (1851), à Almeric, et qui, selon l'inscription, servait à la *Cayeserie* de cette ville, pour marquer les colis ou toiles qui étaient en vente, et qui sans doute payaient un droit d'entrée. Cette estampille laisse peu de doute qu'il ne s'agisse dans ce passage, non pas de l'art d'*imprimer des livres*, mais bien de celui de marquer des étoffes ou d'autres objets. Il serait cependant possible que dès lors l'art d'imprimer

(1) Muratorius in Antiquit. t. III, diss. 35, p. 117—118, in-8, avec figures.
(2) *Journal asiatique*, Paris, 1852; IVe série, t. XX, p. 252.

d'une manière stéréotype des caractères d'écriture eût été aussi appliqué à l'impression de quittances d'imposition, de passeports ou d'autres papiers officiels.

« Il paraît même, d'après un passage de l'ouvrage d'Ibn-al-Attar, publié par M. Dozy (extrait de l'ouvrage intitulé Al-Hollat-Assiyara, par Ibn-al-Attar, page 137), que l'impression, soit sur étoffe, soit sur papier, était une charge, puisqu'il en est question dans les différentes charges dont Bedr, l'esclave de l'émir Abdallah, était revêtu.

« Il écrivit les protocoles (ou bien les documents officiels) dans « sa maison ; puis il les envoya à l'*impression;* ils furent *imprimés* « et renvoyés à lui, qui les adressa aux receveurs; ils (les papiers) « reçurent leur validité de sa main. »

Il paraît que la gravure en bois et son emploi pour l'impression des étoffes n'étaient point ignorés dans le quatorzième siècle.

Nous devons à M. Blavignac, archéologue et architecte de Genève, les détails fort intéressants qu'il a bien voulu nous communiquer sur ce sujet. Faisant des recherches archéologiques dans le Valais (Suisse), il trouva dans une maison de Sion un fragment de toile de chanvre fort ancienne, qui porte des marques indubitables d'une impression au moyen de planches de bois.

Cette toile, un peu jaunie par le temps, est ornée de dessins, divisés en compartiments carrés-longs de diverses grandeurs, par une bordure en rouge. Une partie de ces compartiments contient l'histoire d'Œdipe, accompagnée d'inscriptions latines en capitales gothiques des premiers temps. D'autres compartiments, qui se répètent, représentent des cavaliers combattants, et la plus grande division contient une danse d'hommes et de femmes.

Le dessin de toutes ces figures humaines, des chevaux et des chiens qui y sont représentés est bon, et offre même une certaine grâce. Les vêtements blasonnés, les manches fendues, et le genre des ornements qui se trouvent entre les figures, indiquent, selon M. Blavignac, le commencement du quatorzième siècle.

Chaque compartiment, portant un numéro d'ordre, forme une planche de bois séparée, sur laquelle les figures et les inscriptions ont été creusées en plein, excepté les détails de l'intérieur des figures qui ont été réservés de manière qu'après l'impression, les figures sont en silhouettes blanches, formées par l'étoffe même, tandis que les détails, l'indication du visage, les plis des vêtements et les fonds sont imprimés en noir.

Les divisions qui séparent les compartiments entre eux, sont composées de deux petites bordures, entremêlées de médaillons contournés, contenant diverses figures fantastiques ou des bustes; elles sont imprimées en blanc sur un fond rouge vermillon. Ces bordures sont composées par des planches séparées qui se répètent alternativement, et dont il y en a une qui a été imprimée, par inattention, en sens inverse. Voilà bien la preuve d'une impression; il y en a d'autres encore, c'est qu'en plusieurs endroits, et surtout à une des planches de compartiment mal ajustées, le fond noir couvre une partie de la bordure rouge.

Ainsi, en l'estimant du commencement du quatorzième siècle, cette toile imprimée serait un objet d'un haut intérêt historique, et elle présentera le premier exemple de gravure sur bois destinée à la multiplication, et le plus ancien exemple d'impression sur étoffe, si nous étions assuré de la date de sa confection.

Voilà en quoi consistaient au moyen âge les moyens qu'on avait pour reproduire et pour imprimer. Nous ne pouvons donc pas constater un progrès dans cette période de mille ans.

Le moment ne paraissait point encore venu de ces inventions si belles, si nombreuses et si fertiles pour l'échange réciproque de la pensée et de l'imagination.

Le caractère des religions de l'antiquité et les formes de gouvernement, l'usage de vivre hors de chez soi, de traiter les affaires politiques et commerciales sur les places ou dans les édifices publics, de pratiquer même les sciences et les arts en commun, si particulier aux nations de l'antiquité, sont les causes principales pour lesquelles ces peuples pouvaient se passer de moyens de communication plus complets, lesquels sont devenus tout à fait indispensables aux nations modernes.

Les querelles sanglantes du moyen âge, qui ébranlèrent la société jusqu'à ses bases, en menaçant continuellement la vie et la propriété des individus, les débats religieux interminables et haineux, la vie oisive dans les monastères qui possédaient exclusivement le monopole de la culture des sciences et des arts, enfin les ténèbres profondes qui couvraient, comme un voile, la vie intellectuelle, tout cela était peu propice à l'échange mutuel et libre des idées, échange si nécessaire pour faire éclore de nouvelles inventions, et pour encourager les progrès et les perfectionnements.

IV

TEMPS MODERNES

Lorsque, à la suite de l'envahissement de l'empire grec et de la conquête de Constantinople par les Turcs, les hommes de science et d'art, fuyant devant ces hordes barbares et fanatiques, transplantèrent leurs demeures et leur savoir de l'Orient en Occident, ils y trouvèrent quantité de gens avides de profiter de leurs lumières.

Dès lors le goût des études, surtout celui de la littérature et des langues anciennes se répandit rapidement, de nouvelles idées se firent jour; un besoin inquiet, ardent de s'instruire, s'introduisit partout dans la société, la civilisation commença à renaître.

Toutefois le progrès était lent; l'effet à peine sensible. On était arrêté partout, on heurtait maintes difficultés, on rencontrait des obstacles à chaque pas qu'on désirait faire en avant; la pénurie des moyens de propagation des connaissances humaines ressortait en toutes choses davantage; on sentait enfin le pressant besoin de quelque mode de communication de la pensée qui pût marcher avec elle une fois devenue plus laborieuse; qui vînt en aide au développement rapide de l'intelligence; qui fût capable de reproduire, de multiplier et de répandre plus activement les idées au moyen de l'écriture et du dessin.

Le temps de cette découverte était donc venu; la gravure sur bois et sur métal fut d'abord inventée, l'imprimerie vint ensuite.

L'invention de ces arts, surtout celle de l'imprimerie, fut, après le christianisme et l'écriture, le plus grand bienfait pour l'humanité.

Ce que l'imprimerie était pour les sciences, la gravure l'était pour les arts; toutes les deux exercèrent une influence immense et salutaire sur la civilisation des peuples.

Les ténèbres du moyen âge diminuèrent sensiblement, en raison de la plus grande rapidité avec laquelle se répandaient les lumières de la religion et de la science. Les mœurs s'adoucirent; des écoles publiques, des universités, des bibliothèques se fondèrent partout; l'enseignement et l'étude des sciences, de la littérature, des arts, devinrent plus universels, grâce à ces institutions, aux ouvrages imprimés et aux œuvres d'art reproduites par la gravure.

Il ne fallait plus des années d'attente pour la copie d'un manuscrit. A peine conçue et écrite, la pensée tombait dans le domaine du graveur. Celui-ci, en transformant cette écriture en caractères d'impression, l'ornait d'initiales enjolivées, de sujets artistiques qui mettaient en lumière le sens du texte; et, en le rendant plus clair, le rendait aussi plus populaire; en sorte qu'en quelques mois, en peu de semaines même, l'imprimeur avait multiplié par des milliers d'exemplaires cette reproduction de la pensée écrite.

On conçoit quelle panique devaient éprouver les obscurants; quelle joie au contraire pénétrait ceux qui cherchaient à répandre le flambeau de la vraie religion et des sciences. La lutte entre eux fut violente, longue; elle dure encore.

Néanmoins, l'imprimerie et la gravure nous sont acquises et ne périront point.

PRÉLIMINAIRES DE LA GRAVURE ET DE L'IMPRIMERIE

Cependant aucun de ces arts ne fut découvert tout d'un coup; ils ne sortirent point d'un seul jet de l'imagination.

Les préliminaires en furent nombreux, et les signes précurseurs de nature très-diverses. Il convient de les connaître. Examinons avant tout les matériaux qui servaient alors pour écrire et pour dessiner, et les changements qu'ils ont subis dans la suite :

MATÉRIAUX POUR ÉCRIRE ET POUR DESSINER. D'abord, avons-nous dit précédemment, on eut pour écrire, et dès la plus haute antiquité, outre les tablettes de cire, le papyrus (1), espèce de papier fait de l'écorce et des pellicules adhérentes d'un roseau qui croît sur les bords du Nil.

Dès le huitième et le neuvième siècle, le parchemin, connu déjà très-anciennement, lui fit concurrence (2).

PAPIER. Presque en même temps le papier de coton vint augmenter cette concurrence, et l'on fixe au onzième siècle l'époque où le papyrus fut remplacé tout à fait par ces deux nouvelles productions. Toutes les trois étaient d'invention orientale.

Les procédés employés pour la fabrication du papier de coton conduisirent bientôt à la découverte du papier de chiffon de lin ou de chanvre, ces deux plantes étant cultivées généralement dans l'Occident, comme le coton l'est dans le Levant.

On fait remonter au douzième siècle le premier usage du papier de chiffon; mais le plus ancien exemple de ce papier (3), portant la marque de la fabrique, ne date que de 1320. C'est un compte conservé dans les archives de la ville d'Augsbourg (Bavière).

Dès cette époque le papier de chiffon, d'invention tout occidentale, fut préféré à toutes les autres matières, excepté au parchemin, qui servait toujours pour les actes publics et les ouvrages importants.

Après qu'on eut établi des fabriques de papier de chiffon, dès le treizième siècle, ce papier devint accessible à un plus grand nombre de personnes, et facilita déjà la multiplication des ouvrages favoris ou recherchés.

Le papier de chiffon était toujours très-bien collé, et on l'employa dans cet état encore assez tard dans l'imprimerie. Ce ne fut

(1) Gabriel Peignot, Essai sur l'hist. du parchemin, etc. Paris, 1812, in-8°.

(2) Pergamenus, membrana (Pergamena), inventé par Eumenes de Pergame. — Plin. 13, 11, 21. Isidore, VI, 12.—Pline, Hist. nat. XIII, 11, 21.—Isidore orig. VI, 12.

(3) Théod. Herberger, Augsburg's frühe Industrie, 1852, p. 17.

qu'au seizième siècle qu'on commença à imprimer sur du papier non collé (1).

L'invention du papier vélin est attribuée au père de Montgolfier, inventeur du ballon.

Le papier mécanique fut inventé en 1798 par un ouvrier d'Essonne, nommé Robert, mais cette fabrication ne fut pratiquée en grand que vers 1815.

On doit à un des fils de Pierre-François Didot l'exécution de la machine à papier sans fin, dont l'idée première appartient à Robert; mais qui ne put être exécutée qu'en Angleterre, par la persévérance de Didot et les énormes dépenses que MM. Foudriner y consacrèrent pendant dix années d'essais infructueux.

L'usage d'employer le vieux papier ou les rognures pour en fabriquer de nouveau est très-ancien; il était pratiqué à Saïs, en Egypte, et n'était probablement point un secret pour les fabriques postérieures de l'Afrique et de l'Europe. On faisait à Trévise, en 1366, du nouveau papier avec des rognures.

Mais du papier sur lequel on avait écrit ou imprimé, on ne savait faire en Europe que du carton. Plus tard on a cherché aussi à utiliser le papier perdu par l'imprimerie, en lavant ou effaçant ce qui était imprimé (2).

Le professeur Klaproth, à Göttingue, avait fait, en 1774, une invention de ce genre. L'an 2, on publia à Paris (Journal des Arts et Manufactures, n° 7) une instruction pour la refonte du papier imprimé et manuscrit, mais les procédés n'ont pas été essayés. Depuis 1800 il existe à Bermondsey, en Angleterre, une fabrique où la refonte est traitée en grand et avec beaucoup de succès; la consommation annuelle est de 700 tonnes (1 million 400,000 livres) de vieux papier.

En 1854, M. C. Acher (3), en Angleterre, a découvert une méthode par laquelle il peut traiter tous les papiers salis par quelque genre d'impression que ce soit, et leur rendre leur netteté première.

(1) Fréd. Metz, Gesch. des Buchhandels, etc. Darmst. 1834, p. 128. — Tiraboschi, l. c. p. 78. — Murr, Litteratur und Kunst, journal, 2er Theil, S. 96.

(2) Journal œcon. 1785, 363.

(3) Cosmos, journal; Paris 1854.

Cependant, la rareté toujours croissante des matières propres à la fabrication du papier, rendait nécessaire la découverte de nouvelles substances propres à cet usage, surtout en considérant que la consommation qui se fait depuis quelque temps est immense, et qu'elle tend encore à augmenter.

On avait employé d'abord le coton, mais on ne se le procure qu'avec peine; la paille est aussi une des premières substances que l'on a essayé de substituer aux chiffons. M. Schinz est parvenu à faire, avec de la paille de blé, de très-beau papier blanc. Le journal *Weekly-Times*, en Angleterre, était imprimé autrefois sur papier de paille.

L'Allemand Schæffer épuisa presque toutes les matières qui se trouvaient à sa portée; il publia, en 1772, un résumé de ses travaux, où l'on ne trouve pas moins de soixante échantillons de papier fabriqué avec différentes substances. Il fit du papier avec l'écorce du saule, du hêtre, du tremble, de l'aubépine, du tilleul, du mûrier; avec le duvet des asclépiades, les chatons du peuplier franc, les vrilles de la vigne; avec les tiges de l'ortie, de l'armoise commune, du genêt des teinturiers, du chardon, de la bardane, de la bryone, de la clématite, de l'osier fleuri, du lys; avec des tiges de chou, des pelures de pomme de terre, de la mousse, des copeaux de menuisier, de la sciure de bois. Il a fabriqué un papier d'emballage très-fort d'une substance cotonneuse de la pomme de pin; et avec la pomme de terre elle-même un excellent papier à dessin, lisse et doux au toucher.

On a essayé ces derniers temps plusieurs autres substances; telles par exemple que la paille de froment et de riz, l'écorce de plusieurs autres plantes filamenteuses. Les essais ont été infructueux. M. Henri Bouchet [1] en faisait en 1839 avec des feuilles de maïs. M. V. Desgrand fut patenté en 1838, à Londres, pour la fabrication du papier de bois et de roseau. MM. Laroche, Joubert et Domergue [2], en 1845, ont fait des recherches surtout sur des plantes qui croissent dans les marais, dont la culture n'exige pas de frais, et qui sont produites par des terrains à peu près stériles; tels sont les joncs et les roseaux. Les inventeurs, en se

(1) L'écho du monde savant; Paris, janvier 1839.
(2) Idem N° 15, mars 1845.

servant de ces plantes, ont obtenu un papier plus nerveux, quoiqu'il n'y entre qu'une très-petite partie de chiffon.

Entre beaucoup d'autres découvertes de ce genre([1]), nous mentionnerons encore celle de M. Andrews, de Montréal, aux Etats-Unis, qui emploie l'immortelle à la fabrication du papier. Tout récemment on a pu examiner en Angleterre des spécimens d'un nouveau papier fabriqué avec des fibres du bananier des Indes occidentales, le *musa paradisiaca*. Les qualités en ont été reconnues supérieures, et il peut être livré à meilleur marché que le papier de chiffon.

On a trouvé en Algérie([2]) deux substances susceptibles de fournir un bon papier : l'une est la feuille du palmier nain, l'autre est l'alpha ou la sparthe, sorte d'herbe dont on se sert comme d'un fourrage.

Dans ces derniers temps on a fondé à New-York une manufacture pour fabriquer du papier avec de la sciure de bois et des copeaux. Les expériences ont donné de très-beaux résultats; on estime qu'en évaluant la sciure à environ 5 dollars la tonne de 2000 livres, le prix du papier pourra subir une diminution de 20 pour cent. Les bois employés sont le cèdre blanc (cupressus thyoïdes), le cotton-wood (populus), le cypris et le tamarc (parix americana, mélèze d'Amérique). Il y a trois qualités plus ou moins bonnes de papier Basswood (Tilia Americana).

On se propose de publier un journal d'Albany sur du papier de cette fabrication. MM. Piette et Planche fabriquent du papier de paille pure, qui est excellent et presque blanc. Ils ont fait imprimer sur ce papier le *Journal du fabricant de papier* pour l'exposition universelle de 1855.

A Porto-San-Stefano, en Toscane, une société franco-italienne, après avoir retiré l'alcool de l'asphodèle, fabrique du papier et du carton des déchets de cette plante. M. d'Oliveira Pimontel, professeur à l'école polytechnique de Lisbonne, a essayé de fabriquer du papier d'agave ou de pitte (improprement appelé aloës) à la mécanique. M. Vœlter fils, à Heidesheim, dans le Wurtem-

(1) La Lumière, journ. héliograph. Paris, n° 44, 1854.

(2) Voyez La Science, journal quotidien publié sous la direction de M. Auguste Blum, et dont le premier numéro a paru le 14 mars 1855.

berg, livre du papier composé de 70 pour cent de paille, de 20 de chiffon et de 10 de kaolin; d'autres de 35 pour cent de sapin, de 15 de coton de couleur et de 50 de coutil (lin). Son papier à lettres, très-convenable, se compose de 20 pour cent de bois de tremble, de 20 de coton blanc et de 60 de chiffons grossiers. M. Frontin aîné, de Majoulany (Lot-et-Garonne), a produit un papier nouveau qu'il appelle *pentagine*, parce qu'il entre dans la fabrication de la pâte cinq plantes différentes, dont l'une est le topinambour. Enfin MM. Louvié et Yelli convertissent en papier d'abord le lin, ensuite le phormium tenax, le sparthe d'Afrique, le pin, le bananier, le jonc de France, le tilleul, l'agave et le papyrus de Syrie. M. Jobard a fait des essais pour faire du papier de crottin de cheval.

Il paraît cependant qu'on n'est point encore parvenu à un résultat assez satisfaisant; puisque les propriétaires du journal le *Times*, de Londres, M. Jobard, au nom du Musée d'Industrie de Bruxelles, et la Société Industrielle de Mulhouse, ont offert, les uns 25,000 francs, l'autre 50,000 francs, et la dernière une médaille d'or et une somme de 4,000 francs pour la découverte d'un papier fabriqué avec des substances peu coûteuses et pour une encre indélébile.

Néanmoins, on fabrique maintenant une quantité énorme de papier, et nous sommes loin de cette pauvreté dont le quinzième siècle avait à souffrir; quelques rapprochements le prouveront.

Les plus anciennes fabriques de papier (1) établies en Europe datent du onzième siècle; ce furent celles de Xativa, de Valence et de Tolède en Espagne; celles de la Sicile, mais limitées à une ou deux tout au plus; les unes et les autres furent établies dans le commencement du douzième siècle par les Arabes. Les moulins à papier de Fabriano du marquisat d'Ancône, qui existent depuis 1340 environ, furent les premiers moulins à pilons hydrauliques; auparavant on se servait de moulins à bras. On y fabriquait plusieurs sortes de papier de coton et de chiffon, dont chacune avait sa marque particulière. Les autres papeteries de l'Italie, celles de

(1) Voyez sur tout ce qui suit: J. G. E. Breitkopf, Ueber den Ursprung der Spielkarten, etc. Leipz. 2 vol. 1784 et 1801.—Fr. Metz, Geschichte des Buchhandels, Darmst. 1834.—Murr, Merkwürdigkeiten der Stadt Nurenberg, 1778, p. 678.

Trévise, de Padoue et de Foligni, ne fleurirent qu'au seizième siècle. Troyes et Essone sont les villes de France qui eurent les premières manufactures de papier, vers 1340; en Allemagne ce fut à Nuremberg que le sénateur Ulmann-Stromer établit en 1390 le premier moulin à papier, à dix-huit pilons, pour la fabrication du papier de chiffon.

Maintenant il n'y a plus de fabriques en Sicile, une seulement dans les Etats-Romains, une dans la Toscane, et 17 marchent en Espagne (1); mais l'Allemagne, y compris l'Autriche et le Hanovre, compte plus de 1400 fabriques de papier, dont 320 machines, et 1600 cuves. Ces fabriques produisent un million 60 mille quintaux de papier et de carton, dont les trois cinquièmes sont faits par des machines; la Bavière seule possède 180 fabriques de papier avec 15 machines et 250 cuves; en Prusse, il y a 20 machines qui ne sont destinées qu'à la production du papier de paille. La Russie possède 177 moulins à papier d'un revenu de 3 millions 928,976 roubles, et qui occupent 14,942 ouvriers.

Suivant un mémoire de M. Firmin Didot, la fabrication du papier en France, dans l'année 1852, s'élevait à 45 millions de kilogrammes, dont 30 de papier blanc, et 15 de papier-tenture, de carton et autres. Aujourd'hui elle s'élève à 52 millions de kilogrammes environ, dont Paris seul absorbe 5 millions et demi de kilogrammes de papier à écrire; 2 et demi pour les journaux; 2 et demi pour l'administration publique; 4 et un tiers pour la librairie; 3 millions pour carton, etc.; ce qui fait un total de 25 millions. Il y a 210 machines et 250 cuves.

En 1843, on comptait à Paris 75 manufactures de papier, qui occupaient des milliers d'ouvriers. En 1839, on évaluait les produits de la fabrication des papiers-tentures à 14 millions de francs. Le papier peint se vendait en rouleaux de 9 mètres de longueur sur 50 centimètres de largeur. Depuis l'introduction du papier mécanique, la largeur varie de 50, 100 à 150 centimètres. En 1851, M. Joynson, le célèbre fabricant de papier à écrire, de Saint-Mary, MM. Cray et Spicer exposèrent un rouleau de papier de 2,500 yards de longueur, sur 1^{m},16 de largeur; ils dé-

(1) Augsburger Abendzeitung, octobre 1854, sur l'exposition de Munich.

montraient ainsi la perfection du mécanisme au moyen duquel la bouillie aqueuse, coulant sans interruption, se trouve convertie à l'extrémité de la machine en feuille continue de large papier écolier, sec et prêt à être employé.

La quantité de papier fabriqué dans la Grande-Bretagne, avec 322 machines et 266 cuves, dans les cinq années 1830 — 1834, inclusivement, a été en moyenne de 70,988,131 livres par an. Dans les cinq années 1849 — 1853 elle s'est élevée à 151,234,175 livres par an. La production de l'année 1853 a été de 177,633,000 livres. Dans la seule papeterie de M. Crompton, la fabrication annuelle dépasse 1,400,000 kilogrammes.

Cela ne paraîtra plus étonnant si l'on considère le nombre immense de publications et d'imprimés, sans parler du papier à écrire, et en particulier que le journal l'*Illustraded London News* s'imprime à 130,000 exemplaires par semaine; que le *Family-Herald*, journal à 10 centimes, se vend jusqu'à 240,000 exemplaires par semaine, et le *London-Journal* à 510,000 exemplaires, soit 26,000,520 feuilles par an pour ce seul journal.

Le *Times* tire chaque jour 50,000 exemplaires, et, dans les occasions extraordinaires, ce chiffre s'élève à 70,000. Le papier fourni par les trois établissements qui alimentent cette énorme consommation, pèse 82 livres la rame. Or, 60,000 exemplaires font 240 rames, pesant 19,680 livres. En supposant les feuilles déployées et empilées les unes sur les autres, on aurait une colonne de papier de 50 pieds de hauteur, et l'approvisionnement de 8 jours s'élèverait au niveau du dôme de Saint-Paul (*Quaterly Review*).

En Australie, un seul journal de Victoria tire 12,000 exemplaires par jour.

Mais nulle part on n'emploie autant de papier qu'aux Etats-Unis. La France, avec 35 millions d'habitants, ne produit annuellement que 70,000 tonnes de papier, ce qui ne donne que quatre livres par tête; l'Angleterre, avec ses 28 millions, produit 66,000 tonnes, soit quatre livres et demie par tête; la production américaine peut être évaluée à peu près au chiffre des productions réunies de la France et de l'Angleterre, sans qu'il en soit rien exporté, ce qui représente, pour 20 millions d'Américains libres, une consommation annuelle de près de treize livres et demie par tête. Cette différence ne peut s'expliquer que par ses institutions libérales, par la circulation des journaux, et le grand usage de livres dans les écoles ordinaires (1).

L'industrie du papier est une de celles que les Chinois pratiquent depuis très-longtemps, et qu'ils ont le plus perfectionnée. Ils fabriquent des papiers de bambou, du mûrier, de coton et de moelle d'arbre; M. Stanislas Julien a publié la traduction des procédés chinois. L'exportation de papier de Chine de toute espèce, a été, en 1845 à Canton, de 150,822 kilogr. et de 199,661 francs. Depuis 1839 on fabrique aussi en France du papier de Chine à l'usage des imprimeurs (2).

PLUMES A ÉCRIRE. Pour écrire sur le parchemin on employa, au moyen âge comme dans l'antiquité (3), le pinceau ou la plume, connue sous le nom de *calame* (kalamos, chaume). Les calames d'Italie étaient noueux et spongieux. Les meilleurs venaient de Gnide ou des environs du lac Anaïtique en Asie, ou de l'Egypte; ils étaient forts comme les grosses plumes de l'aile d'une oie, bruns, fermes et luisants quand ils étaient secs. L'espace entre deux nœuds avait à peu près 35 centimètres de long, et le haut en était fendu et taillé comme nos plumes (4).

Les plumes d'oie ne remplacèrent le calame que vers le huitième siècle, quoique Isidore (5), évêque d'Espagne, mort en 636, en fasse déjà mention. Ajoutons par anticipation, comme nous l'avons fait pour le papier, que les plumes métalliques furent proposées en 1750 par le mécanicien français Arnoux; mais l'usage ne s'en est propagé que de nos jours. C'est au commencement de notre siècle, en 1801, que M. Berthelot présenta à l'exposition des plumes composées d'un alliage d'argent. Depuis cette époque, on a employé des matières très-diverses pour la fabrication: l'or, l'argent, le cuivre, différents alliages, l'acier et le fer galvanisés.

(1) Tribune de New-York, 13 oct. 1853.
(2) Voyage en Chine, etc. par M. A. Hausmann, Paris, 1848.
(3) Pline, XVI, 36,
(4) J. Winckelmann, M. der Herkulanisch. Endeckungen, S. 46.
(5) Isidor Origen. l. VI, c. 13, p. 132.

On a même fait des plumes en corne, en écaille, en caoutchouc durci et en gutta-percha. Ces derniers temps, on parlait de l'invention faite en Autriche (1) d'une plume mécanique, avec laquelle on pourrait tracer dix mille signes d'écriture, sans la tremper de nouveau dans l'encre.

ENCRE. L'encre employée pour écrire, au moyen âge et plus tard, était de compositions et de couleurs variées. Il y avait l'encre rouge, qui figurait généralement aux titres des livres et chapitres; de là le nom de *rubriques* (rubrica, de ruber, rouge). Il existait à Orléans une charte de Philippe Ier de 1090, écrite en encre verte. Les empereurs signaient avec de la pourpre tirée du murex. L'encre d'or et d'argent ne fut guère employée que pour écrire sur du parchemin coloré, du vélin pourpre, et l'on ne rencontre que rarement des manuscrits écrits tout à fait en or ou en argent.

Nous citerons le fameux manuscrit connu sous le nom de *Codex argenteus* (le manuscrit d'argent (2), soigneusement conservé dans une boîte fermée à clef à la bibliothèque d'Upsal. Il contient la traduction en langue gothique d'une portion de la Bible; traduction faite au quatrième siècle par un évêque arien, le Goth Ulphilas. Ce manuscrit est écrit en lettres gothiques (dites d'Ulphilas), ordinairement argentées, sur parchemin violet. Les initiales et quelques passages sont en or.

Ceux qui écrivaient en lettres d'or, au moyen âge, furent désignés par le nom de Chrysographes (du grec chrysos, or). Leur secret s'est perdu. Un ancien calligraphe d'Upres en France, annonçait en 1844 avoir retrouvé l'art de la chrysographie en relief; il paraît que son procédé, qui n'est pas connu, consiste à tracer le dessin d'abord à l'aide d'une pâte fluide, qui garde son relief en séchant, puis, à dorer en feuille ces reliefs, et à les brunir.

Mais l'encre noire était d'un usage universel pour les manuscrits et les chartes. Déjà les anciens, suivant Pline (3), se servaient de l'encre à écrire (atramentum librarium), faite de noir de fumée, tirée de la suie que donne la poix-résine, et mêlé avec de

(1) Gazette de Trieste; Journal de Francfort, 1855.
(2) J. J. Ampère, Esquisses du Nord; Paris, 1833.
(3) Pline XIII, 21-27; ibid. XXVII, 28.

la gomme; on y ajoutait quelquefois du suc d'absinthe ponthique pour éloigner les souris des livres écrits.

Le moine Théophile ([1]) au douzième ou treizième siècle, nous donne la recette pour la fabrication de l'encre noire employée alors. C'est une décoction de l'écorce du bois d'épine coupé avant la floraison, à laquelle on ajoute un tiers de vin au moment où elle commence à s'épaissir. Ensuite on la laisse sécher au soleil après l'avoir purifiée de la lie rouge. Lorsqu'on veut s'en servir, on la fait détremper dans du vin sur le charbon allumé, en ajoutant un peu de noir (carbones).

L'encre des anciens et celle en usage au moyen âge n'étaient pas aussi liquides que la nôtre; et appliquée sur le papyrus, le parchemin ou le papier, alors très-collé, elle formait souvent un certain relief, qui a donné lieu à la conjecture erronée que ces écritures étaient dues à une sorte de procédé typographique ([2]).

L'acide gallique, qui entre dans la composition de l'encre en usage aujourd'hui, n'a été découvert qu'en 1736 ([3]), par Scheele, et de cette époque date peut-être son emploi dans la fabrication de l'encre.

CRAYONS. Des lignes tirées avec des pointes de plomb se rencontrent dans des manuscrits qui remontent au onzième siècle; auparavant, on les traçait avec un style en fer ([4]).

Mais il n'est fait mention du véritable crayon, composé d'une baguette de graphite enchâssée dans du bois, qu'en 1565. C'est dans l'ouvrage sur la minéralogie de Conrad Gessner ([5]), de Zurich, que se trouve la première description et un dessin du crayon.

(1) Theophili presbyteri et monachi Lib. III seu Diversum artium schedula; trad. en français par le comte Ch. de l'Escalopier, chapitre XLV; Paris, in-4°.

(2) Voyez par exemple, dans les esquisses du Nord de M. J. J. Ampère, sur le codex argenteus.

(3) Traité de chimie élémentaire par le baron L.-J. Thenard, 7me édition. Bruxelles, 1829. — Chimie appliquée aux arts par Chaptal, t. IV, p. 273.

(4) De Jorio, offic. de papyr. pag. 38. — Le nouveau traité de diplomatique des bénédictins.

(5) Conradi Gesneri de rerum fossilium lapidum et gemmarum, etc. Turici, 1565, in-folio, pag. 104.

Le minéralogiste Cæsalpinus, à Rome (1596), en fait également mention. Ferrand Imperata, à Naples (1599), nomme ce minéral *grafio piombino*, et dit qu'on s'en servait pour en faire des crayons et des creusets.

Cependant, au dix-septième siècle, le crayon était encore très-peu connu. L'Anglais Merret[1], en 1667, nommait cette substance *nigrica fabrilis*, parce qu'elle n'avait point encore de nom latin, et qu'elle était une nouvelle découverte; et J. Pettus, en 1683, nous apprend que les crayons faits de cette substance étaient enchâssés dans du bois de sapin ou de cèdre.

Plus tard, les Anglais appelaient cette manière *Black lead*, *Kellow* ou *Killow*, et *Wadon Wadt*, noms qui désignent sa couleur noire. La qualité inférieure est nommée *Potloot* (dont les Français ont fait *Potelot*), mine de plomb, le molybdène sulfuré des chimistes modernes.

Dans le Dictionnaire de l'industrie, Paris, 1795, il est dit que les crayons d'Angleterre se fabriquaient avec du molybdène réduit en poudre et reformé en pâte avec de la colle légère de poisson.

Le molybdène a été longtemps regardé comme une mine de plomb, et souvent confondu avec le graphite, qui lui ressemble par les caractères extérieurs. Le graphite est nommé par les minéralogistes *fer carburé, carbone oxidulé ferrugineux*, *percarbure de fer*, etc., etc., et improprement dans le commerce *plombagine* ou *mine de plomb*.

Les crayons se fabriquent avec du graphite scié en longs parallélipipèdes à bases rectangulaires, que l'on enchâsse dans des cylindres de bois de cèdre, de cyprès ou de genévrier.

Les débris, réduits en pâte, et mélangés de sulfure d'antimoine, sont coulés dans de petits cylindres de bois, et servent de crayons de qualité inférieure ou de crayons de menuisiers.

Remarquons ici un fait curieux, c'est que, lorsque nous écrivons avec un crayon, nous avons entre les mains les parties carbonisées des algues et des fucus primitifs, les premières plantes qui couvraient les profondeurs de la mer il y a quelques milliers d'an-

(1) Merret, Pinax rerum naturalium; London, 1667, in-8°.—J. Pettus, Flete minor, 1683. — Joh. Beckmann, Beiträge zur Gesch. der Erfindung. Leipz. in-8°, 1790, III vol. — Diction. de la conversation; Paris, 1836, tom. 30, etc.

nées. Les fragments des algues, arrachés du fond des océans, accumulés en masses énormes par les vagues de la mer, furent plus tard carbonisés par les révolutions volcaniques, et forment maintenant des gisements d'anthracite et de graphite (1).

Le graphite est, en conséquence, surtout abondant dans les formations primitives, ainsi que dans les terrains houillers, principalement dans le Cumberland, où gît cette belle couche de graphite qui fournit les crayons anglais les plus parfaits (mines de Boroughdale, qu'on dit épuisées maintenant).

La fabrication des crayons fut longtemps le monopole exclusif de l'Angleterre. En 1809, elle rapportait encore à ce pays plus de 90,000 livres sterling. Mais, par suite de la concurrence que lui font les fabriques de France, de la Bavière et de l'Autriche, la fabrication anglaise a beaucoup diminué. En 1847 on annonçait la découverte d'un énorme rocher de graphite de la meilleure qualité, faite par M. Albert, Finlandais, dans la chaîne des monts Sajan en Russie, près de la frontière de la Chine.

C'est en 1795 que le Français Conté, pour rivaliser avec l'Angleterre, inventa le crayon artificiel, noir mat, composé d'un mélange de graphite réduite en poudre fine et d'argile. Ce crayon, connu sous le nom de *crayon Conté*, a principalement servi pour le dessin, mais il est presque abandonné aujourd'hui, et remplacé par une autre espèce de crayon appelé *pierre d'Italie* ou *d'Espagne*. C'est un schiste argileux très-doux, très-fin, imprégné naturellement de graphite (2). On imite cette composition naturelle par un mélange de graphite et d'alumine. Il y a quelque temps, on se servait de crayons composés de graphite et de matière grasse, et qui étaient connus sous le nom de *palette de Rubens*, probablement parce que les ombres produites par ces crayons sont très-vigoureuses, semblables en quelque sorte au coloris de ce maître; peut-être aussi parce que le fabricant (à Paris), a pour enseigne : *à la palette de Rubens.*

On craignait toujours que les crayons naturels allaient peu à peu disparaître, à cause de l'épuisement des mines, mais grâce à

(1) Pfr. Dr. Klenke, die Naturwissenschaften der letzten 50 Jahre, und ihr Einfluss auf das Menschenleben; Leipz. 1854, in-8°.

(2) Communiqué par M. Pyrame Morin, de Genève.

l'ingénieuse invention de l'Anglais Brokedone, par laquelle il reconstitue en comprimant dans le vide la poussière de graphite assez fortement pour en créer de véritables pierres, et grâce à la découverte importante de M. Brodies, qui consiste à épurer les mines les plus grossières, l'existence des crayons naturels paraît assurée pour longtemps encore.

Les premiers crayons paraissent être venus d'Italie. Les peintres italiens se servaient au commencement, pour leurs dessins, du *fusain*; ensuite, d'un mélange de plomb et d'étain qu'ils appelaient *stile;* puis ils employèrent de la craie rouge ou rubrique, *matita-rossa*, et la craie noire, *matitanera,* et finalement le véritable crayon, qu'ils nommaient depuis le dix-septième siècle *Lapio piombino*, ou simplement matita. (Le mot crayon vient de craie, tiré du latin *Creta,* qui est aussi le nom de l'île de Crête, aujourd'hui Candie, où cette pierre se trouve en abondance.)

Les anciens maîtres en peinture, outre le *style de plomb* ou *d'argent*, employaient beaucoup pour le dessin la plume et le pinceau, avec lesquels ils exécutaient des dessins sur papier tinté, nommés *dessins en camaïen,* genre qui facilitait incontestablement la transformation en gravure sur bois et sur cuivre. Il y a quelques années qu'on a remis en vogue les dessins au fusain et au pastel. On se sert aussi du crayon lithographique pour faire des dessins sur papier.

Les dessins au pastel ou au fusain s'altérant facilement, on a cherché à les fixer sans leur faire perdre leur fraîcheur. M. le marquis de Varenne a trouvé un moyen aussi simple qu'ingénieux en vernissant ces dessins à l'envers, c'est-à-dire en étendant sur la face postérieure du papier une dissolution alcoolique de gomme-laque blanche. Cette dissolution pénètre le papier et s'introduit par la capillarité jusque dans les molécules du dessin, placé de l'autre côté; l'alcool s'évapore rapidement, de telle sorte qu'en un instant toute cette poussière si légère de pastel ou de fusain est si bien attachée, si adhérente au papier, que le dessin peut être roulé et frotté sans s'effacer. Voici les proportions de la dissolution: on fait dissoudre dix grammes de gomme-laque ordinaire dans cent grammes d'alcool; on décolore ensuite la liqueur au moyen du charbon animal; on peut même employer la teinture toute faite de laque blanche au sixième, en y ajoutant deux parties d'esprit-de-vin rectifié. Après avoir filtré, il suffit d'étendre une couche de l'une ou de l'autre de ces dissolutions avec un pinceau derrière le dessin, pour lui donner toute la solidité désirable.

C'est aussi de cette dissolution que se servait l'abbé Soulacroix (1839), pour fixer des dessins exécutés *à la fumée d'une bougie*, sur lesquels il faisait quelques touches de sépia, en enlevant les blancs avec un tortillon de papier, pour leur donner tout le piquant du dessin au lavis. Le véritable inventeur des *dessins-fumées* nous paraît être Mandé Daguerre; ces dessins se vendaient à Paris, en 1827, chez Alphonse Giroux.

Pour conserver les dessins très-délicats, M. Sylvestre a conseillé, depuis 1837, l'usage de la dextrine, dans des proportions de deux parties de dextrine, six d'eau et une d'alcool.

On peut encore se servir avantageusement du produit remarquable que le professeur Fuchs, de Munich, a inventé il y a plus de vingt ans, et qu'il appelle *Wasserglas*. C'est la *potasse silicatée*, ou un verre qui se dissout dans l'eau. Ce verre se compose ordinairement, suivant M. Liebig, de quinze parties de quartz, dix de potasse (ou neuf de soude), et une de charbon; unie par la fusion, cette composition, à l'état sec, est claire comme l'eau, dure et difficile à fondre; pulvérisée, elle se dissout dans l'eau bouillante, et lorsqu'on a soin d'entretenir l'eau en ébullition continuelle, on obtient, avec cinq ou six parties d'eau, un liquide de la consistance d'un sirop qui, étendu sur du bois ou du papier, y forme un vernis imperméable.

Enfin, pour fixer les dessins au crayon, un artiste de Berlin recommande le collodion dissous dans quatre parties d'éther sulfurique, et étendu sur le dessin au moyen d'un pinceau large et doux.

Pour compléter cette esquisse sur les matériaux qui servaient et qui servent encore à l'écriture et au dessin, nous mentionnerons sommairement les méthodes (1), les machines et instruments employés de tout temps, soit pour abréger la reproduction de

(1) Extrait d'une notice chronologique sur les diverses méthodes abrégées de reproduire ou de multiplier les dessins, par M. Rouget de Lisle; dans le Bulletin de la Société d'encouragement pour l'industrie nationale, 44me année. 1844, p. 420.

l'écriture et surtout du dessin, soit pour les réduire ou les amplifier ou pour les mettre en perspective. Déjà les anciens Egyptiens employaient les carreaux linéaires pour faciliter la copie des dessins. Il paraît que Bramante et plusieurs peintres du seizième siècle ont fait usage d'une vitre ou de la gaze tendue sur un châssis pour dessiner la perspective. Albert Durer a donné, en 1535, la gravure sur bois de deux machines inventées par lui pour dessiner les objets en perspective; c'est aussi lui qui a imaginé *le point fixe servant de point de vue*, objet important pour dessiner exactement les objets en perspective. Le peintre florentin Cigoli inventa en 1600 un appareil appelé *équerre de Cigoli* par les Italiens. C'est à la même époque que le rév. Père Scheiner, géomètre et astronome allemand, inventa le parallélogramme linéaire, appelé depuis *pantographe*, pour réduire et amplifier les dessins tracés sur le papier.

Thompson et Wren en 1664, Hales en 1710 en Angleterre, et Langlois en 1743 en France, ont perfectionné le pantographe, ainsi que Bion en 1752, Sickes en 1778. Le *singe* du géomètre Buchotte (1754) est un instrument semblable. Nous remarquerons encore le *scénographe* de Eckart (1779); — le *mégascope* du physicien Charles (1786); — la machine dite *polychreste et verticale*, inventée en 1787; — l'*autographe* de Brunnel, en 1800; — le *beveau universel* d'Allard, en 1805; — le *mévanographe* de Donnant, en 1805; — le papier à calquer, fait de paille, par Rousseau, en 1805; — le *proportionnomètre* de Schmalcalder, en 1806; — la machine à profiler de Le Moyne, en 1807; — la poudre résineuse de MM. Revolet et Rigoudet, en 1807, propre à poncer les dessins sur les étoffes et fixée ensuite à l'aide de la chaleur d'un fer à repasser, fort employée par les dessinateurs en broderie; — la *règle centrale* de Nicholson, en 1814; — le *quarréographe* de M. Aueracher, en 1820; — l'*apographe* de M. Smith, en 1821; — l'*hyalographe* de Clinchamp, en 1822; — le *métroscope* de M. Brunnelle de Varenne; — le *perspectographe* de M. Alasson, en 1825; — le *panoragraphe* de M. Puissant; — le *stéréographe* de M. Fevrat de Saint-Mesmin, en 1829; — le *diagraphe* de M. Gavard; — l'*agathographe* de M. Symian; — le *mégagraphe* de MM. Lefèvre et Percheron, en 1836; — le *visocalque* de M.

Viennot; — l'instrument de M. Laffore, dit *compas lafforien*, en 1839; — l'*homographe* de M. Brunier, en 1841; — le *diasquiagraphe* de M. Rougier, en 1843; — le *cymagraphe* de M. Willis, en 1843; — et enfin le *chromographe* et le *chalcographe*, ainsi que plusieurs autres instruments et le papier-canevas (1843) inventés par M. Rouget de Lisle, de qui nous avons emprunté ces détails sur les diverses machines à dessiner. N'oublions pas que M. Collard a pris en 1850 un brevet pour une machine propre à graver des lettres et des ornements en creux et en relief sur toute sorte de matières.

Par ce qui précède, et en déduisant ce qui regarde les temps les plus proches de nous, l'on peut se représenter en quoi consistaient, au commencement des temps modernes, les matériaux pour écrire et les moyens dont on disposait pour reproduire et multiplier les manuscrits et les œuvres d'art.

EMPLOI DE LA GRAVURE AU COMMENCEMENT DES TEMPS MODERNES. Cependant la gravure était généralement pratiquée et d'une manière assez variée. On gravait des coins de médailles que l'on frappait ensuite au marteau; on fabriquait même des bractéates ou médailles faites de lames de métal minces et estampées en creux comme les patères de rideaux. La gravure des sceaux et des cachets était également très-répandue.

On gravait en creux et en relief de très-beaux camées sur pierres fines; mais c'est surtout aux ouvrages nombreux de l'orfévrerie que la gravure fut employée pour orner les croix, les ciboires, les calices, les châsses, les candélabres, les vases sacrés, les missels et une multitude d'autres objets appartenant au culte ou au service domestique.

Le prêtre et moine Théophile [1], dans son Essai sur divers arts du douzième ou treizième siècle, nous a parfaitement instruits sur les genres de gravure alors en usage.

Ce furent d'abord des ouvrages en or et en argent repoussés au moyen du marteau et des ciselés recourbés; des bordures en or,

(1) Théophile, presbyter, déjà cité, cap. 70, 71, 72, 73 et 74.

en argent, en cuivre doré, destinées à être appliquées autour des tables d'autel, des pupitres, des châsses et des livres. Ce genre d'ornements était fait à l'aide d'empreintes en fer gravées en creux, semblables aux sceaux et estampes sur des lames de métal minces appliquées sur du plomb épais.

Le genre qu'il appelle *opus interrasile* consiste à découper dans des plaques de métal des ornements et des figures diverses sur une enclume, à l'aide du ciseau et du marteau.

« De cette manière se font les tables, les lames d'argent sur les « livres avec des images, des fleurs, des animaux; une partie en « est dorée, savoir les couronnes des images, les cheveux et les « vêtements par places; une partie reste d'argent; on fait aussi « des lames en cuivre; on les creuse, on les met ensuite dans un « vase contenant de l'étain fondu pour qu'elles deviennent blan- « ches comme si elles étaient argentées. Elles servent à consolider « les siéges peints, les chaises, les lits, et à orner encore les livres « des pauvres. »

L'*opus punctile*, ou travail de points ou pointillé, que Théophile décrit, est le plus remarquable. Voici en quoi il consiste : Sur une lame de cuivre on dessine des figures, des animaux ou des fleurs, on champlève autour, « alors, battant doucement sur « un perloir avec un petit marteau, on remplit tous les champs « de très-petits cercles, » de manière que les figures plus en relief que les champs se détachent sur un fond mat, auquel on donnait une teinte jaune en plaçant la lame de cuivre sur des charbons ardents. Ces champs, lorsqu'ils n'étaient point frisés ou pointillés, étaient souvent couverts d'un vernis d'huile de lin, enfumé sur des charbons ; ensuite, avec un racloir bien affilé, on raclait les ornements ou les figures reliefs, de façon que les champs restaient noirs.

Ces deux derniers genres de gravure dont Théophile parle, c'est-à-dire l'opus interrasile et l'opus punctile, dont le premier rappelle le travail de nos reperceuses, et le second celui des graveurs en taille d'épargne pour les formes d'imprimerie, étaient tous les deux connus déjà des anciens. Pline en fait mention dans ses écrits.

Aux gravures d'orfévrerie nous pouvons joindre encore les

plaques métalliques gravées qu'on déposait sur les tombeaux, et les inscriptions ou ornements des cloches.

PLAQUES MÉTALLIQUES GRAVÉES. Il paraît que les plaques tumulaires métalliques (1) gravées en creux au simple trait, sont les plus anciennes.

C'est au commencement du quatorzième siècle que l'on rapporte l'introduction de la gravure en relief sur les plaques. Souvent les planches de métal offrent les deux manières réunies; de sorte que les figures qui occupent la place du milieu sont exécutées en gravure au trait en creux, tandis que les inscriptions qui les encadrent le sont en relief. Le fond creusé autour des lettres était fréquemment rempli d'une espèce de ciment rougeâtre ou noir.

On trouve un assez grand nombre de ces plaques métalliques gravées, principalement dans l'Allemagne du Nord, en Finlande, en Suède et en Danemark.

Les pierres tumulaires qui étaient décorées de figures et d'ornements, tels que des haumes, des écus et des bandes d'inscriptions en métal découpé ou revidé et incrusté dans la pierre même, paraissent de la même époque que les précédentes et ne sont pas rares, principalement en Angleterre.

La description de deux monuments du treizième siècle, très-remarquable par le genre de travail et assez bien conservés, peut trouver sa place ici. Ce sont les tombes de Jean et de Blanche de France, enfants de saint Louis, dans la chapelle de ce roi à Saint-Denis (2). « Ils sont en cuivre jaune avec figures repoussées et « fonds en émail. Le champ de la tombe de Jean se compose de « six plaques de métal, couvertes, dans toutes leurs parties appa-

(1) Dr. Liesch, in Deutsches Kunstblatt; Berlin, in-4°, vol. II, 1851, p. 21; vol. III, 1852, p. 366; et vol. IV, 1853, p. 43. N°s 29 et 35. — Dr. Kugler, Handbuch der Kunstgesch. Stuttg. 1842, in-8°, p. 592, 2me éd. 1848, p. 622. — Ibid. Kleine Schriften, 1854, vol. II, 601-631. — C. L. Milde, Denkm. bild. Kunst in Lübeck; Lüb. 1843, 1er liv. — The monumentas brasses of England, bey Rev. Ch. Boutell; London, by Utling, 1849, in-4°. — Deutsches Kunstblatt; Berlin, vol. IV, 1853, W. Lübke, n° 35, et Mandelgren en Danemark, n° 29.

(2) Monographie de l'église royale de Saint-Denis par le baron de Guilhermy; Paris, 1848, p. 165. — Montfaucon, t. II, 160. — Millin, Antiquitis nationales, t. II, n° 11.

« rentes, d'émaux coulés entre des filets de cuivre jaune qui de-« viennent des enroulements d'un très-bon style. Les rinceaux, « courant sur un fond bleu, se terminent par des fleurs nuancées « de vert, de blanc, de rouge et d'azur. La figure du jeune prince, « en fort relief, est au milieu de la tombe... Le visage est pourvu « de toute beauté; les yeux sont incrustés d'émail blanc avec la « prunelle en noir. Un petit cercle semé de points bleus comme « des turquoises, sert de couronne........ Autour du champ sur « lequel repose l'effigie, de petites bandes de cuivre disposées « en carrés portaient l'épitaphe dont les lettres se dessinaient « incrustées d'émail rouge sur le fond de cuivre...... Des mor-« ceaux de cuivre jaune très-mince, qui ont fait partie de la bor-« dure, portent, gravés à la pointe du ciseau, des fleurons, des « fleurs de lis à deux étamines et des châteaux; les fonds sont « guillochés..... La tombe de Blanche est en très-mauvais état, « mais du reste assez semblable à la première. »

Remarquons dans le travail très-curieux de ces tombes en métal, en vue surtout de l'époque dans laquelle elles furent exécutées, le treizième siècle, remarquons, dis-je, dans les champs gravés, les filets épargnés, restés reliefs pour retenir l'émail; les fonds de la bordure guillochés, probablement une espèce d'opus punctile dont parle Théophile; et les légendes gravées en creux et incrustées d'émail.

INSRIPTIONS SUR LES CLOCHES. Suivant M. Otte [1], les cloches avec inscriptions marquant le millésime ne se rencontrent que depuis le milieu du treizième siècle dans le nord de l'Allemagne; mais dans le sud, et surtout en Italie, on en trouve de plus anciennes, celle, entre autres, qui sert pour la messe à la cathédrale de Sienne, portant la date de 1159 [2]. Dans l'église de Buchardi, à Wurtzbourg (Bavière), il y en a une avec la date de 1240; et la cathédrale de Fribourg en Brisgau en possède deux, dont l'une du millésime de 1258, et l'autre de 1281.

(1) Heinrich Otte, Kunstarcheologie des Mittelalters, Leipz. 1854, p. 243. — Deutsches Kunstblatt, Berlin, vol. III, 1852, p. 409.

(2) Suivant Ramboux, Annales archéol. de Didron, 5, 181.

On remarque généralement quatre procédés différents dans la manière de mettre les inscriptions sur les cloches.

D'abord il y a des cloches d'un temps reculé, sur lesquelles les inscriptions sont gravées simplement en creux et au trait; celle de Diesburg, près de Magdebourg, est de ce genre.

Il y en a d'autres dont les inscriptions et les représentations en figures au trait sont en relief très-bas. Les lignes reliefs qui forment les dessins sont tranchants à leur sommet, ce qui provient probablement de ce qu'on les a creusés dans le moule de la cloche avec un instrument tranchant à joues ou à biseaux.

Cette gravure devait se faire en sens contraire, si, après avoir fondu la cloche, on voulait l'obtenir droite. Cependant on rencontre souvent des cloches qui ont les figures ou les inscriptions en sens contraire, ces dernières toujours alors en majuscules.

Les figures portent dans ce cas l'écu au bras droit; l'épée est suspendue au côté droit, et les prêtres donnent la bénédiction avec la main gauche.

La cloche de l'église de Saint-Blasiens, à Muhlhausen, dans la Thuringe, de l'an 1345, en est un exemple.

Le troisième procédé, en usage dès le quatorzième siècle, paraît consister à imprimer dans le moule, au moyen de formes reliefs en bois, les mots ou les caractères les uns après les autres.

Les lettres, qui sont de belles majuscules, ont peu de relief; elles sont à surface plate, richement décorées d'ornements, le corps de la lettre étant souvent damasquiné. On remarque parfois le bord de la forme qui a servi à imprimer les lettres dans le moule.

Les figures qu'on voit sur ces cloches sont encore gravées en creux dans le moule, comme cela se pratiquait dans le procédé précédent. Cependant on rencontre déjà des exemples d'application de cachets en cire sur la forme de la cloche, cachets qui s'imprimaient dans le moule, et qui, lorsqu'on séchait le moule, se fondaient en y laissant une empreinte en creux. La cloche, après le moulage, portait le relief du cachet.

Enfin la quatrième manière de procéder, pratiquée dès le quinzième siècle, encore en usage aujourd'hui, consiste à former les lettres isolées ou mobiles, en faisant passer de la cire à travers une planche, dans laquelle sont percées à jour les lettres de l'alphabet. Les lettres ainsi obtenues se collent ensuite sur la forme en composant l'inscription; elles s'impriment dans le moule en creux, et se reproduisent en relief sur la cloche.

De tout ce que nous venons de dire sur l'état de la gravure et sur les matériaux qui servaient à écrire et à dessiner au commencement des temps modernes, il ressort suffisamment que les principaux procédés de l'art de la gravure étaient connus, les genres variés et tous les matériaux assez perfectionnés pour qu'un esprit inventif pût les appliquer à l'impression en couleur sur papier.

En remplissant les inscriptions gravées en creux d'une couleur noire au lieu d'émail ou de ciment, et en frottant fortement sur un morceau de papier appliqué sur cette gravure encrée, on aurait obtenu une épreuve pareille aux estampes des graveurs sur cuivre.

En posant, au contraire, de la couleur au moyen du doigt ou d'un tampon sur les inscriptions gravées en relief, et en pressant un papier dessus, on aurait obtenu une épreuve semblable à celles des imprimeurs; et on se serait d'abord aperçu qu'il fallait graver les lettres en sens contraire, si on voulait qu'elles fussent droites après l'impression.

Il est hors de doute qu'on avait fait des applications de ces différents genres d'impression longtemps avant l'époque à laquelle on suppose appartenir les épreuves qui sont venues jusqu'à nous, et qu'on prend généralement pour les premiers essais.

La conservation de ces premières épreuves de la gravure et de l'impression est due à l'usage des relieurs d'alors qui collaient des images de saints ou des cartes à jouer tant recherchées à cette époque dans l'intérieur de la couverture des manuscrits, usage maintenu jusqu'aujourd'hui encore dans certaines parties de l'Allemagne, et ce furent probablement aussi les premiers objets auxquels on appliquait les nouveaux procédés de gravure et d'impression dans l'intention de les multiplier.

C'est principalement chez les PEINTRES DE LETTRES qu'il faut chercher les premières traces de l'imprimerie.

Outre les manuscrits précieux et soignés, il y en avait encore d'autres plus communs, faits par des écrivains inférieurs, et qui, vendus à plus bas prix, servaient à l'usage de la maison et de l'école. Ces ouvrages, composés souvent d'une simple feuille, étaient écrits sur du papier ordinaire, ornés de dessins grossiers à la plume, et coloriés [1]. Le mot de *breve*, appliqué à ce genre d'écrits dérivant de la basse latinité, est synonyme de *scriptum*, écrit ou lettre, et désigne généralement les écrits en feuilles volantes, ou tout écrit court; en un mot, c'est le contraire d'un livre volumineux. De ce mot *breve* vient le nom allemand *brief*, qui avait alors la même signification, et on appelait peintres de lettres ceux qui s'occupaient de les écrire.

Ces peintres de lettres, qui étaient en même temps écrivains et coloristes, fabriquaient, dessinaient et coloriaient souvent aussi des cartes à jouer.

Il se comprend que le besoin de moyens plus expéditifs et de procédés plus faciles pour pouvoir livrer plus vite et à meilleur marché ces ouvrages de moyenne étendue, dut se faire sentir de bonne heure chez les peintres de lettres.

Quant à l'antériorité d'usage, il est probable que les images, accompagnées de plus ou de moins de texte, sont postérieures aux cartes à jouer, mais que la nécessité de procédés accélérateurs de multiplication se faisait sentir également pour les unes et pour les autres.

CARTES A JOUER. Il paraît certain que les cartes à jouer [2] sont d'origine chinoise, et qu'elles étaient dès 1120 en usage chez les Arabes comme dans tout l'Orient.

Ce fut sans doute à la suite des croisades que le jeu des cartes fut introduit de l'Asie en Europe; mais il s'y répandit peu d'abord.

L'Italie et l'Espagne sont les premiers pays de l'Europe où les cartes fussent connues sous le nom de *naipes;* c'était vers la fin du quatorzième siècle ou au commencement du quinzième.

Dès cette époque, elles se répandirent en France et en Alle-

(1) Voyez Sotzmann, déjà cité, p. 472.

(2) J.-G.-J. Breitkopf déjà cité. — P. L. Jacob (Paul Lacroix) bibliophile, origine des cartes à jouer, dans le Dictionnaire de la conversation, Paris, 1835.

magne, mais en subissant des modifications et des changements notables.

Les plus anciens types connus, les types fondamentaux sont le bâton, le denier, la coupe et l'épée. En Italie et en France, c'était des carreaux, des trèfles, des cœurs et des piques. En Allemagne, dans les Pays-Bas et en Angleterre, on avait les grelots, les glands et les feuilles qui étaient vertes, et les cœurs qui étaient rouges. Souvent aussi on employait des figures emblématiques. De ce genre sont le Chartiludium logicum, de 1507; le Chartiludium institutionem juris de 1518, tous les deux de Thomas Murner de Strasbourg, ainsi que le Giuoco de Mantégna, et la Charta lusoria de Jobst Amman de Nuremberg, de 1588.

Dans les commencements, les cartes à jouer furent peintes, et on le faisait avec un grand luxe. Les plus anciennes qu'on possède sont les *cartes de Charles VI* (1); elles sont peintes avec délicatesse, comme les miniatures des manuscrits, sur un fond doré rempli de points qui forment des ornements en creux; elles sont entourées d'une bordure argentée, dans laquelle un pointillage semblable figure un ruban roulé en spirale. C'est probablement ce pointillage qu'on appelle *tarée* ou tarotée, espèce de gaufrure composée de petits creux piqués et arrangés en compartiments, à laquelle les tarots doivent leur nom, et dont les cartes ont jusqu'à nos jours gardé le vestige, quand elles sont couvertes par derrière d'ornements et de dessins imprimés en noir ou en couleur.

Ces cartes, au nombre de dix-sept, sont peintes à la détrempe et sur un carton épais d'un millimètre.

Les cartes à jouer de 1412, attribuées à Marziano de Tortone (2) et conservées à Milan, celles que possède la bibliothèque royale de Turin, et celles de la galerie de Durazzo à Gênes (3), sont du même genre, peintes en miniature sur du papier de coton, et collées sur du carton; mais on n'y remarque aucune trace d'impression, pas même l'emploi de patrons (al traforo).

Les cartes peintes étaient très-coûteuses. Celles que Marziano, secrétaire du duc Ph. Marie Visconti, avait peintes pour ce

(1) Paul Lacroix, déjà cité.
(2) Decembris, Vita Ph. M. Vice-comitis. Milan 1630. cap. LXI.
(3) Cicognora memorie spettanti alla storia della Chalcographia. Prato, 1831.

prince, coûtaient 1500 écus d'or, environ 15,000 francs. Les trois jeux de cartes peints par Jacquemin Gringonner (1) pour le roi Charles VI en 1392, lui furent payés 56 sols parisis, environ 170 francs.

Ces prix diminuèrent sensiblement dans la suite, de manière qu'en 1454 un jeu de cartes destiné au dauphin de France, ne coûtait plus que 5 sous tournois, 14 à 15 francs environ de notre monnaie.

Dans les comptes de l'argentier de la reine Marie d'Anjou, on voit qu'il a été payé à Guyon, mercier, demeurant à Saint-Aignan, pour trois paires de cartes à jouer 5 sous tournois, et pour deux jeux de cartes et un millier d'épingles, livrées à Madame Magdelaine de France, 10 sous tournois.

On avait donc trouvé dans l'intervalle de 1392 à 1454 des moyens de fabriquer des cartes à bon marché, et d'en faire une marchandise. Ces moyens furent probablement d'abord l'emploi de patrons, puis celui de l'impression par la gravure sur bois ou sur cuivre.

Plusieurs débris de jeux de cartes, que l'on suppose exécutés avant le milieu du quinzième siècle, nous ont été conservés dans des reliures de manuscrits.

Ce sont deux planches (2) de cartes, l'une de 18 cartes et l'autre de 10, portant tous les caractères du règne de Charles VII. Elles sont gravées en bois et coloriées au patron, chaque partie sur une seule planche. Il n'y a qu'une seule planche qui porte le nom du cartier, F. Clerc, mais sans date.

En général on a très-peu conservé de cartes à jouer, surtout de cartes ordinaires gravées sur bois.

TAILLEURS DE MOULES OU GRAVEURS SUR BOIS. Les peintres de cartes se transformèrent donc bientôt en tailleurs de moules (Formschneider), ou leur cédèrent la place. Les tailleurs de moules sont des graveurs sur bois, qui gravaient ces cartes soit sur des blocs ou planches de bois, soit

(1) Saint-Foix, Essai sur Paris, t. I, p. 260, et Breitkopf, vol. 1, p. 28.— Ménestrier Bibl. curieuse, t. II, 174.

(2) La 1re est de la collection de M. d'Henneville, l'autre de la Bibl. imp. de Paris.

sur des planches de métal, pour les multiplier au moyen de l'impression en couleur.

Dans les registres municipaux et dans ceux des corporations, on peut constater où et à quelle époque existaient les premiers cartiers et graveurs de cartes. Dans ceux de Nuremberg, il est fait mention de tailleurs de moules en 1449, et de cartiers depuis 1433. Dès 1473, on nomme des peintres de lettres, des calligraphes, des coloristes, dont dépendaient les tailleurs de moules et les imprimeurs. On rencontre des noms de cartiers et de peintres de cartes à Augsbourg, en 1418; à Ulm, en 1402; mais des tailleurs de moules seulement en 1441. A Francfort-sur-le-Mein, on cite *Henne* Kruse, de Menze (Mayence), comme imprimeur en 1440.

Dans les Pays-Bas, les imprimeurs de lettres se montrent à la même époque. La confrérie de Saint-Luc à Anvers se composait en 1442 de peintres, de sculpteurs sur bois, de verriers, de coloristes (verlichter), et d'imprimeurs (printers). Dans la confrérie de Saint-Jean l'évangéliste de Bruges se trouvaient, en 1454, des écrivains, des maîtres d'école, des libraires, des imprimeurs sur bois (printers, holzdrucker), des relieurs et des faiseurs d'images (beelden mackers); plus tard, les Néerlandais appelaient les tailleurs de moules et les imprimeurs de cartes des *Plaat* ou *Figuerssnyders* (tailleurs de planches ou de figures), des *Heiligen* ou *Beeldeken printers* (imprimeurs d'images de saints).

Sur les anciennes cartes à jouer, conservées au cabinet des estampes de Paris, figurent les noms de différents cartiers d'époques diverses. Le plus ancien paraît être Jehan Valay ou Volay, qui fabriquait des cartes sous Charles VIII ou Louis XII, de 1483 à 1498.

Mais on ne fait mention en France de *tailleurs* et *imprimeurs d'histoire* et *de figures* que dans le seizième siècle. On les trouve joints à Paris aux *dominotiers,* qui fabriquaient du papier bigarré et marbré, genre de travail qui a beaucoup de rapport avec celui qu'exécutaient auparavant les cartiers lorsqu'ils *tarotaient* le revers des cartes.

En Italie, il n'est pas question de ces professions avant l'introduction de la typographie dans ce pays, qui eut lieu en 1468 par Jean de Spire, imprimeur allemand.

Nous pouvons donc établir avec certitude, que les tailleurs de moules ou graveurs sur bois, ainsi que les imprimeurs de cartes et de lettres (briefe), étaient déjà assez répandus vers 1440, mais qu'ils ne remontent pas au delà de beaucoup plus d'une vingtaine d'années.

IMPRESSIONS EN PLANCHES FIXES

Les genres d'ouvrages produits par les peintres et les imprimeurs de lettres se continuèrent jusque dans le seizième siècle, et consistaient, après les cartes à jouer, principalement en effigies de saints.

Le culte d'hyperdulie et de dulie, ou de la Vierge et des saints, pratiqué dans cette époque avec exaltation, et l'usage de faire dans l'église la prière devant des images, introduit aussi dans le culte de la maison, furent les principales causes de la fabrication d'images à bon marché, d'images faites sur papier et d'une exécution grossière en dessin et en couleur, destinées aux personnes trop pauvres pour se procurer des peintures ou des sculptures.

Ces peintures grossières étaient l'ouvrage des imagiers, des peintres de lettres, et représentaient ordinairement la vierge avec l'enfant Jésus, l'annonciation, le Christ sur la croix ou le Christ souffrant, accompagné des instruments du martyre, ou bien des saints et des saintes, patrons des pays ou des villes. Souvent on ajoutait sous l'image des légendes, des prières, des annonces d'indulgences ou de miracles pour les pèlerins.

La vénération des images allant toujours en augmentant, on imagina de graver les peintures sur du bois, de les imprimer sur du papier, et de les colorier à la détrempe ou à la gouache, pour les vendre encore à meilleur marché, et de les répandre en plus grand nombre.

Les tailleurs de moules ou graveurs sur bois transformèrent bientôt ces images à une seule figure en images représentant des groupes entiers, figurant des sujets de l'histoire sainte, ou des épisodes de la vie des saints personnages. On les réunissait quelquefois en formant des volumes, des livres d'images, auxquels, dans la suite, on ajouta un texte séparé, que l'on gravait sur une planche de bois à part, et que l'on imprimait sur une feuille placée en regard de l'image.

IMPRESSIONS XYLOGRAPHIQUES. On appelle ce genre d'impression *xylographique* (du grec *xylos*, bois), ou *tabellaire,* parce que l'image, avec quelques lignes de texte sont imprimées sur des planches entières de bois gravées, ou des planches de bois en caractères fixes; c'est le contraire de l'impression avec des lettres mobiles, et peut être considéré comme la première époque de l'imprimerie.

Les imprimés xylographiques ou tabellaires primitifs, qu'ils consistent en livres avec texte et images, ou en livres d'images sans texte, qui se sont conservés jusqu'à nous, ne dépassent guère le nombre de trente ouvrages différents.

La plupart ont le format d'un petit in-folio, et ne se composent généralement que de cinquante pages, qui sont imprimées d'un seul côté du papier (*anopistho-graphique*, le contraire d'*opisthographique*, ou impression sur le côté *recto* et le *verso* de la feuille).

L'impression de ces premières épreuves de l'imprimerie ne s'opérait point par la presse typographique, alors inconnue, mais à la manière des cartiers, qui était la suivante: Sur la planche de bois gravée en relief et préalablement noircie avec une couleur à la détrempe, on plaçait une feuille de papier, que l'on frottait fortement au moyen du *frotton* enduit d'un corps gras, huile, savon ou autre, qui lui permit de glisser sur la feuille de papier sans la déranger, de manière que le papier touchât partout la gravure relief, et celle-ci s'y imprimait parfaitement. Comme cette manière d'imprimer au frotton empêchait l'impression des deux côtés de la feuille, le frottement nécessaire pour opérer l'impression sur le côté opposé de la feuille de papier aurait effacé l'empreinte existante sur le recto, on était alors forcé de coller des feuilles dos à dos par le côté resté en blanc, pour n'en former qu'une seule.

Examinons succinctement maintenant les produits de cette première époque de l'imprimerie et de la xylographie. D'abord les images isolées, ensuite les livres composés de texte seulement, et enfin les livres d'images.

La gravure xylographique, que l'on suppose le plus ancien monument de l'art d'imprimer, connue jusqu'à présent, représente un saint Christophe portant l'enfant Jésus à travers la mer; à sa partie inférieure est une inscription latine en lettres gothiques, avec le millésime de 1423, et dont voici la traduction :

Le jour où tu regarderas la face de Christophe, ce jour-la, tu ne mourras pas d'une mauvaise mort.

L'an mil quatre cent vingt-trois.

Cette gravure a été trouvée par M. de Heinecken au milieu du siècle passé; elle était collée dans l'intérieur de la couverture d'un manuscrit de l'année 1417.

Quoique généralement regardée comme authentique, l'âge en a été cependant contesté, et surtout d'une manière convaincante par M. Sotzmann (1); voici ses preuves : Le millésime de 1423 n'a pas rapport à l'époque dans laquelle fut exécutée la gravure, mais plutôt à un événement extraordinaire arrivé dans le courant de cette année; aussi l'inscription ne désigne-t-elle pas les qualités attribuées ordinairement à ce saint, elle fait au contraire allusion à l'événement. En effet, les dates qui se trouvent sur les anciennes gravures xylographiques de cette époque ont ordinairement une autre signification que de marquer la date de la fabrication; quelquefois elles ont rapport à la personne même que la gravure représente; comme c'est le cas sur la gravure d'un saint Nicolas de Tolentino avec le millésime de 1466, qui est l'année de sa canonisation; d'autres fois, elles désignent l'époque d'une fête, d'un miracle, ou l'année dans laquelle fut faite l'image originale dont la date passait dans la copie gravée.

Enfin, ce qui prouve encore davantage contre l'antiquité supposée de cette gravure du saint Christophe, c'est qu'elle n'est pas imprimée à la manière des temps primitifs de l'imprimerie, c'est-à-dire avec le frotton et en couleur pâle, mais qu'elle est imprimée avec la presse typographique et à l'encre noire.

(1) Sotzmann, p. 505-507. — J. D. Passavant, Kunstblatt, Berlin, 1850, p. 162. — Dr. C. Falkenstein, Gesch. der Buchdruckerkunst. Leipz. 1840, in-4°.

Un second exemplaire xylographique du même saint Christophe, portant également la date de 1423, existe au cabinet des estampes de Paris. Il est parfaitement semblable à l'autre (1), et c'est un fait remarquable qu'il existe deux exemplaires de cette gravure, supposée la plus ancienne, tandis que toutes les autres connues jusqu'à présent sont des exemplaires uniques.

On place encore, dans cette première époque de la xylographie, un grand nombre d'autres gravures portant également des dates dont la pluralité cependant paraissent douteuses. Une des plus remarquables est un saint Bernardin avec le millésime de 1454, du cabinet des estampes de Paris, dont le travail est une imitation d'une gravure sur métal, *taillée au moyen du ciseau*, genre de gravure qui nous occupera plus tard. Cette gravure nous transporte déjà par sa date et son caractère aux premières années de la typographie.

La plupart de ces gravures xylographiques incunables se rencontrent dans la Franconie, les contrées rhénanes et la Souabe. En Flandre et dans le Brabant, ces images grossières ne paraissent pas très-répandues, parce que le goût était déjà plus épuré par la peinture des miniatures qui y florissait. Pour la France, ce serait principalement en Bourgogne qu'on pourrait trouver des produits de ce genre. L'Italie n'en offre aucune trace.

Les livres xylographiques ou tabellaires (Block-books) forment la transition entre les images xylographiques imprimées et la typographie. Ils constituent une division particulière dans la littérature et les arts du moyen âge, et offrent un grand intérêt pour l'histoire et le développement de l'art de l'imprimerie et de la gravure sur bois.

On les divise ordinairement en deux classes: les livres contenant du texte seul, et ceux qui sont composés d'images et de texte. Les premiers sont des abécédaires, des ouvrages élémentaires à l'usage des écoles, et surtout des *Donats* ou extraits de la grammaire d'Aelius Donatus, maître de saint Jérôme, qui vivait au milieu du quatrième siècle.

(1) Ce qui a été prouvé par Crapelet et Waagen contre Dibdin, qui prétendait faire un exemplaire unique, de la gravure conservée dans la collection de lord Spencer.

C'est à l'impression de ce livre, généralement estimé et exclusivement en usage pendant des siècles, que l'imprimerie naissante exerçait son art, essayait ses forces juvéniles et ses procédés encore imparfaits, et cela presque dans tous les pays en même temps.

Les plus anciennes éditions cependant ont été faites en Hollande (1), probablement à Harlem, avant 1440, et de là se sont répandues dans les autres pays.

On ne possède que deux éditions complètes de ces *Donats;* le reste consiste en fragments disséminés dans les bibliothèques de Paris, de Londres, de Vienne, de Munich, du Haag, de Harlem, de Leyde, de Trèves, de Mayence et de Halle. Ils sont imprimés sur du parchemin ou sur du papier, mais, comme ils portent tous les signes de l'emploi d'une presse, ils ne peuvent être reculés que jusqu'à 1440.

Les premières éditions étaient imprimées au frotton, d'un côté du papier seulement, et en grandes lettres gothiques. Cependant, la manière d'imprimer avec des planches de bois sur lesquelles le texte entier était gravé, ne peut pas toujours être regardée comme une particularité caractéristique des premières impressions, et désignant exclusivement les préliminaires de la typographie, puisqu'on a publié des éditions xylographiques encore après l'introduction de la typographie. On connaît un Donat xylographique en lettres allemandes, publié en 1480 par Conrad Dinkmuth, relieur et imprimeur de lettres (briefe), et de livres à Ulm; et une bulle d'indulgences, publiée à Munich en 1482.

M. Aug. Bernard atteste que les Donats en vélin sont imprimés à la presse et non au frotton, vu la difficulté que présentait cet instrument pour l'impression sur vélin; et que les donats xylographiques sont postérieurs aux donats typographiques, ou en caractères mobiles, « parce qu'on ne connaît pas un seul fragment de Donat imprimé à la détrempe, et par conséquent au frotton, quoiqu'on en possède beaucoup exécutés avec des planches de bois; tous les Donats xylographiques qu'on a sont imprimés des deux côtés en belle encre noire, et portent des *signatures.* Enfin,

(1) Sotzmann, ibid. p. 524 et suivantes.

pour des livres peu considérables et souvent réimprimés, il était plus économique, une fois l'imprimerie organisée, de les faire graver, afin de les conserver en magasin, et de pouvoir réimprimer à volonté, que de les composer chaque fois en caractères mobiles. Dans ce cas, les planches de bois faisaient l'office de nos *clichés* ou *stéréotypes* d'aujourd'hui. »

« Il existe encore un grand nombre de planches de bois provenant de Donats xylographiques. La Bibliothèque impériale de Paris en possède deux qui viennent primitivement de l'Allemagne (1). »

On peut donc fixer la durée de la période des livres xylographiques (2) à plus d'un demi-siècle, environ entre 1440 et 1490.

La seconde classe des livres xylographiques ou tabellaires, *avec images et texte,* embrasse une série d'environ vingt ouvrages, tant religieux que profanes. Ce sont tous des imitations directes de manuscrits ornés de miniatures, estimés et connus depuis longtemps, et dont la plupart existent encore. Quelques-uns remontent même jusqu'au treizième siècle, comme *la Bible des pauvres* et *le Miroir du salut.*

La *Bible des pauvres* (3), *Biblia pauperum,* ne paraît pas avoir reçu ce nom parce que ce livre était destiné spécialement aux personnes pauvres, mais parce qu'il devait servir de guide dans la prédication aux ecclésiastiques inférieurs et peu instruits.

Ce mot *pauperes* désignait au moyen âge aussi bien les pauvres laïques que les ecclésiastiques inférieurs des couvents et des ordres. Les chartreux et les bénédictins, qui s'en servaient le plus, s'appelaient eux-mêmes *pauperes Christi.*

La *Bible des pauvres,* ainsi que le *Miroir du salut,* ouvrages qui ont plus d'un rapport, se composaient d'une suite de représentations prises du Nouveau Testament, expliquées par des versets tirés des prophètes, et par des sujets empruntés à l'Ancien Testament.

Le Miroir du salut, qui est le développement de la Biblia

(1) De l'origine et des débats de l'imprimerie en Europe, par M. Auguste Bernard; Paris, 1853, tome I, p. 103.

(2) Pour plus de détails voy. Wetter, Ottley, Sotzmann, etc.

(3) Falkenstein, Sotzmann, etc.

pauperum, est pourvu d'un texte plus étendu, et contient de plus une histoire de la rédemption du genre humain.

On connaît jusqu'à présent six éditions de la *Bible des pauvres*, dont une, qui est considérée comme la plus ancienne, est composée de cinquante tables ou feuilles. Le seul exemplaire qui en existât encore a été soustrait à la bibliothèque de Wolfenbüttel, et placé dans celle de Paris. M. de Huebsch, à Cologne, a trouvé une des planches de bois gravées qui avaient servi à l'impression de cette édition, que l'on suppose par conséquent originaire de Cologne ou de son voisinage.

Les cinq autres éditions ne se composent chacune que de quarante feuilles. L'une de ces éditions, considérée comme la plus ancienne, paraît aussi avoir servi de type aux autres, et est jugée d'origine néerlandaise.

Les planches de bois de toutes les éditions de la *Bible des pauvres*, ainsi que de presque tous les livres xylographiques, sont imprimées au moyen du frotton et avec de l'encre à la détrempe pâle, et seulement d'un côté du papier.

Chaque feuille est marquée d'une lettre majuscule, placée au milieu des sujets de la partie supérieure. La première feuille porte la première lettre de l'alphabet, et ainsi de suite jusqu'à la vingtième, qui est signée du V. Les vingt feuilles suivantes sont signées de même, mais avec cette différence que chaque lettre est placée entre deux points. C'est là le premier emploi des signatures de feuilles, qui maintenant sont d'un usage général.

Dans le mois de mai 1823, M. Jacques Koning, à Harlem, découvrit les planches gravées en bois qui avaient servi à l'impression de la *Biblia pauperum*, et à un autre incunable xylographique, l'*Art de mourir* (*Ars moriendi*), planches que plusieurs imprimeurs hollandais du quinzième siècle ont employées dans diverses éditions postérieures.

Koning attribue ces planches à Coster.

Le Miroir du salut, **speculum humanæ salvationis**, qui sous plusieurs rapports est semblable à la Bible des pauvres, est surtout remarquable parce qu'il est en partie xylographique et en partie typographique.

Ce livre incunable forme ainsi le passage de la première époque de l'imprimerie, l'époque xylographique ou tabellaire, à la seconde époque, la typographie, ou impression en caractères mobiles.

On a conservé quatre éditions du *Miroir du salut*, dont deux en latin, et deux en hollandais. Elles sont toutes in-folio, avec des caractères gothiques (de la forme des caractères de l'écriture en usage dans la Hollande au quinzième siècle; Ottley, 219) de la force du *saint-augustin* (14 points typographiques) mais avec l'œil très-compacte, équivalant à celui du *gros-romain gras* (Bernard I, 13). Les sujets de ces quatre éditions sont imprimés sur les mêmes planches, avec le frotton et de l'encre pâle.

Cependant le texte de l'une des éditions latines, qui se trouve dans les sujets figuratifs, est pour vingt de ses feuilles gravées sur les planches de bois mêmes, tandis qu'il est imprimé sur les autres feuilles avec des lettres mobiles et de l'encre à l'huile.

La ressemblance du style et de la gravure des sujets, ainsi que des lettres, que l'on remarque entre la Bible des pauvres et le Miroir du salut, fait supposer que l'époque de leur publication est à peu près la même; elle peut être placée vers l'an 1450, alors que la typographie commençait à naître à Mayence. M. Bernard, s'appuyant sur l'assertion d'Hadrien Junius et sur d'autres preuves incontestables, attribue l'impression des Speculum anonymes à Laurent Coster, de Haarlem (1).

Les planches de bois qui avaient servi aux éditions originales de la Bible des pauvres, furent plus tard employées dans des livres publiés par Peter van Os, à Zwoll (Ober-Yssel), en 1488 et 1491. L'imprimeur Veldener, de Culembourg, s'est servi des planches originales du Miroir du salut pour une nouvelle édition du même livre en 1483; il a scié les planches et les a mêlées avec de nouvelles, pour en former une édition in-4°. Il existe même encore deux éditions de la Bible des pauvres entièrement xylographiques, mais dont plusieurs exemplaires sont imprimés

(1) Voyez en outre sur ce sujet *Wetter*, Falkenstein, Ottley, Solzmann et surtout E. Harzen, über Alter und Ursprung der frühesten Ausg. des Heilspiegels, im Archiv f. zeichn. Künste, Leipz. Ier Jahrg. 1855, p. 3 ff. — IIer Jahrg. 1856, p. 1 ff. — Sur le Speculum salv. hum. par Ch. Ruelens. Brux. 1855, etc.

des deux côtés du papier et par la presse typographique. Le texte est en allemand, et les gravures plus grossières qu'aux éditions antérieures. L'une de ces deux éditions porte le millésime de 1470, et a pour éditeurs Frédéric Walther et Hans Hurning, à Nördlingen; l'autre est marquée de la date 1475, et du monogramme de Hans Sporer.

On voit donc que les impressions xylographiques ou tabellaires existèrent encore longtemps à côté des éditions typographiques, comme cela était le cas avec les Donats.

Les autres livres xylographiques avec texte et images qui nous ont été conservés, ont plus ou moins de rapport quant aux procédés d'exécution avec les deux livres que nous venons d'examiner; mais ils diffèrent entre eux par les sujets et le texte, le format, le volume et la date. La plupart des dessins des images de ces livres ont été coloriées par des enlumineurs avec des couleurs à la détrempe.

Certaines particularités qui paraissaient propres aux livres xylographiques, et qui ont été présentées comme des preuves de leur antiquité, ont été écartées plus tard comme incertaines ou douteuses, comme fausses même. Telles sont principalement les signatures marquant la suite des feuillets, qui se rencontrent déjà sur les éditions les plus anciennes de la Bible des pauvres, et qui cependant ne furent mises en usage qu'en 1472 par l'imprimeur Kœlhof, à Cologne; telles sont encore les marques de la fabrique ou du fabricant dans le papier qui a servi à l'impression de ces livres, et sur lesquelles Koning surtout appuyait ses arguments, ces marques, quoique existant déjà dans des livres xylographiques néerlandais de la première moitié du quinzième siècle, se rencontrent également encore dans les imprimés allemands et hollandais du seizième siècle. L'usage d'intercaler dans les livres tabellaires imprimés en latin des feuilles blanches sur lesquelles on écrivait à la main la traduction allemande, usage que les imprimeurs de lettres paraissent avoir introduit pour s'épargner le travail pénible de la gravure sur bois, n'est pas regardé comme une preuve infaillible de leur antiquité, pas plus que les marques du fabricant de papier et les signatures des feuilles pour le relieur.

Il suit de là que les livres xylographiques embrassent une période plus courte que les Donats, de 25 ans environ, commençant à peu près vers 1460; et que, par conséquent, ils ne sont pas les plus anciens produits de la gravure sur bois, mais qu'ils peuvent être considérés comme contemporains des incunables de la typographie.

Il paraît qu'en général l'impression avec des planches de bois gravées a commencé à être pratiquée par les cartiers et par les peintres de lettres dans les trente premières années du quinzième siècle, et cela principalement en Hollande; mais que cet art ne se répandit et ne s'établit positivement que vers 1440, époque des cartes à jouer et des images de saints gravées sur bois et sur métal, et imprimées sur papier.

A l'approche du milieu du quinzième siècle, l'impression xylographique ou tabellaire produisit principalement des livres composés simplement de texte, et ce fut premièrement en Hollande.

C'était l'époque des Donats et des livres d'école.

Depuis 1460 jusqu'en 1480 environ, lorsque la typographie, c'est-à-dire l'impression avec des lettres mobiles, avait déjà été inventée et même perfectionnée à Mayence, on publiait encore en Hollande, et plus tard aussi en Allemagne, des livres d'images xylographiques.

C'était à la fois l'époque des livres xylographiques à images et de l'invention et de l'extension de la typographie.

Enfin, dès les dix dernières années du quinzième siècle, la gravure sur bois, employée jusque-là par les imprimeurs de lettres pour les livres de texte et d'images, ne servait plus qu'à la reproduction des dessins et des peintures, tandis que la typographie était exclusivement adoptée pour les livres à texte.

Ainsi ces deux arts, qui avaient marché ensemble pendant quelque temps, s'étaient séparés pour prendre chacun une route indépendante en se développant et se perfectionnant dans tous les sens.

Un troisième art, la gravure sur métal, dont nous nous sommes peu occupés jusqu'à présent, entra également en lice, et en même temps que les deux précédents.

Ces trois arts donc avaient été inventés dans le commencement du quinzième siècle. La gravure sur bois et la gravure sur métal, tous les deux destinés à la reproduction et à la multiplication au moyen de l'impression, auront leur place plus loin; la typographie nous occupera d'abord.

IMPRESSIONS EN LETTRES MOBILES

TYPOGRAPHIE. Nous ne reproduirons pas la longue et interminable discussion sur la priorité de l'invention de la typographie [1], réclamée surtout d'un côté par Harlem, et de l'autre par Mayence. Nous adopterons pleinement l'opinion et la conclusion de M. Sotzmann, qui, appuyé sur des arguments irrécusables, a pénétré ce sujet d'une critique éclairée, saine et tout à fait impartiale.

Nous regardons comme probable que la typographie a été découverte également et presque en même temps à Harlem et à Mayence.

Nous avons remarqué que l'Allemagne peut revendiquer l'honneur d'avoir fourni les premiers tailleurs de moules (graveurs sur bois) et les imprimeurs de lettres, tandis que la première application de l'imprimerie xylographique ou tabellaire, faite aux Donats et aux livres d'images, appartient à la Hollande, d'où elle fut importée et répandue en Allemagne.

Tout était donc prêt, gravure et impression; il ne fallait plus qu'un pas, un esprit inventeur capable de perfectionner et de compléter les moyens, pour passer de l'impression xylographique à l'impression typographique. Le besoin de faire ce pas se

(1) Il y a plus de 20 villes, et encore un plus grand nombre de personnes à qui l'on attribue cet honneur. Sotzmann, 533. — Nous ne parlerons pas des Chinois, desquels on dérive quelquefois l'invention de l'imprimerie. Il est hors de doute qu'ils aient pratiqué dans des temps reculés l'impression xylographique anopisthographique, et qu'ils l'emploient encore sans avoir fait d'autres progrès; mais la connaissance de ces faits ne s'est répandue que fort tard en Europe, et lorsque la typographie y était déjà connue depuis longtemps. Nous renvoyons pour de plus amples détails aux nombreux auteurs qui en ont parlé, et surtout à l'ouvrage de M. Stanislas Julien, intitulé: Documents sur l'art d'imprimer à l'aide de planches en bois, de planches en pierre, de types mobiles, inventé en Chine bien longtemps avant que l'Europe en fît usage.

faisait d'autant plus sentir que les moyens étaient insuffisants; il fut fait, avons-nous dit, à la fois à Mayence par Gutenberg, et en Hollande par Coster (1).

A la suite de l'expulsion des familles patriciennes de Mayence, Jean (Henne) Gensfleisch, dit Gutenberg, gentilhomme de cette ville, se réfugia, en 1420, à Strasbourg, où il séjourna quelques temps. Forcé par le besoin, il s'y occupait de plusieurs arts, qu'il tenait secrets, entre autres de l'art du lapidaire, de l'étamage des miroirs, et surtout de l'imprimerie.

Des pièces encore existantes d'un procès qu'il eut dans cette ville avec ses associés, constatent que sa principale occupation, quoique non avouée, était l'imprimerie, et qu'il était à la recherche de moyens pour pouvoir imprimer avec des lettres mobiles, et avec la presse au lieu du frotton. En effet, il y est fait mention *de plomb*, acheté par son associé André Dritzehn, *d'une presse*, confectionnée par le menuisier Conrad Sahsbach, et de divers autres *objets destinés à l'impression* qui lui avaient été livrés par l'orfévre Hans Dunne, en 1436.

Cependant il paraît qu'il ne pouvait pas complétement réussir à Strasbourg, car en 1444 nous le retrouvons à Mayence, muni de tous ses outils, et continuant ses essais.

Quelques années après, en 1450, il s'associa avec un riche particulier, Jean Fust, pour établir une imprimerie.

Dans les années suivantes nous voyons paraître dans l'association Pierre Schœffer, écrivain habile, qui contribua beaucoup au perfectionnement des caractères d'impression, à la confection desquels Gutenberg avait déjà auparavant appliqué le moulage en métal, perfectionnement assez important pour qu'ils osassent entreprendre dès le commencement l'impression d'un ouvrage aussi considérable que l'était la Bible, qui sortit de leur atelier en 1455 environ.

Mais cette année l'association fut encore rompue, par la suite d'un procès qu'ils eurent entre eux. L'issue de cette affaire fut

(1) Sotzmann, 533. — Falkenstein, 73, 83. — Jacob Koning, Verhand. over den Oorspruug etc. der Boeckdrukkunst. Harslem. 1816, in-8° et suppl. 1818-1823, p. 252, etc. — An inquiry into the origin etc. of ingraving upon copper and wood, by Thomas Young Ottley; Lond. 1816, in-4°, 2 vol.

fâcheuse pour Gutenberg, qui, dépouillé de tout, se vit de nouveau forcé de recourir à autrui pour pouvoir établir une autre imprimerie. Fust, au contraire, resté propriétaire de l'établissement et de tout l'outillage, continua à l'agrandir et à le perfectionner, en liant plus étroitement à ses intérêts l'habile Schœffer, auquel il procurait pour épouse la fille de son fils Conrad, de sorte que ces deux associés purent, en 1457 déjà, et grâce aux beaux caractères de Gutenberg, livrer au public le célèbre *Psalterion*, regardé comme le plus remarquable produit de la typographie.

L'imprimerie de Fust et Schœffer continua de faire des progrès, même pendant l'époque du pillage de Mayence par les troupes du duc Adolphe de Nassau, en 1462.

Cependant bientôt après ce triste événement Fust mourut, probablement à la peste, à Paris, où il était allé pour faire le commerce de livres imprimés.

Gutenberg le suivit bientôt dans la tombe, au commencement de 1468, mais pauvre, et sans avoir pu retirer quelque profit de cette invention sublime dont il avait doté l'humanité. Quant à Pierre Schœffer, il imprima encore longtemps avec la plus grande activité et le plus brillant succès (1).

Le sac de Mayence, en 1462, eut pour résultat de disperser les ouvriers formés dans les ateliers des inventeurs de la typographie, et de répandre ainsi dans d'autres pays cet art nouveau.

Néanmoins nous ne devons pas omettre de faire mention des typographies existantes avant cette époque à Mayence même et hors de cette ville, et dont les premiers produits sont antérieurs à 1462.

Citons d'abord Laurent-Janszoon (fils de Jean) Coster (Kuster, marguiller) de Harlem, qui est également nommé comme inventeur de l'imprimerie. Il n'est pas invraisemblable qu'il ait eu la même idée que Gutenberg, et qu'il l'ait exécutée, quoiqu'il n'existe point de publication signée ni de l'un ni de l'autre.

(1) Arnold von Burgel, Encomion. 1520.—Thed. Bibliander, commentatio de ratione com. om. linguarum; Zurich, 1548, p. 80.— Angelus Roscha, appud. ad. Bibl. Vaticascam Rom. 1591, p. 410. Heinrich Spiegel, Senat. d'Amsterdam dans son Hertspieghel, II, 67, né 1549, mort 1611.—Specklin, ingénieur et architecte de Strasbourg, né en 1556, dans un manuscrit des notes de Schilter pour la chronique de Königshofen.—Nicolas Serrarius, Res Mogunt. I, 37 en 1604.—Paulus Pater, Traité de la typographie; Danzig 1710, p. 10.

M. Auguste Bernard, dans son excellent ouvrage sur l'origine et les débats de l'imprimerie en Europe (1), démontre avec beaucoup de sagacité, et en s'appuyant sur de nombreux témoignages, que la typographie avait été réalisée imparfaitement avant 1440, par Laurent Coster à Harlem. Coster, après avoir pratiqué la profession d'imprimeur en xylographie, eut l'idée d'abord de remplacer ses planches fixes par des lettres mobiles en bois, et ensuite par des caractères en métal moulés dans le sable. De plus, il imagina de substituer au frotton la presse, déjà en usage dans plusieurs autres professions, et fabriqua une encre oléagineuse qui était mieux appropriée à son nouveau procédé d'impression.

C'est ainsi que Coster aurait imprimé le *Speculum* (Miroir du salut, voyez p. 52) d'abord à l'aide de planches xylographiques, et puis en caractères mobiles, et d'autres petits ouvrages, tels que des Donats.

La première édition du Speculum remonte, selon M. Bernard, à 1430.

Le plus ancien témoignage cité par M. Aug. Bernard, et qui est en même temps le plus ancien récit que nous ayons sur l'histoire de l'imprimerie, est celui qui est consigné dans une chronique allemande, dite de Cologne, parce qu'elle a été imprimée dans cette ville, en 1499. Voici, dit M. Bernard, ce que porte cette chronique: « L'art admirable (de l'imprimerie) a été inventé d'abord en Allemagne, à Mayence sur le Rhin, et c'est un grand honneur pour la nation allemande qu'on y trouve des hommes aussi ingénieux. Cela arriva environ l'an 1440, et depuis ce temps jusqu'à l'an 1450 l'art et tout ce qui s'y rapportait fut perfectionné. Enfin l'an 1450, qui était l'année du jubilé, on commença à imprimer, et le premier livre qui ait été imprimé fut la Bible en latin, exécutée avec de gros caractères comme ceux qui servent aujourd'hui à imprimer les missels. Quoique l'art, tel qu'on le pratique actuellement, ait été trouvé à Mayence, comme nous l'avons dit, cependant la première idée vint de la Hollande et des Donats qu'on imprimait dans ce pays auparavant. Ces livres ont donc été l'origine de l'art; mais l'invention postérieure fut beaucoup plus subtile et plus parfaite

(1) Paris, 1853, I, 56 et s. et 139.

que la première, et se perfectionna de plus en plus. Un certain auteur, appelé Omnibonus, a écrit dans la préface de *Quintilien* (publié par Jenson, à Venise, en 1471) et dans d'autres livres, que c'était un Français, nommé Nicolas Jenson, qui le premier avait trouvé cet art. Cela est faux; il reste encore beaucoup de personnes qui peuvent attester qu'on avait imprimé des livres à Venise avant que Nicolas Jenson y vînt et eût commencé à y graver ses caractères. Le premier inventeur de la typographie fut un bourgeois de Mayence, né à Strasbourg, nommé Jean Gudenburch (Gutenberg), chevalier. L'art fut ensuite porté de Mayence à Cologne, puis à Strasbourg et enfin à Venise. Je tiens ces détails sur l'origine et les progrès de l'imprimerie d'honorable (personne) Ulric Zell, de Hanau, qui importa cet art à Cologne, et qui y exerce encore la profession d'imprimeur en cette année 1499. »

Les contradictions et les confusions que renferme ce passage seront faciles à rectifier d'après le récit de l'invention de l'imprimerie que nous avons fait plus haut.

Suivant Junius, Laurent Coster, né vers 1370, d'une famille bourgeoise de Harlem, mourut vers 1439. « Un de ses ouvriers profita, dit-on, du désordre inséparable d'un pareil événement pour voler ses maîtres, et aller s'établir ailleurs. » Outre l'impression de plusieurs livres xylographiques, on nomme encore 14 à 15 ouvrages assez remarquables comme ayant été imprimés par Coster ou ses successeurs, avec des lettres mobiles, et qui furent probablement publiés entre 1430 et 1460. On a constaté qu'il n'avait point existé d'imprimerie en Hollande de 1460 à 1473, mais qu'en cette dernière année on vit venir dans ce pays les premiers imprimeurs de Mayence.

On nomme encore l'imprimerie du tailleur de moules, Albert Pfister, de Bamberg, qui donna une magnifique édition de la Bible, connue sous le nom de la Bible de 36 lignes, pareille à celle de Gutenberg; elle parut presque en même temps: selon M Bernard, en 1460. Les types que Pfister employait dans ses publications paraissent être imités d s grands caractères gothiques (grosse missaltype) de Gutenberg; ce qui a fait supposer qu'il avait été apprenti typographe à Mayence, et, après avoir acheté les matrices et les moules des caractères de Gutenberg, il avait quitté cette ville plutôt que les autres, pour transplanter cet art à Bamberg, sa ville natale.

Plusieurs auteurs, et notamment M. Bernard, citent un passage fort curieux sur l'existence de l'imprimerie de Pfister à Bamberg, tiré d'une encyclopédie des sciences et des arts écrite en latin, vers l'année 1463, par un docteur en médecine et en philosophie appelé Paul de Prague. Voici le passage :

« Le *Ciripagus* est un artisan qui taille ingénieusement dans des lames de cuivre, de fer, de bois dur, ou d'autre matière, des images, de l'écriture, de toutes sortes de choses, pour imprimer ensuite avec facilité sur papier, sur mur ou sur planche unie, tout ce qu'il lui plaît : on donne aussi ce nom à l'ouvrier qui exécute ces choses avec des patrons (tout faits). Pendant que j'étais à Bamberg, un homme a gravé une Bible tout entière sur lames, et a fixé l'écriture de toute cette Bible sur vélin en quatre semaines. »

L'auteur ne connaissant pas encore les procédés du nouvel art, la typographie, les confond avec la peinture au patron, beaucoup employée alors. (Voyez page 14.)

Indépendamment de la Bible, déjà citée, on attribue à Pfister douze à treize autres ouvrages tous bien remarquables, et la plupart ornés de gravures sur bois.

Après avoir parlé en peu de mots des personnes et des lieux qui peuvent prétendre à l'invention de la typographie, disons succinctement en quoi consistaient les travaux des premiers typographes, et quels progrès cet art faisait dans la suite.

L'idée de faire des caractères séparés pour en former des mots, par opposition aux planches entières à caractères fixes, gravés sur bois, constitue l'invention de la typographie, ou l'art d'imprimer avec des lettres mobiles.

Personne ne sait quand et par qui les premiers poinçons ou lettres reliefs pour imprimer avec de l'encre furent inventés. M. Herberger (1) nous apprend qu'un habitant de la ville d'Augsbourg, maître Johannes, curé de Saint-Maurice à Augsbourg, est le premier qui (1407) se soit servi d'un poinçon relief pour imprimer à l'encre. M. Herberger ajoute qu'il peut prouver son assertion

(1) Herberger, déjà cité, p. 39.

par des documents, et que la Bibliothèque de Munich contient beaucoup de manuscrits anciens dans lesquels on rencontre l'emploi d'un pareil poinçon.

Maître Jean d'Augsbourg fit donc le premier pas. Cependant on attribue généralement à Gutenberg l'honneur de cette découverte et son premier développement; car le premier livre connu imprimé à Augsbourg avec des lettres mobiles n'est que de l'an 1468, tandis que le Donat de Gutenberg est estimé de l'an 1450.

Gutenberg, avant d'avoir réussi dans la fabrication des caractères d'impression moulés en métal, imprimait au moyen de planches et lettres de bois. Les ouvrages supposés de cette époque sont des abécédaires, des livres d'heures et de prières, et des Donats.

Gutenberg devait bientôt reconnaître (1) l'insuffisance qu'offraient pour l'impression les planches gravées; il les divisait donc, en les sciant lettre par lettre, en petits blocs carrés, et se procura ainsi des lettres mobiles en bois. En les perçant à leur partie supérieure d'un petit trou et en les plaçant les unes à côté des autres pour en composer des lignes, il pouvait les maintenir et les fixer par une ficelle ou un fil de fer qui traversait tous ces trous.

On conserve encore quelques-unes de ces premières lettres mobiles; elles furent découvertes, en 1840, chez un imprimeur de Mayence, et paraissent avoir appartenu à Fust, si quelques notes trouvées parmi ces caractères sont exactes.

Cependant l'impression obtenue au moyen de ces lettres mobiles en bois était loin d'être satisfaisante. Gutenberg poursuivit donc ses essais en taillant ses caractères dans des carrés de plomb, pour leur donner plus de précision et une plus grande pureté de forme. Ce travail, long et ennuyeux, où il fallait tailler chaque lettre un grand nombre de fois, si on voulait en avoir suffisamment pour la composition même d'une seule page, ne remplit que médiocrement son attente.

De nouvelles recherches, assidues, persévérantes et coûteuses, furent faites; elles conduisirent Gutenberg à un résultat plus parfait et tant désiré, le moulage des lettres. En imprimant une de

(1) Joan. Trithcim, Annales monast. Hirsaugiens. Typis monasterii S. Galli, 1690, 2 vol. fol. p. 421 (écrit en 1514).

ces lettres de bois ou de cuivre, dans de l'étain fondu, il obtenait un moule ou une matrice en creux, dans laquelle il pouvait couler du plomb, et fabriquer ainsi des caractères en relief.

Ces moules pouvaient servir à la fonte de plusieurs lettres, et à multiplier ainsi le même caractère sans trop de peine, en répétant l'opération autant de fois que la solidité de la matrice le permettait. Nous ne connaissons pas exactement le procédé que Gutenberg employait pour la fonte de ses caractères, ni l'époque de son invention; il n'en est fait mention que dans un ouvrage dont l'impression est attribué à Gutenberg par les uns, à Bechtermuntze par d'autres, et dont nous parlerons bientôt.

Tout ce qui vient d'être dit sur la fabrication primitive des caractères mobiles de Gutenberg est très-contesté par plusieurs auteurs; mais cette marche nous paraît cependant la plus naturelle. M. Auguste Bernard, juge très-compétent dans cette question, est d'avis que Gutenberg apporta avec lui à Mayence les ustensiles fabriqués à Strasbourg. Une fois à Mayence, il se mit en mesure de réaliser son plan. Mais ses instruments, encore imparfaits; ses caractères en plomb, si faciles à détériorer; son manque d'argent, ne lui permirent pas d'exploiter de suite sa nouvelle industrie. Mais après avoir perfectionné sa presse, conçu l'idée pour frapper des matrices en cuivre, et avoir trouvé un alliage convenable pour donner plus de consistance à ces caractères fondus jusque-là en plomb, dans des matrices de même métal, et sûr dès lors du succès de son entreprise, il songe à imprimer un des ouvrages les plus considérables qu'on connût alors, la Bible (1).

Ainsi, M. Bernard attribue à Gutenberg l'invention des outils nécessaires pour pouvoir fondre ensemble l'œil et le corps de la lettre, le perfectionnement du métal pour les caractères, et celui de l'encre et de la presse; en effet, en examinant la beauté des impressions de Gutenberg, on se range volontiers à cette opinion.

Cependant la composition du métal pour le moulage des lettres, employée alors, n'est point connue, et nous ignorons s'il y entrait de l'antimoine comme aujourd'hui.

(1) A. Bernard, De l'origine, I, p. 157.

L'époque de la découverte de ce métal n'est pas bien déterminée; tout ce qu'on sait à cet égard [1], c'est que Basile Valentin paraît être le premier qui ait décrit, dans un ouvrage publié à la fin du XVme siècle, la manière d'obtenir de l'antimoine.

Suivant le Strasbourgeois Specklin [2], les presses typographiques, au milieu du XVIme siècle, où il les vit, ressemblaient aux pressoirs pour exprimer le jus. Sébastien Munster, dans sa Cosmographie [3], a reproduit le dessin d'une presse à imprimer fort simple, mais plus compliquée cependant qu'un pressoir; un ouvrier fait tourner d'une main et à l'aide d'une barre, la vis de pression qui aboutit à un plateau, tandis que de l'autre main, au moyen d'une manivelle, il met en mouvement la forme qui paraît couverte d'un tympan. Un autre ouvrier prépare les balles pour encrer.

L'encre d'imprimerie subissait aussi des modifications importantes: l'encre en usage jusque-là n'était composée que de noir de fumée et de colle, et n'avait par conséquent ni lustre, ni solidité; elle s'écaillait ou se dissolvait à la moindre humidité; on obviait à ces défauts en mêlant au noir de fumée de l'huile au lieu d'eau.

On rapporte à l'époque de ces perfectionnements importants la publication de plusieurs ouvrages sortis de l'imprimerie de Gutenberg et Fust.

De ce nombre est entre autres le Donat de 33 lignes, c'est-à-dire dont chaque page se compose de ce nombre de lignes d'impression. Ce Donat est de format petit in-folio, probablement imprimé en 1450, avec des types mobiles de la Bible de 42 lignes; il n'en existe plus que deux feuillets, qui sont conservés à la Bibliothèque impériale de Paris.

Mais le produit le plus important est la Bible en langue latine, dite à 42 lignes, qui contient, dans deux volumes grand in-folio,

(1) Thénard, Traité de Chimie, I, p. 345. — Basile Valentin, Currus triomphalis antimonii, du XVme siècle.

(2) Léon de Laborde, Débuts de l'imprimerie à Strasbourg, p. 62. — Ant. Berghell, dans son poëme au vers LXVII. — Speclin in not. ad Kœnigshoven, pag. 442.

(3) Cosmographie de Sébastien Munster; édition allemande, Bâle, 1592, l. III. — Ce livre a été commencé en 1532; la première éd. allem. parut en 1544, et la pr. éd. latine en 1550; toutes les deux imprimées à Bâle.

641 feuillets à deux colonnes (1). Elle n'a ni pagination, ni intitulé de livres, ni signatures, ni initiales; elle n'est pas non plus signée du nom de l'imprimeur, ni marquée du lieu de la publication, et ne porte aucune date.

On ne connaît jusqu'à présent que quinze exemplaires encore existants de ce monument précieux de l'art typographique; six sont imprimés sur vélin, et neuf sur papier blanc et fort. Un de ces derniers, conservé à la Bibliothèque impériale de Paris, porte la souscription manuscrite indiquant que cette Bible a été enluminée et reliée l'an 1456 par Henri Albech, autrement dit Cremer, vicaire de l'église collégiale de Saint-Etienne de Mayence; elle a donc été imprimée avant 1456, ou cette année même.

Gutenberg publiait encore d'autres ouvrages pendant son association avec Fust, et après sa séparation il continua à imprimer jusqu'à 1465 environ. C'est à cette époque qu'il reçut un diplôme de gentilhomme de la cour de l'électeur Adolphe de Nassau, archevêque de Mayence. Nous avons déjà dit que Gutenberg mourut en 1468, dans un âge fort avancé.

Parmi les ouvrages imprimés pendant cette première époque de la typographie, il y en a plusieurs dont on ne connaît pas l'imprimeur, ni le lieu de l'impression, et sur lesquels on n'est pas d'accord, s'ils sont xylographiques ou typographiques.

De ce nombre sont, par exemple, le *Donat*, dit de 1451; *l'Appel contre les Turcs*, imprimé en 1455; les *Lettres d'indulgences*, de 1454 et 1455; *le Catholicon*, de 1460, etc.

(1) Cette Bible se compose de 641 feuillets ou 1282 pages in-folio. Chaque page a deux colonnes de 42 lignes chacune; le caractère gothique, a environ 18 points typographiques. On a réservé des espaces en blanc pour les rubriques, et pour les initiales. L'ouvrage est généralement divisé en 66 cahiers de 5 feuilles, renfermant 20 pages. Chaque ligne contient environ 32 lettres: Ce nombre, multiplié par 42 lignes donne 1344 lettres par colonne et 2688 par page, 10,752 par feuillet, 53,760 par cahier, c'est-à-dire 60,000 lettres au moins, car il faut bien compter les lettres superflues, et il y en avait alors plus qu'aujourd'hui, parce qu'il y avait beaucoup plus de types, à cause des abbréviations et des ligatures. Cela suppose une fonte de 120,000 lettres au moins, attendu qu'il fallait avoir de quoi composer un second cahier pendant qu'on tirait le premier. Le nombre de poinçons devait être très-grand, à cause de la variété des types alors en usage. Chaque lettre en demandait au moins trois ou quatre différents, à cause de la *justification*. On peut juger par là des frais immenses de cette première et colossale entreprise (Bernard I, p. 164 et 221).

Les deux premiers sont reconnus être imprimés en lettres mobiles, par Pfister de Bamberg. Les lettres d'indulgences, dont on connaît dix-huit exemplaires des 5 ou 6 éditions publiées, sont toutes imprimées en caractères mobiles sur vélin et d'un seul côté, ou en blanc, par deux pages à la fois, autrement dit par forme. Deux éditions sont attribuées à Gutenberg, les autres paraissent sorties de différentes imprimeries, dont une avait probablement existé à Mayence, à côté de celle de Gutenberg.

Quelques auteurs attribuent à Gutenberg l'impression du *Catholicon de Joannis Balbis de Janua,* de 1460, mais M. Bernard prouve qu'elle est due à Bechtermuntze. En effet, il paraît certain qu'il existait à Mayence, vers 1460, trois imprimeries distinctes : ce furent celle de Fust et Schœffer, celle de Gutenberg et celle de Bechtermuntze.

Selon M. Bernard (1), Henri Bechtermuntze était un des élèves de Gutenberg, qui s'établit de fort bonne heure à Mayence, d'où il transporta ensuite son imprimerie à Eltvil (Altavilla) près de Mayence (1467). C'est en 1460 qu'il imprima le célèbre Catholicon.

Cet ouvrage est une compilation lexico-grammaticale du moine dominicain Jean de Balbis de Gênes, livre très-répandu et estimé dans ce temps. Il est de format grand in-folio, composé de 370 feuillets à deux colonnes, chacune de 66 lignes de 40 lettres environ, imprimé sur parchemin blanc, et avec des caractères semi-gothiques, les plus petits qu'on eût encore vus, n'ayant que six points et demi environ. Il est sans signatures ni pagination. Les initiales ont été peintes ensuite en or et en pourpre.

Ce livre commence au recto du premier feuillet par le sommaire suivant, qui est imprimé en rouge dans quelques exemplaires et manuscrit dans d'autres :

Incipit Summa que vocatur Catholicon, edita a fratre Johanne de Janua: ordinis fratrum predicatorum.

Le premier sommaire, qui seul est imprimé en rouge, se relie

(1) I, 207, II, 4 et suiv.

à des ornements assez gracieux qui remplissent toute la marge gauche de la première page.

Ce livre contient sur le recto de la dernière feuille une souscription imprimée, dont nous citerons le passage remarquable qui a trait à l'invention des lettres mobiles. Le voici : *Cet excellent livre le Catholicon a été imprimé en l'an 1460, dans la ville de Mayence, et n'a pas été exécuté au moyen du calame, du style ou de la plume, mais par l'ajustement merveilleux, la proportion et la symétrie des patrons* (poinçons reliefs) *et des formes* (matrices).

Henri Bechtermuntze imprimait avec le même caractère un ouvrage connu sous le nom de *Vocabularium ex quo* (Eltvil, 1467), mais que son frère Nicolas paraît avoir achevé, comme le fait voir l'apostille.

Munis d'un attirail d'imprimerie, sinon parfait, du moins considérablement perfectionné, que Gutenberg avait été forcé d'abandonner, Fust et Schœffer purent entreprendre, déjà dix-huit mois après leur rupture avec Gutenberg, et mettre à exécution le célèbre Psautier de 1457. Le *Psalterium* est regardé comme le plus éminent produit de la typographie, comme un monument précieux de cet art nouveau, un chef-d'œuvre typographique. Il est remarquable par la beauté des caractères, dus à Gutenberg (1), la pureté et la précision de l'impression. On y remarque des rubriques imprimées en rouge, la première introduction d'initiales ornées et imprimées en couleur, la signature de l'imprimeur, le nom du lieu et la date de sa publication. Il est imprimé sur parchemin blanc, quoique le papier de chiffon fût déjà généralement répandu. On a probablement préféré cette substance plus solide à cause de l'usage journalier du Psautier dans l'office de l'église.

L'encre est très-belle et préparée à l'huile. Les caractères, de deux grandeurs différentes (l'un de 30 points typographiques,

(1) M. Bernard attribue à Gutenberg les beaux caractères du Psautier; la raison est d'abord la ressemblance des nouveaux caractères avec ceux de la Bible de 42 lignes, et ensuite la conviction que Schœffer, à qui l'on en fait honneur, n'aurait pu les faire graver et fondre, et imprimer son livre dans les 18 mois qui s'écoulèrent entre la date du jugement qui dépouillait Gutenberg (6 nov. 1455) et celle de l'impression du livre (14 août 1457). Le tirage surtout dut prendre un temps considérable à cause des différents tirages que demandait chaque feuille.

l'autre de 37), sont une imitation exacte des lettres en usage alors dans les missels manuscrits.

Ce livre contient 306 grandes initiales, toutes gravées sur bois et imprimées en plusieurs couleurs. La lettre B, qui commence la première page du livre, a 6 pouces 5 lignes de France de haut, sur 4 pouces de large; c'est la plus grande. La couleur des ornements varie avec celle de la lettre même : si celle-ci est rouge, l'ornement est bleu, ou le contraire ; de manière qu'il a fallu graver pour chaque initiale deux planches de bois, une pour chaque couleur. C'est ici le premier usage de *l'impression en couleur au moyen de plusieurs planches* emboîtées les unes dans les autres.

A la fin du Psautier se trouve une apostille, imprimée en plus petits caractères, en couleur rouge; en voici la traduction : « Le présent Psautier, orné de belles initiales, suffisamment divisé par des rubriques, a été imprimé à l'aide de l'ingénieuse invention de l'imprimerie et de l'art de former des caractères sans aucun secours de la plume ; il a été exécuté pour la gloire de Dieu, par Jean Fust, citoyen de Mayence, et Pierre Schœffer de Gernsheim, en l'an du Seigneur 1457, la veille de l'Assomption (14 août). »

De cette première édition du Psautier il n'existe plus que six exemplaires, qui, à cause de leur rareré, sont d'un prix fort élevé. Paris en possède deux, dont celui de la Bibliothèque impériale fut payé 12,000 francs, quoiqu'il y manque plusieurs feuillets.

En 1459 il paraissait une seconde édition du Psalterium aussi belle que la première, et dont il existe encore douze exemplaires. Cette édition offre cette particularité, qu'elle est signée Pierre Schoiffer, clerc, au lieu de Schœffer. Le même en publiait en 1490 une troisième édition; en 1502 une quatrième; et son fils Jean, une cinquième en 1516.

Toutes ces éditions ont été imprimées avec les caractères de la première.

Dans cette dernière édition la lettre B orné, est imprimée en une seule couleur.

Le second ouvrage qui sortit des presses de Fust et Schœffer fut le **Guillelmi Durandi rationale divinorum officiorum**, imprimé en 1459, avec les mêmes caractères du Psalterium. Une partie des initiales sont imprimées en couleur, d'autres sont peintes en or et en pourpre, dans le genre de celles des manuscrits. Il existe encore 50 exemplaires de ce livre. Les trois plus beaux se trouvent dans les bibliothèques Sainte-Geneviève à Paris, du Vatican à Rome et impériale à Vienne.

Le 14 août 1462, cinq ans après le Psalterium et plusieurs autres ouvrages, parut la première Bible portant une date; elle est connue sous le nom de Bible de Mayence.

C'est la **Biblia Sacra latina vulgata editiones, ex translatione et cum præfatione S. Hieronimi**, deux volumes grand in-folio, imprimés avec des caractères tout neufs, partie sur parchemin, partie sur papier, en 481 feuillets à deux colonnes et à 48 lignes. Comme les imprimés antérieurs, cette Bible est dépourvue de signatures de feuillets, de pagination et de réclames. Les initiales manquent, ou sont peintes en bleu et rouge, ou en or et pourpre. L'apostille de la fin et les armoiries de Fust et de Schœffer sont imprimées en rouge. Les caractères qui ont servi à l'impression de cet ouvrage ont été gravés exprès, et sont estimés comme les plus beaux que Schœffer ait faits. Il existe encore de cette Bible soixante exemplaires, disséminés dans différentes bibliothèques.

A peine ce bel ouvrage était-il terminé qu'eut lieu le sac de Mayence, le 27 et le 28 octobre 1462; l'établissement de Fust et Schœffer ne fut pas épargné. Nous avons déjà remarqué que cet événement fut une des principales causes de la dispersion de la typographie. Les ouvriers employés dans cette imprimerie, ainsi que ceux de Gutenberg, avaient prêté serment de tenir secret cet art nouveau; mais forcés, en partie du moins, par la catastrophe de Mayence, de quitter cette ville, ils profitèrent de cette occasion pour se dégager de leur serment, et émigrèrent, en transportant l'art d'imprimer les livres dans d'autres villes de l'Allemagne, et dans les pays étrangers. D'ailleurs, l'attention du public lettré avait été vivement excitée déjà auparavant, et dirigée directement sur cet art nouveau, par la souscription très-significative que Schœffer avait mis à la fin du Psautier de 1457.

On peut admettre deux périodes pour la propagation de la typographie. La première eut lieu à l'occasion de la séparation de Gutenberg et Fust; on ne connaît cependant authentiquement qu'Albert Pfister de Bamberg qui ait établi une imprimerie hors de Mayence à cette époque. La seconde période est celle de 1462.

PROPAGATION DE LA TYPOGRAPHIE DANS LE XVe SIÈCLE. En nous occupant de la propagation de l'imprimerie, nous ne prétendons pas épuiser le sujet, nous ne ferons que signaler les principaux typographes, en même temps que nous indiquerons les progrès qu'elle a faits et les innovations introduites peu à peu dans la pratique de cet art.

Nous continuerons de nous occuper de Fust et de Schœffer qui, quoique interrompus dans leurs travaux par le désastre de Mayence, les recommencèrent cependant bientôt après avec un nouveau zèle.

Déjà en 1463 paraissaient de nouvelles publications, et en 1465 ils imprimaient la première édition d'un auteur classique, Cicéron.

Ce livre, encore dépourvu de signatures, de réclame et de pagination, contient cependant le *point.* On y remarque aussi les *premiers caractères grecs imprimés.*

Après la mort de Fust, en 1466, Pierre Schœffer continua à imprimer et se distingua comme graveur et fondeur de caractères autant que comme typographe. Il peut être regardé comme le premier libraire, c'est-à-dire comme le premier qui ait fait commerce de livres imprimés. Il avait des dépôts à Paris, à Mayence et à Francfort-sur-le-Mein. On lui attribue l'invention d'un genre de caractères connu sous le nom de *Schwabacher;* c'est un caractère allemand dont on se sert partiellement encore aujourd'hui.

Les fils de Schœffer, Jean et Pierre, et son petit-fils, Ivo Schœffer, continuèrent successivement son imprimerie jusqu'en 1552; époque où la famille Schœffer s'éteignit à Mayence.

Un de ces derniers livres est la preuve évidente que c'est à Gutenberg seul qu'est dû l'invention de la typographie, et non pas à Fust et à Schœffer. Le passage suivant se lit dans une dédicace en vers allemands d'un Tite-Live, imprimé, en 1505, par Jean Schœffer :

« Que Votre Majesté (l'empereur Maximilien) daigne accepter « ce livre, imprimé à Mayence, ville dans laquelle l'art admi- « rable de la typographie fut inventé, l'an 1450, par l'ingénieux

« Gutenberg, et ensuite perfectionné aux frais et par le travail « de Jean Fust et de Pierre Schœffer. »

Les inventeurs de l'imprimerie étaient encore en pleine activité, que la typographie avait déjà pris racine hors de Mayence, et cela en plusieurs endroits à la fois. Elle se propageait avec une rapidité merveilleuse et de jour en jour davantage; de sorte qu'au bout de quelques années, déjà vers la fin du XVe siècle, dans toute l'Europe, chaque ville d'une certaine importance possédait son imprimerie, et même plusieurs. Quelques-uns de ces établissements étaient très-considérables: l'imprimerie d'Antoine Koberger, à Nuremberg, en 1473, mettait journellement vingt-quatre presses en mouvement, et occupait plus de cent ouvriers. Le même Koberger faisait aussi le commerce de livres imprimés, et avait des succursales dans toutes les principales villes du continent.

Beaucoup de typographes à cette époque étaient nomades, allant d'une ville à l'autre, transportant avec eux leurs outils et le secret de l'art nouveau. Cet art magique était reçu par les uns avec joie, et vu par les autres avec crainte. Cela n'empêchait cependant pas ces ouvriers nomades d'imprimer partout, et de contribuer ainsi considérablement à la propagation de cette belle invention.

En s'éloignant de Mayence, la typographie se développait graduellement dans ses procédés: le goût devenait plus épuré, changeant suivant les exigences et les besoins de chaque pays, et variant en proportion de l'intelligence et de l'habileté de l'ouvrier. Des perfectionnements sensibles s'introduisaient: on abandonnait peu à peu les vieux types, qui étaient remplacés par des caractères nouveaux et plus beaux. On imitait les lettres de toutes les langues connues alors. On complétait la ponctuation, très-négligée ou tout à fait ignorée dans les imprimés primitifs; on corrigeait mieux les épreuves. L'encre et le papier subissaient des améliorations. Enfin, tout marchait au progrès, et chaque imprimeur regardait comme un devoir d'avancer son art.

Ainsi Conrad Sweynheim et Arnold Pannartz, les premiers imprimeurs de toute l'Italie, introduisirent à Subiaco, en 1464, le *caractère romain* (antiqua), en imitant les petites lettres latines employées dans les manuscrits du VIIIe et du IXe siècle. Ce caractère, perfectionné depuis à Venise, en 1469, par le premier imprimeur de cette ville, Jean de Spire, et en 1470 par Nicolas Jenson de Tours, habile graveur de lettres, d'après les belles écritures florentines des manuscrits faits sous les Médicis, reçut une si belle forme de Jean de Cologne, aussi à Venise, en 1474, qu'on nomma ces types *caractères Veneti.*

Ce même typographe diminua la grandeur des initiales, qui prenaient une si grande place dans les livres imprimés antérieurement.

En 1472, Gunther Zainer, à Cologne, introduisit le caractère romain en Allemagne.

Aldo Pio Manutio, dit Aldus (l'aîné), chef d'une célèbre famille d'imprimeurs de Venise, bannit de l'imprimerie, vers 1494, le caractère gothique (Mœnchsschrift), et inventa un nouveau type, *le caractère italique,* qui diffère du romain parce qu'il est un peu couché. Aldus possédait les différents caractères romains, et trois hébreux.

Peter Schœffer avait déjà employé les lettres grecques dans son édition de Cicéron de 1465, mais elles étaient encore informes; Sweynheim, à Rome, les perfectionna, ainsi qu'Antonio Zaroto, à Milan, en 1469.

Cependant le premier livre entièrement imprimé avec des caractères grecs, la grammaire de Constantin Lascaris, n'a été publié qu'en 1476, à Milan, par Dionysius Paravisinus. Bernardin Nerlius, à Florence, imprima en 1488 tout Homère en grec; et, vers la fin du siècle, Gilles Gourmond publia, à Paris, Hésiode, dans la même langue. Dierk Martens, à Aalst, le premier typographe nommé dans les Pays-Bas après Coster, employait déjà des caractères grecs en 1473. Martens se servait au commencement de caractères gothiques hollandais d'une forme particulière: ils ont des pointes et des angles, et sont imités parfaitement des lettres employées dans les manuscrits de son époque.

Le premier essai avec des *caractères hébreux,* fut fait à Esslingen en 1475, par Conrad Fyner, dans son Tractatus contra perfidos Judeos, du dominicain Pierre Schwartz; mais l'édition entière de cet ouvrage, imprimée avec des lettres hébraïques, parut à Mantoue par les soins d'Abraham Konath, en 1476. Rabbi Zorba et Raban Elizer imprimaient en 1489, à Lisbonne, le Commentaire du Pentateuque du rabbin Mosis Nachamanidis. A Constantinople, des Juifs imprimèrent secrètement, en 1490, l'histoire hébraïque de Josephus Ben Gorion. L'imprimerie y était déjà connue avant 1483, mais le sultan Bajazet II l'avait défendue sous peine de mort, comme une magie noire.

Des lettres gothiques d'une forme particulière régnèrent pendant ce siècle dans la plupart des impressions françaises. Dans Gyron le Courtois et dans les prophéties de Merlin, imprimés en 1498 à Paris, par Antoine Vérard, on remarque surtout des initiales grotesques, quelquefois d'une grande dimension, et qui sont composées de paraphes d'écrivain, d'enroulements, de rubans, de nœuds, tout cela entrelacé de figures fantastiques humaines et animales. Les lettres capitales de quelques imprimés de Jean de Vingle, à Lyon, surtout celles des Quatre fils Aimon de 1498, sont dans le même genre.

Le caractère gothique que William Caxton, le premier typographe de l'Angleterre, depuis 1474, a employé dans ses publications est également grotesque et surchargé d'enroulements.

Le titre de l'Apocalypsis cum figuris, imprimé à Nuremberg vers 1498, offre un autre genre de caractères : se sont de grandes et belles lettres en gothique allemande, richement ornées de paraphes qu'on attribue à Albert Durer. Ces lettres, très-répandues en Allemagne, furent appelées *Fracturschrift*, et ont probablement été mises en vogue par les calligraphes (en allemand, Modisten), surtout par Paul Fischer, à Nuremberg. Albert Durer avait donné les règles et indiqué les proportions qu'il fallait employer pour tracer *ces lettres gothiques allemandes*, au moyen de l'équerre et du compas.

Le premier imprimeur de Bruges, Collard Mansion, en 1476, employait pour la plupart de ses impressions un caractère particulier, en usage alors dans les manuscrits français, et qu'on appelait *écritures grosse-bâtarde*. Voir surtout son édition des métamorphoses d'Ovide.

Schœffer avait déjà transporté dans l'imprimerie le goût pour les initiales ornées des manuscrits. Citons encore Erard Ratdolt, à Venise, à qui les bibliographes Marchand et Maittaire attribuent l'invention des initiales composées de fleurs et de festons, nommées *Florente littera*. Dans son *Ars memorativa* de Jac. Publicino, imprimé en 1485, Radolt a introduit des lettres capitales, composées de divers objets de la vie pratique, des emblèmes de l'art mnémonique, ressortant en blanc sur un fond noir.

Jean Zainer (Tzainer, Czeyner), à Ulm, contribuait beaucoup, en 1473, au perfectionnement de la typographie; il publiait *le premier livre orné* ou *illustré*, comme on dit aujourd'hui.

La première page de la traduction allemande de Boccace est décorée d'un entourage ou cadre orné, gravé sur bois, ainsi que les initiales. Le *Fasciculus Temporum*, imprimé à Utrecht en 1479 par Jean Veldener, est également embelli d'entourages et d'ornements. On a donné dans la suite en France à ce genre de décoration le nom de *vignette*, parce qu'il se composait primitivement de branches de vigne. En Allemagne, on nommait les graveurs sur bois qui exécutaient ce genre d'ornements. des graveurs de cadres (Rahmenschneider).

Jean Froben, depuis 1491, le second typographe de Bâle, embellissait aussi les titres et le texte de ses livres avec des entourages des initiales ornées et des vignettes. Ces ornements avaient été gravés par les meilleurs artistes, surtout par Hans Holbein.

Il n'était pas rare non plus de voir déjà dans le XVe siècle une quantité de livres imprimés qui étaient ornés d'images et de figures, genre qui a eu tant de vogue dans le siècle suivant. La plus belle de toutes les Bibles allemandes, celle de 1483, imprimée par Ant. Koberger à Nuremberg, est décorée d'un grand nombre de remarquables gravures sur bois. Ces mêmes planches avaient déjà servi à l'impression de la Bible que Quentell avait publiée à Cologne en 1480.

On estime aussi beaucoup le Schatzbehalter, de 1491, orné de 95 belles gravures xylographiques de Michel Wohlgemuth, le maître d'Albert Durer; et le livre des *Chronik und Historien* du Dr Hartmann Schedel, 1493, contenant beaucoup de gravures de Wohlgemuth et Pleydenwurf, tous les deux imprimés par Koberger.

La plupart des livres imprimés par J. Gruninger, à Strasbourg, surtout son Térence, de 1496, et son Horace, de 1499, sont de même décorés de gravures sur bois très-caractéristiques. Le Epitoma Hist. ac Chronic. dictum : Rudimentum Noviciorum, magnifique produit typographique, publié en 1475, par Lucas Brandis, dit de Schass, le premier imprimeur de Lubec, est également orné d'excellentes gravures sur bois. Les publications d'Antoine Vérard, de Paris, qui avait imprimé plus de cent volumes de romans français, se distinguent aussi par une grande richesse de gravures en bois. Il en est de même des Heures que Philippe Pigouchet a imprimées en 1484, et embellies d'entourages composés de figures spirituellement dessinées. La Danse macabre, pour la première fois imprimée en France par Guyot Marchant, en 1486, est encore de ce genre d'ouvrages illustrés.

Le plus ancien ouvrage imprimé qui contienne des gravures sur bois représentant des plantes (1) est le *Puch der Natur*, imprimé à Augsbourg sans millésime; il est, suivant Séguier, de 1475 et 1478. Puis en 1480 paraissait *Pet. de Crescentiis in commodum ruralium cum figuris libri duodecim*, qui n'a point de lettres capitales, ni de pagination.

De 1480 à 1490, on voit les premières éditions latines de *Ortus sanitatis*, sans date et pagination, mais avec des lettres capitales.

Dans ces ouvrages, on ne peut reconnaître les plantes, tant les gravures sont mal faites. Dans les deux suivants elles sont déjà mieux : *Herbarius*, imprimé avec des gravures de plantes sur bois, par Johann Alakraw de Passau, en 1485, in-4°, avec pagination et date. — Il en existe un exemplaire dans la bibliothèque de M. de Candolle, à Genève. C'est la seconde édition d'un même ouvrage publié à Mayence en 1484.

Macerfloridus, de viribus herbarum, avec des gravures de plantes dont quelques-unes sont reconnaissables; orné de trois gravures xylographiques, qui sont identiquement les mêmes (probablement clichées). Il est sans pagination, mais il a des si-

(1) Ueber Pflanzenabbildungen durch den Holzschnitt, des Dr. L. C. Treviranus; in den Denkschriften der königl. bayr. bot. Gesellschaft in Regensburg. 1844, vol. 3, p. 33.

gnatures de *a—g*. On le dit imprimé à Venise, par Bernardum Venetum de Vitallben, en 1506, in-8°. — M. de Candolle en possède un exemplaire. Il en existe plusieurs éditions.

C'est à Augsbourg, en 1483, qu'a été imprimé *le premier livre d'armoiries*, le Concilium geschehen zu Kostencz (Constance), par Antoine Sorg, lequel contient 1,200 armoiries et effigies des personnesqui ont assisté à ce concile.

Le Collect. super magnificiat de J. Gerson, imprimé à Esslingen par Conrad Fyner, en 1475, est le premier livre, après le Psautier de Schœffer, qui contienne *des notes de musique imprimées.*

Le plus beau produit de la typographie du XVe siècle est un Euclide publié à Venise en 1482, par Erard Ratdolt. La dédicace au doge Giovanni Mocenigo *est imprimée en or*, premier exemple de ce genre d'impression. Il est, en outre, le premier livre typographique qui contienne *des figures géométriques* et *mathématiques.*

La cosmographie de Ptolémée, imprimée à Ulm en 1482, par Lienhard Holl, avec des caractères romains et des initiales ornées d'arabesques, offre le premier exemple de *cartes géographiques sur bois.* Toutes les planches de ce curieux ouvrage ont été gravées par Jean Schnitzer d'Arnsheim, qui a employé pour les cartes un procédé particulier. Au lieu de graver les légendes ou nom de villes, etc., comme les autres figures sur la planche de bois, il a percé des trous à la place qu'ils doivent occuper, et il a mis des lettres mobiles formant ces noms; de manière que les lettres et les figures s'imprimaient à la fois, d'un seul coup de presse. Sweynheim, à Rome, avait déjà en 1478 publié le même ouvrage; mais, au lieu de graver les cartes géographiques sur du bois, il les gravait en creux sur du cuivre; et comme il n'était pas assez habile pour graver également la lettre, il les imprimait dans la planche en creux au moyen d'un poinçon en relief.

Une année avant cette publication, c'est-à-dire en 1477, paraissait à Florence le premier livre imprimé orné de *gravures sur cuivre.* Il a pour titre : Il monte sancto di Dio, d'Antonio Bettini, chez Nicolo di Lorenzo della Magna.

Cependant J.-C. Volta nous parle d'un livre imprimé à Mantoue en 1472, dont le premier feuillet est décoré de plusieurs initiales gravées sur cuivre. C'est le Petrus de Abano de Venenis.

Le Breviarum Diocer. Herbipolensis, imprimé à Wurtzbourg en 1479, par George Reyser, offre le premier exemple de l'emploi de la chalcographie dans les livres imprimés en Allemagne.

Pierre Schœffer avait introduit le *point* dans la typographie; Alde Manuce, en 1494, mit *la virgule* et *le point-virgule*, et Kœlhof à Cologne employa pour la première fois en 1472 *les signatures* des feuilles; Zarota à Parme les introduisit en Italte vers 1476; et Bartholomée Rembold à Paris se servait à cet effet de lettres numérales, en ajoutant à la lettre alphabétique un chiffre arabe.

Le premier livre imprimé en Suisse, et le premier aussi dans lequel on a employé des chiffres arabes, qui n'avaient pas encore figuré parmi les signes typographiques, quoique depuis longtemps en usage dans l'écriture, est le *Mammotrectus*, imprimé à Munster, en Argovie, par Hélie de Lauffen, en 1470.

Rot, à Rome, se servait en 1471 des diphthongues pour les sons composés.

La plupart des imprimeurs du XVe siècle cherchaient surtout à reproduire et à multiplier les œuvres des auteurs classiques de l'antiquité, et ils mettaient à ces *éditions princeps* un soin tout particulier. On doit à Manuce I vingt-huit éditions premières de classiques grecs, et de beaucoup d'auteurs romains. Ses éditions se distinguent principalement par la simplicité et la correction, et par la belle forme des caractères; l'encre et le papier en sont parfaits. Aldus fut le premier qui imprima séparément quelques exemplaires d'une édition sur du papier plus fin et plus solide, et quelques-uns même sur du papier bleu pour les distinguer des autres. Les impressions sur parchemin, dont l'usage devenait toujours plus rare dans l'imprimerie, sont surtout estimées. Les éditions de Philippo Giunta de Florence, depuis 1497, sont aussi célèbres que celles des Aldes, et reçurent des bibliophiles le nom d'*éditions Juntines*.

On imprimait dans le XVe siècle déjà en un grand nombre d'idiomes, et l'on posait ainsi la base de l'imprimerie polyglotte, qui s'est tant augmentée de nos jours. Outre le latin, par lequel on commençait généralement, on imprimait en allemand et en ses divers dialectes; en français et en italien. Le plus ancien livre imprimé en anglais l'a été chez le premier imprimeur de Cologne, Ulric Zell de Hanau, par Willam Caxton, en 1471. Caxton introduisit, en 1474, l'imprimerie en Angleterre. A Valence, en Espagne, en 1474, on imprimait un recueil de poésies en l'honneur de la Vierge, en castillan, en italien et en limousin, idiomes alors en usage à Valence. Pedro Posa publiait en 1477, à Barcelone, la traduction en espagnol de Curzio Ruffo. A Pilsen, en Bohême, on imprimait en 1475 le Nouveau Testament; à Prague, en 1487, les Psaumes et en 1488 la Bible de J. Pitlick et Severin Kramarz, en langue bohême.

Dans cette dernière ville on publiait, en 1487, les fables d'Esope en idiome slavon. A Copenhague paraissait, en 1495, le premier livre en langue danoise : *Den Danske Rüm Kröncke,* imprimé par Got. de Ghemen. La traduction en polonais du *Octœchos* de Jean de Damaskus fut imprimée à Cracovie en 1491, par Swaybold Frank. C'est là aussi que s'imprimèrent plus tard les premiers livres russes. A Tschernigow, en Russie, siége d'un métropolitain grec, on imprimait déjà en 1493 le même livre de Jean Damasque en illyrien, mais avec des caractères cyrilliques par George Czernœwic.

On imprimait dans toutes ces langues avec des caractères gothiques jusqu'à ce qu'on eût introduit des caractères romains, puis peu à peu ceux qui étaient propres à chaque nation. Avec des caractères grecs et hébreux on imprimait presque partout, mais, pour ce dernier, c'était surtout des typographes juifs établis à Soncino, dans le Crémonais, de 1485 à 1490, connus sous le nom Hebraei Soncinates.

Enfin, à la fin du siècle, c'est-à-dire en l'an 1500, il y avait plus de mille typographes répandus dans toutes les parties de l'Europe, dont les noms et les œuvres sont parfaitement connus et constatés, sans compter les ouvriers inférieurs et ceux qui sont inconnus.

L'invention de l'imprimerie exerça une grande influence sur le commerce des livres; elle lui donna une forme nouvelle; elle s'agrandit et s'étendit en lui ouvrant un champ plus vaste pour la spéculation.

Au moyen âge, les marchands de livres écrits, qui étaient en même temps aussi écrivains et copistes, furent appelés *Bibliatores* ou *stationarii*, et, s'ils avaient fait des études, *clerici*. Le libraire qui vend des livres imprimés est nommé dans les imprimés de Ferrare de 1474 et de 1475, et dans ceux de Junte de 1500, *Bibliopola;* et *Librarius* dans les éditions de Bologñe de 1477, et de Trévise de 1480. Les imprimeurs étaient alors aussi souvent libraires. Fust faisait déjà le commerce de livres imprimés à Paris. Pierre Schœffer, après la mort du précédent, continua l'établissement à Paris, et en fonda un autre à Francfort-sur-le-Mein. Ant. Koberger à Nuremberg avait, en 1473, des dépôts de livres dans 17 villes différentes: même à Venise, à Lyon et à Amsterdam. Mais en 1480 nous rencontrons à Ulm de véritables libraires, qui ne faisaient que le commerce des livres imprimés : c'est Jean Harscher, Erhart Ruwinger et Berthold Ofener. A Francfort-sur-le-Mein se tenait déjà depuis 1479 un marché ou foire de livres imprimés, qui était très-florissant. Il y a encore aujourd'hui dans cette ville une rue qui porte le nom de rue des Livres (Buchgasse). Jean Bæmler à Augsbourg en 1472, et J. Mentellin à Strasbourg en 1470, avaient publié les premiers catalogues ou listes de livres de fonds. D'autre part, les annonces de livres imprimés du couvent de Saint-Ulric et Afra à Augsbourg, paraissent être les précurseurs et les premiers modèles des listes de souscriptions, des prospectus et des programmes si pompeusement répandus dans le public de nos jours. Avec la grande extension de l'imprimerie naissaient aussi des lois prohibitives et restrictives et la censure. La plus ancienne loi de ce genre est celle de l'archevêque et électeur Berthold de Mayence, de l'année 1486, sans parler de celles qui existaient déjà depuis longtemps à Rome.

Si maintenant nous jetons un coup d'œil général dans le domaine de la typographie, sur les travaux des 36 années écoulées depuis la première apparition d'une imprimerie hors de Mayence, à Bamberg en 1462, jusqu'au déclin du siècle, on est frappé d'étonnement et d'admiration à la vue de l'activité et de la vie qui régnèrent dans cet art à peine inventé. Si nous comparons ce court espace de temps aux siècles qui ont précédé cette glorieuse découverte, quel contraste : Ici un spectacle magnifique, du mouvement, de l'enthousiasme; l'industrie, l'art et l'étude en pleine activité, et pour résultats, le commerce et le bien-être. Là, au contraire, l'inertie, les ténèbres, l'ignorance, un malaise général. Du Ve siècle à l'an mil on savait à peine écrire, par conséquent il n'y avait point de littérature. Même quelques siècles plus tard le papier et les livres étaient extrêmement rares; « il n'y avait que « les princes et les grands seigneurs qui puissent former des « bibliothèques et récompenser la peine des écrivains, » nous dit l'historien de Charles VI. Le prix moyen d'un livre simple, tenant le milieu entre les simples opuscules ou manuels et les volumes surchargés de peintures et d'ornements, pouvait, suivant M. Daunon, équivaloir au XIIIe siècle à ce qui coûterait aujourd'hui 4 à 5,000 francs. Villaret nous dit qu'au XIVe siècle un seul livre d'heures, sans fermoir d'or, sans pierreries, de la bibliothèque du duc de Berry, frère de Charles V, monta à la somme de 875 livres, représentant une valeur d'environ 6,250 francs de notre monnaie. Et au XVe siècle encore, avant la découverte de l'imprimerie, un roi de France, Louis XI, voulant emprunter un livre à la Faculté de médecine pour le faire transcrire, fut obligé de se soumettre à des conditions de garantie, et de donner pour caution cent écus d'or et douze marcs de vaisselle d'argent « qu'il nous a baillés en sureté de « nous le rendre, ainsi que selon les statuts de notre Faculté « faire le doit. »

Les livres avaient une telle valeur, qu'on les regardait comme la plus belle partie de la propriété : on en disposait dans les legs, et il n'était pas rare qu'on prescrivît dans les testaments l'obligation de les conserver enfermés dans une armoire à part et fixés par une chaîne, de ne jamais les prêter ni les vendre.

Mais déjà la presse était en mouvement : *imprimit ille die quantum non scribitur in anno;* et Jehan Molinet[1], dans sa *Recollection des merveilles advenues en nostre siècle*, pouvait s'écrier :

(1) Mémoires de la Société royale des antiquaires de France, volume XIII, 1838.

J'ai veu grant multitude
De livres imprimez,
Pour tirer en estudes
Povers mal argentez
Par ces nouvelles modes,
Aura maint escollier
Décret, Bibles et Codes,
Sans grant argent bailler.

Il n'y avait pas 60 ans que le premier livre avait été imprimé à Mayence, que déjà toutes les grandes villes de l'Europe possédaient des établissements typographiques; et à la fin du XVe siècle la propagation des livres imprimés était générale.

Suivant M. Taillandier le nombre des exemplaires de chaque édition des premiers imprimeurs était de 275; après 1472 les tirages dépassaient ordinairement ce nombre et même celui de 300. Les calculs les plus modérés établissent que l'imprimerie avant 1501, c'est-à-dire dans le premier demi-siècle de son existence, avait exécuté plus 1,300 éditions(1), et répandu en Europe plus de 4 millions de volumes.

Nous ne quitterons pas le XVe siècle, époque de la naissance de l'imprimerie, sans dire quelques mots sur l'état de cet art à Genève(2).

Genève, qui, suivant Senebier, avait reçu l'imprimerie en 1478, d'*Adam Steinschawer* de Schweinfourt, a pris une part active dans ce mouvement général. On connaît trente-six éditions imprimées dans cette ville depuis cette époque jusqu'à 1500, et les noms de cinq imprimeurs qui y ont travaillé.

M. *Favre-Bertrand*, dans une excellente notice sur les livres imprimés à Genève pendant cette époque, nous apprend que le

(1) On appelle Incunables, les éditions qui ont paru dans le XVe siècle; du latin *incunabulum*, berceau (temps où l'imprimerie était encore à son berceau).

(2) Mémoires de la Société d'histoire et d'archéologie de Genève, t. 1er. — Hist. et description de la Bibliothèque publique de Genève, par M. E.-H. Gaullieur, professeur; Neuchâtel, 1853. — Études sur la typographie genevoise par M. Gaullieur; Genève, 1855. — Mémoire sur l'état matériel de Genève pendant la seconde moitié du XVme siècle par M. le doct. Chaponnière, 1852. — Guerbin de Cruse demeurait dans la rue de la Cité ou des Cordonniers (de Civitate seu Sutorum), au coin de la rue de la Tour de Buel.

premier livre sorti des presses genevoises était: I. [1] *Le Livre des Saints Anges*, imprimé en 1478 en langue française, et avec des caractères gothiques. Cette première publication fut suivie de près de plusieurs autres, savoir : II. *Le Roman de Mélusine*, avec des gravures sur bois; III. *Le livre de Sapience*, IV. *Le Roman de Fierabras le Géant;* tous les trois du même imprimeur que le premier; le livre intitulé : *Le noublc roy Ponthus* (XXIX), qui est sans nom d'imprimeur et sans date, est supposé de 1479, et attribué à Steinschawer. Viennent ensuite : V. *Le Liber qui Manipulus Curatorum*, etc., etc., de 1480, et VI. *Legendæ sanctorum*, de la même année; tous les deux signés du nom d'Adam Steynschauwer de Suinfordia.

Depuis 1481 apparaît un imprimeur du pays, *Lovys Cruse*, qui se nomme aussi *Ludovicum Cruse alias Garbini*, *Garbin* ou *Guerbin*, fils d'un docteur en médecine. On connaît de lui : VII. *Thomas de Aquino*, *Tract.* de 1481, avec des initiales ornées; IX. *Le doctrinal de Sapience*, imprimé à Promentour en 1482; XI. *Le Roman de Fierabras*, de 1483; XII. *Un vocabulaire latin-français*, de 1487; XXII. *Les fleurs et les manières des temps passés*, etc., de 1495, orné de gravures sur bois. On lui attribue encore l'impression de XXXVI. *La danse des Aveugles*, et XXXV. *Le Livre des bonnes mœurs* (entre 1488 et 1489).

En 1490 parurent les deux seuls livres que *Jacques Arnollet*, ait imprimé à Genève : XIV. *Passionale Christi*, avec figures et XV. *Les sept sages de Rome.*

Jean Fabri de Langres publia, en 1491, XVI. *Le Missale ad usum Gebennensis dyocesis*, orné d'une vignette.

XXIV. *Le Kalendrier des Bergiers* porte la date de 1497, et la marque de l'imprimeur, *J. B.*, surmonté d'un *R.*, qui est *Jean Belot*, originaire de Rouen. XXXIV. *Le Missale ad usum Gebennensis* de 1498 et *Le Missale ad usum Lausannem* de 1500, sont également imprimé par lui.

D'autres livres imprimés à Genève pendant le XVe siècle, mais dépourvus ou du nom de l'imprimeur, ou de la date, sont :

[1] Les chiffres romains sont les numéros d'ordre de M. Favre.

VIII. *L'histoire d'Olivier de Castille*, de 1482. X. *Le livre des sept sages de Rome*, de 1483, et XIII. Le même de 1492. XVIII. *Constitutiones synodales*, etc., de 1493, avec quelques capitales gravées sur bois. XX. *Le Doctrinale de Sapience*, de 1493. XXI. Encore une édition des *Sept sages de Rome* (la 4me depuis 1483), de 1494, ornée de figures sur bois. XXIII. *Fasciculus Temporum en françoys* (c'est le Fardelet historical), de 1495, orné de gravures. XXXIII. *Prognosticon de Comete, qui anno M.CCCCC*, etc., qu'on suppose être imprimé en 1500. XIX. *Statuta ecclesiæ Gebennensis*, sans date, paraît être de 1493. XXXII. *Le roman de Fierabras le Géant*, dépourvu de date, mais signé *Simon du Jardin*, à Genève; paraît, selon M. Gaullieur, être dû à Louis Garbin, du Jardin n'étant pas connu comme imprimeur. XXXI. Une seconde édition de l'histoire d'Olivier de Castille, sans date, mais signée de Louis Garbin. XXVIII. *Quatuor novissimarum Liber*, etc. (connu sous le nom de Cordiale), sans date, ni nom d'imprimeur. XXX. *La chronique et l'hystoire de Apollin de Thyr*, imprimée par Garbin (entre 1481-1490). XXXIV. *Manuale ad usum Geb.* porte les lettres J. B., Jean Belot, mais point de date ni lieu d'impression. — Du XVIe siècle, *Missale ad usum eccles.* Laus., sans date ni lieu d'impression. *La grande Danse Macabre des hommes et des femmes*, de 1503, avec des gravures sur bois. — *Hore Bte Marie Virginis secundum eccles. Geben.* [1]. XIII. *Breviarum ad usum Geben.* avec gravures sur bois, et des caractères rouges et noires, est imprimé par Louis Garbin, en 1487.

Ce sont là les éditions connues qui furent imprimées en caractères gothiques à Genève dans le XVe siècle.

Au commencement du XVIe siècle, il y avait à Genève, entre autres imprimeurs, Jacques Vivier (1517), et Wigand Koln (1523).

PROPAGATION DE LA TYPOGRAPHIE DANS LE XVIe SIÈCLE. L'imprimerie au moyen de lettres mobiles, ou la typographie, inventée dans la seconde moitié du XVe

(1) Dont M. le professeur Adert possède un fragment. Voyez M. Gaullieur, Études, etc. p. 54.

siècle, s'était donc solidement établie, et florissait déjà chez presque toutes les nations de l'Europe à la fin de ce même siècle. Il nous reste à dire ses progrès dans les temps postérieurs jusqu'à nos jours, à faire ressortir surtout ses perfectionnements dans la pratique, et ses diverses applications aux arts et aux sciences.

Dès le commencement du XVIe siècle nous voyons l'imprimerie se répandre aussi dans les parties extrêmes de l'Europe, et sur les continents et les îles du reste de la terre. En Islande nous rencontrons déjà en 1531 une imprimerie, et en 1584 on y imprimait la première Bible en islandais, Bible dont les gravures sur bois avaient été faites par l'évêque Jens Areson lui-même.

Ostrogue, en Volhynie, est le lieu où fut imprimée en 1581 la première Bible en ancien russe; les caractères sont exactement imités de ceux des manuscrits slavons. La première imprimerie en Russie fut celle de Moscou, établie en 1553; St-Pétersbourg n'en eut une qu'en 1711. On imprimait depuis 1794 en Arménie. Constantinople n'eut une imprimerie publique qu'en 1726, et la Grèce ne l'eut qu'après avoir recouvré son indépendance, vers 1822.

La Chine, le Japon et les divers pays de l'Inde orientale connaissaient depuis des siècles déjà l'art d'imprimer au moyen de planches de bois; mais ils ne paraissent pas avoir fait jusqu'ici des progrès sensibles dans l'imprimerie. Les missionnaires ont introduit dans le XVIe siècle la typographie à Goa, sur la côte nord-ouest du Décan. La Perse n'en a été doté qu'en 1820. Les moines du mont Liban imprimaient déjà en 1610.

L'art de Gutenberg fut introduit à Batavia depuis 1707; à Ceylan en 1737; mais dans les îles Philippines ce fut déjà en 1570.

Les pays qui les premiers eurent une imprimerie dans les deux Amériques, furent le Mexique, en 1549, et Lima en 1586. Mais les Massachusets de l'Amérique du Nord n'en eurent une qu'en 1639; la Pensylvanie qu'en 1686, florissante surtout sous Franklin en 1726; et New-York qu'en 1693.

L'Egypte reçut l'imprimerie par l'expédition française en 1799; le Cap en 1806.

Les îles Sandwich possèdent cet art depuis 1821, et on y publie même un journal depuis 1835.

La réformation, considérablement préparée et secondée, sinon provoquée par l'imprimerie, fournit à son tour dans le XVIe siècle de nouvelles et abondantes matières à cet art encore nouveau. Une quantité de presses et de bras étaient en mouvement pour alimenter et soutenir le zèle du nouvel enseignement. Ce fut surtout Wittemberg, le berceau de la réforme, qui contribua le plus à la propagation de l'Evangile. Outre Melchior Lotther, qui y imprimait en 1519 la traduction du Nouveau Testament de Luther, avec des caractères de Froben à Bâle; et Georges Rhaw, qui publiait entre 1520 et 1548 les petits écrits et le catéchisme de Luther, ainsi que les œuvres de Melanchthon; il y avait principalement Hans Lufft, imprimeur ambulant, qui, s'étant fixé dans cette ville depuis 1526 jusqu'à 1584, y imprimait spécialement la Bible de Luther. Les deux presses qu'il possédait étaient continuellement en activité, et l'on porte à 100,000 le nombre des exemplaires de la Bible qu'il a imprimés dans l'espace de 50 ans; aussi l'appelait-on l'imprimeur de la Bible.

Urach et Tubingue, dans le Wurtemberg, ne sont pas moins célèbres que Wittemberg. Le zélé luthérien Primus Truber de Carinthie, réfugié, fondait dans ce pays, en 1550, une typographie avec laquelle on imprimait des ouvrages religieux en idiomes croate, vandale (wendisch) et dalmatien, avec des caractères glagoliques ou croates, et cyrilliques (Cyruliza). Les poinçoins-reliefs pour faire ces caractères furent exécutés en 1560 par l'habile graveur de lettres Jean Hartwach, et moulées ensuite par Simon Auer, fondeur en caractères; tous les deux à Nuremberg. Mais en 1564, après la bataille de Nördlingue, ces caractères furent soustraits par les troupes impériales et devinrent plus tard la possession du collége de la propagande à Rome.

A Paris florissaient principalement dans le XVIe siècle les Étienne (ou Stephanus, en traduisant le nom en latin, suivant l'usage de l'époque), célèbre famille de typographes, qui pratiquèrent pendant l'espace de 170 ans, de 1519 à 1674.

Robert Stephanus I, le plus distingué, homme très-savant, s'était fait protestant. Pour se soustraire aux difficultés qu'on lui suscitait, il se rendit en 1552 à Genève, où il fut reçu gratuitement bourgeois, et y publia un Nouveau Testament en français.

Ses éditions sont très-estimées, surtout à cause de leur correction. Il avait l'habitude d'exposer à la vue du public les épreuves des livres qu'il imprimait, et de donner une récompense à quiconque lui signalait des fautes.

Les Wechel, excellents typographes de Paris, étaient aussi protestants, et furent obligés de quitter cette ville; ils s'établirent entre 1522 et 1600, à Francfort-sur-le-Mein et à Hanau.

Nous devons mentionner encore comme typographes distingués en France dans le XVIe siècle, les Badius à Paris, de 1498 à 1549; Michel Vascason, de 1530 à 1576 (il est un des premiers qui employèrent de préférence le caractère romain au lieu du gothique, alors généralement en usage; on connaît de lui plus de 297 éditions); Guillaume Morel, à Paris, de 1547 à 1564; et une autre famille Morel, de 1571 à 1630. Les Morel fleurirent à Paris pendant près d'un siècle. Une femme aussi s'est distinguée dans l'imprimerie, Charlotte Gvillard, qui exerçait cet art à Paris en 1538.

L'art typographique continua à être pratiqué avec succès en Italie pendant le XVe siècle. Outre les Alde et les Giunta, qui imprimèrent, les uns jusqu'à 1538, les autres jusqu'à 1597, il y en avait encore un grand nombre d'autres, parmi lesquels nous ne remarquerons que Paganini de Brescia. Il publia en 1518 à Venise l'édition princeps du Coran en arabe. On imprima dans la même ville, pendant ce siècle, plusieurs ouvrages en slavon, en russe et en croate.

Le plus ancien produit de la typographie de Zurich est une annonce d'un tir à l'arbalète, du 6 janvier 1504. Les premiers imprimeurs connus de cette ville sont Hans Amwasen, en 1508, et Hans Hager, qui imprima de 1520 à 1530 plusieurs ouvrages de Zwingle; mais son plus célèbre typographe était Christophe Froschawer, qui de 1519 à 1564 publia, outre beaucoup d'autres ouvrages, jusqu'à 21 éditions diverses de la Bible. Il imprima aussi en 1535 la première Bible anglaise, ornée de gravures sur bois par Sebald Beham.

La Bible connue sous le nom de *Bible de Serrières* reçut cette désignation parce qu'elle fut imprimée dans le village de ce nom du canton de Neuchâtel, par Pierre de Vincle *dict Pirot picart*, en 1535.

Bâle possédait dans ce siècle entre autres, un imprimeur de réputation, Jean Oporinus (Herbst), dont le principal ouvrage, Andreæ Vesalii de humani corporis fabrica, lib. VIII, 1554, est imprimé avec de beaux caractères, des initiales gravées en bois spécialement pour ce livre, et orné de beaux dessins anatomiques. Oporinus avait écrit lui-même plusieurs ouvrages, et fait les traductions et annotations des classiques grecs qu'il imprimait.

L'Allemagne possédait dans ce siècle un grand nombre de typographes renommés, dont quelques-uns nous sont déjà connus. Nous n'ajouterons que J. Petrejus à Nuremberg, de 1526 à 1550; André Wingler à Breslau, de 1538 à 1555; Ernest Voegelin à Constance, de 1559 à 1578; et H. Commelinus à Heidelberg, de 1587 à 1597, duquel les éditions des classiques grecs et romains sont très-estimées.

Ce que les Alde et les Giunta étaient pour l'Italie, les Étienne pour la France, Christophe Plantin l'était pour les Pays-Bas; il florissait à Anvers de 1555 à 1589. Ses nombreuses éditions sont encore aujourd'hui regardées comme des chefs-d'œuvre de typographie, et se distinguent surtout par l'élégance des types et de l'impression, et par la plus parfaite exactitude. Plantin avait, comme Robert Étienne, l'habitude de récompenser ceux qui trouvaient des fautes dans ses livres imprimés.

L'Angleterre n'est pas restée en arrière dans le XVIe siècle, et offre également des imprimeurs de mérite. Wynkin de Worde perfectionna, de 1491 à 1534, les caractères; il les faisait de grandeur diverses et graduées. John Day fut le premier qui imprima avec le caractère appelé *caractère saxon*. Il ornait ses livres de belles figures mathématiques et de cartes géographiques, surtout remarquables dans ses Acts and monuments, ou Fox's Book of Martyrs. Il exerçait son art de 1544 à 1583.

Richard Grafton imprima en 1540 la *Bible de Cranmer,* avec de remarquables initiales, richement ornées. Cependant un des plus singuliers produits de la typographie de cette époque est le Genealogy of the kings of England, imprimé en 1560 par Gylles Godet. Il est composé des effigies des rois fabuleux de la blanche Albion, depuis Brutus jusqu'à Elisabeth; les figures ont six pouces de haut et sont gravées sur bois. Le tout, fait en forme de tapisserie, fut conservé jadis dans un étui sur un rouleau mouvant et paraît avoir servi à décorer les murs de quelque château en guise de tenture.

PROPAGATION DE LA TYPOGRAPHIE DEPUIS LE XVIe SIÈCLE. Le XVIIe siècle, temps de guerres, de désordres et de calamités de tout genre, avait produit cependant de grands hommes et vu éclore de précieuses découvertes; mais il n'était pas propice pour l'art typographique; au contraire, cette époque agitée était un obstacle aux progrès de l'imprimerie; elle comprimait son essor et la conduisait presque à sa décadence. Ce ralentissement s'étendit plus ou moins sur tous les pays, et se prolongea dans quelques-uns jusqu'à la moitié du XVIIIe siècle. Dès lors il se manifesta dans la typographie une nouvelle activité, et, malgré les troubles de la révolution française et les longues guerres qui la suivirent, elle n'a cessé de faire des progrès et de se perfectionner.

La Hollande est peut-être l'unique pays où l'ancien lustre de l'imprimerie ne s'était pas tout à fait éteint. Les Elzévir, non moins célèbres que les Alde et les Etienne, florissaient à Amsterdam de 1592 à 1680, et imprimaient un grand nombre d'ouvrages placés parmi les plus parfaits, et recherchés encore aujourd'hui. Janson Blæu, ami de Tycho Brahé, et ses fils sont aussi célèbres que les précédents. On remarque surtout son Atlas en 12 vol. gr. in-fol, et son Novum Theat. urb. Belgicæ regiæ, de 1649, avec des cartes et des gravures. — Le plus remarquable ouvrage de la typographie hollandaise de cette époque est la Bible de Dordrecht, imprimée in-folio en 1686.

Jean Andreæ avait fondé en 1667, à Francfort-sur-le-Mein, un établissement typographique qui existe encore aujourd'hui.

Stockholm avait dans le XVIIe siècle un habile graveur sur bois et sur cuivre (Formschnidare och Kopparsticbare), Henri Keyser, qui était aussi typographe. Il avait servi sous Gustave-Adolphe, et reçut de lui un appareil d'imprimeur pris sur l'ennemi.

L'Italie vit paraître dans le XVIIIe siècle un des premiers restaurateurs de l'art typographique, Giambattista Bodoni, le plus célèbre imprimeur et graveur de lettres de son temps. Il pratiqua son art avec éclat à Parme, de 1766 à 1813. Ses nombreuses impressions se distinguent par la pureté et la précision, par la bonté du papier et le beau noir de l'encre, mais on leur reproche le peu de correction. On estime surtout son Homère de 1785; son Virgile de 1792, son Dante et plusieurs autres. Le plus remarquable de ses ouvrages est son Oratio Dominica, etc., etc., en 155 langues et caractères différents.

Il y avait à cette époque à St-Lazare, petite île près de Venise, un Arménien nommé Mechitar, qui y imprimait en 1733 la Bible en arménien.

Vienne possédait alors un établissement remarquable fondé par J. Thomas, noble de Tratnern, et qui y exista depuis 1748 jusqu'à 1798. Il avait 24 presses, 2 moulins à papier, 5 succursales, 8 librairies et 18 dépôts de livres disséminés dans l'empire et dans d'autres parties de l'Allemagne. Mais le rénovateur de l'imprimerie à Vienne fut J. Vincent Degen, qui fleurit de 1800 à 1827.

En 1814 Degen fut nommé directeur de l'imprimerie impériale, nouvellement créée, qu'il dirigea avec talent jusqu'à sa mort, arrivée en 1827. Sous la direction de son successeur, M. de Wolfarth, cet établissement tomba presque en décadence; heureusement qu'il fut sauvé de sa ruine et même élevé à un haut degré par un homme d'un rare talent et plein d'activité, M. Aloïs Auer, qui entra en fonctions comme directeur en mars 1841. On peut dire que l'imprimerie de Vienne, telle que nous la voyons aujourd'hui, ne date que de cette époque. C'est maintenant la seule rivale de l'imprimerie impériale de Paris.

Depuis la direction de M. Auer, l'imprimerie impériale a confectionné plus de 25,000 poinçons en acier, et 80,000 matrices; elle contient 600 alphabets indigènes, et 120 alphabets étrangers; les presses en bois ont été d'abord remplacées par 50 presses en fer.

C'est une institution véritablement polygraphique, où tous les arts graphiques sont représentés et exécutés; aussi reviendrons-nous souvent à l'imprimerie impériale de Vienne, en parlant de chacun de ces arts.

Leipzig, qui s'est toujours distinguée dans les fastes de la typographie, eut aussi ses restaurateurs dans Jean-Gottlob-Immanuel Breitkopf, homme savant et habile dans toutes les branches de l'imprimerie, de 1754 à 1794; dans Charles Traugott Tauchnitz, de 1796 à 1836, dans J.-A. Brockhaus et E.-G. Teubner, et un grand nombre d'autres typographes de mérite, qui fleurirent depuis 1829 environ.

A Tubingue, c'étaient les Cotta, qui déjà en 1640 y avaient établi une librairie occupant une vingtaine de presses, et que Jean-Frédéric Cotta, en 1789, releva de sa décadence. En 1793 il forma le plan de la publication de l'*Allgemeine Zeitung*, pour laquelle Schiller travailla pendant quelque temps. En 1798 ce journal parut à Stuttgard, et depuis 1803 à Augsbourg.

A Bâle brillait déjà en 1685 Conrad de Mecheln, dont l'établissement a continué jusqu'au commencement de notre siècle. Dans le XVIIIe siècle, c'était surtout Wilhelm Haas qui se distinguait comme imprimeur et graveur de lettres dans cette ville.

Le restaurateur de la typographie en Espagne fut Joachim Ibarra, né à Saragosse, en 1726, et mort à Madrid en 1785. Il imprimait la Bible latine en 1780; puis vinrent l'histoire d'Espagne, le Don Quichotte, la traduction espagnole de Salluste et beaucoup d'autres ouvrages typographiques excellents. Son encre, qu'il fabriquait lui-même, est très-belle, et il fut le premier qui *lissa* le papier imprimé, pour donner à l'impression plus d'éclat.

L'Angleterre eut pour restaurateur un homme de renom, John Baskerville, à Birmingham, de 1757 à 1775. Ses éditions se font remarquer par une noble simplicité; il n'y mettait point d'ornements. Ses caractères italiques sont parfaits. On reproche cependant à ses lettres de la maigreur et leur forme trop allongée. On nomme encore les Hansard, de 1799 à 1828; Straham, en 1769; Thomas Bensley, en 1789; et William Bulmer en 1790, lequel se servait pour ses impressions du beau papier Whatmann.

L'établissement le plus remarquable de nos temps en Angleterre, est celui de William Clowes, imprimeur du Penny Magazine. Cette immense imprimerie occupe deux locaux.

Dans le plus grand sont trente fondeurs de caractères, six fondeurs de stéréotypie, cent soixante compositeurs et autant d'imprimeurs, sept ouvriers pour humecter le papier. Deux machines à vapeur mettent en mouvement dix-neuf presses accélérées, dont chacune imprime 700 à 1,000 feuilles par heure; il y a en outre cinq presses hydrauliques du poids de 260 tonnes chacune, pour préparer le papier; quinze presses en fonte de fer pour les éditions de luxe. On emploie dans cet établissement 2000 rames de papier par semaine. La stéréotypie produit plus de mille ouvrages, dont 72 Bibles; les planches stéréotypiques qui servent à ces impressions ont une valeur de 400,000 livres sterling.

Cette imprimerie possède plus de 50,000 planches gravées en bois, dont on expédie les clichés dans toutes les parties de l'Europe et de l'Amérique.

L'imprimerie du journal *the Times* offre également un exemple du grandiose des entreprises anglaises dans ce genre; l'impression des 24 colonnes dont est composé ce journal, un des plus grands de l'Europe, occupe environ 100 ouvriers, dont 50 compositeurs mettent en œuvre le travail de 12 sténographes des séances du parlement; des presses mécaniques de grandeur énorme impriment 4,000 épreuves par heure et 12,000 en six heures de temps; de manière qu'à Londres on peut lire le matin, et dans les provinces avant midi, ce qui se débattait au parlement encore à minuit.

Le plus remarquable exemple de célérité dans l'imprimerie a été fourni ces dernières années par l'Angleterre. Il s'agissait de l'impression des voyages en Afrique de Damberger. Les éditeurs (MM. Darton et Clarkes) reçurent le volume original, écrit en allemand, un mercredi à 11 heures du matin. L'ouvrage en 36 feuilles de texte, a été traduit en anglais, accompagné d'une préface critique, de trois gravures et d'une carte coloriée, ensuite imprimé, broché, expédié aux libraires, et le samedi soir à 6 heures et demie, il ne restait plus un seul exemplaire à l'éditeur.

Un des premiers restaurateurs de l'art typographique en France fut Charles Crapelet le père, qui imprimait de 1789 à 1809. Il chercha à bannir de l'imprimerie les ornements de mauvais goût qui surchargeaient les imprimés de ce temps, et il s'efforça d'unir l'élégance à la plus grande simplicité. Ses éditions sont aussi correctes que belles. On possède de lui un magnifique ouvrage, l'Histoire naturelle des oiseaux de paradis, in-folio, *imprimé en or*. Le fils, A.-G. Crapelet, surpasse encore le père: son édition de La Fontaine de 1814, celles de Montesquieu, de Rousseau, de Voltaire et d'autres, sont de véritables éditions de luxe et jouissent d'une grande réputation.

Les Didot ont acquis une célébrité universelle méritée, et qui leur restera toujours. Le principal mérite de François-Ambroise Didot (né en 1730, mort en 1804) consiste dans la gravure des lettres; son caractère romain est magnifique. Il inventa la typométrie, et il fut le premier qui imprimât sur du papier vélin, fabriqué d'après ses conseils à Annonay. Son frère Pierre-François s'est également distingué.

Pierre Didot, fils de François-Ambroise, né en 1761, eut le courage d'entreprendre, au milieu des désordres de la révolution, l'impression des classiques anciens et modernes; son Virgile de 1798, son Horace de 1799, et surtout ses œuvres de Racine de 1801 à 1805 furent déclarés par un jury spécial les plus beaux produits de l'art typographique de tous les temps et de tous les pays. On lui doit dix-huit genres de caractères.

Firmin Didot, frère du précédent, s'était surtout distingué dans la gravure et le moulage des lettres, dans la stéréotypie et la typométrie; mais il était aussi habile imprimeur. Il mourut en 1836, généralement regretté.

Henri Didot, fils de Pierre-François, est l'inventeur de la fonderie polyamatype; il a imprimé le *De imitatione Christi* en 1816.

Jules Didot, fils de Pierre, est principalement célèbre par ses éditions de luxe, connues partout.

Parmi les imprimeurs moderne, Duverger est celui dont l'établissement grandiose peut le mieux rivaliser avec ceux d'Angleterre; Evrart, dont les éditions illustrées ont une grande réputation. L'imprimerie impériale est le plus grand et le plus remarquable établissement de ce genre.

Enfin, et comme résumé, en janvier 1854 il y avait à Paris

plus de quatre mille ouvriers imprimeurs (dont 67 femmes compositeurs) qui étaient occupés à 572 presses et 276 machines. Le nombre des imprimeries dans toute la France était alors de 1,024. On y publiait 1,114 journaux, et l'on porte à 7,992, dont 4,700 à Paris, le nombre des ouvrages nouveaux qui ont paru dans l'année 1853; en 1817 ce nombre n'avait été que de 2,126.

En Angleterre, à Londres, il n'avait été publié en 1828 que 842 ouvrages nouveaux; mais, en 1850, ce nombre était arrivé à 4,400. D'après un rapport officiel du 9 juin 1851, il a été imprimé pendant les trois dernières années, entre Londres, Oxford et Cambridge, 3,927,750 exemplaires des Saintes Ecritures.

En Allemagne, le mouvement de la librairie et de l'imprimerie est encore plus remarquable. En 1546, année où il existait déjà un catalogue de la foire de Leipzig, il s'était publié 256 nouveautés littéraires; — en 1601 déjà 1,137; — en 1830, 5,920; — en 1841 ce chiffre montait à 11,090; — en 1850, il était de 8,737. Il y avait alors dans ce pays 2,000 libraires, parmi lesquels 400 éditeurs et 1200 teneurs d'assortiments.

L'Amérique du Nord, qui n'avait en 1655 que deux ou trois imprimeries, en compte aujourd'hui 4,000.

Ces quelques indications et rapprochements suffiront sans doute pour montrer quelle extension prodigieuse a prise dans notre siècle l'art typographique.

L'excellence et l'utilité de la typographie, le bien et les avantages qu'elle procure, étaient reconnus généralement, et dès les premiers temps un grand nombre d'auteurs s'empressaient de faire valoir ses qualités.

Le *Fardelet historical*, de l'an 1554, contient le passage suivant sur l'imprimerie : « La impression des liures qui est une « science tressubtile et ung art qui iamais navoyt este veu fut « trouve enuiron ce temps en la cite de Magonce (1). Ceste science « est art des arts, science des sciences, la quelle pour la celerite

(1) L'ouvrage latin intitulé : Fasciculus temporum auctore quodem devoto Carthusiensi, imprimé pour la première fois à Cologne, en 1474, in-folio, a été traduit en français par Pierre Farget (Ferget, Sarget) et il est connu sous le nom du Fardelet historical. Il y a une édition de Lyon, 1483, une de Genève, 1495, etc. (M. Favre-Bertrand, *Notice*, etc.)

« de son exercite est ung tresor desirable de sapience.... Car la « vertu infinie des liures... a maintenant este manifestee aux « poures indigens estudians, escoliers : ceste multitude est « diuulgee entre tous peuples langues et nations tellement que « vrayement nous pouvons regarder et dire ce qui est escript « au premier chapitre des proverbes. Sabientia foris prædi- « cat..... »

Un écrivain trace ainsi, dans le journal *La Presse* du 25 février 1837, les diverses phases de l'imprimerie : « Durant le premier siècle qui en a suivi la découverte, l'imprimerie apparaît sous la forme d'un *missel;* sous la forme d'un pamphlet le siècle suivant; plus tard, elle a été petit livre bien libertin, et in-folio bien lourd; un journal à cette heure en est le symbole. » M. Crapelet ajoute : « Ne pourrait-on pas dire aussi, avec plus de justesse peut-être, que l'imprimerie a été religieuse à sa naissance; religieuse et littéraire dans sa jeunesse; littéraire et politique dans sa maturité; et que, politique et industrielle maintenant, elle est parvenue à sa décrépitude, jusqu'à ce que les lettres, reprenant force et vigueur, lui rendent à leur tour une vie nouvelle. »

Enfin, M. de Lamartine s'exprime de la sorte : « L'imprimerie est le télescope de l'âme. De même que cet instrument d'optique, appelé *télescope*, rapproche de l'œil, en les grossissant, tous les objets de la création, les atomes et les astres mêmes de l'univers visible, de même l'imprimerie rapproche et met en communication immédiate, continue, perpétuelle, la pensée de l'homme isolé avec toutes les pensées du monde invisible, dans le passé, dans le présent et dans l'avenir.

« On a dit que les chemins de fer et la vapeur supprimaient la distance; on peut dire aussi que l'imprimerie a supprimé le temps; grâce à elle, nous sommes tous contemporains. »

PRESSES ET MACHINES D'IMPRIMERIE. On se rappelle que la presse à tirer des épreuves dont se servait Gutenberg avait à peu près la forme d'un pressoir. La presse ainsi construite, peut-être un peu modifiée, est restée en usage pendant plus d'un siècle. Léonard Danner à Nuremberg, vers le milieu du XVIe siècle, fut un des premiers qui y introduisirent quelque perfectionnement; il remplaça les vis de bois par des vis de laiton. En 1620, W. Janson Blaeu avait essayé de construire plusieurs presses de différents systèmes, qui furent alors adoptées dans les Pays-Bas et plus tard aussi à l'étranger. Mais ce n'est que vers la fin du XVIIIe siècle que l'on commença à s'occuper sérieusement d'améliorer le mécanisme des presses typographiques. W. Haas père, à Bâle, en 1772, et J.-G. Freitag, à Gera, en 1795, donnèrent la première impulsion. Dès lors les inventions se succédèrent avec une telle rapidité et une telle abondance, qu'il nous est impossible de les suivre en détail. Nous ne mentionnerons que les changements les plus saillants et les inventeurs les plus renommés. Ce sont d'abord Franç.-Ambr. Didot, Anisson, Gaveaux, Thonnelier, Villebois, Frapié en France; les Anglais Roworth, Medhurst, Hope, Russel, Stafford, Hoe, Rowland Hill, Proner, Brown. Les presses à cylindre de Schuttleworth à Londres, Strauss à Vienne, et Burks à Paris, ont eu des succès. Dans les presses en fer, nous remarquerons celles de Stanhope et Walker, de 1816; celle de John Ruthen, de 1813. Georges Clymer à Philadelphie inventa, en 1818, la célèbre *Columbian-Press*. En même temps, il y avait celle de Moore en Angleterre, et celle de Ruggle à Philadelphie. On remarque encore les presses de Daniel Treadwell; la *Rotary standard press* de Barcley; la *Albion press* de Dunne, celles de Cope, de Well, de Hawking; celle de Hagar à New-York, celle de Koch, perfectionnée par Sticber et Gross. Dans les presses mécaniques se distinguent les suivantes: La presse de Hinsley du Connecticut, inventée au commencement du siècle, a l'avantage de poser et d'encrer 2 feuilles à la fois, ce qui lui permet de livrer deux mille épreuves en une heure. La presse remarquable, mue par la vapeur, de Frédéric König d'Eisleben, associé en 1812 avec Bauer, produisait le 28 novembre 1814 la première épreuve typographique imprimée au moyen de la vapeur. C'était le journal *the Times*. Elle livre mille exemplaires par heure imprimés des deux côtés de la feuille. La presse accélérée de l'ingénieur Applegath, à cylindres verticaux imprime par heure et avec une admirable perfection dix mille exemplaires de l'immense journal, *the Times*. Thomas French en Amérique a établi une presse qui est en rapport avec une papeterie dont les feuilles, à peine fabriquées, sont amenées d'elles-mêmes sous la presse, imprimées des deux côtés à la fois et séchées. On y a imprimé le *Juvenil Reader*, ouvrage composé de 216 pages, sur une seule feuille de soixante et dix pieds de longueur.

Thuvien à Paris a inventé une presse colossale pour imprimer des affiches de 8 pieds de haut sur 10 de large. MM. Hoe de New-York ont exécuté une immense presse pour imprimer le journal *New-York-Sun*, qui est tiré à cinquante mille exemplaires. Son format est de soixante-cinq centimètres de hauteur, sur quarante-cinq de largeur; chaque page est composée de huit colonnes de deux cents lignes, ayant quarante lettres chacune. Le diamètre du cylindre, auquel s'applique la forme contenant les caractères, est d'environ six mètres. Huit autres cylindres, se chargeant successivement du papier, prennent l'impression en huit endroits différents, de sorte qu'on obtient de seize à vingt mille épreuves par heure. L'appareil a près de quatorze mètres de long, et la machine a deux étages de hauteur. En une heure, et à l'aide de seize personnes, cette presse exécute ce qui, dans un même espace de temps, aurait exigé le travail de trois à quatre cents pressiers.

Les anciennes presses à bras, presque complétement en bois, nécessitaient pour la plupart deux coups de barreau pour imprimer une feuille; l'encre se posait avec des *balles* faites de peau de chien on de veau. Les nouvelles presses à bras n'ont que le pied en bois; le corps de la presse et les autres parties sont en fonte ou en fer forgé; l'encre se distribue avec le *rouleau*. MM. Firmin Didot nous apprennent que l'invention des rouleaux dits gélatineux est due à M. Gannal; il les composa en 1819 d'une combinaison de sucre et de gélatine ou colle forte. Les rouleaux élastiques remplacèrent aussitôt avec avantage, pour l'impression, les rouleaux en peau de veau. L'usage en devint général en France, en Angleterre et dans les autres pays.

CARACTÈRES D'IMPRIMERIE. L'immense diversité de genres et de formes des caractères qui furent employés dans l'art typographique, ou qui sont encore en usage. (1) Le

(1) Encyclopédie moderne, publiée par Firmin Didot frères, Paris in-8° 1851, t. 26, article Typographie.—La Typographie, poëme par M. L. Pelletier, Genève 1832, in-8.

grand nombre de graveurs et de fondeurs en lettres qui ont existé, et qui, presque tous, ont apporté quelque innovation, nous forcent à borner nos observations, et de les resserrer dans un cadre plus étroit que ne mériterait un tel sujet. La calligraphie a puissamment contribué au perfectionnement des lettres d'imprimerie. Les premiers typographes imitaient exactement l'écriture des manuscrits de leur époque. Plus tard, les maîtres d'écriture publièrent des modèles de lettres dans des recueils spéciaux. Au commencement, c'était principalement les peintres qui s'occupaient de la calligraphie, ensuite ce furent les *Modisten*, nom donné en Allemagne aux calligraphes.

Albert Durer fut un des premiers qui publièrent des regles de construction pour les lettres majuscules et minuscules. Il fut bientôt suivi de beaucoup d'autres en divers pays; nous ne mentionnerons que ceux qui ont joui de plus de vogue. C'étaient, à Nuremberg, Jean Neudörffer l'aîné, en 1538; Henri Vogthers de Strasbourg, en 1546; Urbain Wyss à Zurich, en 1549; Théodore de Bry à Francfort-sur-le-Mein, en 1570, et 1596; Jacques Jacobelle à Heidelberg, en 1575; Sigismondo Fante à Florence, en 1529; Giov.-Batt. Palantino à Rome, en 1540; Giov.-Ant. Tagliente à Venise, en 1545; Giov. Cresci. Milanese, en 1575; Juan Yciar, *Vizcayno, Escriptor de libros*, en 1529; Pedro de Madaria de Valence, en 1565; Francisco Lucas, Vezino de Levilla, en 1580; Geofroy Tory de Bourges, en 1529; Jean Richard à Anvers, en 1549; Clem. Parrati à Bruxelles, en 1596; et beaucoup d'autres.

Ce genre de publications, commencé dans le XVIe siècle, continué dans les siècles suivants, est devenu de nos jours extrêmement nombreux. Ces recueils d'écriture, composés d'alphabets de lettres de tous genres, servaient, au XVIe et au XVIIe siècle surtout, de modèles aux graveurs en lettres, et exerçaient ainsi une grande influence sur la tournure et la forme des caractères d'imprimerie.

-- Falkenstein, déjà cité, p. 360 et suiv. — Précis hist. sur l'imprimerie royale par F. A. Duprat; Paris, 1848, in-8° — Gutenberg oder Geschichte der Buchdruckerkunst, Ot. Aug. Schulz; Leipz. 1840, in-8°. — Études pratiques et littéraires sur la Typographie, par G.-A. Crapelet; Paris, 1837, in-8°. — Histoire de l'Imprimerie, etc., par Paul Lacroix (Bibliophile Jacob), Ed. Fournier et Ferd. Seré; Paris, 1852, grand in-8°.

Nous y pouvons remarquer quatre époques différentes et successives qui, pour être exactes, ne doivent cependant pas être regardées comme absolument indépendantes, mais comme s'enchaînant: l'une servant de complément à l'autre.

La première époque nous la connaissons déjà, c'est celle du XVe siècle, celle de l'invention première. Nous pouvons l'appeler aussi l'époque gothique, parce que le caractère gothique y dominait. « On ne saurait se figurer, nous dit M. Bernard, jusqu'où alla, à un certain moment, l'engouement du public pour le caractère gothique. Quelques auteurs, dans leur enthousiasme, le qualifient même de divin. »

Cette époque commence avec Gutenberg, qui avait introduit diverses grandeurs de lettres imitées des missels manuscrits. Ces lettres, que les Allemands appellent *Myssaltype*, les Anglais *Black-lettres*, les Flamands *lettres Saint-Pierre*, et les imprimeurs plus modernes *lettres bourgeoises,* servirent, surtout en France, à l'impression des livres scolastiques, entre autres à la *Somme de Saint-Thomas,* ce qui leur fit donner, selon Fournier, le nom *de lettres de somme.* (1) Pierre Schœffer les a perfectionnées et variées; il y a ajouté le caractère dit *Schwabacher,* et les lettres grecques.

Sweynheim et Pannartz à Rome introduisirent, en 1465, le caractère *romain,* imité de l'écriture du pays; il est encore un peu gothique, et a 15 points typographiques. Ce caractère fut perfectionné par Ulric Han, Jean de Spire, Gunther Zainer, et Mentelin. Ulric Han imprima en 1468, à Rome, les *Epîtres familières de Cicéron,* in-folio; et le caractère qu'il employa retint le nom du prince des orateurs de l'ancienne Rome. Ce caractère, appelé *Cicéron,* n'avait que 12 points. Dans la même année, le même imprimeur publia le livre de *La Cité de Dieu* de saint Augustin, et le nom de l'auteur resta également attaché aux lettres qui avaient servi à l'impression de ce volume. *Le Saint-Augustin* correspond à 13 points. Le caractère romain de Jenson à Venise, 1471, a en-

(1) Les expressions de *lettres moulées, jeter en moule, mettre en mole* ou *molle,* que l'on rencontre si souvent dans les anciens auteurs, ne désignent autre chose que l'impression typographique, c'est-à-dire des caractères coulés dans un moule. (Bernard, I, p. 100)

viron 14 points et demi. La forme de ces caractères, appelés alors *Caracteribus Venetiis*, est celle que nous avons encore aujourd'hui, sauf de légers changements introduits par la mode, mais qui ne touchent pas au fond (1).

Pendant que Zarotus et Dionysius Paravissinus à Milan (2), Bernardin Nerlius et Lorenzo Francesco de Alopa à Florence, amélioraient les *lettres grecques*, Conrad Fyner à Esslingue, et Abraham Konath à Mantoue créèrent le *caractère hébreu.*

Le XVIe siècle nous introduit dans une nouvelle époque de la gravure de lettres ; les perfectionnements se multiplient ; le gothique est encore en grand usage, mais il est peu à peu remplacé par le romain, et surtout par le caractère cursif ou *italique*, inventé par Alde Manuce, et fondu par Francesco de Bologne.

Ce que les Alde et les Giunta étaient pour l'Italie, les Plantin, les Elzévir et les Bleau l'étaient pour les Pays-Bas ; les Auerbach et les Froben pour la Suisse, les Egenolph, les Petrejus, Peypus, et Fuhrmann à Nuremberg pour l'Allemagne. Sabon, à Francfort-sur-le-Mein avait créé en 1550 un caractère qui porte son nom (*Sabon*, ou *grobe Fraktur*). Albert Durer, à l'aide de figures quadrangulaires, avait posé les règles de la forme fondamentale du caractère allemand (*Deutsche Fraktur*), que Hieronymus Hœlzel avait gravé, et dont le prototype se voit dans l'Apocalypse de 1498. Hieronymus Rœsch a gravé et fondu des caractères d'après le manuscrit *le Theuerdank*, écrit suivant la méthode de Durer par Vincent Rockner, secrétaire de l'empereur Maximilien Ier.

Mais le perfectionnement de ce caractère est dû à Johann Neudorfer, l'aîné, célèbre calligraphe de Nuremberg ; il introduisit en 1557 et mit en usage les lettres cursives allemandes (*Canzleischrift*).

(1) On appelait *antique*, le caractère romain ; et *gothique*, le caractère moderne, quoique ce dernier ait précédé le romain en typographie. L'écriture en lettres gothiques est en effet plus moderne que l'écriture romaine.

(2) Son édition de la Grammaire grecque de Lascaris, in-4°, 1476, est le premier livre *entièrement exécuté en caractères grecs*. Avant cette époque, et à cause des accents, on laissait souvent en blanc les mots de cette langue. Le Lactance de Sweynheim, 1465, offre déjà l'exemple de caractères grecs *mobiles* et *fondus ;* ce sont les premiers de ce genre, car ceux de Schœffer, dans l'édition des Offices de Cicéron, imprimés la même année, furent *simplement gravés*.

Nous avons déjà mentionné le mérite des Etienne et des Morelli en France. Vers 1520, Claude Garamond, renonçant au caractère gothique et semi-gothique, grava d'après les belles formes vénitiennes de Jenson et de Manuce, les caractères romains et italiques qui furent généralement adoptés. Ces lettres se propagèrent dans les pays étrangers, soit par les fontes qu'il y envoyait, soit par les matrices qu'il y vendait. Ses élèves, Jacques Sanlecque et Guillaume le Bé 1er suivirent son exemple. Ce dernier a été chargé, en 1523, par François 1er, de graver les caractères en langue orientale dont se servait Robert Etienne. Robert Granjon, élève de Garamond, appelé en 1578 par le pape Grégoire XIII, établit une fonderie de caractères à Rome, dans le Vatican, où il travailla, sous les ordres du cardinal de Médicis, à plusieurs caractères romains, *droits*, latins, arabes, syriaques, arméniens, illyriens et moscovites. Il est l'inventeur d'un caractère cursif particulier, et des lettres *bâtardes* qu'on appelle lettres de *règles de civilité*, nom qu'elles reçurent d'un petit ouvrage très-estimé alors, intitulé « *La civilité puérile et honnette pour l'instruction des enfants.* »

En 1528 se distinguaient comme habiles graveurs et fondeurs en lettres, François et Sébastien Gryphe, d'origine allemande, l'un à Paris, l'autre à Lyon. Les principales preuves de ce que les arts de la gravure et de la fonte des caractères savaient produire dans le XVIe siècle, en France, se trouvent réunies dans l'ouvrage de Godefroy Tory, publié à Paris en 1528, in-4°, sous le titre *Champ Fleury, auquel est contenu Lart et Science de la deue et vraye proportion des lettres antiques et proportionnées selon le corps et visage humain.*

Le XVIIe siècle offre une époque, sinon de décadence, du moins stationnaire. Il y avait à Paris Samuel Thiboust en 1612, libraire, imprimeur, graveur et fondeur, Guillaume le Bé II, en 1625, et Jacques Langlois, en 1633. Pierre Moreau, maître écrivain, puis en 1640 imprimeur, présenta à Louis XIII des épreuves d'un caractère qu'il avait fait graver, et qui imitait l'écriture ronde. Il exécuta ensuite une *bâtarde brisée*, et plusieurs autres caractères qui sont connus sous le nom de *financiers*. Jean Jannon à Sédan avait acquis une certaine réputation à cause des petits caractères qu'il employait dans ses impressions, et qui reçurent le nom de lettres *sédanoises*.

Pierre Lepetit était fondeur en lettres en 1643. Claude-Louis Thiboust, en 1694, graveur et fondeur, avait composé et imprimé un poëme latin, de Typographiæ Excellentia.

Joseph Maxton, de 1659 à 1683, fut le premier en Angleterre qui exerça l'art suivant certaines règles mathématiques. Walton publia en 1657 sa Polyglotte. Ce fut le premier livre publié par souscription. En Allemagne, il y avait Wolfgang Endter mort en 1659, Lowinger et Baumann.

Dans le XVIIIe siècle commence l'époque que l'on pourrait appeler le temps de la renaissance, et qui s'est prolongé jusqu'à nos jours. C'est l'époque des Bodoni, des Fournier, des Didot, des Baskerville, des Breitkopf, des Tauchnitz et des Hænel.

Bodoni en Italie, parmi les typographes du XVIIIe siècle, était le plus habile et le plus dévoué de son art; il réunissait tous les talents d'un véritable typographe; son *Manuale tipografico* contient la plus riche variété de caractères que l'on connaisse. On y trouve d'abord les alphabets de toutes les langues vivantes de l'Europe, 291 latins, 102 grecs, 8 hébreux, 3 rabbiniques, 6 syriaques, 71 russes, 3 samaritains, 2 arabes, 2 cophtes, 2 phéniciens, 2 arméniens et 2 thibétains. En Angleterre fleurirent William Caston de 1755 à 1765, et surtout John Baskerville. Ce dernier, peu satisfait du mauvais goût des caractères d'alors, résolut d'en graver de nouveaux, et il y réussit à force de patience et d'habileté. Ses caractères sont élégants, quoique un peu maigres. Son Virgile, publié en 1757, excita l'enthousiasme général, et fut regardé comme un chef-d'œuvre. Après Baskerville vinrent Figgins, Barton, Fry, Harvey, Jackson, Livremoore, Towkins, Martin, Thorne, Ashby, Wilson, Pouché, Wood et Charwood. Thorowgood inventa le caractère *Egyptien* de nos jours. Le célèbre Bulmer avait déjà en 1795 publié ses éditions *miniatures*, parmi lesquelles on remarque surtout les œuvres de Shakspeare; ce chef-d'œuvre fit donner à son imprimerie le nom de *Shakspeare Press*. L'Ecosse possédait à cette époque comme graveurs et fondeurs Miller, Mathewson, Bower et Barcon.

La France ne pouvait non plus rester en arrière du progrès

universel qui s'opérait alors dans l'art typographique, ce puissant auxiliaire des lettres. Louis XIV, nous dit M. Duprat[1], ordonna en 1692 qu'une typographie spéciale fût gravée pour le service de son imprimerie. L'Académie des sciences, consultée sur la forme qu'il conviendrait de donner aux nouveaux types, désigna à cet effet MM. Jaugeon[2], Filleau des Billettes, et le P. Séb. Truchet, qui composèrent à cette occasion un traité de typographie, dans lequel ils réunirent, indépendamment des modèles de gravure des caractères romains, les alphabets de toutes les langues ou idiomes connus, expliqués par de savantes notices sur leur origine. Ce traité contient des règles sur la grandeur, les contours, les pleins et les déliés, les empâtements et les espaces des caractères. Ces règles consistent en un carré divisé en soixante-quatre parties, subdivisées chacune en trente-six autres; ce qui forme une quantité de deux mille trois cent quatre petits carrés pour les capitales romaines. Les lettres italiques sont figurées par un autre carré oblong et penché ou parallélogramme, qui comporte encore plus de subdivision. Il faut ajouter à tous ces détails les cercles faits au compas, pour former les parties rondes des lettres et leur empâtements. Philippe Grandjean, premier graveur du roi depuis 1694, fut chargé de la gravure des nouveaux types. En 1702 l'Imprimerie royale fit paraître les premiers corps des types gravés sous Louis XIV. C'est le *Saint-Augustin* gravé par Grandjean.

Jean-Alexandre, son élève, lui succéda en 1723. Le troisième graveur du roi fut Louis Luce, gendre d'Alexandre, qui lui avait succédé en 1740. Luce avait exécuté des lettres si petites que l'on ne pouvait les lire sans microscope, et il les appelait *le premier alphabet.* Plus tard il fit encore un autre alphabet en italique, plus petit que le premier. Il avait aussi exécuté une ronde et une bâtarde dite *du Louvre*; mais ses caractères ne sont pas estimés, excepté un caractère d'écriture bâtarde gravé sur 96 points.

(1) Précis historique sur l'Imprimerie nationale, etc., par M. F.-A. Duprat, Paris, 1848, grand in-8°.

(2) Des arts de construire les caractères, de graver les poinçons de lettres, de fondre les lettres, d'imprimer les lettres, etc., formant le 1er vol. des Descriptions et perfections des arts et métiers, par Jaugeon (1704).

Cependant Pierre-Simon Fournier est celui qui peut être regardé à juste titre comme le restaurateur de la typographie en France. Il fut d'abord excellent graveur sur bois; il s'occupa ensuite de la gravure des poinçons et de la fonte des caractères. C'est de lui que date la régularité des types, et il montra la route à suivre pour la taille des lettres agréables à l'œil. Il a composé plusieurs ouvrages d'un grand intérêt sur la gravure en bois et sur celle des caractères. Il était né en 1712, il mourut en 1768.

François-Ambroise Didot n'avait pas moins de mérite. Il fit graver et fondre chez lui par Waflard, dont il forma le goût, les premiers types de son imprimerie. Son fils, Firmin Didot, surpassa bientôt Waflard, et grava la plupart des caractères de l'imprimerie de son père. François-Ambroise Didot imagina les garnitures en fonte, inventa la presse à un seul coup, ainsi que l'échelle des points typographiques, en divisant la ligne de pied de roi en six points; système qui fut généralement adopté, et qui mit un terme à la confusion qui était devenue telle, que les corps de caractères dans aucune imprimerie n'étaient en rapport les uns avec les autres. Henri Didot était habile graveur et fondeur en lettres; il inventa le moule polyamatype.

De 1715 à 1742, on avait essayé dans l'Imprimerie royale de graver un corps de caractères chinois ou idéographiques, mais la gravure fut suspendue en 1742. On ignore le nom du graveur qui commença ces caractères, dont les poinçons sont en bois; ce sont les premiers types chinois gravés en Europe. Villeneuve grava en 1722 quatre corps de types hébraïques, pour l'Imprimerie royale. Quant à la collection des ornements de cet établissement, elle fut augmentée de culs-de-lampe et autres vignettes, gravés par le célèbre Papillon. Mais, quel que fût le talent de cet artiste, l'art de la xylographie était encore à son berceau sous Louis XV, et tous ces ornements, ainsi que ceux de Luce, laissent en outre trop apercevoir dans le dessin la sécheresse et le peu d'élégance du style qui dominait alors (1).

(1) Papillon a exposé dans un traité hist. et pratique de la gravure sur bois les principes de cet art; Paris, 1766.

Sous la république on trouve Fagnion, graveur, et Launier, fondeur en caractères, attachés à l'Imprimerie nationale.

Pierre Didot l'aîné, fils de François-Ambroise, consacra toute sa vie à l'amélioration des types. Il avait gravé de très-beaux caractères au commencement de notre siècle; plus tard il se faisait aider par Vibert. Firmin Didot, son frère, s'est distingué comme graveur et fondeur. Il fit paraître en 1806 des caractères imitant l'écriture cursive, gravés par lui d'après un procédé dont il était l'inventeur; on appelle ces lettres *anglaises*. De 1812 à 1815 il grava pour l'Imprimerie impériale, d'après le système métrique, une typographie dite millimétrique, composée de treize corps de caractères. Le système millimétrique fut abandonné en 1814. En 1818, Jacquemin grava plusieurs corps de caractères d'après des modèles empruntés à l'Angleterre.

En 1819, Ambroise-Firmin Didot et Hyacinthe Didot, fils de Firmin, se distinguèrent également dans la gravure et la fonte des caractères. Mollé, habile fondeur, a coopéré à la rénovation de la typographie. Il publia en 1819 une série considérable de caractères gravés par lui. En 1834 il exposa des essais d'un caractère chinois, dont il avait le courage d'entreprendre la gravure à lui seul; pour éviter la confection de 30,000 types, il les décomposa en 9,000 poinçons nécessaires.

En 1822, Pinard publiait ses lettres ombrées, et Lombardat ses italiques. Jules Didot, en 1823, imprimait sur satin une édition in-folio des *Fables de Phèdre* avec de nouveaux caractères.

En 1825, Marcellin Legrand, graveur en titre de l'Imprimerie royale, était chargé de la gravure d'une nouvelle typographie composée de seize corps de caractères. En 1827 paraissaient, pour la première fois, dans l'édition des *Maximes de La Rochefoucauld*, in-64, les caractères appelés *microscopiques* ou *myopes*, gravés et fondus par Henri Didot, à l'âge de 70 ans. Jamais, dans aucun pays, rien de semblable n'avait été exécuté, à beaucoup près. C'est un chef-d'œuvre de gravure, et la perfection de la fonte de ce caractère, qui n'a que deux points et demi, est due au moule polyamatype de l'invention de Henri Didot.

Depuis 1830 environ, Marcellin Legrand a gravé pour l'Imprimerie impériale une série de corps de caractères, dont voici les noms : anglo-saxon, arabe d'Afrique ou maghrébin, bougui, deux corps de grec archaïque, guzurati, trois corps d'hébreu, himyarite, javanais, pehlvi, deux corps de persépolitain, ninivite ou assyrien, tamoul, télinga, deux corps de tibétains, et deux de zend.

M. Delafond a gravé pour la même imprimerie : quatre corps de caractères d'arménien, un barman, un chinois, quatre géorgiens, un magadha, un pâlé, deux de sanscrits, et un corps d'hiéroglyphes qui est le premier caractère égyptien gravé sur acier, et le seul aussi complet; il se compose de deux mille poinçons, représentant un nombre égal de signes.

M. Ramé a gravé quatre corps de grec, un de phénicien et un de punique. M. Lœuillet de son côté, trois corps de slavon et de russe. Enfin, l'Imprimerie royale, pour compléter la collection des caractères de langues étrangères, a fait venir de la Chine elle-même deux corps complets de ses caractères. De plus, elle a fait l'acquisition de deux corps de caractères étrusques, de trois de grec archaïque, gravés par M. Léger-Didot, et de huit corps de caractères allemands, gravés par MM. Dressler et Rost-Fingerlin de Francfort. MM. Laurent et de Berny ont livré des frappes de quatre corps de caractères gothiques.

En 1849, MM. Laurent et de Berny publièrent une charmante édition, dite miniature, des *Fables de La Fontaine*. Le caractère, fondu sur deux points et demi, comme celui de Henri Didot, est un peu plus gros d'œil; la gravure en est très-nette. L'établissement de ces Messieurs est surtout renommé pour les lettres ornées, les lettres allongées et raccourcies, et les lettres d'affiches, qui augmentent jusqu'à la grandeur de seize pouces. Il occupe dix fours pour la fonte et possède une grande collection de caractères, qui se compose de plus de cent genres différents.

Nous devons remarquer encore la Fonderie générale formée par la réunion des fonderies de Firmin Didot, celles de Molé et E. Tarbé, celles de Crosnier et Everat, celle de Lion et

Laboulaye frères, et qui, sous la direction de MM. Biesta, Laboulaye et Comp. était en 1843 la plus considérable après celle de l'Imprimerie royale. Nous citerons encore les graveurs et fondeurs de caractères suivants: MM. Levrault, Rignoux, Cornouailles, Gillé, Cranier, Delalain, Thuvier, Douiller, Gando, Gallay, Gromort, Aubert, Chevalier, Audier et Judas, Bara et Gérard, Deschamps, Beaujoint, Dubout et Renault, Lebègue, Ch. Derriey, Gonel, Léger, Perlot, Saumier, Lacoste père et fils, H. Porret, Dacheur, Dupuy-Dumont, F. Locquin, etc.

Depuis 1820 environ se répandit de nouveau dans la typographie le goût, déjà dominant dans le XVIe siècle, de décorer les livres de vignettes, de fleurons, de filets, de culs-de-lampe; d'orner les initiales, les capitales et même les lettres qui servaient pour les titres et les annonces. M. Crapelet blâme le mauvais goût qui s'est introduit dans la typographie par l'imitation des caractères qui viennent des artistes d'outre-mer. On copie tout le baroque et le singulier de leurs travaux. Les lettres gothiques dominaient surtout. On voyait alors les vignettes et les caractères ornés inventés par MM. Deschamps et Petitbon, imitant les dessins variés du kaléidoscope, que l'on dit d'origine anglaise. On se servait de lettres de fantaisie sous des noms très-divers, et souvent peu en harmonie avec leur origine ou leur forme; ainsi il y avait des lettres égyptiennes, italiennes, toscanes, vénitiennes, milanaises, lombardes, génoises, italianhand, lyonnaises, normandes, bretonnes, écossaises, algériennes, mauresques, polonaises, druidiques, pompadour, gothiques ornées et perlées, gothiques renaissance, express, initiales maigres et demi-maigres, grasses ou demi-grasses, capillaires, noires ou blanches, ombrées ou éclairées, grises, azurées, rayées, ossuaires, perspectives, penchées, écrasées, originales, allongées, raccourcies, fleuronnées, renversées, serrées, ornées fond noir, ou fond prismatique, vignettes géométriques, allemandes, et beaucoup d'autres.

Cependant, depuis dix ans à peu près, on cherche à ramener dans la typographie l'antique simplicité et c'est elle qui prédomine maintenant, surtout dans les ouvrages classiques, quoique le goût pour les lettres de fantaisie ne soit pas totalement passé.

Aux éditions miniatures, microscopiques ou myopes, succédèrent en Angleterre, et aussi dans d'autres pays, les livres d'une dimension colossale. On fit à Londres, en 1832, un livre intitulé le *Panthéon des héros anglais,* dont chaque page avait quatre toises de hauteur sur deux de largeur, les lettres étant de la grandeur d'un demi-pied. Il avait fallu confectionner une mécanique exprès pour la fabrication du papier. L'impression de cette œuvre gigantesque s'est faite au moyen d'une machine à vapeur, et, au lieu d'encre noire, on employa un vernis d'or. On n'en a tiré que cent exemplaires destinés à servir d'ornement aux principales bibliothèques d'Angleterre.

L'Allemagne, le berceau de la typographie, le pays de la pensée et du labeur, a également produit des hommes distingués dans la gravure et la fonte des caractères d'imprimerie. On remarque parmi eux Meyer et Fleischmann à Nuremberg. Le premier qui s'occupa de la gravure de lettres à Leipzig fut J.-Gaspard Muller. Zinc acquit une réputation par les caractères qu'il imitait des types hollandais. Hans Richter florissait à Wittemberg. Mais Breitkopf les surpassa tous.

Jean-Gottlieb-Immanuel Breitkopf, né à Leipzig en 1719, mourut en 1794. Ce fut un vrai restaurateur de l'art. Son érudition se porta toute sur la typographie, qu'il explora sous toutes les faces. Il corrigea et régularisa l'œil des types, en donnant à sa fonte une dureté que les autres n'avaient pas. L'habileté de Breitkopf se montra dans la gravure des caractères chinois pour imprimer des livres. Avant lui on se servait de tables de bois, sur lesquelles on gravait les caractères. La cour de Rome le félicita de cette invention, et l'Académie des Inscriptions lui en témoigna sa satisfaction et lui en demanda une épreuve. L'établissement de Breitkopf, dans lequel travaillaient les habiles artistes, Artopæus, Schmidt, Knauxdorf et Bankow, était un vaste musée, où l'on voyait les poinçons et les matrices de plus de quatre cents caractères qu'il avait gravés. L'infatigable Bodoni pouvait seul rivaliser avec une telle richesse.

Après Breitkopf, c'est surtout K.-Chr.-T. Tauchnitz qui s'est rendu célèbre dans cette branche de la typographie. Son fils

Charles Tauchnitz le suit avec succès. De nos jours se distinguent MM. Schelter, Giesecke et G.-B. Teubner à Leipzig.

Frédéric Nies est le premier de l'Allemagne qui ait gravé des caractères hiéroglyphiques, en 1840.

A Francfort-sur-le-Mein existaient, vers le milieu du siècle passé, les fonderies de Luther et de Wust, et maintenant il y a Andreæ, Bauer, Brœnner, Nies, Dressler et Rost-Fingerlin A Berlin on remarque Unger, Decker, Lehmann, Mohr, Mannsfeld, et surtout Hænel, qui jouit maintenant d'une grande réputation. En 1851, M. Auguste Beyerhans a perfectionné le caractère chinois et égyptien, ce dernier d'après les conseils de M. Bunsen. A Bâle, ce sont MM. Haas, père et fils; à Weimar, Walbaum père et fils, et maintenant Brockhaus, Tœpfer et Kahle; à Prague, G. Haase fils; Pfnorr à Darmstadt; Riess à Magdebourg; Schmitz, Blender et Hilgers à Cologne; Grass, Barth et Comp., à Breslau. Ce dernier a employé des caractères allemands et latins de cinq pouces de grandeur, dans le Monumentum paces et dans God save the King. A Erfurth il y a MM. Lossius et Seyfarth; M. Kupferberg à Mayence; Graberg à Zurich; MM. Metzler, Cotta et Kienzle à Stuttgard; Lorentz à Munich; Gebauer ou Schwetschke et fils à Halle; à Vienne il y a Schade, Strauss, Sollinger, Schiel, De Haykul, et surtout l'Imprimerie impériale sous la savante et habile direction de M. le conseiller Aloïs Auer. Elle occupe un grand nombre d'artistes dans toutes les branches des arts graphiques, et possède plus de huit cents genres et grandeurs de caractères, dont 122 alphabets et 14,000 poinçons de caractères appartenant aux langues étrangères. Le nombre des matrices est de 80,000.

POLYTYPAGE, STÉRÉOTYPIE, CLICHÉS.

L'invention si ingénieuse et si éminemment utile des types mobiles [1], faite par Gutenberg, perfectionnée par Schœffer et par bien d'autres, à travers des siècles, et encore de nos jours,

(1) Baron van Westreenen van Tillandt, Verslag van de nasporingen omtrent de oorsproubelyke uitvinding en het vroegste gebruik der stereotypische drukwyse. S'-Gravenhage, 1833, in-8° — Brevets d'inventions publiés, t. II, p. 143 et suiv.

cette invention, dis-je, ne satisfaisait cependant pas entièrement au besoin toujours croissant de moyens plus expéditifs dans l'imprimerie. On cherchait depuis longtemps, principalement pour les productions littéraires d'un emploi général, comme les dictionnaires, les livres encyclopédiques, ou les œuvres d'auteurs en vogue, enfin pour tout ouvrage demandant un grand nombre d'éditions, un moyen de multiplication plus accéléré et surtout meilleur marché que ceux qu'on avait pratiqués jusqu'alors. Pour arriver à ce résultat, on a cherché à transformer en planches solides les formes composées de caractères mobiles. Jean Muller, pasteur de l'église évangélique allemande de Leide, eut le premier l'idée de lier ou de fixer ensemble les colonnes de caractères mobiles, en les soudant les uns aux autres à leurs parties inférieures pour en former une planche solide. Il exécuta cette idée de compagnie avec son fils et un certain Van der May, entre 1700 et 1711. Ils se servirent d'abord de mastic, et ensuite de plâtre. Le premier livre imprimé avec des formes solides fut la Bible hollandaise. Ce procédé, bien imparfait encore, n'eut pas de suite et ne paraît pas avoir été perfectionné davantage par l'inventeur, quoique Westreenen van Tillandt prétend que Jean van der May a connu la stéréotypie comme elle est pratiquée aujourd'hui.

C'est à l'orfévre William Ged, à Edimbourg, que revient l'honneur d'avoir le premier fondu des planches solides sur des moules obtenus de formes composées de lettres mobiles. Ged s'associa Fenner et James à Londres, et ils publièrent ensemble des éditions stéréotypes de la Bible et de livres de prières, de 1729 à 1730. Cependant le Salluste, imprimé par Ged seul, en 1744, sur des planches fondues en cuivre, « non typis mobilibus, ut vulgo fieri dolet, sed tabellis seu laminis fusis, » comme il est dit à la fin de cette édition, n'offre que des caractères dont l'œil manque de netteté. Gabriel Valleyre, libraire et imprimeur à Paris, fit paraître en 1735 un calendrier imprimé sur un relief en cuivre qu'il avait obtenu d'un moule en plâtre ou en sable, dans lequel il avait enfoncé les pages de caractères mobiles. Ces planches, qui se sont conservées jusque dans ces derniers temps, démontrent que ce procédé, pas plus que celui à peu près semblable de l'Écossais Ged, n'avait pu donner encore de bons résultats. Beaucoup d'autres essais furent faits : Benjamin Mecom à Philadelphie, en 1770, en fit plusieurs, mais sans réussir. Alexandre Tilloch à Glasgow, en 1780, fut plus heureux ; il imprima, en compagnie de l'imprimeur Foulis, l'Anabasis de Xénophon au moyen de planches solides. Une invention faite en 1780 par Fr.-Joseph-Ig. Hoffmann à Schélestadt faisait alors grand bruit : ce procédé, appelé par son auteur Polytypie et Logotypie, consistait à prendre l'empreinte d'une page de caractères dans une pâte composée de plâtre et d'une colle gélatineuse, formée de gomme et de fécules de pommes de terre ; dans ce moule il faisait pénétrer un alliage métallique très-fusible, au moment où ce mélange était sur le point de se figer. C'est sur des reliefs obtenus ainsi qu'il a imprimé les *Recherches historiques sur les Maures*, de Chénier, 3 vol. in-8°.

Mais la pratique montra bientôt l'imperfection de ce procédé, qui fut abandonné, ainsi que celui que Carez de Toul avait inventé en 1785. Carez faisait ses moules en terre de porcelaine et appelait son procédé homotypie.

Enfin, en 1795, Firmin Didot inventa un procédé de stéréotypage qu'il appliqua aux Tables des logarithmes de Callet, pour éviter les chances de fautes que les réimpressions occasionnent. Ce procédé avait beaucoup de rapport avec celui de Jean Muller de Leyde, c'est que les pages composées de caractères mobiles étaient soudées à leur revers. En 1796, Firmin Didot eut l'idée de fondre en un alliage très-dur, composé de plomb, de cuivre et d'étain, des lettres moins hautes que celles qui sont ordinairement en usage, puis à enfoncer au balancier les pages composées avec ces caractères dans une plaque de plomb, d'où l'on tirait un cliché sur lequel on imprimait. Il nomma son procédé stéréotypie (de stéréos, solide, et typos, type, caractère), nom qui a été généralement adopté.

Dans la même année, Héran à Paris imagina, au lieu de composer les lettres, de se servir de matrices en cuivre parfaitement justifiées et mises d'approche, en sorte que la page se trouvait composée par la réunion de ces matrices ou lettres en creux, d'où l'on retirait, au moyen du clichage, une page entière sur laquelle on imprimait. Le principal inconvénient de ce procédé dispendieux, qui exigeait un matériel considérable en matrices justifiées, c'est que, malgré le soin apporté à la justification de ces matrices, les interstices, aux points de jonction, laissent pénétrer la matière en fusion lors du clichage, d'où résultaient des barbes qu'il fallait enlever entre les lettres. Les matrices étaient faites par Errand et Renouard, secondés des conseils du comte de Schlabrendorf. Héran appelait son procédé Monotypie.

Cependant ce ne fut qu'en 1804 que la stéréotypie reçut son plus grand perfectionnement de lord Charles Stanhope, qui, conjointement avec les imprimeurs Tilloch et Wilson, se servit du moulage en plâtre. Ce procédé, qui n'a rien de supérieur, pour la netteté des empreintes, à ceux de Firmin Didot et de Héran, est cependant moins dispendieux et d'un usage plus facile, avantages très-appréciables qui l'ont fait généralement adopter. On l'introduisit en France en 1818. John et William Watto le propagèrent à Vienne; Falka en fit autant à Pesth; Tauchnitz à Leipzig; Brœnner à Frankfort, etc. Il se répandit aussi très-vite en Amérique. Dans les derniers temps, ce sont MM. Genoux, Daulé et Bauerkeller à Paris, Watson en Angleterre, et Edouard Hænel à Magdebourg, qui se sont le plus appliqués à perfectionner les procédés du stéréotypage.

En 1846, on a tenté de substituer au plâtre des moules composés de deux feuilles de papier entre lesquelles est étendue une couche de blanc d'Espagne. Ces moules ou flancs s'enfoncent sur l'œil des lettres d'une page au moyen d'un frappage avec une brosse. Lorsque ces flancs ont été séchés sur la page même dont ils ont pris l'empreinte, ils sont placés dans une boîte que l'on plonge ensuite dans une chaudière où le métal est en fusion. Mais le cliché qu'on en retire est moins parfait que par le moulage en plâtre.

Cependant le résultat le plus parfait, à côté de ceux que donne la galvanoplastie, dont nous parlerons en son lieu, sont les planches stéréotypes sorties de la fonderie ducale de Rubelande en Thuringe, où le phosphate de fer est d'une telle pureté qu'il permet d'obtenir en fonte de fer la reproduction des déliés des lettres, ainsi que le prouvent les pages et l'exemplaire de la huitième édition de la Bible imprimée à Nordhausen en 1848 par MM. Muller.

Quant à la stéréotypie électrotypique, nous en parlerons en traitant des applications de la galvanoplastie.

L'imprimerie est donc revenu, après plusieurs siècles, à son point de départ, et la stéréotypie en est l'alpha et l'oméga. En effet, cet art, commençant avec des planches de bois gravées, plus tard les divisant en lettres mobiles, a adopté de nouveau les planches solides, mais composées cette fois de lettres mobiles, fixées entre elles en forme compacte.

Pendant que plusieurs typographes faisaient des essais de stéréotypage, d'autres recherchaient des moyens plus faciles pour la composition, ou des procédés de gravure en relief sur métal, ou des matières plus solides pour la fonte des caractères. C'est ainsi que l'on vit apparaître successivement ou simultanément la logographie de Henri Johnson et Walter, en 1778, qui consiste à fondre des syllabes ou des mots entiers au lieu de lettres mobiles, système ayant quelque rapport avec celui qu'avait inventé en 1774 Madame de Barletti de Saint-Paul, mais qui n'avait jamais été pratiqué; l'amapoli-grammatique inventée par Vinçard en 1804; les totypes de Guillaume et Lamarre en 1805, et la stéréocalli-typographie de Boileau et Duplat en 1807, qui n'eurent pas non plus d'emploi général.

M. Henri Didot inventa en 1806 son moule à refouloir, qui, appliqué ensuite au procédé de fonderie polyamatype (polus, plusieurs, et ama, ensemble, typos, type, caractère) de son invention, lui permit d'obtenir cent soixante lettres à la fois: procédé avantageux et employé avec succès.

M. Firmin Didot père avait remplacé l'ancien alliage du métal de lettres, composé de 50 kilogrammes de plomb et de 18 de régule d'antimoine, par un nouveau contenant 20 kilogrammes de cuivre, 30 d'étain et 50 de régule d'antimoine. Quoique ces caractères avaient déjà une grande dureté, M. Colson de Clermont, en 1839, tripla leur dureté par l'addition du fer à l'alliage.

Mais en 1849, M. Petyt exposa à Paris une machine destinée à fabriquer des caractères en cuivre, étirés et estampés à froid, au lieu d'être coulés. Cette machine pouvait façonner trente-six mille lettres par jour et remplacer le travail de dix ouvriers, en sorte que les caractères, dits *apyrotypes*, coûteraient moins de main-d'œuvre que ceux qui sont fondus à la main.

En 1850, M. Vander Van-Newton, en Amérique, imagina de recouvrir de cuivre les caractères mobiles, en se servant de la galvanoplastie; et en 1855 on vit à l'Exposition de Paris des caractères galvanoplastiques dus à M. Sirasse, dont l'œil est entièrement en cuivre, la tige seulement est en plomb.

La même année, M. Cardon, de Troyes, inventa la *Presse typogène*, par laquelle il fabrique des caractères mixtes à corps en alliage fusible et à œil en cuivre.

N'oublions pas non plus de mentionner le *Moule multiplicateur* de M. Marcellin Legrand, au moyen duquel on peut fondre 120 à 160 lettres d'un seul coup, ce qui porte le travail de deux ouvriers à 48,000 par jour.

On a cherché aussi à faciliter le travail des compositeurs en les remplaçant par des *Machines à composer*. A l'exposition de 1855 on en vit figurer trois : le *Piano-type* de M. Adrien Delcambre, de Paris, devant opérer 60,000 levés en un jour; la machine à composer de M. H. Delcambre de Bruxelles, basée sur le même système de la précédente, et celle de M. Sorensen, de Copenhague, dont la distribution et la composition se font en même temps, mais qui demande un caractère de forme spéciale.

Nous ferons remarquer encore une invention due à M. Derriey, graveur habile à Paris. Il exposa en 1849 des vignettes remarquables obtenues par le procédé ingénieux de *Moules à noyaux* adaptés à la matrice; ce qui permet d'insérer des textes dans ces vignettes, en suivant les courbures et les inclinaisons des *traits de plume*, qu'elles représentent avec une grande perfection.

Nous avons déjà dit que les initiales ornées du Psautier de Schœffer étaient gravées sur bois; cet usage s'est maintenu : on emploie encore aujourd'hui la gravure sur bois pour les grandes lettres d'affiches et d'annonces; on fait même des caractères taillés en argile, qu'on dit d'un bon service.

Pour ce qui concerne les tentatives faites pour la gravure en relief sur métaux, nous nous en occuperons en parlant de la Xylographie, qu'elle devait remplacer.

En 1806, M. Jean-Pierre-Joseph Darcet [1], préposé à la monnaie de Paris, a grandement contribué à l'avancement de l'imprimerie en inventant la *Polytypie*, ou art de tirer avec du spath d'Allemagne, du plâtre ou d'autres substances analogues, l'empreinte d'une forme d'imprimerie composée de lettres, ou l'empreinte d'une vignette, pour en former une matrice, dans laquelle on coule ou on presse de la matière qui répète et multiplie la même empreinte et donne par conséquent des planches solides. On appelle cette opération le *clichage*, et les planches métalliques obtenues des *clichés*.

Cette méthode, suivant M. A.-G. Camus [2], ne devint d'un usage un peu général que depuis la fabrication des assignats; auparavant elle était peu connue. Ce mot dérive probablement de l'allemand *klatschen*, qui a la même signification, c'est-à-dire qu'il désigne l'action de faire tomber perpendiculairement et avec force une matrice sur du métal en fusion, pour retirer une empreinte de la matrice. Le clichage, soit qu'il ait été exécuté suivant la méthode de Darcet, soit suivant un autre procédé inconnu à nous, était déjà pratiqué dans les premiers temps de l'imprimerie; il était employé au moulage des caractères, des ornements typographiques et des vignettes.

L'examen attentif qu'a fait M. Firmin Didot [3] des deux exemplaires du Psautier de 1457, appartenant l'un à la Bibliothèque impériale, l'autre au *British Museum*, lui a donné lieu de croire que l'exécution de ce livre, le premier imprimé avec date, est due au procédé inventé par Gutenberg après son association avec Dritzehen, et dont M. Firmin Didot lui-même a fait souvent usage. Ce procédé consiste à enfoncer des caractères gravés en bois dans du plomb au moment où, liquéfié par la chaleur, il est prêt à se figer. Ces matrices en plomb sont régularisées ensuite pour l'alignement et la hauteur comme les matrices ordinaires; puis, au moyen du clichage à la main, on retire de la matrice une

(1) Mémoire sur le moyen d'obtenir des clichés avec des moules en plâtre, soufre et cire à cacheter, par M. Darcet; Paris 1806, grand in-4°. — Bulletin de la Société d'encouragement pour l'Industrie nationale, n° XX, p. 203 et suiv.

(2) Mémoires de l'Académie de l'Institut national; Paris, an IX, grand in-4°, p. 491.

(3) Encyclopédie moderne, Firmin Didot déjà cité, p. 607.

empreinte en métal, laquelle, après avoir été dégagée des bavures, est replacée dans la matière en plomb que l'on adapte à un moule. Le métal en fusion versé ensuite dans ce moule, tout en formant le corps de la lettre, se soude au cliché qui en forme l'œil. On retire ainsi de la matrice en plomb une lettre aussi parfaite que celle que nous obtenons par le procédé ordinaire.

« Mais ces matrices en plomb ne peuvent produire qu'un nombre limité de clichés, ce qui explique pourquoi, dans le Psautier de Mayence, les capitales, par exemple, sont toujours parfaitement identiques ; en effet, l'emploi n'en étant pas fréquent, la même matrice pouvait sans s'altérer en produire le nombre nécessaire. Si l'on a soin de laisser refroidir de temps en temps une matrice en plomb, on peut obtenir aisément soixante à quatre-vingts lettres, sans être obligé de renfoncer le poinçon en bois dans la matrice, ou de faire une nouvelle matrice avec le même poinçon de bois. Mais pour les voyelles et les lettres qui reviennent fréquemment, il fallait nécessairement multiplier les matrices. Or, chaque fois qu'on était obligé de renfoncer les poinçons de bois dans les matrices, ou d'en faire de nouvelles, la forme du poinçon s'altérait par l'effet de la pression et de la chaleur ; souvent même il était brûlé, pour peu que le métal fût trop chaud. Il fallait donc regraver souvent de nouveaux poinçons de bois ; de là ces différences que l'on remarque dans les lettres dont l'usage est fréquent. »

« La page 141 du Psautier nous prouve que les ornements qui accompagnent les grandes lettres (voyez page 67), et qui sont évidemment gravés sur bois, ont été aussi fondus dans une seule et même matrice et multipliés par le clichage et la fonte, ainsi qu'il vient d'être dit. Dans cette page se trouvent deux 𝕺 ornés et deux 𝕯 également ornés. Or on remarque dans l'ornement de l'un des 𝕺 quelques cassures et écrasements qui n'existent pas dans l'autre : preuve évidente que ce ne peut être le même ornement qui, ayant d'abord servi pour l'impression en rouge, aurait ensuite été repris pour servir à l'impression en bleu. D'ailleurs, dans cette même page, l'un des 𝕺 est imprimé en rouge et l'ornement en bleu ; tandis que l'autre est imprimé en bleu et l'ornement en rouge. Il en est de même pour la lettre 𝕯. »

M. de Rumohr ([1]) constate également des traces multipliées de clichage dans un autre imprimé de Schœffer, le **Dusse Kronecke der Sassen**, de l'an 1482 ou 1492. Il indique en outre un grand nombre d'ouvrages imprimés dans le XVe et le XVIe siècle, où il a remarqué un emploi fréquent du clichage pour multiplier les caractères et les gravures. Les plus anciens livres dont les gravures soient imprimées au moyen de clichés sont, suivant M. Falkenstein, le *Rudimentum noviciorum;* Lubecque 1475; — *Die Biblie mit vlitigher achtinge;* Lub. 1494; — *Barbarossa*; Strasbourg, 1515; — *Die Cronyke van Hollandt;* Leyde, 1517; — *Passionel*; Lub. 1507; — *Der Ritter von Sachsenheim*; Worms, 1538; — *Thucydides* de Stayner de 1538, etc.

Le livre de botanique, *Macerfloridus, de viribus herbarum*, qu'on dit imprimé en 1506, par Bernardum Venetum de Vitellben, à Venise, contient, outre des gravures xylographiques de plantes assez reconnaissables, trois gravures de sujets qui sont identiquement les mêmes, et qui paraissent multipliées par le clichage. Cet ouvrage est conservé dans la Bibliothèque de M. le professeur de Candolle à Genève.

Les rentrées si parfaitement exactes des deux couleurs dont sont imprimées les initiales du Psautier de Schœffer, nous conduisent à parler de plusieurs genres d'impressions qui n'ont trouvé leurs applications générales que de nos jours, quoique existant déjà dans le plus ancien monument de la typographie: c'est l'impression *polychrôme*, l'impression *en camaïeu* et l'impression *à la congrève*, auxquelles nous joindrons l'impression en or, en argent et en bronze.

IMPRESSION POLYCHROME. L'impression polychrome, suivant l'étymologie de ce dernier mot (du grec polus, plusieurs, et chroma couleur), consiste à imprimer en plusieurs couleurs. C'est une imitation des anciens manuscrits ornés de peintures dont Pierre Schœffer a livré le premier exemple.

Dans l'édition de Ptolémée publiée par J. Schott à Strasbourg, en 1513, on remarque la carte de la Lorraine imprimée en trois

(1) Zur Geschichte und Theorie der Formschneidekunst; C. Fr. v. Rumohr. Leipzig, in-8°, 1837, p. 96 à 126.

couleurs différentes, ainsi que le blason qui a ses couleurs héraldiques.

Dans le XVIe siècle surtout, aussi bien en Allemagne qu'en Italie et dans les Pays-Bas, l'impression polychrome fut principalement employée pour les sujets artistiques, sous le nom de chiaro-oscuro, clair-obscur, et de camaïeu. C'est une imitation des dessins faits sur papier teinté rehaussé de blanc, dont nous parlerons plus loin.

Dans la polychromie on procède généralement de deux manières différentes: ou par *juxtaposition* des couleurs, ou par *superposition.*

La juxtaposition des couleurs au moyen de planches de bois, dont chacune sert à l'impression d'une couleur différente, était le procédé employé par Schœffer pour les initiales du Psautier de 1457. Ces rentrées des deux couleurs sont faites avec une régularité qui surprend, nous dit M. Firmin Didot, surtout lorsqu'on songe que l'impression se faisait sur parchemin, matière qui doit être fortement humectée avant de pouvoir être mise sous presse. Or le degré d'humidité, variant nécessairement pendant le cours des trois tirages successifs, noir, rouge et bleu, devait produire un *retrait* dans le parchemin et accroître les difficultés, auxquelles s'ajoutaient sans doute les imperfections de la presse.

Cette régularité si merveilleuse a occasionné de nos jours la découverte du procédé d'impression à plusieurs couleurs qui porte le nom de **congrève**.

« Le célèbre imprimeur, M. Bensley, montrait un jour à M. Congrève comme un phénomène typographique la grande lettre B, qui est la première du Psautier, et dont les ornements en bleu et en rouge rentrent si parfaitement les uns dans les autres; l'examen attentif qu'en fit M. Congrève lui fit découvrir qu'une pareille régularité ne pouvait être obtenue par des impressions successives, et que le tout avait dû être imprimé d'un seul coup de presse au moyen de deux parties gravées séparément et s'adaptant l'une dans l'autre après avoir été couvertes séparément, l'une de l'encre bleue, l'autre de l'encre rouge. C'est aussi de cette manière qu'on procède maintenant dans l'impression à la congrève. Ainsi ce procédé, employé il y a quatre siècles par

Schœffer, ne fut deviné que de nos jours et devint l'objet d'un brevet d'invention, dont l'importance fut jugée telle par le gouvernement anglais, qu'il confia à M. Congrève des impressions en nombre considérable et qui exigeaient une garantie contre la contrefaçon, ce qu'on crut pouvoir obtenir par la perfection de ce procédé. »

Le gaufrage et le guilloché sont des auxiliaires de l'impression à la congrève. Le gaufrage, employé déjà par les relieurs du XVIe siècle à la décoration des couvertures des livres en peau ou en parchemin, consiste à graver en creux des lettres, des ornements et même des figures, dans une planche de bois ou de métal ; à encrer ensuite la surface plane de la planche, de manière qu'après l'impression les sujets ou les ornements se détachent en relief et en blanc sur un fond de couleur. Dans les impressions à la congrève à gaufrures, on obtient des fonds polychromes sur lesquels les ornements ressortent en relief et en blanc, ce qui fait un très-bel effet. Les Anglais ont été les premiers à remettre en vogue le gaufrage. Les frères Bauerkeller à Carlsruhe l'ont appliqué en 1834 à la typographie. Plus tard, ils se sont fixés à Paris, où ils l'ont introduit en y établissant, de compagnie avec M. Gutsch, une fabrique de gaufrages en couleur. Ils ont livré dans le commerce un grand nombre d'impressions de ce genre, telles que des cache-pots, des abat-jour, des couvertures de carnets, des étuis de cigares et d'autres objets de luxe. Ils ont imprimé entre autres la belle couverture pour *Paul et Virginie* d'Everat.

Le relief de ces gaufrures, dit **embossage** sur carton ou sur papier s'opère, selon M. Jobert (1), au moyen d'une certaine quantité de cire, fixée au tympan de la presse typographique et recouverte d'un léger papier. L'art des *Embossers* a longtemps été tenu secret en Angleterre, quoique rien ne fût plus simple.

Le guilloché (voyez plus loin, Chalcographie), qui était déjà en usage dans le XVIIIe siècle pour décorer les tabatières en or et d'autres bijoux, fut appliqué plus tard à l'impression à la congrève, pour rompre la monotonie des fonds de coleur unis. A l'aide du tour à guillocher, augmenté de la *Ligne-droite*, *de l'ovale*, de la

(1) Rapport sur l'exposition française de 1839, p. 321.

machine épicycloïde, du tour à portrait, on trace sur la surface des planches des lignes droites ou courbes, très-deliées, se croisant et s'entrelaçant de mille manières, formant ainsi des dessins délicats et d'une grande variété, lesquels restent blancs sur un fond de couleur, lorsqu'on a encré la surface de la planche et qu'on l'a imprimée sur la presse typographique. On se sert à cet effet généralement de planches de métal, au lieu de bois, à cause de la supériorité du métal pour l'ajustement des différentes planches les unes dans les autres.

L'impression à la congrève, complétée par les gaufrures et les guillochés, a été appliquée, d'abord en Angleterre, surtout à l'impression des bank-notes, des étiquettes de marchandises, des annonces et des couvertures de livres. On s'en est cependant aussi servi pour des objets plus considérables: telle a été, entre autres, la grande planche de l'Oraison dominicale publiée par M. Schæffer à Francfort.

Après les Anglais, ce furent principalement les Allemands, MM. Naumann à Francfort; Hænel à Magdebourg; Haase et fils à Prague; Teubner et Hirschfeld à Leipzig; Hasper à Carlsruhe, et Zabern à Mayence, qui ont livré les meilleures impressions. A Paris, MM. Didot frères, et Gauchard sont les premiers qui aient établi une imprimerie polychrome; mais, ainsi que les autres typographes de cette ville, ils faisaient venir de l'Allemagne leurs planches et ornements pour l'impression à la congrève.

Elle a été importée en Belgique en 1838 environ.

Quant à l'impression polychrome par superposition des couleurs, elle consiste à imprimer successivement avec plusieurs planches, couvertes chacune d'une couleur différente, de manière que l'une couvre l'autre, ou totalement, ou en partie, en formant de nouvelles teintes, des gradations, des lumières et des ombres du dessin que l'on veut imprimer. Ce procédé exige une connaissance exacte de la palette, c'est-à-dire du mélange des couleurs et de leur transparence ou de leur opacité, pour obtenir par superposition les nuances voulues. Pour pouvoir remettre la feuille à imprimer toujours à la même place pendant le cours des divers tirages, on se sert d'un système d'ajustement par des cadres, des repères ou des pointures.

William Savage est un de ceux à qui l'impression polychrome par superposition doit le plus; il a publié sur la pratique de cet art un magnifique ouvrage intitulé: *Pratical hints of Decorative Printing*, with illustrations engraved on Wood, and printed in colours at the type press; London, 1823, grand in-folio.

Savage a étendu les limites de ce procédé jusqu'à la reproduction de sujets peints, et a surpassé ainsi Edward Kirkell, John Batiste Jackson et George Skippe, qui l'avaient déjà perfectionné en 1783. Il a produit dans son livre des impressions en couleurs très-diverses et parfaitement réussies. On y voit des titres ornés, des fac-simile; le Rinaldo et l'Armide par Nesbit d'après Thurston, en huit couleurs; plusieurs antiques, tels que statues, bustes, vases étrusques, mosaïques; des armoiries; des objets d'histoire naturelle, dont deux œillets, un papillon sur une tige, un perroquet, un tigre qui s'élance sur un renard; des paysages et des marines. Tout cela gravé sur bois, présente la plus grande vérité pour la forme, comme pour les nuances.

Mais George Baxter, dans son *Pictoral Album*, or cabinet of paintings, London, 1837, in 4°, a donné par un procédé nouveau, des reproductions de peintures qui les imitent si parfaitement qu'on a de la peine à les distinguer de l'original. Nous donnerons plus bas le procédé de M. Baxter, en parlant de la gravure, parce qu'il n'est pas exclusivement typographique.

Comme il faut, pour le tirage des épreuves en couleurs, souvent dix à douzes planches et autant d'impressions successives, M. Knight, le fondateur et l'éditeur du Penny Magazine, a imaginé une machine à imprimer qui offre au moins l'avantage du bon marché. Il range toutes les planches qui servent à l'impression d'une feuille sur un disque tournant, le papier sur lequel on veut imprimer est fixe, et il y a autant de feuilles que de planches, de manière qu'en imprimant, et lorsqu'on tourne le disque, il y a toujours quatre feuilles de terminées à la fois.

Le repérage dans l'impression polychrome, ainsi que le mélange convenable des couleurs offrent de grandes difficultés et ont été le sujet de recherches nombreuses. M. Silbermann, habile typographe à Strasbourg, avait fait en 1839 divers essais d'impression en couleurs. En 1844 il présenta des épreuves à l'Académie, qui en parut satisfaite ([1]). «Dans quelques-unes de ces épreuves, nous dit M. Silbermann, toutes les rentrées, au nombre de douze, sont imprimées sans aucune planche gravée, et d'après un nouveau procédé. D'autres épreuves à seize couleurs se distinguent par plusieurs tons fondus que la typographie n'avait pas encore produits au même degré. Dans ces dessins presque toutes les teintes sont obtenues par simple juxtaposition ou par superposition des couleurs. La presse a procédé comme l'aquarelliste, en teintant successivement et par gradation. Toutes les couleurs foncées sont le résultat de nuances translucides appliquées l'une sur l'autre; il y en a plusieurs qui se composent de 12 à 15 couches superposées, sans que toutefois elles se soient épaissies ou empâtées. On remarque la précision qui existe dans les repères, quoique aucun contour ne vienne les limiter, de manière qu'aux éditions de 6,000 exemplaires en sept couleurs, les trous de pointure n'ont subi aucun élargissement.» Les impressions polychromes de M. Silbermann ont eu un plein succès, et ses efforts ont été couronnés à l'exposition de 1849 par la médaille d'or qui lui fut décernée.

«En 1851, M. Silbermann ([2]) a exposé des produits dans ce genre, remarquable par la beauté de l'exécution: tels sont les superbes vitraux peints de la Cathédrale de Strasbourg, et quelques imitations de manuscrits enrichis de vignettes coloriées par ce procédé. Tels sont aussi d'autres produits non moins remarquables par la modicité du prix; nous citerons particulièrement cette multitude de petits soldats coloriés qui sortent annuellement des presses de M. Silbermann, au nombre de 120,000 feuilles, et qui envahissent la France, l'Allemagne et l'Angleterre.

« Au moyen de 8 planches, et même moins, M. Silbermann obtient des résultats très-satisfaisants, et avec plus d'économie que pourrait le faire la lithochromie.

« Un carte géologique coloriée avec neuf teintes distinctes, un tableau représentant les effets du contraste des couleurs, dont

(1) L'Écho du monde savant, 16 mars 1845, n° 19.

(2) L'imprimerie, la librairie et la papeterie, à l'Exposition de 1851, rap. du dix-septième jury. M. Firmin Didot, Paris 1854, p. 31. — Voir encore plus loin, Impression des tissus.

l'emploi a trouvé une heureuse application dans l'ouvrage de M. Chevreul, membre de l'Institut, et d'autres impressions exécutées par ce procédé, prouvent que la science profitera, aussi bien que les arts et le commerce, de cette nouvelle industrie. »

A l'exposition de 1855, on voyait l'*Histoire de la Céramique*, avec des planches coloriées, et la Bannière de Strasbourg, exécutées par M. Silbermann.

MM. Haase (1) fils, à Prague, depuis 1824 possesseurs d'un établissement polygraphique considérable, dans lequel la lithographie, les divers genres de gravures, la galvanoplastie et la typographie sont dignement pratiqués, se distinguent surtout par leurs *impressions chromotypographiques imitant la peinture à l'huile*. Par une combinaison ingénieuse de 21 planches, MM. Haase reproduisent toutes les nuances et les gradations dont les quatre couleurs fondamentales sont susceptibles, d'un seul coup de presse, et sans aucune retouche postérieure. La tête du Christ d'après le tableau de M. Hübner, de grandeur naturelle, exposée en 1855, est le premier et le plus beau produit de ce procédé nouveau.

Le genre particulier de l'impression polychrome (2), que les Allemands nomment *Irisdruck* (3), consiste à déposer sur la planche ou sur les caractères, au moyen du rouleau à encrer, plusieurs couleurs à la fois, couleurs qui, convenablement rangées par bandes et habilement fondues ensuite, présentent l'effet d'un arc-en-ciel.

L'usage d'imprimer le texte en deux ou en plusieurs couleurs n'est pas nouveau. Nous l'avons remarqué déjà dans le Psalterion de Schœffer, où les rubriques et la souscription sont imprimées en rouge. Le Catholicon de Bechtermuntze contient également des lettres rouges. Dans les siècles suivants on voyait souvent la principale ligne du titre des livres, ou le titre entier imprimé en rouge. Notre époque livre des exemples en grande quantité de ce genre d'impression; on ne s'y est pas tenu au rouge

(1) Beitræge zur Würdigung der Industrie und Industriellen Oesterreichs, Dr. Kreutzberg, 1 Heft; Prag, 1854.

(2) Meyer's Journal für Buchdruckerkunst, 1835, p. 97.

(3) Impression irisée, ou impression imitant les couleurs de l'arc-en-ciel.

seul, on a employé encore le bleu, le vert, le brun, le rose, et l'on voit depuis plusieurs années des affiches, des circulaires, des cartes de commerce ou d'adresse, des prospectus, des almanachs, des calendriers, et même des livres dont les lettres et les ornements sont imprimés en couleurs variées.

Ce genre d'impression offre toujours une certaine difficulté d'exécution, tant pour l'encrage que pour le tirage, aussi la machine que M. Dutartre, de Paris, a exposé en 1855 est-elle venue à propos, puisqu'elle résout un problème intéressant pour l'imprimerie, celui du tirage simultané de deux couleurs différentes.

A l'exposition de 1855, M. Hanicq, de Malines, reputé pour ses livres de liturgie, a produit des impressions en rouge et en noir, qui forment sa spécialité. M. Toovey, de Londres, avait présenté le Brevarium Aberdonense, imprimé en deux couleurs, rouge et noir, etc.

A ces différents genres d'impression polychrome se lie naturellement **l'impression en or, en argent ou en bronze**, par laquelle on cherche à imiter le travail précieux des chrysographes du moyen âge, dont le procédé d'écrire en or n'a pas encore été retrouvé. Pour imprimer en or on procède de différentes manières; les plus répandues sont les suivantes: Sur papier lisse et sur peau, on emploie du blanc d'œuf réduit en poudre, que l'on répand sur l'objet à imprimer, et sur lequel on pose une feuille d'or ou d'argent; le tout est placé sur une feuille de papier humectée; la forme ou la planche gravée, légèrement chauffée, est ensuite pressée dessus; après quoi on ôte le surplus de l'or avec du coton non filé ou avec un pinceau de blaireau. Pour imprimer sur satin, sur velours, sur papier glacé ou sablé, on se sert d'une encre composée d'ocre brûlée ou de jaune de chrome broyé avec de la térébenthine double. Lorsqu'on a imprimé avec cette encre, on pose la feuille d'or dessus, ou, si l'on veut obtenir de l'or mat, on saupoudre au moyen de la poudre d'or, d'argent ou de bronze, on laisse sécher, et l'on ôte le reste comme on l'a déjà indiqué.

Le plus ancien exemple de ce genre d'impression de luxe se trouve dans l'Euclide, imprimé à Venise par Radolt en 1482;

dont le titre et les initiales sont en or, dans quelques exemplaires du moins. En 1507 on imprimait à Augsbourg en or et en argent sur parchemin avec des planches xylographiques, comme il est clairement exprimé dans une lettre écrite à l'empereur Maximilien par le Dr. Peutinger, et que M. Théodore Herberger [1] a trouvée dans les archives de cette ville. Il paraît que ce procédé avait été apporté de Wittenberg à Augsbourg, car il existait à cette époque un commerce très-actif entre ces deux villes. Du reste on trouve assez souvent dans les éditions du XVIe siècle, et plus tard, des grandes lettres, des noms, des titres ou des suscriptions imprimés en or ou en argent, comme c'est le cas, par exemple, dans l'*Explication des Evangiles* de J. Brentzen, traduite en allemand par Jacobum Grettern, imprimée à Francfort par Pierre Braubach, en 1556, in-folio, et dont le titre, les initiales et les capitales sont les unes en or, les autres en argent; mais on trouve rarement des livres entièrement imprimés de cette manière. Un exemple de ces derniers est le *Auserlesene und vollständige Gesangbuch*, imprimé à Dresde chez J. Nicolas Gerlachen, en 1734, in-8°; il se compose de 920 pages totalement imprimées en or. Le typographe Hirschfeld à Leipzig a publié en 1839 un ouvrage remarquable tout imprimé en or, intitulé *Dux, das ewige Versöhnungsopfer;* c'est le plus beau produit de la presse allemande.

Il serait intéressant de connaître au moins quelques-uns des ouvrages les plus remarquables réunissant à la fois, ou en partie, les différents procédés et genres de luxe dont dispose la typographie. Nous mettrons à la tête de cette petite liste un véritable chef-dœuvre sorti des presses de M. Crapelet, sous le titre général: *des Oiseaux dorés,* qui a paru à Paris en 1802, in-folio, et dont douze exemplaires ont été richement imprimés en or.

MM. Bossange, Masson et Besson imprimèrent en 1809 la traduction française *de l'Iliade*, par *Ch.-Frédéric Lebrun*, qui contenait 34 planches in-folio et un titre en or.

L'édition de luxe de l'Album de l'Imprimerie royale de Paris,

(1) Conrad Peutinger in seinem Verhältnisse zum Kaiser Maximilian, etc. von Theodor Herberger, Archiviste der Stadt Augsburg; in-4°, 1851. — Deutsches Kunstblatt, 1851, n° 52.

publiée pour l'année 1830, outre la grande quantité et variété de caractères dont le fonds de l'établissement se compose (16,500 poinçons en relief et 20,000 matrices), se distingue encore par de magnifiques impressions en or, en argent, en bronze et en couleurs diverses. Le plus beau produit de cette imprimerie dans ce genre est *la Collection orientale*, dont on a imprimé quelques exemplaires pour le roi Louis-Philippe en 1836 et en 1840. Ces exemplaires sont décorés de cadres et d'entourages dans le goût oriental, gravés sur bois par Brevière d'après les dessins de Chenavard, et imprimés en or, en carmin et en outremer, dans les nuances les plus variées.

Il a fallu imprimer à sec ces ornements, parce que la plupart des feuilles durent supporter huit à dix impressions successives.

Les Français rivalisent dignement avec les Anglais dans les impressions de luxe. M. Evrat a publié des éditions d'un grand bon goût, ainsi que M. Lacrampe et Comp. On remarque surtout les ornements du *Paradis perdu*, édité par Opigez ; il y a en tête du quatrième chant une feuille merveilleuse : elle est imprimée en sept couleurs nuancées par vingt-quatre teintes obtenues seulement par deux planches.

Des livres arabes, ornés dans le goût oriental d'arabesques imprimées en or et en couleurs, ont été publiés par M. Bastide, d'Alger, en 1855.

M. Ernest Meyer, de Paris, a exposé des modèles de tapisserie, avec toutes leurs couleurs, imprimés typographiquement, ainsi que des blasons de villes, en or, argent et couleurs, etc.

La Hollande s'est aussi distinguée dans ce genre. De 1707 à 1710, on a publié à Amsterdam, par ordre du somptueux Frédéric-Auguste Ier, roi de Pologne et électeur de Saxe, le fameux Atlas Royal en dix-neuf volumes in-folio. Cet ouvrage, pour lequel le monarque a dépensé la somme de 19,000 thalers, a été exécuté par les plus habiles géographes, peintres, dessinateurs et graveurs. Chacun des dix-neuf volumes est décoré de trois magnifiques titres et d'une table des matières dorée. Les inscriptions des cartes géographiques sont imprimées en or. Le tout est orné en profusion avec de l'or et les couleurs les plus brillantes, dans le goût du siècle de Louis XIV.

Le typographe C. Blomendaal de Rotterdam a également publié plusieurs ouvrages imprimés en or; un, entre autres sur le vingt-cinquième anniversaire du règne du roi de Hollande, en 1838.

L'habileté des Anglais dans ce genre d'impression est généralement connue, et nous avons déjà cité plusieurs de leurs beaux produits. Nous devons en indiquer encore d'autres. En 1816, le relieur et typographe John Whittaker, à Londres, publia une magnifique édition princeps de la *Mâgna Charta Regis Johannis* XV, die Jun. Anno Regni 17. A. D. M. CXV, dont l'original est conservé au Musée Britannique. Les exemplaires sont tirés sur satin pourpre et sur parchemin. Whittaker a employé un procédé nouveau de son invention, pour donner à l'or un lustre parfait, tel que les caractères ont l'apparence de lames d'or découpées et polies. Une autre publication du même imprimeur n'est pas moins remarquable, c'est *The august ceremonial of the coronation of George IV,* de 1820. Le texte de ce livre est imprimé en or. Le titre représente le trône royal richement orné. Le tout est tiré sur du satin blanc, du velours et du parchemin.

Le calendrier pour l'année 1828 fut imprimé par les typographes Howlath et Brimmer sous le titre de *National golden Almanak,* sur une feuille de papier vernie en blanc, avec des lettres d'or et rouge brillant. Le libraire Haas à Londres avait déjà publié un recueil de poésies en quatre langues, en anglais, en allemand, en français et en italien, sous le titre de *The golden Lyre,* et qui était imprimé sur du papier blanc glacé, avec des lettres d'or et des encadrements du même genre.

M. Murgo Young, l'imprimeur du journal *The Sun,* a publié pour le jour du couronnement de la reine, le 28 juin 1838, une feuille de format colossal tout imprimée en or. Cette feuille contient la description des couronnements de tous les souverains de l'Angleterre depuis Guillaume le Conquérant jusqu'à Guillaume IV et la reine Adélaïde; le portrait de la reine Victoria; les armoiries britanniques; les insignes du couronnement, et plusieurs poésies. Le titre *The Sun* est imprimé avec des caractères gothiques modernes d'un pouce de haut.

M. Austin, d'Hertford, exposa en 1855 un magnifique livre :

Sakoontala or the lost ring, imprimé avec un grand luxe de dorures, de couleurs et d'illustrations.

L'ouvrage le plus remarquable publié en Allemagne est le *Szaffieddini Hellenensis ad Sultanum Elmelik*, etc.; *Carmen arabicum*, etc., imprimé à Leipzig, in-folio, en 1816, par Tauchnitz. Cette édition de luxe est imprimée sur du papier vélin anglais lissé, avec de l'or et des filets en couleur.

L'Imprimerie impériale de Vienne a exposé, en 1855, le Recueil des documents pour l'histoire du couvent de Saint-Benoît, à Kreutzmunster, ouvrage fort curieux par la richesse des lettres ornées et des impressions en couleur qu'il renferme.

Le système de la mobilité des lettres n'est pas seulement employé pour la composition du texte, mais il a plusieurs autres applications très-remarquables dans les arts et les sciences, quoique comparativement peu pratiquées. Nous avons déjà mentionné les signes figuratifs de certains idiomes, comme les hiéroglyphes, les lettres chinoises, les figures de la passigraphie, dont les caractères sont composés d'un certain nombre de types mobiles. Il nous reste à parler de l'impression des notes de musique, de la typométrie et de l'ectypographie.

IMPRESSION DE LA MUSIQUE. Les signes musicaux qu'on rencontre dans les plus anciens incunables n'étaient point faits au moyen de types mobiles, mais on les écrivait à la plume, comme c'est le cas dans le Psaltérion de Schœffer, ce prototype de presque toutes les branches de la typographie. Dans le *Lilium Musicæ Planæ* de Michel Kiensbeck, imprimé à Augsbourg par J. Froschawer, en 1500, les notes de musique étaient gravées séparément sur des blocs de bois et intercalées dans le texte composé de caractères mobiles. Les planches xylographiques furent bientôt remplacées par des planches de métal, sur lesquelles on gravait en creux, surtout en Italie. Les Italiens prétendent même que ce fut dans leur pays, et déjà pendant les premières années du XVIe siècle, qu'on s'est servi de types mobiles fondus pour l'impression de la musique, et ils nomment Octavio Petrucci comme en étant l'inventeur. D'un autre côté, M. Herberger (1) nous apprend que le typographe impérial Erhard Oeglin (Ocellus) à Augsbourg, au commencement du XVIe siècle, avait inventé les types mobiles pour imprimer les notes de musique, et que, grâce à cette invention, le docteur Sigismund Grimm et Marx Wirsœng, qui possédaient une grande imprimerie dans cette ville, purent publier un des plus beaux et des plus considérables ouvrages en musique.

Le typographe Ulhard de cette ville imprima de cette manière les cantiques de Salminger, qui étaient dédiés à la reine Marie de Hongrie, et aux célèbres Fugger.

Les Français au contraire attribuent l'honneur de cette invention à leur compatriote Pierre Hautin, qui vivait vers 1525. Suivant M. Firmin Didot, ce fut lui qui inventa les notes à forme lozange. Il grava d'une seule pièce chaque note avec les cinq portées adhérentes à chaque côté. Ottavio Petrucci, à Venise, en 1503, imprima pour la première fois dans ce système un recueil de chansons françaises. Plus tard, en 1530, Pierre Attaignant, à Paris, employa ces notes à l'impression de 29 chansons en quatre parties.

Guillaume Lebé grava séparément les portées et les notes; la musique imprimée en 1552, par Adrien Leroy et Robert Ballard, est exécutée de cette manière.

On attribue au Français Robert Granjon, célèbre graveur de lettres, en 1559, les notes de forme arrondie. Depuis 1639, Jacques de Sanlecque (né en 1558, mort en 1648), élève de Lebé, obtint des lettres patentes de Louis XIII pour imprimer seul, pendant dix ans, le plain-chant, au moyen d'un *nouveau mécanisme de son invention*. Ses types restèrent en usage pendant quelques siècles sans subir de modifications notables.

Enfin, vers 1754, le célèbre imprimeur et libraire J.-G.-J. Breitkopf à Leipzig, qui avait déjà tant mérité de la typographie, travaillait à améliorer aussi les types des notes de musique. Après plusieurs essais, il réussit enfin à établir un système de types mobiles, propres à tous les genres de musique et qui a servi de base aux travaux de ses successeurs. Les types de Breitkopf étaient

(1) Augsburg und seine frühere Industrie, von Th. Herberger. Augsb. 1852, p. 38.

meilleurs et d'une plus belle forme que ceux de Fournier et de Gando. En France, on s'est beaucoup occupé de cette branche particulière de la typographie: surtout M. C. Duverger, l'habile imprimeur qui a publié en 1826 dans la Revue musicale les premiers résultats de ses laborieuses recherches. En 1829, il exposa ses premiers essais du polytypage appliqué à l'exécution de la musique. Ce procédé nouveau consiste à mouler dans le plâtre les pages composées en caractères mobiles qui ne contiennent que les notes et les portées. Le tracé des lignes est fait ensuite dans ce moule en plâtre par un procédé mécanique, en sorte que le cliché qu'on retire du moule ainsi complété donne à la fois réunis les notes, les portées et les lignes exemptes de la brisure qui se fait toujours remarquer dans la musique imprimée par les anciens procédés. Après M. Duverger méritent d'être mentionnés ses élèves, Tantenstein et Cordel, et MM. Brun, Sainclair, d'Edimbourg, Derriey, de Paris.

Pour l'Allemagne, c'est toujours la maison Breitkopf et Hærtel à Leipzig qui se distingue le plus à cet égard. M. W. Tauchnitz est le premier qui ait appliqué avec succès dans ce pays la stéréotypie à l'impression de la musique.

TYPOMÉTRIE. On comprend sous le nom collectif et générique de typométrie l'art de composer et d'imprimer, au moyen de types mobiles, les cartes géographiques, les dessins mathématiques et géométriques, ceux de plans de machines et de constructions, d'objets d'histoire naturelle, et même des portraits.

Les plus anciennes cartes géographiques étaient gravées sur métal ou sur bois pour être multipliées au moyen de l'impression. Ainsi celles qui figuraient dans la cosmographie latine de Ptolémée, imprimée en 1478 par Conrad Sweynheim à Rome, avaient été gravées en creux sur des planches de métal, sauf les lettres et les noms qui avaient été frappés au moyen de poinçons en relief et du marteau.

Les cartes qu'on voit dans l'édition allemande du même ouvrage, imprimée par Léonard Hol à Ulm, en 1482, avaient été gravées sur bois par Johann Schnitzer d'Arnsheim. Pour les lettres, cependant, on avait ménagé des trous, dans lesquelles on plaçait des caractères mobiles à la même hauteur que la surface de la planche, de manière qu'on pouvait tirer des épreuves d'un seul coup de presse. L'édition de Ptolémée, publiée à Venise en 1511 par Jacques-Pierre de Lencho, contient des cartes du même genre.

La gravure sur bois, principalement dans le XVIe siècle, et la gravure sur métal, sont restées d'un usage général et exclusif pendant plus de deux siècles. Dès lors on a cherché à y substituer d'autres procédés plus ou moins convenables; néanmoins il n'y a que la lithographie et la gravure sur métal qui aient prévalu jusqu'à présent.

Les premiers essais pour imprimer les cartes géographiques au moyen de types mobiles furent faits de 1770 à 1775 par deux Allemands, et à deux endroits différents à la fois (1) : Wilhelm Haas, l'habile fondeur de caractères à Bâle, à qui le diacre Preuschen de Carlsruhe en avait suggéré l'idée, publia le premier le résultat de ses recherches. Mais J.-G.-J. Breitkopf, de Leipzig, ce typographe savant et distingué, a prouvé qu'il s'était déjà occupé depuis plusieurs années de ce genre d'impression, mais qu'il n'avait pas rendu publics ses essais, n'étant pas encore assez satisfait des résultats. Haas avait imprimé la carte du canton de Bâle avec des types mobiles, et Breitkopf avait choisi les environs de Leipzig; cependant ni l'une ni l'autre de ces cartes, ni les procédés employés ne paraissaient remplir les conditions désirées, de manière que cette méthode d'imprimer n'eut pas de suite alors. C'est le diacre Preuschen qui a donné le nom de typométrie à ce procédé, qu'il avait appelé premièrement Ingénieurie d'estampes.

Les essais faits par le célèbre imprimeur Firmin Didot, entre 1818 et 1830, pour les cartes imprimées typographiquement, et

(1) Grundriss der typometrischen Geschichte von Aug. Gottlieb Preuschen; Basel. 1778, in-8° — Ueber den Druck geogr. Karten, J.-G.-J. Breitkopf, Leip. 1774, in-4°. — Beschreibung des Reiches der Liebe, 1777, et Quell der Wünsche, 1779, du même. — A. G. Camus, Mémoire sur l'impression des cartes géographiques, dans les mémoires de l'Institut, p. 416. — Ritschel de Hartenbach, Neues System geogr. Karten mit ihrem Colorit durch die Buchdruckerpresse herzustellen; Leipz. 1840, in-8°.

qu'il nommait cartes typo-géographiques, n'aboutirent pas non plus, quoiqu'il y ait dépensé plus de 50,000 francs. Quelques essais typo-métriques furent faits aussi par le typographe Wegener cadet, à Berlin, mais sans beaucoup plus de bonheur.

Enfin, dans l'année 1839, parut à Vienne la carte postale de l'empire d'Autriche, imprimée avec des types mobiles par Raffelsperger, qui depuis longtemps, et sans connaître les travaux de ses devanciers, était à la recherche d'un procédé typométrique pour l'impression des cartes. Il avait complétement réussi, et à un tel point qu'on lui décerna la grande médaille d'or, lors de l'exposition industrielle qui eut lieu cette année-là à Vienne.

Le système typométrique de Raffelsperger se compose de types mobiles qui, établis comme les autres caractères par les moyens les plus simples et à peu de frais, permettent d'imiter toutes les courbes et sinuosités des montagnes, des lacs, des fleuves, des routes, des frontières; tous les tracés topographiques, mathématiques, géométriques, mécaniques, stéréométriques et architectoniques, et toutes les formes d'animaux, de minéraux et de végétaux. Il y a joint des signes particuliers pour désigner les villes, les villages, les forts, les forêts, les parcs et les marais; et il a fait graver et fondre pour ses cartes typométriques cinq corps de caractères différents, ou alphabets géographiques, qui se distinguent par leur délicatesse et leur forme moelleuse et facile à lire. Il les a fait exécuter en allemand, en français, en italien, en anglais, en hongrois, en polonais, en russe et en grec moderne.

Raffelsberger a lié à son procédé typométrique la polychromie: il imprime par conséquent tous les objets avec leur coloris propre; ainsi, dans les cartes géographiques, tout ce qui représente l'eau est imprimé en bleu; les routes, les habitations, les limites sont en rouge; les extrêmes frontières en brun; les bois, les marais, les parcs en vert; les montagnes en gris, et les inscriptions en noir. Dans les dessins mathématiques ou de constructions on fait les murs rouge-tuile ou bruns; les fers gris, le laiton jaune; le bois brun jaunâtre; et dans les objets d'histoire naturelle toutes les parties reçoivent leurs couleurs et nuances particulières.

La typométrie de Raffelsberger offre plusieurs avantages réels: d'abord le bon marché, ce qui est précieux pour les ouvrages employés dans les écoles; ensuite de pouvoir donner aux planches le coloris voulu, et le texte dans les langues désirées; enfin, ce qui est très-important, de pouvoir diminuer ou augmenter la grandeur de ces planches à volonté, et faire les corrections nécessaires sans de trop grandes difficultés.

Pour satisfaire aux demandes universelles et réitérées qui lui étaient faites, Raffelsberger avait établi en 1840, à Vienne, une imprimerie typométrique, qui a livré au public un grand nombre d'ouvrages remarquables: entre autres la carte générale des postes de l'empire d'Autriche en quatre langues et en quatre couleurs; les cartes de la Bohême, de la Styrie, de l'Illyrie, pour l'enseignement dans les écoles; les environs de Paris, de Varsovie, de Bade, de Peste et de Vienne, en six langues; et plusieurs planches de dessins de mécaniques et de mathématiques.

En 1823, M. Firmin Didot [1] exposa des cartes géographiques d'une exécution parfaite, d'après un système nouveau. Au moyen de sept planches gravées en relief, et qui chacune apportait successivement une couleur différente sur le papier, il établit des distinctions dont la vue fut frappée par ces sept couleurs, affectées à l'indication de divers ordres de choses. La planche des noms de ville était *seule* composée en caractères mobiles et imprimée en noir.

Le procédé d'impression typographique des cartes géographiques inventé par M. E. Duverger, de Paris, et qui lui a fait obtenir la médaille d'or à l'exposition de 1844, consiste à incruster dans une table de plomb des filets très-minces en cuivre, avec lesquels on dessine les contours des rivages et des fleuves; puis à appliquer là où il convient de petites pièces clichées et décomposées, portant les noms des villes et des pays. Ces mots, qu'on peut ployer, ne tiennent pas plus de place qu'ils n'en occuperaient sur la planche en taille-douce. On les soude ensuite sur ces tables de plomb, qui peuvent s'imprimer à la presse mécanique.

(1) Rapport de M. Firmin Didot, déjà cité, p. 41.

Quoiqu'il soit connu que les impressions obtenues au moyen de filets typographiques, diversement ajustés, n'offrent rien de pratique, et que le seul mérite de ce travail gît dans la difficulté vaincue de l'assemblage, néanmoins il y a des imprimeurs qui ne craignent point d'entreprendre des ouvrages de ce genre. L'Exposition de 1855 présentait plusieurs exemples (1): M. Victor Moulinet, compositeur, avait reproduit la statue de Gutenberg, d'après David d'Angers; M. Montpied, prote, avait exposé tout un Album de gravures en filets typographiques; et MM. Castro frères, de Lisbonne, au moyen de lames de zinc, avaient exécuté avec adresse des figures géométriques et des dessins d'ornements.

ECTYPOGRAPHIE, ou impression à l'usage des aveugles. Le genre d'impression qu'on appelle *Ectypographie* (du grec ek, en dehors, relief) produit des épreuves sur lesquelles les caractères sont imprimés en relief, ou en saillie, au lieu d'être imprimés avec de la couleur. Il a pour but de permettre aux personnes privées de la vue de lire au moyen du toucher.

L'inventeur des caractères mobiles particuliers à l'Ectypographie est Valentin Haüy, né à Paris en 1745 (2) et mort en 1822, frère du célèbre minéralogiste de ce nom. L'idée de cette invention lui est venue en voyant une personne aveugle faire fonctionner une petite imprimerie. Marie-Thérèse Paradies, à Vienne, devenue aveugle par accident, habile musicienne et même compositeur, entretenait une correspondance avec Wolfgang von Kempelen de Presbourg, le célèbre inventeur de l'automate joueur d'échecs, de la machine parlante, et l'auteur de l'ouvrage renommé sur le mécanisme du langage humain. Elle imprimait elle-même ses lettres avec des caractères mobiles et avec de l'encre.

(1) Notes sur les principaux produits exposés de l'imprimerie, par Henri Madinier; Paris 1855.

(2) V. Haüy, Essai sur l'éducation des aveugles; Paris, 1786, in-8. — Notice historique sur l'instruction des jeunes aveugles, par Guillé; Paris 1819, in-4°. — Lehrbuch des Blindenunterrichts; Leipz. 1819 et Geschichte des Blindenunterrichts von Klein, 1837, in-8°. — Freisauff von Neudegg, Beschreib. der Ektypographie für Blinde, etc. Wien 1837, in-4°.

Haüy, avantageusement connu déjà par les soins qu'il donnait à l'éducation des enfants aveugles, introduisit en 1784 à l'institution des aveugles de Paris, fondée par des philanthropes, une nouvelle méthode d'apprendre à lire. A cet effet il employait des caractères particuliers, en les imprimant en relief sur le papier: ce qui permettait à ses élèves atteints de cécité de lire à l'aide du toucher les livres ainsi imprimés. Il réussit encore à les faire composer par les élèves eux-mêmes.

Plus tard, cette méthode fut perfectionnée par Guillé, successeur de Haüy comme directeur général de cet établissement, devenu une institution royale depuis 1815.

La méthode de Haüy fut suivie en France jusqu'en 1838. Ce système d'impression donnait 365 lettres pour une surface de cinquante pouces carrés.

Depuis lors des perfectionnements et des innovations ont été introduits dans ce genre d'impression, entre autres par MM. Dufaud, Barbier, et surtout par M. Laas d'Aguen (1), surveillant à l'institution des Jeunes Aveugles de Paris. Déjà un élève de Haüy, M. Fournier, avait tenté, mais sans succès, un essai analogue à celui de M. Laas d'Aguen. Voici le procédé de ce dernier : Il se sert de feuilles de cuivre très-minces, sur lesquelles il perce de petits trous ou enfoncements coniques à l'aide d'un simple stylet; il remplit ensuite les cavités avec de l'étain, puis on imprime avec ce nouveau cliché; ces petits trous représentent autant de points, et par conséquent de lettres suivant le système de l'écriture ponctuée de M. Barbier, amélioré par M. Braille.

M. Charles Barbier (2) avait proposé en 1831 une notation formée de points ayant une valeur de position; chaque *son* de la langue était représenté par un nombre de points en rapport avec le rang qu'il occupait dans un tableau à double entrée. L'aveugle pouvait écrire tous les mots (d'après leur prononciation) à l'aide d'une planchette en bois, d'une plaque en fer-blanc et d'un poinçon arrondi. En 1849, M. Braille, jeune professeur de l'institution de Paris, aveugle lui-même, a conservé l'idée de la no-

(1) Bulletin de la société d'encouragement pour l'industrie nationale; Paris, in-4°, vol. 48, 1849, p. 137, 209, vol. 49, 1850, p. 264.

(2) Bulletin, etc. vol. 48, p. 210.

tation ponctuée, mais il a donné aux signes la valeur de *lettres* et non de *sons*, afin de conserver l'orthographe. Il n'y a jamais plus de six points pour exprimer une lettre, tandis qu'il en fallait douze dans la méthode Barbier, et le procédé s'applique à la ponctuation, aux chiffres et à l'écriture musicale. Déjà plusieurs livres ont été imprimés ainsi, de même que les études de piano de Kalkbrenner.

M. Victor Ballu (1), élève de l'institution des Jeunes Aveugles de Paris, a ajouté en 1851 encore un avantage au mode qui vient d'être décrit. Il a imaginé un petit mécanisme consistant en un double châssis, un chariot ou porte-poinçon, et un levier agissant sur des crémaillères. La feuille de cuivre est placée entre les deux châssis dans toute sa longueur pour recevoir la marque des points significatifs.

Longtemps auparavant on s'était préoccupé de venir au secours des aveugles par différents systèmes d'écriture. En 1775, le Dr. Franklin (2) se servait de feuilles d'ivoire particulièrement disposées, pour écrire sans lumière pendant la nuit.

M. Pingeron a publié vers 1780 un instrument dont le conducteur des lignes se fixait dans diverses échancrures pratiquées à droite et à gauche d'un châssis. On lit dans la Bibliothèque physico-économique, de 1784, la description d'une machine à peu près semblable à la précédente, et de l'invention de M. Lhermina de Paris.

M. Bérard, devenu aveugle à l'âge de 23 ans, proposa en 1801 deux moyens pour écrire. Le premier consiste dans l'emploi d'un stylet de fer, avec lequel on obtient une écriture noire, en posant sur le papier à écrire une feuille enduite d'un mélange de saindoux et de noir d'ivoire, et recouverte par une autre sur laquelle on trace les lettres. Le second moyen consiste dans une planche ayant dans le sens de sa longueur une coulisse où se meut une règle conductrice des lignes à écrire, lignes qui sont également espacées à l'aide de crans que l'on reconnaît par le tact.

(1) Bulletin, etc. vol, 50, 1851, p. 182.
(2) Bulletin, etc. vol, 16, 1817, p. 275 et suiv.

On prend de l'encre à la fin de chaque ligne, dans un vase large et plat, avec une plume de métal taillée à l'ordinaire.

M. Julien Leroy, en 1817, a imaginé une machine qu'il a nommée *nitographe*. Elle se compose principalement de deux cordons de soie, fortement tendus au-dessus d'une feuille de papier encadrée, et sur laquelle on écrit avec un crayon que l'on fait passer dans l'intervalle des fils. Ceux-ci forment un assemblage mobile, qui monte et descend par le moyen de la pression que la main opère sur une tringle liée au dit assemblage à l'aide d'un ressort caché, ainsi que la crémaillère sur laquelle il agit, dans le cadre de la machine. Cette machine fut plus tard modifiée par son auteur, d'après une observation de M. de Bataille, affligé de la perte de la vue, lequel s'en était servi avec avantage. Il pensait qu'il serait plus commode de rendre la règle fixe, et de placer le papier sur un cadre qui serait mû par le moyen d'une roue dentée, qui le ferait avancer graduellement. La machine ainsi modifiée fut appelée *Cæcographe*.

M. Ferdinand Saint-Léger (1) inventa en mars 1838 des tablettes à l'usage des aveugles, pour faciliter l'écriture. Il les perfectionna en 1851, et reçut l'approbation de la Société d'encouragement de l'industrie nationale.

M. Foucauld (2), aveugle-né, membre des Quinze-Vingts, est l'auteur (1843) d'une machine à écrire qui est généralement en usage. Elle consiste en dix touches soutenues par des ressorts en spirale, portant chacune à son extrémité un poinçon terminé ou par une pointe ou par un crayon. On joue sur ces dix touches comme sur un clavier. Ainsi, pour faire un E, on pose les doigts sur les touches 1. 7, puis on fait au moyen d'une vis reculer le papier à une certaine distance; on place les doigts sur les touches 1. 2. 3. 4. 5. 6. 7, puis on fait de nouveau, au moyen de la vis, reculer le papier à la même distance que précédemment; et ainsi de suite pour les diverses lettres qui doivent successivement entrer dans la ligne. Un aveugle qui est exercé peut écrire cinquante vers alexandrins dans une heure et demie. Par cette machine ingénieuse on produit des lettres de petite dimension;

(1) Bulletin, etc. vol. 37, p. 310, et vol. 50, p. 690.
(2) Bulletin, etc, vol. 42, p. 266, 342, vol. 49, p. 410.

de la grandeur du caractère *cicéro;* mais cette écriture n'est lisible que pour les voyants, et ne peut pas être corrigée par les aveugles. Pour obvier à cet inconvénient, M. Foucauld a imaginé une machine très-compliquée et qui s'adapte à la première, avec laquelle l'aveugle imprime en même temps les mêmes lettres comme avec un pantographe, mais en relief. Ces deux machines ont été construites par un aveugle-né, M. Jackarie, à qui M. Foucauld avait communiqué son plan.

M. Laas d'Aguen (1) s'est attaché en 1849 à réaliser un vœu que M. Dufaud avait émis dix ans auparavant. En parlant de l'enseignement de la géographie aux aveugles, M. Dufaud disait qu'il ne serait pas impossible de produire des cartes qui serviraient à la fois pour les yeux des voyants et pour les doigts des aveugles.

Après plusieurs essais, M. Laas d'Aguen s'est arrêté à un procédé que lui ont suggéré les planches en relief de M. Bauerkeller. Ce procédé consiste à graver en creux sur métal les différentes parties de la carte, savoir les méridiens et les parallèles exprimés par des filets très-fins, les frontières par des points, les fleuves et les rivières par des points moitié moins forts, les chaînes de montagnes par des points ovales ou par de fortes ondulations, les mers et les lacs par des stries légères, mais sensibles pour le tact si délicat des aveugles; enfin la nomenclature par le système de points en usage dans l'institution. Après la gravure, la planche est recouverte d'une feuille de papier trempé, puis placée sous une presse en taille-douce et garnie de 12 à 15 molletons. Quand on a pressé, on place une seconde feuille sur la première, et l'on presse de nouveau, et ainsi de suite jusqu'à ce qu'on ait formé un carton assez consistant pour l'usage. Ces cartes ont le grand avantage de pouvoir être multipliées indéfiniment.

En 1849, il avait ainsi exécuté cinq cartes: la mappemonde, l'Europe, l'Asie, la France et la Palestine.

En Allemagne aussi plusieurs personnes ont fait des essais heureux dans l'ectypographie: MM. Klein à Leipzig; François Muller à Frybourg; Stuber à Freising, et Zeune à Berlin; M. le Dr. W. Lachmann, directeur de l'institution des aveugles à Bruns-

(1) Bulletin, etc. vol. 47, 410. vol. 49, 264.

wick, et le capitaine Freisauff de Neudegg à Vienne, ont beaucoup contribué au perfectionnement de l'invention de Haüy. Le premier ne s'est pas seulement tenu aux caractères alphabétiques, mais il a imaginé une écriture figurative, composée d'étoiles, de points, de lignes et de fractions de cercles. Le second a étendu l'emploi des types mobiles pour pouvoir en composer toutes sortes de figures et de dessins.

M. Gall à Edimbourg se servait en 1827 des capitales du caractère romain ordinaire pour imprimer sur du papier fort, et assez profondément pour donner un relief suffisant. Le premier livre imprimé de cette sorte fut l'Évangile selon saint Jean. M. Alston à Glasgow a beaucoup simplifié et perfectionné le procédé Gall. Les caractères de Glasgow sont une modification des caractères employés en 1840 dans l'institution des Jeunes Aveugles de Paris et créés par M. Dufaud; ils donnent 526 lettres sur cinquante pouces carrés.

En novembre 1840, le gouvernement anglais (1) promettait la somme de 10,000 fr. pour la publication d'une Bible complète à l'usage des aveugles; elle devait se composer de 15 volumes en format atlantique, et contenir 2,470 feuillets. L'impression et la distribution en étaient placées sous les auspices de la Société biblique de Glasgow.

Toutefois ce sont les Américains qui ont le plus avancé l'art d'imprimer en relief. M. Hirzel (2), directeur de l'asile des aveugles de Lausanne (Suisse) nous apprend que c'est principalement M. le Dr. Howe à Boston qui a tenté de réaliser la pensée de Haüy sur une grande échelle. « Le Dr. Howe, en 1831, fit imprimer en relief sur papier une carte de la Nouvelle-Hollande. Ce travail, imparfait encore, est curieux comme premier essai de ce genre, et important comme point de départ d'une série d'essais et d'expériences typographiques qui ont conduit dans l'impression en relief à de superbes résultats. »

« En 1833 et 1834, Philadelphie et Boston commencèrent à

(1) L'Écho du monde savant, 12 Déc. 1840.

(2) Rapport sur l'asile des aveugles de Lausanne, par le directeur M. H. Hirzel, in-8° 1852; duquel est extrait tout ce qui regarde l'Amérique et Lausanne. — Des années 1850, 1851 et 1852.

s'occuper de l'impression en relief. Le système suivi par Philadelphie ne donna que 290 lettres et fut abandonné.

« La méthode Howe de Boston donna 702 lettres sur cinquante pouces carrés. Avec ce type vingt et une éditions d'ouvrages furent imprimées dans l'espace de quatre ans, avec une dépense de 42,000 francs, que M. Howe avait collectés lui-même dans ce but.

« En 1836 et 1837, Philadelphie et Glasgow firent de nouveaux efforts. Pour cette fois, l'impression de Philadelphie renfermait 826 lettres dans les cinquante pouces carrés; celle de Glasgow, 891.

« En 1838, Boston réduisit de nouveau le type et obtint 1067 lettres sur 50 pouces carrés.

« Enfin, en 1839, l'institution de Philadelphie produisit un type de musique, et elle atteignit dans l'imprimerie en général une perfection qu'on ne se lasse d'admirer.

« La France a suivi l'impulsion donnée par l'Amérique et l'Angleterre, et a cherché à diminuer encore la dimension des lettres; mais, pour les doigts comme pour l'œil, il y a des limites qui ne doivent pas être dépassées, et l'on paraît avoir atteint le dernier degré de réduction.

« Le type inventé par le directeur de l'Asile de Massachusets, appelé type de Boston, est basé sur ce principe, que la lettre destinée à l'aveugle doit offrir la plus grande variété de formes, et cependant être dépouillée de tout ce qui est inutile au tact. M. Friedlænder, premier directeur de l'Asile des aveugles de Philadelphie, de son côté, maintenait en théorie et en pratique qu'on devait s'en tenir à la lettre romaine simplifiée. Quoi qu'il en soit, l'impression américaine est en somme supérieure à ce que l'Allemagne, la France et l'Angleterre ont produit de meilleur jusqu'à présent dans ce genre. La Société biblique des Etats-Unis a fait imprimer une belle édition de la Bible en six volumes à l'Asile des aveugles de Sud-Boston. L'institut de Philadelphie a publié pendant quelque temps une revue périodique en relief. Outre ces deux presses, on en a établi une troisième à Staunton dans la Virginie. New-York fait des essais dans le même but. L'institution de Perkins possède de magnifiques éditions *stéréotypes* de la Bible, d'ouvrages historiques et géographiques, de géométrie et de chimie avec des figures tangibles dans le texte même, d'excellents atlas en relief, une encyclopédie, et beaucoup d'autres. »

Pour l'enseignement de la géographie, les instituts d'aveugles de Berlin, de Glasgow, de Boston, d'Indianopolis et d'autres, possèdent des globes terrestres en relief de trois à quatre pieds de diamètre.

D'après une notice publiée en 1842, Glasgow avait jusqu'à cette époque imprimé en caractères reliefs 13,460 exemplaires d'ouvrages divers.

M. H. Hirzel, l'intelligent et zélé directeur de l'Asile des aveugles de Lausanne, s'est acquis un nouveau mérite en inventant deux machines très-ingénieuses et pratiques pour l'impression en relief. Sur l'une, qui date de 1844, l'aveugle peut imprimer environ vingt-trois lettres par minute. Les lettres ne font pas partie de la presse. Près de cent volumes sont sortis de cette petite presse, sans que l'usure nuise à la régularité de sa marche. L'autre presse, inventée en 1845 (1), est beaucoup plus compliquée : elle contient toutes les lettres de l'alphabet fixées sur un disque qui tourne à mesure qu'on en a imprimé une. Un aveugle exercé peut imprimer en relief jusqu'à trente-sept lettres par minute. Pour l'écriture au crayon, M. Hirzel a introduit dans l'Asile un carton gaufré marqué de lignes et d'entrelignes, et qui, placé sous la feuille de papier, guide le crayon. Ce carton sort de l'Asile des aveugles de Boston. Pour marquer les lettres en relief, on a fait graver un alphabet de cachets, lesquels produisent un caractère dont la saillie est en biseau, affectant promptement le doigt, sans cependant s'émousser, caractère par conséquent facile à lire. La substance la meilleure à tous égards pour former ces lettres, est la gomme laque, parce qu'elle est à la fois dure et agréable au toucher.

Le directeur actuel de l'Imprimerie impériale de Vienne, M. Aloïs Auer (2), a montré aussi un grand mérite dans cette

(1) Et construite avec le secours de M. Louis Richard, habile horloger au Locle (Suisse).

(2) Der polygraphische Apparat der K. K. Hof- und Staatsdruckerei zu Wien, von

branche de la typographie, en faisant graver et fondre des caractères ectypographiques perfectionnés pour toutes les langues septentrionales et orientales, tant vivantes que mortes, ainsi que pour la musique. Cet admirable établissement emploie, depuis 1850 environ, deux genres de caractères différents dans les impressions ectypographiques. L'un de ces caractères (les lettres romaines), que M. Auer appelle le caractère hérissonné, est formé de petites bosses en relief et sert aux aveugles pour écrire ou pour composer leur correspondance de la manière suivante : au fond d'une petite boîte carrée, divisée en compartiments transversaux par des fils de laiton, semblablement à une feuille réglée, on place une feuille de papier sur une espèce de coussinet en papier mou, et l'on pose, l'une après l'autre, les lettres entre les fils d'alignement, de manière qu'en appuyant légèrement dessus, on imprime les pointes saillantes des lettres dans le papier, ce qui a pour effet de les fixer et de les empêcher de tomber avant qu'on ait placé une autre lettre à la suite de la précédente. L'autre genre de caractère, également romain, est à surface en biseau et sert à l'impression ordinaire. Tous les deux sont parfaits et ne laissent rien à désirer. De cet établissement est sorti aussi le *Calendrier des Aveugles*, par Dolezalek.

Les autres procédés typographiques, où plusieurs arts concourent simultanément ou successivement à la mise en œuvre, et qui ne se composent pas seulement de la gravure typographique et de l'impression, mais dans lesquels il y a mélange d'arts anciens et d'arts récemment inventés, tels que la chalcographie, la lithographie, l'électrotypie et la photographie, ces procédés dis-je, d'un genre mixte, trouveront leur place dans les articles qui concernent ces arts.

Nous pouvons donc clore ici cet aperçu sur l'imprimerie et la typographie, qui, quoique plus étendu que nous ne le désirions, ne donne cependant que l'essentiel. L'art de l'imprimerie étant le plus important des arts de reproduction et de multiplication,

dem O. M. Alois Auer, Direct. der genannten Anstalt in dem Sitzungsberichte der K. Académie der Wissenschaften. Mathem. Naturwiss. Classe, B. IX, Jahrg. 1852; Heft V, p. 874.

celui auquel tous les autres doivent recourir, il était convenable de lui ménager une place proportionnée à son importance.

Il y a une branche de la typographie dont nous n'avons pas parlé spécialement, c'est la xylotypographie, ainsi nommée parce que la xylographie joue un grand rôle dans les publications de ce genre. Cette branche trouvera naturellement sa place dans la xylographie dont nous allons nous occuper.

GRAVURE EN RELIEF.

LA XYLOGRAPHIE [1] (du grec xylon, bois) ou gravure sur bois, est l'art de graver des planches de bois destinées à multiplier un dessin au moyen de l'impression. On l'appelle aussi gravure en taille d'épargne, parce qu'on épargne les parties du bois qui doivent représenter le dessin, c'est-à-dire qu'en gravant on conserve en relief tous les traits, toutes les ombres, toutes les parties noires d'un dessin, tandis qu'on creuse, qu'on enlève toutes les parties blanches, les lumières, qui représentent le papier blanc. C'est par conséquent sur les parties épargnées ou laissées en relief, qu'on dépose l'encre d'imprimeur, lorsqu'on veut tirer les épreuves. On nomme encore cet art, gravure en relief, ou en taille de relief, en ne considérant que la manière de graver, et non la matière qui sert à cet effet; celle-ci alors peut être du métal, du bois ou de la pierre.

En recherchant l'origine de l'imprimerie, nous avons vu celle de la xylographie, qui y est si intimement liée, et nous en connaissons aussi les premiers produits, savoir les cartes à jouer, les images de saints, les livres à images et les livres xilographiques.

C'est là **la première époque de cet art (de 1300 à 1500);** nous n'avons plus à y ajouter que quelques considérations générales.

(1) Voyez sur tout ce qui regarde la Xylographie: Sotzmann, Passavant, Falkenstein, Rumohr, déjà cités. — J. Heller, Geschichte der Holzschneidekunst; Bamberg, 1823, etc.

L'invention de l'imprimerie exerça dès l'abord une grande influence sur la gravure sur bois, ces deux arts se servant mutuellement d'auxiliaire; et quoiqu'il parût exister au commencement quelques obstacles à leur union, néanmoins nous les verrons presque toujours marcher ensemble.

Les premiers typographes, désirant vendre leurs impressions pour des manuscrits, cherchaient à éviter tout ce qui aurait pu y donner l'apparence d'une impression ou d'un travail de tailleurs de moules, en les rendant autant que possible semblables aux livres écrits. De là le manque de gravures sur bois dans la plupart des impressions de Mayence des premiers temps, et leur aspect sévère et simple.

Cependant l'embellissement des livres par des images et des ornements peints était tellement goûté et répandu, la gravure sur bois ressemblait si bien à l'impression des livres par le procédé employé, répondant en cela aux exigences de l'époque, que la gravure sur bois fut bientôt adoptée et pratiquée assez généralement.

Il arriva donc pendant quelque temps que la gravure sur bois et l'imprimerie furent à peu près confondues; mais elles se séparèrent dans les dix dernières années du XVe siècle. Dès lors la xylographie, pouvant être considérée comme un art indépendant, se développa librement en tous sens, et fut pratiquée par des artistes spéciaux. Il convient par conséquent d'en suivre le développement et les applications diverses depuis ce moment.

Bientôt toutes les publications en furent envahies : les livres sérieux et savants, même ceux qui n'offraient pas de sujets à représenter, furent ornés au moins d'entourages ou d'encadrements, d'initiales décorées de figures, de rinceaux et de feuillages dans le genre des manuscrits peints. Les titres, qui manquaient presque toujours aux livres des premiers temps de l'imprimerie, furent introduits vers la fin du XVe siècle et reçurent, gravés sur bois, des enjolivements représentant souvent des sujets empruntés au texte, ou figurant l'auteur lui-même écrivant ou enseignant. La première page du texte était ornée parfois d'un entourage ou d'un cadre, imité des beaux manuscrits français, surtout dans les *Heures* de l'imprimerie parisienne. On les gravait alors sur métal avec une grande délicatesse. Ces ornements se trouvaient presque autour de chaque page du texte, et représentaient ordinairement des danses macabres ou des sujets analogues. Souvent aussi la dédicace était ornée et gravée sur bois.

L'usage de placer dans les livres les gravures d'armoiries, des emblèmes, des monogrammes ou des noms en rébus des imprimeurs, usage qui venait originairement de l'habitude des notaires de signer les diplômes et autres actes de leur profession du monogramme de leur nom ou d'une marque particulière, pour les légitimer, était alors très-répandu, et s'est même conservé jusqu'à nos jours.

Les marques particulières des imprimeurs français et néerlandais du XVe siècle se distinguaient principalement par la richesse et la variété. Elles offrent en petit le tableau des variations qu'a soulevées le goût dans la gravure sur bois pendant les périodes de progrès, de perfection et de décadence; fait historique d'autant plus intéressant, que ces objets ne laissent aucun doute sur leur véritable origine, du moins quant au lieu et au temps ou à l'époque.

Les images gravées sur bois dans les livres imprimés du XVe siècle, servaient plutôt à l'explication du texte qu'à l'ornementation. Elles se trouvaient plus particulièrement dans les ouvrages destinés au peuple, dans les livres d'heures, de prières, dans les traductions de la Bible et des classiques, dans les œuvres de poésie, les romans, les chroniques. Le nombre des livres et des gravures est considérable, nous en avons cité une grande quantité en parlant de l'imprimerie.

Ces gravures quoique dépourvues généralement de mérite artistique et offrant plutôt des compositions idéales, conventionnelles, que des copies fidèles, exercèrent néanmoins une influence salutaire sur la vie intellectuelle de cette époque, et favorisèrent l'exercice des beaux-arts et leur perfectionnement. Ils nous présentent une image instructive et intéressante de la vie et des mœurs de toutes les conditions de l'homme de ces temps.

Le dessin jusqu'à Albert Durer consistait en simples traits ou contours, à ombres maigres obtenues par des lignes parallèles, rarement par des hâchures croisées. En général on mettait peu d'ombre, parce que les gravures sur bois étaient alors destinées à être coloriées par les peintres de lettres. Les planches plus précieuses, celles des livres de liturgie et de poésie, furent imprimées sur parchemin, peintes à la gouache et rehaussées d'or, comme les miniatures.

On voit souvent dans cette époque des gravures xylographiques avec des fonds, c'est-à-dire avec certaines parties épargnées, et par conséquent imprimées en noir. Parfois ces fonds sont pointillés en blanc, surtout dans les gravures françaises sur métal. On leur donne le nom de fonds criblés (1). On en rencontre aussi quelques-unes avec des fonds à ornements semblables aux tapisseries. Un *Saint-Bernardin* de 1454 conservé à Paris, ainsi qu'un *Ecce homo* qui se trouve dans un confessionnal, décrit par Heller et Falkenstein, sont dans ce genre. Les figures et les draperies de cette époque sont roides, les proportions négligées; la composition est pauvre; la perspective manque généralement. Le style est en rapport dans chaque pays avec le degré de perfection qu'y ont atteint la peinture et les autres arts.

Dans les dessins italiens, quoique gravés en grande partie par des Allemands, on reconnaît l'influence des bonnes écoles de Venise et de Florence, les formes nobles et élégantes des peintures de ce temps. Les gravures françaises trahissent souvent le style de l'école de Van Eyck, celui qui s'était maintenu le plus longtemps dans les peintures et miniatures. Dans les pays où la gravure sur bois avait été le plus anciennement pratiquée, et avec le plus d'activité, en Hollande et en Allemagne, cet art était le moins perfectionné, et ne pouvait se défaire d'une certaine roideur, même dans les bonnes pages.

On gravait généralement sur bois; mais on se servait aussi de métal, surtout en France. Dans la première moitié du XVe siècle les gravures n'étaient imprimées que d'un côté du papier, et au moyen de la brosse et du frotton. Plus tard on les imprima aussi des deux côtés, du moins dans les livres.

Nous ne connaissons que peu de noms de graveurs sur bois;

(1) Voyez Chalcographie.

quoiqu'il y en eût un très-grand nombre; mais ils ne signaient que rarement de leur nom leurs produits; ils n'ajoutaient que le monogramme de leur nom, ou des marques le plus souvent indéchiffrables. Ces graveurs, pour la plupart étaient des peintres de lettres, les imprimeurs eux-mêmes, ou des tailleurs de moules. Les plus renommés d'entre eux étaient Nicolas Vink à Nuremberg, entre 1473 et 1482; Jean Schnitzer d'Arnsheim en 1482; Georg Glockenton, coloriste et graveur, qui mourut en 1514 à Nuremberg; Wolfgang Hamer de la même ville; Michel Wohlgemuth et Jean Pleydenwurf, tous les deux de Nuremberg, qui jouissaient d'une grande renommée, et à qui l'on attribue les gravures de la Bible de 1483, et celles de la Chronique de Hartmann Schedel, publiée par Koberger. Ces deux ouvrages ne contenaient pas moins de 2,357 gravures sur bois, dont quelques-unes à double.

De 1500 à 1600. On le voit le besoin existait, l'avantage de la gravure sur bois était reconnu, l'élan était donné; sa rivale, la chalcographie n'était point encore en état de l'écarter. Les plus habiles peintres eux-mêmes commencèrent à pratiquer cet art tant recherché, et contribuèrent ainsi à son perfectionnement et à ses progrès. Ajoutons encore l'influence manifeste du goût éclairé de l'empereur Maximilien Ier, qui, guidé par les conseils intelligents du célèbre Conrad Peutinger, favorisa et protégea généreusement les arts. Aussi le XVIe siècle est-il l'époque à laquelle la xylographie atteignait son plus haut degré de perfectionnement, et cela dans tous les pays. Elle florissait dans la première moitié de ce siècle surtout en Allemagne et en Hollande. Les Italiens commencèrent aussi à cette époque à cultiver eux-mêmes cet art, qui leur avait été apporté d'Allemagne. Ils y mettaient tout le goût artistique qui les distingue; ils employaient moins souvent les hachures croisées que les Allemands, ils cherchaient préférablement à imiter plus directement les dessins. La xylographie n'eut pas un développement aussi heureux en France que dans les pays que nous venons de nommer. On ne s'en servait généralement que pour décorer les livres. Les artistes français cependant excellaient dans la finesse et la délicatesse des tailles, ce qui provenait sans doute de ce qu'ils gravaient beaucoup sur métal. Nous verrons plus loin que le métal a généralement prévalu en France.

Le style et la manière des gravures sur bois s'était considérablement améliorés; le dessin en était devenu plus correct, la composition mieux ordonnée; les lumières et les ombres étaient plus convenablement disposées et *dégradées*. On y employait plus souvent la perspective, mais on continuait encore à les colorier. La quantité des gravures qu'on exécutait alors était innombrable; on en décorait non-seulement les livres, mais encore on en tirait un grand nombre sur des feuilles à part.

Malheureusement la fin du siècle ne répondit pas à un commencement aussi brillant. Des éditeurs avides profitèrent du goût du jour pour lancer dans le commerce une profusion de gravures médiocres; il en parut une quantité d'autres à sujets satiriques, provoquées par les querelles religieuses qui suivirent la réformation; d'un autre côté la gravure sur cuivre, plus facile à exécuter, commençant à se répandre davantage, les artistes abandonnaient peu à peu la xylographie, et ne se chargeaient plus que de livrer les dessins, qui étaient souvent mal exécutés par les graveurs inexpérimentés; enfin tous les signes d'une décadence prochaine se manifestaient dans les dernières années du XVIe siècle.

Citons les principaux graveurs et les plus remarquables de leurs travaux, la plupart nous étant connus.

A la tête de tous les graveurs de l'Allemagne nous devons mettre Albert Durer (né en 1471, mort en 1528), élève de son père, qui était orfévre, et de Michel Wohlgemuth, qui lui enseigna les sécrets de la gravure sur bois. On lui attribue un très-grand nombre de gravures, qui probablement n'ont pas été toutes exécutées par lui-même, mais par d'autres d'après ses dessins.

Les plus remarquables sont les planches de l'Apocalypse, publiées en 1498; les trois grandes et belles séries de *La vie de Marie*, de la grande et de la petite *Passion de notre Seigneur*; la *Sainte-Trinité* de 1511; et plusieurs *Saintes Familles*. Le portrait d'Ulric Varnbuler, exécuté en 1522, est un des chefs-d'œuvre de gravure sur bois de ce maître; il a 16 pouces de haut sur 12 de large.

La plupart des gravures d'Albert Durer servirent de modèles aux graveurs qui désiraient se former à cette bonne école.

C'est dans ce siècle que parurent ou furent commencés des ouvrages remarquables qui, par le nombre et surtout la bonté des planches qui les ornent, permettent de juger à quelle perfection la gravure sur bois était parvenue.

Les œuvres xylographiques les plus distinguées sont celles des écoles de Nuremberg, d'Augsbourg, de Wittemberg et de Bâle, exécutées sous l'influence directe ou indirecte de l'empereur Maximilien Ier, protecteur éclairé des arts et des lettres, et des savants distingués tels que Peutinger, Wilibald Pirckheimer, Celtes, Stabius et d'autres. Ces œuvres sont principalement : les Patrons de la maison impériale d'Autriche, la Généalogie de l'empereur, le Weisskunig, le Theuerdanck, le Triomphe, la Porte triomphale et le Livre de prières de Maximilien Ier.

Tous ces ouvrages avaient été commandés par l'empereur, qui en confia la direction à Peutinger, et l'impression à Jean Schœnsperger d'Augsbourg.

Ils devaient être décorés d'un grand nombre de xylographies ; Albert Durer, Burgkmair et Scheuflin furent choisis pour en faire les dessins, et Josse Dienecker, secondé de douze graveurs, pour exécuter les planches de bois.

Mais, malheureusement, l'exécution a été partiellement interrompue par la mort de l'empereur, survenue en 1519. Cependant ce qui en a été terminé et ce qui existe encore mérite d'être mentionné.

L'œuvre dit *Les Patrons de la maison impériale d'Autriche*, composée de 150 planches de bois, dont 122 sont encore conservés à la Bibliothèque impériale de Vienne (1), est due au peintre Hans Burgkmair d'Augsbourg, secondé d'autres graveurs desquels nous parlerons plus bas.

Le *Weiskunig* (le roi blanc) contient l'histoire romanesque et les exploits de Maximilien Ier, dictés par lui-même et mis en ordre par son secrétaire Max. Treitzsaurwein, en 1514. Ce livre est orné de 237 planches par Burgkmair, toutes conservées encore (2).

Les Greuerlichkeiten, etc. *des Helds Herrn Tewrdannckś* (3)

(1) 119 de ces planches furent réimprimées en 1799.

(2) Réimprimées en 1775.

(3) Teuerdanck est le nom qu'on donne au héros qui n'est autre que l'empereur lui-même, par allusion à ses pensées aventureuses (abentheuerlich).

poëme très-médiocre de Melchior Pfinzing, dont le sujet principal est composé des obstacles que rencontrait l'empereur dans sa demande en mariage de Marie de Bourgogne, obstacles qui tous sont représentés allégoriquement en 118 planches par le peintre Hans Scheuflin; ce livre fut publié à Nuremberg, en 1517.

La Généalogie de l'empereur Maximilien Ier est ornée de 77 planches par H. Burgkmair.

Le même artiste a décoré encore le *Triomphe*, ou le Char de triomphe de cet empereur. Les 135 planches, encore existantes, ne paraissent cependant former que les deux tiers de l'ouvrage entier. Les originaux peints en miniature sur vélin en 109 feuilles, chacune 34 pouces de large, sont également conservés à Vienne.

Burgkmair a représenté dans ce livre tout ce qui avait rapport à la cour et la vie chevaleresque de cet empereur: la noble vénerie, les tournois, la musique, les mascarades, les noces, les banquets, et les scènes de la vie telle qu'elle existait alors.

Dans *la Porte triomphale*, qui ne devait former qu'une seule feuille de 11 pied et demi de haut, sur 9 de large, composée de 92 grandes planches, Albert Durer, son auteur, la composa d'architecture et d'ornements entremêlés de la monographie figurée de Maximilien, par laquelle ont été représentés ses exploits guerriers, sa vie privée et publique; elle contenait en outre des figures blasonnées des princes alliés ou voisins, enfin tout ce qui pouvait illustrer et faire ressortir la pompe et la grandeur de ce monarque.

Les graveurs qui ont exécutés les ouvrages que nous venons de nommer, et dont les noms se trouvent gravés sur les planches ou écrits sur leurs revers, sont Hans (Luetzelburger) dit Frank, Cornelius Liefrink, Alexis Lindt, Johann von Bonn, Hieronymus Andre, S. German, Vincenz Pfarbecher, Jacob Rupp, Jacob Taberith, Wolfgang Resch, Fosse Negker d'Augsbourg, et surtout les peintres célèbres Albert Durer, Hans Scheuflin, Hans Burgkmair, et le graveur Joseph (Josse) Dienecker d'Augsbourg.

Enfin, pour clore cette série d'ouvrages, mentionnons encore *Le livre de prières* pour la composition duquel Maximilien avait fait lui-même le choix du Psaume qu'il devait contenir, et qui est orné de 45 planches de sujets et d'encadrements des plus gracieux faits par Durer, et de 8 planches de Lucas Cranach. Il porte la date de 1515, mais n'a pas été terminé.

La xylographie offrait un moyen très-convenable, et dont on avait été dépourvu jusqu'alors, pour multiplier cette foule de représentations allégoriques tant répandues et estimées, qui, depuis le XIVe siècle, et surtout dans le XVIe, se trouvaient tant en prose qu'en vers dans les livres, peintes en miniature dans les manuscrits, ou en fresque sur les murs, et même sculptés en pierre et en bois.

La danse macabre était un des sujets allégoriques favoris, représentant la mort dans des accoutrements et des poses très-variées, jouant un instrument, menant le branle, ou dansant avec des personnes de tous les rangs. Cette danse est ainsi nommée du poëte allemand Exemius Macabre, qui, un des premiers, traita ce sujet bizarre en vers allemands, que P. Desrey, de Troyes, a traduits en latin en 1460.

Presque tous les bons peintres de ce temps traitaient ce sujet, et après eux les graveurs sur bois; aussi connaît-on un grand nombre de ces danses macabres dont celle de Hans Holbein de Bâle est la plus célèbre. Elle était recherchée au point qu'on en publia jusqu'à 8 éditions différentes seulement dans le XVIe siècle, la première étant de l'année 1530. Aujourd'hui ce nombre s'est accru à 80, en comptant les différentes copies.

Jean Lutzelburger de Bâle, un des plus habiles xylographes de cette époque, a également produit une danse des morts; celle de Josse Dienecker fut publié en 1544.

Ce sujet se rencontre souvent aussi comme ornement accompagnant les lettres de l'alphabet, des initiales grecques et latines. Outre la danse macabre, on se servait encore d'autres sujets pour décorer les grands caractères d'impression; ainsi il y en avait qui étaient entourés d'enfants (Kinderalphabete), de paysans dansant ou s'amusant (Bauernalphabete, alphabets rustiques), ou de sujets religieux, mythologiques et scientifiques.

Holbein a livré trois alphabets latins et un grec, dont deux à danse macabre, un rustique et un avec des enfants. Le plus renommé est l'alphabet rustique de Lutzelburger.

Dans le *Methodus exhibens per varios ind. et clas. sub. quorumlibet librorum, cuiuslibet Bibliot., imitabilem ordinem*, imprimé en 1560, chez Ph. Ulhard à Augsbourg, on voit des lettres ornées de fleurs.

Pour les sciences et les arts, sortant de l'enfance, mais cultivés avidement et répandus en profusion par l'imprimerie, la xylographie était un auxiliaire précieux, et les traités de tout genre, tels que ceux sur l'anatomie, la zoologie, la botanique, les mathématiques, etc., offraient à la gravure sur bois un vaste champ d'occupation qui ne restait pas stérile (1).

L'ouvrage le plus recherché dans ce siècle et qui formait comme une espèce d'encyclopédie, *la Cosmographie* de Sébastien Munster, était orné d'une très-grande quantité de gravures sur bois de tout genre, des vues de presque toutes les villes remarquables; de portraits; de costumes et de coutumes; d'armoiries et de batailles, d'objets d'histoire naturelle, etc.

Beaucoup de graveurs furent occupés à exécuter les planches de ce livre, dont la première édition parut à Bâle en 1544, et qui a eu successivement 17 éditions allemandes dans le XVIe siècle, plusieurs éditions latines, une française (1575), une italienne, et une en bohémien, en 1554. Chaque nouvelle édition était augmentée de gravures.

Des vues et des plans de villes, de camps et de batailles, formaient aussi une branche exploitée par la xylographie. La plupart de ces gravures sont d'un format très-grand, et composées souvent de plusieurs planches; telles sont, par exemple, la vue de Ratisbonne, de la largeur de 80 pouces sur 22 et quart de hauteur; celle de la ville d'Augsbourg, gravée d'après le dessin de l'orfèvre Georges Seld; celle de Lubeck; celle de Francfort-sur-Mein de 1572, en 10 feuilles; celle de Venise, dessinée à vue d'oiseau; celle de Cologne, de 1513, en 9 planches gravées par Antoine Wœnsam de Worms; et *le Camp de l'empereur Charles V*

(1) Voyez sur ce sujet les ouvrages suivants: sur l'anatomie: Geschichte und Bibliographie der anatomischen Abbildungen, etc. von Dr L. Choulant, avec 43 xylogr. et 3 chromolith. Leipz. 1854, grand in-4°. Pour la zoologie: Blumenbach, in Gœtting. Magazin, etc. Jahrg. II, St. 4. Pour la botanique: Die Anwendung des Holzschnittes zur bild. Darstellung von Pflanzen, etc. von Dr. L. C. Treviranus, Leipz. 1855, in-8°. Pour les mathématiques: Gesch. der Mathematik von A.-G. Kaestner, 1795, etc.

devant Ingolstadt, de l'année 1546, 10 grandes feuilles gravées d'après les dessins du peintre H. Mulich de Munich, en 1549.

Il n'était point rare dans cette époque, pas plus que dans la nôtre, de trouver des livres compilés de planches achetées séparément avec lesquelles les libraires-spéculateurs formaient un tout en y mettant un titre pompeux et attrayant; voici un exemple:

Newe kuenstliche, wohlgerissene vnd in Holz geschnittene Figuren, dergleichen niemahlen gesehen worden. Von den fuertrefflichsten, kuenstlichsten vnd beruehmtesten Mahlern, Reissern vnd Formschneidern, als nehmlich, Albrecht Durer, H. Holbein, H. Sebald Böhm, H. Scheuflin, vnd andern Teutscher Nation fuertrefflichsten Kuenstlern mehr.

Allen Mahlern, Kupfferstechern, Formschneidern; Auch allen Kunstverstaendigen, vnd derselben Liebhaber, zu Ehren vnd Gefallen; Wie auch der angehenden kunstliebenden Jugendt zu Nutz vnd Befoerderung in Truck geben.

Gedruckt zu Franckfurt am Meyn, In Verlegung Vincentii Steinmeyers. Anno M. DC. XX. Quer Quarto.

Ce livre, précédé d'une surface intéressante pour l'histoire artistique de cette époque, contient 316 gravures, parmi lesquelles plusieurs très-bonnes, mais Durer et Holbein manquent, quoique mentionnés sur le titre (1).

Tels sont, en somme, les groupes variés, les formes diverses, dans lesquelles la xylographie du XVIe siècle a développé une activité extraordinaire, secondant ainsi les efforts des sciences et des arts pour répandre et étendre les connaissances, et aidant par sa coopération aux progrès des lumières et de la civilisation.

Le nombre des graveurs sur bois étant considérable, nous bornerons nos citations aux principaux d'entre eux.

Nicolas-Emmanuel Deutsch, de Berne, homme remarquable et universel, s'est aussi distingué dans la xylographie, entre autres par dix gravures représentant les vierges sages et les vierges folles, 1518. — Albert Altorfer (né en 1488, mort en 1538) est célèbre comme peintre et comme graveur. Ses petites planches de bois figurant des sujets de la Bible sont inimitables. On lui attribue

(1) Archiv. für zeichnende Kunst. Leipz. II, Jahrg. 1856, Heft. 1, p. 63.

l'invention de plusieurs nouveaux procédés de gravure, entre autres celui qui consiste à abaisser certaines parties de ses planches de bois, pour donner à ces parties plus de fuite, et par conséquent plus de gradations dans les ombres. Son saint Jérôme est surtout remarquable d'effet obtenu par ce moyen. — Hans Baldung Grun, de Gmünd, était bon peintre et habile graveur. On cite surtout les planches d'Adam et d'Ève; celles du Christ et des douze apôtres, de 1514; une feuille avec des chevaux, de 1534. — Lucas Cranach, le célèbre peintre, était aussi graveur sur bois. — Hans Springinklee, de Nuremberg, élève de Durer, a fait de très-bonnes gravures, généralement de petit format. Il avait exécuté, de compagnie avec Erhard Schœn, les belles planches de l'Hortulus animæ, dont la première édition parut à Nuremberg en 1516. Ce dernier a aussi gravé un livre de dessins très-estimé, et qui a eu trois éditions dans ce siècle; la première est de 1538. — Hans Baldung Beheim se forma sous Albert Durer; on lui attribue près de 200 gravures. — Henri Lautensack de Bamberg, 1522, est l'auteur d'un livre de dessins gravés sur bois.— Jacob Kerver, fils de Thielmann Kerver, imprimeur à Paris, connu par ses Heures, a gravé les 15 planches qui ornent le *Joannis Boccatii*, etc.; Berne, 1539, in-fol. Les 144 gravures *der Wappen des heil. röm. Reiches Teutscher Nation*, etc. sont de Jacob Köbel; Frankfurt, 1545, in-fol. On lui attribue en partie les 128 planches de *Hypnerotomachie*, ou discours du songe de *Poliphile*, etc.; Paris, 1546, in-fol.; les petites gravures d'un *Testamentum Vet. et Nov.*; Paris, 1560, in-8°, et plusieurs autres gravures séparées.

Les différentes et nombreuses éditions de la Bible de Luther, dont la première, en allemand et complète, a paru à Wittemberg chez Hans Luft, 1534, étaient généralement ornées de gravures. — Hans Brosamer de Fulda, peintre et graveur, fit plusieurs planches de l'édition de 1558. — Hans-Rudolph Emmanuel, dit Deutsch, de Berne, fils de Nicolas dont nous avons déjà parlé, était peintre et préfet de Morges (canton de Vaud). On lui attribue les dessins de la plupart des villes de la cosmographie. On ignore s'il les a gravées. Le livre *Agricola de re metallica*, etc., Bâle, 1558, est orné de ses gravures. — Aucun graveur de ce siècle, parmi tous ceux que nous venons de citer, n'a produit une aussi grande quantité de gravures sur bois que les deux suivants : Virgile Solis de Nuremberg (né en 1514, mort en 1562), qui a exécuté plus de mille planches xylographiques, dont celles de la Bible de Francfort, 1560, et celles des métamorphoses d'Ovide, 1re éd. 1563, Francfort, sont les plus estimées; — et Jost Ammann de Zurich (né en 1539, mort à Nuremberg en 1591), d'une grande facilité d'invention et l'artiste le plus productif de son temps. Ses gravures sur bois seules sont au nombre de plus de mille, parmi lesquelles on distingue surtout le Paradis, un Tournois, une Troupe de soldats, la place Saint-Marc de Venise et son livre d'armoiries. — Nous devons mentionner encore Tobie Stimmer de Schaffhouse (né 1534), peintre de fresques et graveur renommé; — Christophe Maurer de Zurich (né 1558, m. 1614); — Christ. von Sichem, qui grava à Bâle les 13 lieux de la Confédération, 1573, et beaucoup d'autres planches; — Lucas Meyer, qui fit en 1592 un Tir en 13 grandes planches, Nuremberg; — Hans Weigel, de la même ville, qui édita un livre de costumes en 1577, des cartes géographiques et des ornements de titres de livres; — Jean *Bocksperger* l'aîné, de Salzbourg, qui grava les planches de la Bible de Francfort, 1565; — enfin Marc-Antoine Haunas, à Augsbourg, vers la fin du siècle.

Nous bornerons ici la nomenclature des xylographes allemands du XVIe siècle, pour citer ceux des Pays-Bas qui se sont distingués. Le plus ancien paraît être Phillery d'Anvers. On ne connaît de lui qu'une gravure, représentant des soldats et des femmes. — Walther van Assen, au commencement du siècle, a gravé la Passion de Jésus-Christ. — On attribue à Lucas de Leyden 24 gravures. — Peter Cœck, peintre et architecte d'Alost (né en 1490, mort en 1553), a gravé une vue remarquable et rare représentant Constantinople et les mœurs des Turcs, composée de 7 planches et publiée en 1533. — Cornelius Teunissen d'Amsterdam a gravé en 1544 une vue de cette ville en 12 grandes planches. On le suppose fils d'Antoine de Worms, qui avait gravé la vue de la ville de Cologne en 1531, composée de 9 feuilles grand in-folio, d'une longueur d'ensemble de 10 pieds, 9 pouces, sur une hauteur d'une aune. En 1851, M. Aloïs Weber a dessiné sur pierre une copie de cette vue de la grandeur de l'original. — Antoine Sylvius a gravé les monnaies, dans Emblemata, etc., de Joan. Sambuci, Anvers, Plantin, 1564. — Jean ou Hans Stephanus van Calcar grava en 1538 les planches anatomiques du livre de Vesalius à Venise, in-folio. — Hubert Golzius de Vanloo (né en 1526, mort en 1583), célèbre antiquaire, était aussi xylographe, ainsi que Henri Golzius (né en 1554, mort en 1617). Ce fameux chalcographe a fait une vingtaine de gravures sur bois.

La xylographie italienne regardée comme la plus ancienne, portant une date, a été gravée par un Allemand, Jacob de Strasbourg, c'est le triomphe de Jules-César, en douze planches avec la date de 1503. On cite comme graveurs sur bois italiens : Jérôme Mocetus, né en 1454 à Vérone ; — le célèbre Titien ; — Matheus Pagani, connu par ses cartes géographiques, Venise 1555 ; — François Marcolini, né en 1500 à Forli, imprimeur à Venise, architecte et graveur, dont les meilleurs travaux se trouvent dans l'ouvrage de' Giardino de Pensieri. — Hucque de Capri ; — Antoine de Trente, né en 1508, de qui on connaît vingt-cinq planches ; — le Parmesan ; — Jean Gallus ; — Nicolas Boldrini ; — Christophe Coriolan (Lederer), Allemand, né en 1540, mort en 1600, mais qui vivait à Venise, et qui a gravé beaucoup de portraits dans l'œuvre de Vasari, et des planches d'histoire naturelle dans le livre d'Ulysse Aldrovandini ; — Vecellio, frère du Titien, qui a fait en 1590 un livre de costumes ; — Jérôme Porro, qui grava les planches dans le Funerali degli Antichi, etc., de Th. Portachi, Venise, 1591. — On connaît d'André Andreani de Mantoue, né en 1540, mort en 1623, une trentaine de gravures sur bois, dont les plus remarquables sont le Triomphe de César, Jésus-Christ d'après le Titien, et l'enlèvement des Sabines.

Parmi les graveurs français on nomme Jollat, qui travailla à Paris de 1502 à 1550 ; — Jacques Peressin ; — Jean Tortorel, qui a gravé des scènes de la guerre des Huguenots, de 1564 à 1570 ; — Pierre Rochienne, né à Paris, 1520, qui a gravé des livres de prières, *la Légende dorée,* Paris, 1557, et 109 planches pour une Bible ; — Bernard Salomon, dit le petit Bernard, à cause du petit format de ses planches, était de Genève et vivait aussi à Lyon de 1512 à 1550 ; il travaillait pour de Tournes et Rouville ; ses planches de la Bible et des métamorphoses d'Ovide sont faites avec une exquise finesse; — Jean Monni vivait à Lyon vers 1540; il copia les gravures de Salomon-Léonard Odet, Lyon 1580; — Balthasar Arnoullet a gravé des vues de villes, principalement celle de Poitiers. — On connaît aussi une gravure sur bois, représentant un buste de femme, qui a été exécutée par Marie de Médicis, femme de Henri IV, en 1587.

Disons maintenant quelques mots sur la xylographie en Angleterre, entre 1400 et 1700.

William Caxton (1474-1491), qui avait introduit la typographie dans ce pays, publia plusieurs ouvrages ornés de gravures sur bois; ainsi que le fit plus tard Wynkyn de Worde (1500-1534). John Rastell (1517-1536) publia un livre orné des effigies des rois d'Angleterre. La chronique de Richard Grafton contient un grand nombre de xylographies.

John Balgrave, mathématicien, dans son ouvrage : *Astrolabium uranicum universale* de 1585, grava lui-même les figures. Ralph Aggar grava entre 1578 et 1589 une vue de Londres sur bois. John Day orna le livre intitulé : *Fox's Book of Martyrs* (entre 1544-1582) de très-belles cartes et de figures mathématiques. Dans l'histoire de la typographie nous avons déjà fait mention de la *Genealogy of King of England*, de Gille Godet, en 1550, et qui contient les portraits des rois et des reines d'Angleterre.

Nous ne connaissons que peu de gravures sur bois espagnoles du XVIe siècle, quoiqu'il existât en Espagne dès le XVe siècle des typographes, et avant eux des cartiers, qui pratiquaient certainement la xylographie. Le recueil de modèles d'écriture de Juan de Yciar. Vizcaino, publié chez Petro Bernutz à Saragosse, en 1529, contient différentes espèces de lettres qui ont été gravées sur bois par Jean de Vingles. Il y a des lettres richement ornées, et des *letra blanca*, c'est-à-dire des lettres gravées en creux, de sorte qu'elles s'impriment en blanc sur fond noir. Ce livre eut plusieurs éditions: celle de 1550 contient le portrait du calligraphe, sur fond noir pointillé en blanc (ou manière criblée), plusieurs entourages à figures et ornements; un alphabet dont les lettres sont formées de rubans entrelacés, et d'autres grandes lettres accompagnées d'enfants, de guerriers, de sujets de chasse, etc.

Le même imprimeur publia, en 1559, une nouvelle édition d'un livre de prières, précédé d'un calendrier avec gravures, et ornée d'initiales et de sujets religieux gravés sur bois. Ces xylographies, dépourvues de hachures croisées, suivant M. C. Becker, rappellent le style de l'école padoue-vénitienne (1).

De 1600 à 1700. Le mouvement et l'activité qui régnèrent dans l'art de la xylographie durant le XVIe siècle, et dont nous venons de donner une esquisse bien raccourcie, étaient considérables; mais déjà vers le déclin de ce siècle la gravure sur bois, comme nous l'avons dit, perdait énormément de son importance. La chalcographie s'était développée à un tel point, qu'elle surpassa bientôt la gravure en relief, et finit par la supplanter presque complétement dans le XVIIe siècle. En effet, le goût du public pour les tailles de bois diminua peu à peu; on préférait les gravures sur cuivre, et, malgré les efforts des graveurs et des éditeurs pour soutenir la xylographie, celle-ci tomba en décadence.

En Allemagne, il n'y a dans ce siècle que peu d'artistes dont il vaille la peine de citer les noms: — George Straub grava en 1609 un livre de costumes; — Wilhelm Hofmann publia en 1610 le *diarium* du couronnement; — Conrad Schram avait décoré un livre d'Evangiles qui fut publié à Munich en 1620; — Paul Creutzberger de Nuremberg jouit d'une certaine réputation, il mourut en 1660; — Jost Spœrl de la même ville, né en 1583, mort en 1665, avait fait plusieurs gravures du *Opis pictus*. — Philippe Witteln publia en 1625 une carte de la Thuringe en seize feuilles in-folio; — J.-Paul Eyb n'est connu que par son portrait, qu'il avait gravé en 1667. — Les Pays-Bas sont mieux représentés: on y trouve encore de bonnes pages; — Christophe Jegher, né en Allemagne en 1578, vivait à Anvers et gravait d'après Rubens; — Abraham Blœmært de Gorkum, né en 1564 et mort en 1644, et Paul Moreesen avaient de la réputation; — Edouard Eckmann, mort en 1610 à Mecheln, avait fait de très-belles gravures, entre autres le Feu d'artifice

(1) Sur ces deux livres voyez: Breitkopf déjà cité, II, page 38, et Archiv. für zeichn. Künste. Erster Jahrg. 1855, Heft. II, page 130.

d'après Callot; — Théodore, ou Dirck de Bray, de Harlem, mort en 1680, a fait en 1664 un excellent portrait de son père. — L'Italie, où cet art n'a jamais été goûté généralement, n'offre rien de remarquable dans le XVIIe siècle. Nous ne citerons que le Milanais César Bassano et les deux sœurs Isabella et Hieronyma Parasole à Rome. Isabella avait gravé un livre avec des modèles de broderies; et la seconde, une Bataille de centaures, entre 1600 et 1650.

La France était le seul pays où la xylographie fleurit encore. — Ludwig Bussink, Allemand, était associé avec le peintre George Lallemand, et gravait d'après ses dessins vers 1640; — Jean Le Clerc, travaillait vers 1620 à Paris, sous le nom de Marchand tailleur d'histoires; — Reni Baudry et Nicolas Calmat, vers 1622; tous les deux reçurent le privilége d'*imprimeurs du Roy en libres et dominotiers en figures et histoires*, en 1622; — Jean Blanchin travaillait en 1630; — Guillaume le Be, vers 1643, gravait 272 planches pour une Bible; — Du Bellay vivait vers 1680 à Paris; il fut le maître de Le Sueur et de Papillon; — Pierre Garnier, père et fils, exerçaient à Troie, en 1650; — François Beauplet grava le portrait de Richelieu sur son lit de parade; — Antoine Boucquet, né en 1661, grava les saints de l'année; — Graffort et Roulière vivaient vers 1650. — On connaît de Jean Gelée, frère du peintre, 24 gravures sur bois.

Le XVIIIe siècle ne vit paraître aucune nouveauté, aucun perfectionnement dans l'art de la xylographie, ni pour la pratique, ni pour la manière, ni pour le style, ni pour le nombre des œuvres. L'activité et le progrès qui distinguaient le XVIe siècle, au lieu de croître, diminuèrent de telle sorte, que l'art devint métier et fut abandonné de tous ceux qui, par leurs talents et leur goût, auraient pu le relever. Le XVIIIe siècle hérita de cet état de choses; le savoir, l'amour de l'art et l'intérêt manquèrent aux artistes comme au public pour la xylographie. La gravure sur cuivre l'avait, en Allemagne surtout, complétement bannie des livres. Cet art, si florissant dans le XVIe siècle, n'était plus représenté au XVIIIe siècle que par quelques vignettes, fleurons, filets et culs-de-lampes, ornés avec un goût baroque, ou ne servait plus qu'à l'impression des papiers et des étoffes. Çà et là seulement on voyait apparaître quelques gravures de mérite, mais faites plutôt par des amateurs que par des artistes.

En Allemagne, où la xylographie avait le plus dégénéré parmi un grand nombre de graveurs médiocres, nous n'en pouvons citer que deux qui se soient distingués comme artistes : Jean-Georges Unger, né à Gos en 1715, et mort à Berlin en 1788, qui grava avec goût divers objets, entre autres les 50 vignettes du *Speculum Naturæ*, publié à Berlin de 1761 à 1765, in-4°, et 5 paysages avec figures d'après les dessins de Meil, Berlin, 1779, in-4° ; — et Jean-Frédéric Unger, fils du précédent, né en 1753, qui a fait de très-belles gravures sur bois, dont les meilleures sont les planches de figures, publiées à Berlin en 1779, in-4° ; — Unger cadet fut nommé professeur de l'art xylographique à Berlin, et mourut en 1804.

Parmi le peu de graveurs sur bois qui existaient alors dans les Pays-Bas, nous citerons Cornelius van Noorde, né en 1731, mort en 1795, qui travallait à Amsterdam; et Gonzales van Heylen, mort en 1720, de qui on connaît un alphabet orné de saints; il vivait à Anvers. — En Italie, il y avait Joseph et Gabriel Ricciardelli à Naples; J. Bapt. Canossa à Bologne (mort en 1747), dont les xylographies se distinguent par une grande délicatesse. Mais le plus célèbre était le comte Antoine-Maria Zanetti l'aîné, dont nous parlerons plus bas.

Depuis 1775 jusqu'à l'Exposition universelle de Paris en 1855. Quoique la gravure sur bois ait été beaucoup plus favorisée en France que dans les autres pays, il y a cependant aussi pénurie de bons graveurs dans ce siècle. Ceux qui eurent un véritable mérite furent : — Jean Papillon l'aîné, né à Rouen en 1639, mort à Paris en 1710 ; et son frère cadet, Jean-Nicolas, né à St-Quentin en 1655, qui était moins habile. — Jean Papillon, né en 1661, mort en 1723, fils du frère aîné, est connu par des portraits, par un livre de messe d'après Le Clerc, et par des vignettes surchargées d'ornements, mais bien dessinées. — Jean-Baptiste-Michel Papillon, fils de Jean-Nicolas, né en 1720, mort en 1746, a fait des gravures pour une Bible.— Mais le plus célèbre de toute la famille fut Jean-Baptiste Papillon, frère du précédent. Il naquit à Paris en 1698 et mourut en 1776. Son traité historique et pratique de la gravure sur bois, Paris, 1772, in-8°, est le premier ouvrage qui ait paru sur cet art. Ses gravures sont très-estimées, surtout les culs-de-lampes et les fleurons qu'il avait faits pour une édition des Fables de La Fontaine. Son épouse Marie-Anne, née Bouillon, gravait également. — Pierre Le Sueur, l'aîné, né à Rouen en 1636, mort en 1716, gravait très-bien. On remarque de lui une Judith, d'après Sichem. Ses trois fils, Pierre, Vincent et Pierre le cadet, furent de très-bons graveurs. Vincent, né en 1668, mort en 1743, était l'élève de Papillon; il le surpassait dans les hachures croisées. Le plus distingué de la famille fut Nicolas Le Sueur, né à Paris en 1690, mort en 1764, il était très-productif, on fait monter à mille le nombre de ses planches, dont beaucoup sont remarquables.

Mais les efforts que firent Unger, Canossa, Papillon, Le Sueur, et leurs élèves, restèrent sans effet; la xylographie ne disparut pas, il est vrai, complétement, mais elle fut reléguée dans l'imprimerie des livres et des étoffes. Cependant le XVIIIe siècle ne se termina pas sans fournir au moins les germes d'une renaissance prochaine de cet art. Rien ne naît tout achevé; chaque invention qui doit voir le jour se prépare longtemps d'avance, et ne se développe que graduellement, et plus ou moins vite, suivant que les circonstances sont favorables ou non. Ainsi la xylographie commença à renaître dans le XVIIIe siècle, et cela en Angleterre, dans le pays où elle avait été le moins pratiquée, mais elle ne reçut son entier perfectionnement et ses applications générales que de nos jours.

Thomas Bewick, né en 1753, mort en 1828, Anglais, est le restaurateur de la xylographie. Il gagna en 1775 le prix que la Société des Arts de Londres avait destiné à la meilleure gravure sur bois. Le sujet choisi par Bewick était un chien de chasse; le dessin excellait par une grande vérité, et la gravure par beaucoup de finesse. Cette planche fut placée dans l'édition des *Fables de Gay*, imprimée par Th. Saint, de Newcastle, et dont les autres gravures avaient été exécutées par Thomas Bewick et son frère John. Ce dernier était moins habile et mourut en 1795.

Le célèbre imprimeur W. Bulmer, de Londres, avait publié en 1795 les *Poems of Goldsmith and Parnell*, ornés de gravures sur bois de Bewick, qui jouissent d'une grande réputation. En 1790 paraissait à Newcastle, et en 1811 à Londres, *A General history of quadrupeds*, dont Bewick avait fait les gravures d'après ses propres dessins. Les figures d'animaux sont très-correctement dessinées, et la gravure en est délicate. Outre un grand nombre d'excellentes vignettes, on connaît de lui encore des gravures d'oiseaux, faites pour le *History of british birds*, publié à Londres en 1809.

Cet artiste distingué a aussi renouvelé un perfectionnement dans la partie technique de son art, moyen qu'avaient déjà employé Albert Aldorfer dans le XVIe siècle et Papillon dans le XVIIIe. Il consiste à varier la hauteur des tailles-reliefs de la planche de bois, pour obtenir des teintes plus graduées.

Avec Thomas Bewick commence donc l'époque moderne de la xylographie, la renaissance de cet art. Les travaux de ce graveur habile eurent du succès, et ses efforts une suite. Du temps de Bewick, ou peu après, il y avait encore en Angleterre quelques autres artistes de talent : Alexandre Anderson a gravé de très-belles cartes géographiques, des dessins anatomiques et d'histoire naturelle. Lee exécuta en 1805, d'après les dessins de Creig, une vingtaine de planches destinées à orner des livres pour la jeunesse. — Nesbit, Branston, Clennel et Hoole ont gravé sur bois, d'après les dessins de J. Thurston, Esq., les magnifiques planches qui décorent l'ouvrage publié par Ackerman sous le titre *Religous emblems*, London, 1808. — Les belles gravures sur bois du *Bibliographical Decameron*, etc., du célèbre bibliographe Th. Frognall Dibdin (3 vol. Lond. 1808), ont été gravées par Austin, Thomson, Ebenezer Byfield, son frère John et sa sœur Marie Byfield, et W. Huges. — Le catalogue des livres de fonds de MM. Wittingham et Arliss à Londres, publié en 1817, était enrichi de vignettes et de culs-de-lampes excellents, ainsi qu'un grand nombre de produits de la typographie anglaise du commencement du XIXe siècle.

Le goût des Anglais pour ce genre de décorations typographiques, imitant les éditions incunables, qui sont ordinairement embellies de tailles de bois, et qui étaient tant recherchées par les antiquaires; l'avantage qu'offraient les gravures xylographiques à la typographie par la modicité du prix de l'impression, provenant de ce qu'on pouvait intercaler dans le texte les vignettes gravées et les imprimer en même temps que la lettre; tous ces motifs contribuèrent puissamment à faire revivre en Angleterre l'art de la xylographie, et engagèrent les autres nations à imiter les Anglais à cet égard.

Excitée par les belles gravures d'Anderson et de Bewick, la Société d'encouragement pour l'industrie nationale de Paris pris l'initiative et proposa, en ventôse de l'an XIII (1), un prix de 2,000 francs afin d'encourager ce genre de gravure en France. Mais la xylographie n'existait plus, et pour preuve nous donnerons un extrait du rapport de M. de Mérimée sur le résultat de ce concours (2) :

« Vous devez être surpris, Messieurs, que dans un pays où tous les arts du dessin sont cultivés avec plus de succès que partout ailleurs, il ne se soit présenté qu'un seul artiste au concours pour le perfectionnement de la gravure en bois.

« La disette de concurrents prouve du moins que votre sollicitude n'a pas été mal dirigée, lorsque vous avez entrepris de relever un art infiniment utile, qui *languit parmi nous, tandis que nos voisins l'ont porté à un très-haut degré de perfection.*

« Ce genre de gravure, qu'on devrait plutôt appeler *gravure en taille de relief,* ou en traits saillants, puisque *la forme seule et non la matière* en détermine l'emploi; ce genre, dis-je, présente dans

(1) Bulletin, N° IX, vol. 3, 1805. — La Société d'encouragement pour l'industrie nationale, fondée en 1802, reconnue comme établissement d'utilité publique par ordonnance royale du 24 avril 1824, est certainement une des institutions les plus distinguées, les plus utiles, et les plus libérales qu'on connaisse ; elle a puissamment contribué aux progrès des sciences, des arts et des industries, par des encouragements de toute nature. Les bulletins que publie fréquemment cette société nous ont été d'un secours précieux, pour nos recherches sur l'origine et le perfectionnement des arts et des industries, dont il est question dans cet ouvrage.

(2) Bull. XX, vol. IV, févr. 1806.

son exécution des difficultés particulières, auxquelles on doit rapporter sa décadence parmi nous.

« Ainsi, en supposant que nous eussions les plus habiles graveurs en bois, ils seraient moins employés que les autres, parce qu'il n'y a pas en France un grand nombre d'ouvrages dont on soit sûr de débiter assez d'exemplaires pour dédommager des dépenses plus considérables que cette gravure occasionnerait.....

« Les estampes envoyées au concours sont sans doute inférieures à celles que vous avez indiquées pour modèles; mais elles n'en sont pas tellement éloignées, que M. *Duplat* (qui en est l'auteur) ne puisse un jour les égaler.....

« Le but n'est pas atteint; mais vous devez voir un pas vers ce but dans le *polytypage des planches*. Cette application d'une des découvertes les plus utiles à l'imprimerie donne non-seulement le moyen de multiplier à l'infini les épreuves d'une gravure, mais encore celui d'avoir en un instant des types particuliers des diverses parties d'une figure dont il est important de représenter les détails....

« Sous ce rapport l'on peut dire que M. Duplat a contribué à l'avancement de l'art. »

En conséquence M. Duplat reçut une récompense à titre d'encouragement. Le prix, n'ayant pas été gagné, fut maintenu. L'année après, même résultat: il n'y avait qu'un seul concurrent. M. *Besnard,* graveur en relief, à Paris, envoyait un mémoire dans lequel il exposait sa manière de graver, et un grand nombre de planches gravées en relief *sur cuivre jaune et sur bois,* qui furent jugées inférieures aux modèles anglais (1). M. Besnard reçut une récompense, et le prix de gravure fut prorogé.

En 1808, le rapport disait: « différents essais ont été envoyés à la Société, et un seul artiste s'est présenté dans l'intention de concourir. Sur cinq plaques, *une seule planche était exécutée en bois,* représentant le Père éternel créant le monde, d'après Raphaël; les autres gravures étaient exécutées sur *des matières métalliques....* Le tout est fort éloigné de la perfection que l'on désire. » Le prix, ne pouvant être accordé, fut prorogé de nouveau.

(1) Bull. n° XXXIII, 1807.

M. Gillé, fondeur en caractères à Paris, présenta plusieurs gravures sur bois, dont une exécutée par Louis Bougon de Beauvais, représentant différents fragments d'histoire naturelle copiés d'après une gravure d'Anderson.

M. de Bizemont, d'Orléans, envoyait six gravures sur bois, qu'il avait essayé *de travailler sur bois debout.*

M. Renouard, libraire à Paris, présentait 55 pièces en bois gravées, représentant des animaux, et destinées à la 2e édition des morceaux choisis de Buffon. Ces figures avaient été gravées par M. Godard le jeune à Alençon. M. Boileau avait fait parvenir à la Société des figures géométriques, fondues en planches mobiles. L'avantage qu'offre la gravure des figures géométriques en taille de relief, c'est qu'on peut les multiplier à volonté au moyen du polytypage, et les placer dans le texte (1)....

Enfin, dans l'année 1810, deux concurrents s'étaient présentés. L'un était M. Bougon; il avait fait des gravures que l'on croirait au premier coup d'œil exécutées à l'eau-forte, aussi « ce sont des *eaux-fortes qu'il a décalquées sur bois, et découpées* avec beaucoup d'adresse. »

L'autre concurrent était M. Duplat. Il a présenté « des gravu-« res parfaites, et exécutées par un *procédé aussi prompt et aussi « facile que la gravure en taille-douce la plus expéditive.* Ces plan-« ches sont destinées à une édition des Fables de La Fontaine en-« treprise par M. Renouard. Il a pris un brevet d'invention pour son « procédé, qui abrége considérablement l'opération de la gravure « en taille de relief; et, si ce n'est pas le moyen employé par les « Anglais, il est supérieur à celui dont ils se servent. »

M. Duplat reçut le prix de 2,000 frs., et M. Bougon une récompense à titre d'encouragement (2).

Par ces faits, la gravure sur bois était de nouveau introduite en France, et l'impulsion donnée. Ces encouragements réitirés avaient provoqué des tentatives nouvelles pour le progrès de l'art. On vit peu à peu la xylographie se répandre, et s'augmenter le nombre des artistes qui s'y vouaient.

(1) Bulletin, n° L, 1808.
(2) Bulletin, n° LXXIV, 1810.

En 1807, M. Duplat avait gravé les figures dans les œuvres d'Archimède, traduites par Peyrard; in-4°.

M. Andrieux, graveur en médailles, avait déjà fait en 1810 quelques planches *en acier*, gravées en taille de relief, qui ne laissaient rien à désirer.

MM. Galle, Andrieux et Duchesne aîné, gravaient alors sur acier des vignettes, des billets de banque et des timbres.

Vers l'année 1820, M. Thomson, habile graveur sur bois, de Londres, exécutait à Paris des vignettes supérieures à ce qui avait été fait jusqu'alors en France. Dès ce moment la gravure sur bois fut employée de plus en plus à la décoration des livres. En 1823 paraissait le Magasin Pittoresque, excellente publication mensuelle, qui continue encore, et qui est enrichie d'un grand nombre de bonnes xylographies. Le Musée des Familles, publication semblabe à la précédente, parut en 1832 et continue également encore. En 1834, M. Everat à Paris, en publiant une nouvelle édition de Paul et Virginie, ornée de magnifiques gravures sur bois, ouvrit avec éclat le nouveau genre de xylotypographie, ou de livres dits **illustrés.** La renaissance de la gravure était dès lors accomplie. Tout fut *illustré,* depuis les livres d'A-B-C jusqu'aux livres de sciences; le XVIe siècle paraissait être revenu. L'Angleterre avait précédé les autres nations dans ce genre. L'édition illustrée des Œuvres de Shakspeare, le Livre des prières, les Mille et une nuits, le Penny-Magazine, le Sarturday-Magazine, le journal l'Illustred London-New, le Art-Journal, et un grand nombre d'autres ouvrages dans ce genre furent imités en France et en Allemagne, et donnèrent naissance à d'autres publications pareilles. Souvent même on se servait dans ces deux derniers pays des clichés tirés sur les planches originales anglaises.

De la grande quantité des éditions illustrées en France, nous ne citerons qu'une petite partie de celles qui se distinguent le plus par la bonté des gravures sur bois: tels sont les œuvres de Molière, publiées en 1835; les Mille et une nuits; les Evangiles; le Don Quichotte, de 1837; la Vie de Napoléon; les Messéniennes de Delavigne, de 1840; le Jardin des Plantes de Paris, de 1842; Jérôme Paturot, par Louis Reybaud, en 1845; La Fontaine, Béranger et autres ouvrages ornés des dessins spirituels de Granville. Mais la plus remarquable publication de ce genre est l'Histoire des peintres de toutes les écoles, imprimée en 1849 par Claye. C'est un véritable monument typographique. Jamais un ouvrage aussi distingué par le grand nombre et le mérite des vignettes gravées sur bois, ainsi que par la beauté de l'impression, n'avait été exécuté. Les illustrations ont été gravées par MM. L. Dujardin, Pannemacker, Lavieille, Pisan, Verdeil, Ch. Jardin, Piaud, Cabasson, E. Sotain, Tamisier, Carbonneau, Montigneuil.— Les vignettes de l'ouvrage intitulé les Edifices de Rome moderne, imprimé en 1850 par Claye, ne le cèdent en rien aux précédentes.

Outre les graveurs sur bois déjà mentionnés, nous citerons encore pour la France, MM. Brevière, Porret, Lacoste, Sears, Suzemihl, Allansson, Regnier, Hotelin, J. Gauchard, Brugnot, Gérardet, Cherrier, Barbaut, Dalziel, C.-D. Lang, et beaucoup d'autres dont MM. Andrew, Best et Leloir sont ceux qui ont le plus produit.

Pour l'Angleterre nous nommerons encore MM. Beneworth, Brown, C. Grey, R. Hart, J.-L. Williams, Orrin Smith, Horace Harral, W.-J. Linton, Edmund Evens, Mason Jackson, John Thompson, Green, Whymper, Cooper, etc., etc.

En Allemagne la xylographie a aussi progressé ; elle y a retrouvé son ancienne splendeur, et on l'exerce avec talent et bonheur.

Frédéric-Guillaume Gubitz, né à Leipzig en 1786, fut nommé en 1804 professeur de xylographie à Berlin, à la mort de Unger, qui occupait cette place. M. Gubitz, habile graveur et homme de lettres, a continué glorieusement la marche progressive de la renaissance de la xylographie que les Unger avaient inaugurée en Allemagne. Le nombre des gravures exécutées par lui-même ou avec l'aide de ses élèves est considérable ; on en connaît plusieurs milliers dont beaucoup sont très-distinguées. Outre la publication d'une grande collection d'ornements typographiques, il a commencé en 1834 et il continue encore aujourd'hui à faire paraître annuellement un almanach populaire, illustré de plus de 100 gravures sur bois.

Les livres illustrés ne manquent point non plus en Allemagne, et elle rivalise avantageusement avec les autres pays dans ce genre de publications. Les plus remarquables sont les Niebelungen, le Cid de Herder, le Reinecke Fuchs de Gœthe, la Vie du grand Frédéric, un grand nombre d'almanachs et de journaux illustrés, parmi lesquels le Faust et le Gutenberg, journaux polygraphiques publiés à Vienne; — un certain nombre de livres xylographiques, tels que des danses macabres, des reproductions d'anciens maîtres, etc. Les graveurs allemands les plus distingués de notre époque sont MM. Unzelmann, Otto et Albert Vogel à Berlin; Eduard Kretschmar, Bergmann, W. Georgy, Herman Krieger à Leipzig; W. Pfnor, Ritschel de Hartenbach, J. George et Xavier Flegel, Kaspard Braun à Munich; Hugo Bruckner, A. Gaber, F. Reusche, Steiner, Aimé Richter, Schmidt, à Dresde; Blasius Hœfel, Exter, à Vienne; Schwerdtflehner, E. Græff, Obermuller, C. Deis, dans d'autres villes.

Ajoutons les éditions illustrées les plus récemment publiées dans divers pays, et dont la plupart a figuré à l'Exposition de Londres de 1851, et à celle de Paris en 1855. Tels sont plusieurs ouvrages sur l'architecture du moyen âge, ornés de belles xylographies, imprimés chez M. Parker, d'Oxford, depuis 1851. — L'Histoire de l'abbaye d'Altacomba, imprimé chez MM. Chirio et Mina, à Turin; chaque page est entourée d'ornements imités des manuscrits du XVe siècle; les gravures sur bois sont multipliées par la galvanoplastie.—Parmi les ouvrages imprimés en 1851, en arabe, en turc et en persan, au Caire (l'ancienne Memphis), il y en a quelques-uns qui sont ornés d'arabesques exécutées typographiquement. Ceux-là sont imprimés sur un papier particulier, fabriqué à Boulac (faubourg du Caire) par l'ancien procédé des cuves, et qui rappelle le papier Chinois. — Le Catalogue officiel descriptif et illustré de l'Exposition de 1851, publié chez M. Clowes de Londres, et le Catalogue illustré de l'Exposition de New-York en Amérique. — Les traités scientifiques illustrés qui font une spécialité dans laquelle se distinguent honorablement MM. Frédéric Vieweg, à Brunswick, M. Victor Masson et MM. Claye et Lahure, à Paris. — L'architecture militaire du moyen âge de M. Viollet-Le-Duc, avec 153 gravures sur bois, et le Dictionnaire raisonné du Mobilier français de l'époque carlovingienne à la renaissance, du même auteur, orné de gravures sur acier et sur bois et de chromolithographies; tous les deux imprimés chez MM. Bonnaventure et Ducessois. — Les musées de Rome chez M. Claye; — les trois règnes de la nature, édition illustrée par M. Curmer; — l'Histoire de l'Imprimerie, deux volumes avec texte encadré, spécimen de gravures sur bois, tirés en noir et en couleur à la mécanique, par M. Paul Dupont. — Mais surtout La Touraine historique et pittoresque, magnifique volume dans lequel sont représentés en perfection la typographie, la gravure sur bois et sur acier, et la lithochromie, a été imprimé chez M. Mame, à Paris.

Maintenant il ne sera peut-être point déplacé de citer quelques réflexions de M. Léon de Laborde sur la typographie illustrée (1); les voici: «Il pense que l'introduction des gravures sur bois dans les livres n'a point renchéri les éditions nouvelles; et, ajoute-il, pour la première fois depuis trois siècles elles ont offert l'exemple du luxe réuni à la modicité du prix. Tel livre qui, tiré à 1200 exemplaires, dans les conditions où se trouvait l'imprimerie il y a 20 ans, aurait présenté à l'éditeur un prix de revient de 3,000 fr. à côté d'un bénéfice possible de 2,000 fr., a été imprimé avec tant de richesse, sur un papier si beau et avec une telle profusion de gravures, que les frais d'éditeur se sont élevés à 200,000 fr. Tiré à 1200 exemplaires il n'aurait pu se vendre, car chaque exemplaire aurait valu plus de 200 fr.; mais imprimé à 15,000, il entrait dans le commerce à raison de 20 fr. l'exemplaire, et l'édition rendait au libraire 100,000 fr. de bénéfice.

« C'est d'après ces bases qu'est devenue possible et qu'a été faite la publication du Testament, des Evangiles, de Gil-Blas, de l'Imitation, de Paul et Virginie, de Molière, de Don Quichotte, de Manon Lescaut, de l'Histoire de Napoléon, de Béranger, de La Fontaine, et celle de tant de beaux livres. »

Tel est, en général l'état florissant de la renaissance de l'art xylographique, état qui rappelle celui du XVIe siècle, où il avait pris sa plus grande extension. Cependant la xylographie de notre époque n'est plus la même que celle du temps des Durer et des Holbein, sous le rapport des procédés et de la manière.

Procédés et genres de la xylographie. C'est dans la seconde moitié du XVIIIe siècle que se manifesta un change-

(1) Rapport sur l'Exposition de 1839.

ment dans la gravure sur bois, opéré surtout par un autre procédé introduit dans la partie technique de cet art; procédé qui sépare probablement pour toujours la nouvelle méthode de graver de l'ancienne, tant pour le travail que pour l'emploi.

Les anciens graveurs se servaient pour leurs planches de plusieurs espèces de bois, telles que le cornier, le pommier, le hêtre, le poirier et le buis. On conserve dans la Bibliothèque de la ville de Bâle une planche de buis contenant une magnifique gravure de Lutzelburger, représentant Erasme appuyé sur un terme, et dessiné par Holbein le jeune. Cette planche est encore si bien conservée, qu'elle donne des épreuves supérieures en pureté à celles qui furent tirées alors, ce qui provient, de ce qu'on imprime maintenant avec plus de soin.

L'on se sert aujourd'hui généralement de *buis*, dont le grain est plus compact et plus serré.

Autrefois, quel que fût le bois employé, on gravait sur une des faces dans le sens du *fil du bois*; aujourd'hui on ne grave que sur le *bois debout*, pressé et préparé convenablement. Il en résulte que le bois conserve toute sa force, et que ses fibres ne sont pas sujettes à s'égrener sous l'effort des outils, comme cela arrivait souvent lorsqu'on gravait sur le *bois de fil*.

Cet important perfectionnement est dû à Thomas Bewick, qui paraît aussi avoir introduit l'emploi du *burin* dont on se sert maintenant. Les burins et les échoppes ont remplacé les pointes faites de ressorts de pendules et d'autres outils en usage autrefois, pour faire les tailles, les entre-tailles, les coupes et les recoupes. Lorsque la surface à graver est bien dressée et parfaitement unie, elle reçoit le dessin, soit directement par la main du dessinateur, soit au moyen du décalque d'un dessin fait sur papier, ou d'une épreuve de la vignette qu'on veut reproduire. Le dessin ou le calque étant terminé sur la planche, on recouvre celle-ci d'une feuille de papier collé par les bords, et dont on déchire successivement de petits morceaux, à mesure que la gravure avance, ce qui reste de papier servant à protéger le dessin, que le frottement de la main pourrait effacer. On grave le corps des figures, avant de graver le dehors de leurs contours. Lorsque tous les détails sont faits, on marque fortement le bord des contours, et l'on dégage entièrement la gravure, c'est-à-dire qu'on creuse profondément les vides qui n'ont pas de dessin. Tous les genres de tailles sont employées, les hachures parallèles et les hachures croisées, simples ou doubles, dans tous les sens.

Quelques artistes habiles produisent des effets admirables par des hachures parallèles, renflées ou amaigries à propos; d'autres se contentent d'un seul croisement de traits et l'emploient avec bonheur; d'autres enfin, surtout en Allemagne, imitent parfaitement la manière des anciens maîtres de l'école allemande. Au moyen de noirs pleins et de lumières habilement ménagées, on produit en taille d'épargne un effet prodigieux et une grande fraîcheur de tons; mais malheureusement on ne réussit pas aussi bien à reproduire la finesse et l'harmonie des demi-teintes.

Ce qui contribue encore à distinguer la xylographie moderne, c'est le tirage. «Au commencement du siècle, dit M. Firmin Didot (1), M. Charles Wittingham fit paraître ces charmantes éditions, éditées par M. Pickering, qui ont rendu célèbre la *Chiswick-press*. Personne jusqu'alors n'avait imprimé aussi parfaitement les gravures sur bois, en appliquant avec avantage les *hausses* et les *découpages* pour obtenir les gradations dans les teintes. Ce succès encouragea les graveurs à donner aux tailles sur le bois une finesse inconnue au temps où Albert Durer était forcé d'employer de larges tailles nécessitées par la rugosité du papier et l'imperfection des presses. »

En général, on cherche à rendre aussi bien que possible le dessin à la plume, la gravure à l'eau-forte, et celle au burin. On a fait aussi quelques essais pour imiter l'*aqua tinta*. Dans le Musée des Familles de 1845, il y a deux planches très-remarquables dans ce genre: l'une de ces planches représente des artilleurs à cheval, l'autre un petit garçon couché dans la neige au pied d'un arbre et à côté d'une cage contenant un hibou; cette planche porte pour souscription « un futur millionnaire. » Ces deux dessins sont de l'invention de Charlet, qui les avait faits peu de jours avant sa mort.

MM. Haase, à Prague, ont parfaitement réussi à reproduire par

(1) Rapport sur l'Exposition 1851.—L'imprimerie, la librairie et la papeterie; Paris, 1854, in-8°, page 16.

la presse typographique les genres suivants : les dessins au *crayon lithographique*, les différentes manières *de gravure en taille-douce*, les gravures faites *au moyen du tour à guillocher*, et du *procédé Collas*, tous propres à être intercalés dans le texte, ou à être imprimés séparément.

Un genre particulier de xylographie très-répandu, surtout dans le XVIe siècle, c'est celui qu'on nomme **camaïeu** (corruption de *camehuia*, nom que les Orientaux donnent à l'onyx, pierre à couches de différentes couleurs). Ce genre de gravure sert à imiter les dessins faits sur papier teinté et rehaussé au crayon blanc. Les Italiens le nomment clair-obscur. On l'appelle aussi gravure à plusieurs tailles, ou gravure à taille d'épargne et à rentrées, par opposition à la gravure xylographique ordinaire à une seule taille, c'est-à-dire à une seule planche, tandis que pour le genre camaïeu on se sert de plusieurs planches qu'on appelle tailles.

Lorsqu'on veut exécuter un dessin dans ce genre de gravure, on trace d'abord sur une des planches le contour du dessin, et on tire plusieurs épreuves sur papier, que l'on décalque toutes fraîches sur les autres planches qui doivent être de la même grandeur que la première. Sur chacune de ces épreuves on marque au pinceau les masses des dégradations de teintes qui composent le dessin, de manière que la première planche représentant le ton général et les lumières, la seconde planche doit rendre les demi-teintes, la troisième les ombres ordinaires, et la quatrième, s'il y a lieu, les ombres les plus prononcées. On peut se servir de deux planches seulement, ou de trois, ou de quatre et même d'un plus grand nombre, suivant le caractère du dessin. Lorsque les masses dessinées sur chacune de ces planches sont évidées et dégagées, on les détaille par des hachures, mais moins délicatement que dans la gravure sur bois ordinaire, en prenant soin toutefois que les rentrées d'une planche à l'autre soient bien exactes, l'une devant compléter l'autre. En tirant les épreuves sur papier, les planches se placent successivement, et en suivant le même ordre que nous avons indiqué pour la gravure, dans un châssis de bois correspondant au cadre qui soutient le papier, ou bien en y adaptant des points de repère.

Ce genre de gravure sur bois est très-ancien et a été probablement pratiqué dans le XVe siècle, à en juger d'après quelques livres qui contiennent des impressions obtenues par plusieurs planches ; mais l'inventeur n'en est point connu. Vasari l'attribue à Ugo de Capri, qui vivait vers 1500. « Ce peintre médiocre, dit-il dans la vie de Marc-Antoine, mais homme d'un génie subtil, découvrit la manière de graver en bois des estampes qui paraissent coloriées en clair-obscur. Son procédé consistait à employer deux planches dont l'une servait à marquer les contours et les ombres, et l'autre à appliquer la couleur. Les lumières étaient obtenues au moyen du blanc du papier que les tailles laissaient intact. Ugo exécuta de cette façon, d'après un dessin de Raphaël, une Sybille assise et lisant à la lueur d'une torche tenue par un enfant. Encouragé par le succès, Ugo imagina de faire des estampes avec trois planches : la première produisait les ombres, la seconde les demi-teintes, et la troisième les lumières. Ugo, ayant réussi dans son nouvel essais, grava Enée portant son père Anchise pour le sauver de l'embrasement de Troie, une Descente de croix, et l'Histoire de Simon le magicien, dessinée par Raphaël. Il publia également la mort de Goliath et la fuite des Philistins d'après un dessin de Raphaël, une Vénus jouant avec des Amours, un Diogène, et une foule d'autres estampes en clair-obscur. »

Cependant les plus anciennes épreuves en camaïeu, portant une date, qui soient venues jusqu'à nous, sont deux gravures de Lucas Cranach, représentant l'une un saint Christophe, et l'autre l'Amour et Vénus, toutes les deux marquées du millésime de 1506. La plus ancienne gravure en clair-obscur d'Ugo de Capri porte la date de 1518 ; elle est par conséquent de beaucoup postérieure aux deux précédentes. On cite même des gravures en camaïeu d'un graveur allemand, Jean-Ulrich Pilgrim, qui vivait dans le XVe siècle, et que les Français nomment le maître aux bourdons croisés.

On possède encore d'autres estampes en camaïeu de Lucas Cranach : ce sont le Martyre des Apôtres, saint Antoine, une sainte Famille, le Repos en Egypte, Adam et Ève, saint Jérôme, toutes de 1509 ; — un saint Christophe et un saint Jérôme de 1516, et 4 feuilles de tournois. Parmi les autres graveurs allemands du XVIe siècle qui ont exécuté des gravures en clair-obscur, nous nommerons principalement Burgkmair, Dienecker, George Matheus, Laurent Stœr, Albert Aldorfer. En Hollande, il y a Henri Golzius, Christophe Jegher, Abraham Blœmært, P. Moreelsen.

Mais ce fut surtout en Italie que ce genre de gravure prospéra, et Ugo eut de nombreux imitateurs : André Andreani, Balthasar Peruzzi, Francesco Mazzuoli, Antoine de Trente, Domenico Beccafumi; Vecelli dit le Titien, Jean Gallus, Domenico Falcini, Penozzi, Christophe et Bartolomi Coriolan, etc. Le comte Antoine Maria Zanotti (florissait de 1720 à 1740), à Venise, remit dans le XVIIIe siècle de nouveau en vogue ce genre qui avait été abandonné presque totalement dans le XVIIe siècle. Ses gravures en clair-obscur, au nombre de 70, sont généralement faites d'après Raphaël et le Parmesan. Le camaïeu fut aussi cultivé dans ce siècle, en France par Bussink, Matthieu, Papillon, Lesueur; en Angleterre par Jean-Baptiste Jackson et Edouard Kirkall; en Allemagne principalement par F.-G. Gubitz, qui a exécuté en camaïeu quelques belles estampes dont une principalement en couleur.

Le genre camaïeu ou clair-obscur a trouvé son application plus tard à l'impression polychrome, dont nous avons parlé plus haut.

Dans l'ouvrage publié à Saint-Pétersbourg, en 1854, sous le titre « Les Antiquités du Bosphore cimérien, » chef-d'œuvre typographique (1), il y a deux vignettes gravées sur bois, couronnant le texte du second volume, qui sont d'un genre d'impression particulier. L'une de ces vignettes représente la vue de Kertsch, l'autre le mont Mithritade; les premiers plans de ces sites sont imprimés en noir, les lointains le sont en brun, et le ciel et les cimes neigeuses des montagnes en bleu clair, agencement de couleurs très-heureux, et qui fait un bel effet.

Déjà avant 1823, le célèbre Applegath, en Angleterre, pour imiter les gravures coloriées ordinaires, procédait par juxtaposition, en se servant de plusieurs planches de bois, intercalées les unes dans les autres, et imprimées d'un seul coup à la presse

(1) On trouvera les détails dans l'article sur la lithographie.

typographique ; genre d'impression qu'on appelle en Angleterre *compound printing*, ou impression composée, et qui a du rapport avec le procédé dit à la congrève, inventé plus tard. Applegath publia, au moyen de sa méthode, des feuilles couvertes d'images pour les enfants.

On ne s'est pas arrêté à la reproduction exacte des dessins de maîtres, on a aussi imité typographiquement le texte d'anciens et précieux manuscrits. A cet effet, on copiait les lettres trait par trait en les gravant en acier pour les mouler ensuite, et on appelait ces impressions, obtenues avec ces lettres, impressions fac-simile (Facsimiledruck). Le premier produit de ce genre fut fait en Italie, par le graveur et fondeur de lettres Manni, en 1741 ; c'est le Virgile dit des Médicis ; Florence, petit in-4°, dont quelques exemplaires sont imprimés sur vélin. Les Anglais s'occupaient particulièrement de la reproduction de manuscrits rares ; le premier ouvrage important qui fut publié en Angleterre était le *Domesday Book*, qui avait été écrit en deux volumes par ordre de Guillaume Ier, et que la Chambre des lords fit copier en 1783 par Farley, et imprimer par Nichols. Bientôt après parut le Nouveau Testament tiré du Codex Alexandrinus, du Brittish Museum, publié sous la direction du docteur Woyde, et imprimé sur vélin en 10 exemplaires seulement. Les quatre Évangiles et les Actes des Apôtres d'après le manuscrit de Béza, que le docteur Kipling publia à Cambridge en 1793, sont un chef-d'œuvre typographique. Les mêmes types servaient à une édition des Psaumes, qu'un des bibliothécaires de ce Musée publia en 1812 (1). La lithographie, l'impression anastatique et d'autres procédés dont nous parlerons dans la suite, ont été substitués à ce genre de reproduction difficile et dispendieux.

Procédé pour imiter ou pour remplacer la gravure sur bois. En considérant la fragilité de la matière employée dans la xylographie, les planches de bois si faciles à se fendre, les traits reliefs si délicats, qui ne supportent pas indéfiniment le travail de l'impression sans s'altérer, on comprend

(1) Dr. Falkenstein, déjà cité, page 372.

qu'on ait cherché depuis longtemps des moyens de conserver les planches originales, ou de les remplacer par une matière plus solide. Aussi a-t-on de bonne heure beaucoup gravé sur métal, surtout en France et en Italie, et on a cherché à reproduire les planches de bois gravées, au moyen du polytypage et par des clichés de toute nature. Quelques procédés ont été décrits plus haut; nous en indiquerons encore plusieurs autres.

M. F.-J. Hoffmann de Schelestadt, en 1792, prit un brevet pour une invention qui avait pour but la gravure en relief des cartes géographiques. Son procédé consiste à recouvrir une planche de cuivre d'une couche terreuse de l'épaisseur d'une ligne; cette couche est composée d'ocre, de sel de tartre et d'une bonne dose de gomme arabique, le tout délayé dans du vinaigre; on forme la couche en plusieurs fois, en faisant sécher chaque fois la planche dans une étuve, après quoi on trace sur cet enduit, devenu très-dur, la carte ou tout autre dessin dont on veut avoir le plan en relief. Le tracé fini, on met la planche pendant 24 heures dans une cave un peu humide. Le sel de tartre, tombant en déliquescence, ramollit la terre et la rend propre à être coupée avec de petits instruments fabriqués pour ce travail. On a soin de creuser jusqu'au cuivre, et, la gravure terminée, on laisse de nouveau sécher la couche. On obtient par ce moyen un creux, une matrice de la gravure, dont on prend des clichés par le procédé polytypique ou stéréotypique ordinaire. M. Carez, imprimeur à Toul, ignorant ce procédé, a pris en 1827 un brevet pour un procédé de gravure en relief qu'il nomme *pantoglyphie*, et qui ne diffère de celui de Hoffmann que par la couche dont il recouvre la planche.

Depuis longtemps de nombreuses tentatives ont été faites pour obtenir des gravures en relief sur métal par l'emploi des mordants. Les anciens maîtres y avaient songé, et quelques vignettes, dont les épreuves existent dans les cabinets des curieux, semblent ne laisser aucun doute à cet égard. A Paris, les frères Lambert et M. Girardet paraissent avoir eu recours à ce moyen au commencement de notre siècle. M. Carez de Toul élève les mêmes prétentions, qu'il fait remonter à

1806. Il procédait de la même manière que le graveur à l'eau-forte; mais ce procédé a l'inconvénient que la morsure se fait latéralement aussi bien qu'en profondeur. M. Dembours à Metz perfectionna en 1834 ce procédé: il dessinait avec du vernis et un pinceau et faisait mordre avec l'acide nitrique à 18°, s'il faisait chaud, et avec 20°, s'il faisait froid. M. Deleschamps recommande le *glyphogène* suivant: 2 onces d'acide nitreux à 30°, 6 gros d'acétate d'argent et 16 onces d'éther nitreux hydraté. MM. Collas et Boquillon ont également fait des essais dans la gravure relief pour la rendre aussi parfaite et aussi économique que la taille-douce. M. Eberhard à Darmstadt a substitué le zinc au cuivre. M. Dunant-Narat a publié en 1842 un procédé pour fournir des planches imitant la gravure sur bois: il consiste à recouvrir une planche de cuivre de vernis de graveur, à la graver à la manière ordinaire, après quoi on la fait mordre avec l'acide nitrique. Ayant ensuite enlevé le vernis et nettoyé complétement la planche, on l'encre à l'aide d'un tampon employé par les graveurs sur bois, puis on la saupoudre avec diverses substances en poudre qui adhèrent au vernis et forment déjà un relief sensible; des appositions successives d'encre grasse et de la substance en poudre l'élèvent au degré voulu. Quand la planche est ainsi préparée, on la cliche, et au moyen du brunissoir ou du charbon, on peut diminuer ou augmenter les vigueurs. M. Dunant-Narat a appliqué son procédé à l'*illustration* de plusieurs ouvrages, où l'on a pu multiplier beaucoup les figures, vu le prix peu élevé auquel on peut obtenir les gravures. La différence de prix est généralement de 40 °/₀ pour certaines gravures, elle s'élève même à 50 °/₀.

M. Jobard, de Bruxelles, décrit en 1839 un procédé [1] assez semblable au précédent, pour imiter sur cuivre la gravure sur bois. Voici en quoi il consiste: on dessine sur du cuivre avec une plume métallique très-fine et une encre composée de vernis de graveur dissous dans de l'essence de lavande à consistance de crême. Il faut avoir soin d'essuyer le cuivre avec de l'essence de térébenthine ou de l'eau de savon pour empêcher l'encre de s'étaler; on obtient de cette sorte des traits comparables par leur finesse à ceux

(1) Rapport sur l'Exposition française de 1839.

de la taille-douce. Il s'agit ensuite de faire mordre lentement, mais profondément, le cuivre. On obtient alors un relief qui peut se polytyper ou s'intercaler lui-même dans le texte. Le pointillé, l'entrecroisement des tailles et la facilité des corrections sont le propre de cette méthode. M. Jobard a fait de cette manière, le portrait en pied de David, et un cul-de-lampe très-fini.

Un avantage qu'offre cette méthode pour les dessins qu'on veut multiplier à l'infini, c'est de graver de la sorte le dessin en question, de couvrir un rouleau de bois avec la planche de cuivre ployée sur la circonférence, de l'encrer avec un autre cylindre jumeau, et de l'imprimer sur un papier continu. Une gravure de ce genre s'imprimera d'autant mieux, qu'elle sera plus généralement couverte de tailles pressées, sans espaces entièrement blancs. Il y a plus, c'est qu'après l'avoir fait mordre à l'acide, il n'y aurait qu'à la préparer lithographiquement, afin de donner aux creux de l'antipathie pour l'encre grasse, de sorte que, si la planche venait à s'empâter, un peu d'eau et d'essence de térébenthine suffirait pour la nettoyer, comme cela se fait pour la pierre et le zinc lithographiques.

Ce sont surtout MM. Andrew, Best, Leloir, à Paris, qui emploient le cuivre pour la gravure en relief, et qui reproduisent sur ce métal, moitié à l'eau-forte, moitié au burin, mais toujours en relief, des sujets d'histoire naturelle, des détails anatomiques avec une grande habileté (1).

Voici un autre procédé auquel les inventeurs, MM. Firmin Didot frères (2), ont donné le nom de **Chrysoglyphie.** Sur une planche en cuivre recouverte du vernis ordinaire des graveurs, on fait mordre, au moyen d'une eau acidulée, le dessin qu'on y a tracé à la pointe; on ne fait mordre qu'une fois, afin que la profondeur des tailles soit la même partout, puis on enlève le vernis qui recouvre les parties non mordues; cela fait, on revêt la planche d'une couche d'or, soit par l'action de la galvanoplastie, soit en employant la dorure au feu. On recouvre alors d'un mastic inattaquable aux acides toute la surface de la planche, que l'on chauffe en des-

(1) M. Léon de Laborde, Rapport sur l'Exposition de 1839.

(2) Brevet d'invention du mois d'avril, 1854. Voyez l'imprimerie, la librairie et la papeterie de M. A.-Firmin Didot, 1854, p. 32.

sous pour que le mastic pénètre bien dans toutes les parties creusées; puis, avec un grattoir à graveur, on enlève à la surface de la planche le mastic, qui ne reste que dans les parties gravées. On frotte ensuite avec une pierre ponce ou un charbon la surface de la planche, pour enlever l'or, en sorte que le cuivre est mis à nu partout où le dessin n'est pas préservé par l'or et le mastic qui recouvrent les traits. Alors, au moyen de morsures réitérées, on attaque le cuivre à des profondeurs diverses, selon le besoin, et on emploie l'échoppe ou la scie à repercer là où il est nécessaire.

Essais polytypiques *de M. Jobard* (1): Il suffit de se procurer une plaque de fonte, que l'on fait border de quatre petites règles de métal dépassant la surface de la table d'un demi-millimètre environ; sur cette plaque on coule une composition de cire, de savon, de suif, et peut-être de plâtre moulu; on *régale,* comme on dit, cette composition à l'aide d'une règle en fer chauffée qui, appuyée sur les rebords, n'en laisse qu'un demi-millimètre d'épaisseur sur toute la plaque. Sur ce *magma* refroidi on n'a qu'à écrire ou à dessiner avec une pointe de fer tenue perpendiculairement et pénétrant jusqu'au métal; il faut que la composition se coupe net comme du savon de Marseille. Quant la gravure est terminée, on remonte les règles latérales de deux centimètres, à l'aide de vis, et on coule sur cette planche une composition de plâtre et d'alun calcinée; on fait pénétrer à l'aide d'un blaireau dans les traits de la cire, et on la laisse prendre; le plâtre acquiert la dureté de la pierre. On aura de la sorte une forme en relief inverse, qui donnera autant d'épreuves que l'on voudra, par la méthode d'impression suivante: Encrez la forme à l'aide d'un rouleau de gélatine et une encre convenable, posez la feuille de papier, et passez par-dessus un autre rouleau propre de même composition ou une brosse.

La Chalcotypie, autre procédé de gravure en relief, inventé en 1851 par M. H. Heims, de Berlin, consiste à recouvrir une plan-

(1) Rapport de 1839, p. 322.

che de cuivre d'une couche mince de vernis ordinaire, sur laquelle on dessine avec une pointe comme sur le papier ; puis, par les moyens que fournit la chimie la plus élémentaire, le dessin de la planche est reproduit en relief, propre au tirage sous la presse typographique. Les dessins les plus délicats, faits par les artistes eux-mêmes, peuvent être reproduits de cette manière, sans perdre la fidélité, ou la pureté de l'original; ils imitent parfaitement le travail à la plume ou à l'eau-forte. M. B. Behr, éditeur à Berlin et à Paris, a publié en 1856 un *Album fac-simile des Artistes contemporains*, exécuté en chalcotypie et imprimé à la presse typographique.

Pour le clichage, on a employé avec avantage la gutta-percha dans la confection des matrices. On est allé plus loin encore, et on s'est servi de la gutta-percha pour former les vignettes elles-mêmes qui doivent servir à l'impression. C'est de cette substance qu'on a fait de grandes lettres pour affiches et pour des titres de livres, ainsi que des fleurons et des vignettes. Dans le manuel de l'imprimerie de M. C.-A. Franke, publié à Weimar en 1855, on voit figurer un portrait de Gutenberg, imprimé très-nettement avec une vignette en gutta-percha, qui a supporté le tirage d'une forte édition sans s'altérer.

Dès 1832, M. Michel, à Paris, avait exécuté des clichés en bitume qui reproduisaient parfaitement les types originaux. MM. Mauchin et Moret, de Londres, en 1851, ont également reproduit des vignettes semblables.

Un ouvrier en stéréotypie attaché à l'Imprimerie impériale de Vienne, vient de faire une remarque intéressante : c'est que les moules faits en plâtre préalablement dissous dans l'eau, ou mieux encore dans l'esprit-de-vin, se retrécissent uniformément. Basant sur ce fait son procédé, il est parvenu à livrer des réductions de typographie, de xylographie et de médailles, en les diminuant de grandeur par douze degrés, ou à peu près 3 sur 1″ de diamètre, et sans que les proportions ni la netteté en souffrent.

Nous passerons sous silence d'autres méthodes qui nous paraissent moins pratiques. Les procédés chimiques sur pierre lithographique, et les procédés électrotypiques pour remplacer les gravures sur bois, seront mentionnés plus loin. Parlons encore de quelques emplois particuliers de la xylographie.

La typographie et les beaux-arts profitent largement de la gravure sur bois, mais son emploi s'étend encore plus loin, le commerce et l'industrie en usent également. Outre les différentes impressions plus ou moins ornées de gravures dont se servent les compagnies commerciales de tous genres, il y a encore les cartiers, les relieurs, les fabricants de papiers de fantaisie, mais surtout les manufactures de papiers-tenture et de tissus peints qui font un usage très-grand de la gravure en relief sur bois et sur métal.

Papiers peints et tissus peints. L'art du papier peint nous est venu de Chine, et il paraît que les Anglais furent les premiers qui l'importèrent en Europe. La fabrication du papier-tenture commença, dans ce dernier pays, par le papier velouté, formant ainsi une suite naturelle des étoffes précieuses qui servaient autrefois de tapisserie et de garniture de meubles. Ce fut un sieur Lefrançois [1], établi à Rouen en 1620, qui fit la découverte du papier velouté, découverte que les Anglais attribuent à Jérôme Lanyer, qui obtint sous le règne de Charles Ier une patente datée du 1er mai 1634.

A Augsbourg il y avait Abraham Mieser [2] (né en 1676, mort en 1742) qui le premier fabriqua du papier imprimé en couleur, en or et en argent, au moyen de formes gravées en relief sur bois ou sur cuivre jaune.

Au XVIIIe siècle on vendait en France une sorte de papier sur lequel, au moyen de planches de bois et de patrons découpés, on avait imprimé et peint avec des couleurs, différents dessins de personnages, de fleurs et d'ornements; ce papier se nommait *domino*, et ceux qui le fabriquaient *dominotiers* [3]. Il ne servait qu'à couvrir les coffres et coffrets en carton.

Le papier peint proprement dit était à peine connu en 1760, en France [4]; on se servait ordinairement du papier anglais.

(1) Dictionnaire de commerce et de marchandise, Paris 1839. — Rapport sur les papiers de tentures, de l'Exposition de Londres de 1851, Paris 1855.

(2) Kunst- und Handwerk-Geschichte der Stadt Augsburg, von Paul von Stetten, 1779, page 258.

(3) Dictionnaire portatif des arts et métiers, Yverdon, 1767. — Dictionnaire technologique, Paris 1829.

(4) Dictionnaire de l'industrie, Paris, an IX.

Lorsqu'on commença, en Angleterre, la fabrication du papier peint, le procédé chinois fut d'abord appliqué, c'est-à-dire l'impression préalable des contours, puis quelques teintes plates, dites *géométrales*. Ce ne fut que vers 1785 que *Réveillon* (1), de Paris, porta cette fabrication à un assez haut degré de perfection. Dès cette époque on fit des progrès rapides, et maintenant, grâce au concours d'artistes et de fabricants intelligents, on imite à s'y méprendre tous les genres de peintures, en se servant quelquefois jusqu'à cent planches, suivant le mélange et la variété des couleurs.

Les papiers peints ont été précédés par les tissus peints, qui sont également d'origine orientale.

Les Portugais, qui découvrirent les Indes, n'en firent connaître en Europe que les produits; il était réservé à un peuple plus industrieux, les Hollandais, d'y importer les procédés de leur fabrication. Ces toiles, connues sous le nom de *perses* ou *indiennes*, n'avaient d'imprimé que le trait; les sujets étaient coloriés au pinceau.

A la suite des troubles religieux, les Français refugiés en Hollande (2) s'appliquèrent avec succès à la toile peinte, et paraissent l'avoir exportée de ce pays dans la Suisse et en Allemagne. Selon M. Thompson, c'est un réfugié français qui établit la première fabrique à Richemont, sur la Tamise, en 1690. Ce fut aussi un réfugié français qui introduisit cette industrie à Neuchâtel en Suisse, en 1689; c'était Jacques Deluze, natif de Saintonge. Sa fabrique prit un tel développement, qu'en 1750 son fils se vit à la tête d'un des établissements les plus considérables du continent.

Dès ce moment la concurrence se créait, et de nouveaux fabricants s'établirent à peu de distance, ou passèrent en Allemagne, en Portugal, en France même. Mais les fabriques en Alsace ne firent de véritables progrès qu'à partir du moment (1746) où ils s'entourèrent d'imprimeurs et de graveurs de Neuchâtel et de Genève.

Dans cette dernière ville, les Fazy et leurs successeurs, les Petit et les Labarthe, possédèrent des fabriques très-florissantes. Le Genevois Frey (1740) élevait la première fabrique d'indiennes

(1) Dictionnaire de l'industrie, an IX.

(2) Voyez pour tous les détails de cette fabrication l'ouvrage classique, le Traité théorique et pratique de l'impression des tissus, par J. Persoz, prof. Paris, 1846.

que la Normandie ait possédée. Cependant en Allemagne, à Augsbourg[1], on avait déjà imité sur futaine, en 1523, les produits de l'Inde; mais il est probable que ce n'étaient que des peintures à l'huile. Ce n'est qu'en 1698 que fut accordé à George Neudorfer, de cette ville, le privilége de teindre en garance les tissus imprimés. Il y avait aussi dans ce temps un fabricant Jean-François Gignoux, natif de Genève (1692) qui se distinguait surtout dans la connaissance des couleurs.

Jean-Henri baron de Schüle est généralement regardé comme le créateur de cette industrie en Allemagne: il obtint l'autorisation d'établir une fabrique à Augsbourg en 1750.

L'art d'imprimer les tissus se perfectionna peu à peu dans le courant du XVIIIe siècle, et continua de progresser d'une manière remarquable jusqu'à nos jours, où il n'a point encore trouvé ses limites.

Les procédés de l'impression du papier-tenture et ceux des tissus ont entre eux beaucoup de ressemblance sous le rapport de la gravure et de l'emploi des planches, tandis qu'ils diffèrent essentiellement sous celui de l'application des couleurs et des autres manipulations. Ce n'est que de l'emploi de la gravure en relief que nous allons donner quelques détails.

Les bois dont on se sert pour la gravure des planches sont les mêmes qu'on a désignés plus haut pour la xylographie, mais on préfère le poirier pour les petites planches, le noyer pour les grandes. Après avoir bien aplani les surfaces, les planches passent entre les mains du *metteur sur bois*, qui trace sur chacune d'elles les traits de la couleur qu'elle devra imprimer. Ce tracé fait, le graveur se met à l'œuvre, et nous rencontrons là les mêmes outils que les xylographes *en illustrations* ont relégués depuis l'époque de Bewik, c'est-à-dire différentes espèces de gouges, de pointes tranchantes, de bouts-avants, et le drille.

La gravure sur bois avait peu à peu remplacé le pinceau; à

(1) Stetten, page 254. Dans le mobilier appartenant à l'église métropolitaine d'Augsbourg du XVe siècle, il est fait mention d'étoffes imprimées, et les registres du fisc de 1490 à 1495 contiennent le nom d'un imprimeur de toiles. Puis en 1523 il y est question d'un imprimeur de futaine, Jœrig Hofman.—Voyez aussi Th. Herberger's frühere Industrie Augsburg's, 1852, p. 46,

celle-ci s'associa bientôt la gravure en creux sur cuivre, et plus tard la lithographie ; mais la xylographie, relativement modifiée, resta le plus généralement employée.

La nature fragile du bois ne permettant point d'arriver à produire des traits aussi déliés que les *picots* ou engrélures d'une dentelle, sans risquer de les détruire au premier coup de presse, on pensa de substituer des *picots en métal* aux picots en bois.

« Ces picots en métal sont des fils de cuivre rouge ou jaune, d'une longueur égale à deux fois la profondeur de la gravure, et amincis en pointe à l'une de leurs extrémités. Le graveur, muni d'une petite *matrice* dans laquelle s'enchaîne le picot, l'enfonce dans le bois jusqu'à la moitié de sa longueur au moyen d'un marteau. L'heureux parti que l'on a tiré de l'emploi des picots a bientôt conduit le fabricant à faire laminer des lames de cuivre jaune de différentes épaisseurs, à les découper et à les enfoncer dans le bois, en leur donnant la forme d'un ovale, d'un rond, d'une feuille, d'une arabesque, etc. On est arrivé ainsi à produire sur bois des lignes continues ou brisées aussi déliées que possible et qui résistent aux chocs de l'impression sans se déranger.

« Ensuite on est allé plus loin : au moyen de filières de laminoirs et de machines à gaufrer, on est parvenu à donner aux fils et aux lames de cuivre des formes tellement variées qu'il suffit de les implanter dans le bois, convenablement assemblés, pour former un dessin quelconque.

« On ne s'arrêta pas à cette amélioration. On avait remarqué que, lorsqu'on imprimait des parties massives, les contours n'en étaient pas nets, et que la couleur n'était pas répartie uniformément sur l'étoffe. Pour remédier à ces inconvénients, on implanta dans le bois des lames de cuivre disposées de manière à former le contour de ces masses, et l'on remplit le vide de feutre ou de vieux chapeaux, d'où est venu l'expression de planches *chapeaudées*.

« Quelque temps après ce procédé dispendieux, on en a substitué un plus simple : la planche une fois gravée on en imprègne les parties destinées à transporter sur l'étoffe des masses de couleur, d'huile de lin bien épaissie, sur laquelle on répand, au moment où elle va se solidifier, de la *tontisse*, qu'on tamponne avec un chiffon. Voici la composition de l'enduit: 1 kil. huile de lin siccative, 1 kil. carbonate plomblique, $0^k,160$ oxyde plombique, $0^k,062$ essence de térébenthine.

« M. Lefèvre, de Chantilly, imagina, en 1827, une méthode différente et plus avantageuse. Au lieu d'implanter les formes en cuivre dans le bois, il les soudait à l'étain sur une plaque de cuivre fixée par des vis à une planche de bois ordinaire. Quand un dessin ainsi établi *avait cessé de travailler*, on en dessoudait les formes, dont on se servait, ainsi que de la plaque, pour de nouveaux sujets.

« Depuis la préparation des planches chapeaudées, la gravure en relief était restée stationnaire; on imprimait au rouleau tout ce que les sujets représentaient de plus délicat; mais, en 1834, M. Perrot inventa une machine à l'aide de laquelle on réalisa mécaniquement toutes les impressions que, jusque-là, la main seule de l'homme avait pu produire. Cette machine fut appellée *la perrotine* (1). »

Dès l'introduction de cette machine, la gravure en relief subit une révolution: aux bois à dimensions réduites on a fait succéder les planches à grandes dimensions, car la perrotine devait donner des coups de planche qui couvrissent la pièce dans toute sa longueur. Cette méthode entraînait à des frais de gravure considérables: une seule planche nécessite souvent plus de 80,000 picots de cuivre, à raison de 1 fr. 25 c. le mille, et le même bois ne peut guère produire, avec des contours suffisamment nets, au delà de 100 pièces de cent mètres. On faisait donc des recherches pour remplacer la gravure en bois par un autre procédé, *le cliché*.

« Hofmann (2), de Strasbourg, en 1783, est le premier qui avait fait des tentatives dans ce genre. Comme il avait observé la lenteur de tout alliage fusible, surtout de l'étain et du bismuth, à se solidifier lorsqu'il a été liquéfié par la chaleur, il eut l'idée de fon-

(1) Cette machine, d'abord incomplète, a reçu successivement des perfectionnements introduits par son inventeur, de sorte qu'elle est parfaite aujourd'hui. M. Perrot, en 1844, a inventé une machine à imprimer quatre couleurs à la fois: le principe est le même qu'à la perrotine.

(2) Voyez sur les procédés du clichage ce qui a été dit plus haut, p. 174 et suivantes. — Persoz, II. 250-251. Le travail manuscrit de Hoffmann est déposé à la bibl. de la ville de Strasbourg, sous la date de 1783; en 1792 il sollicita un brevet d'invention.

dre de cet alliage sur une plaque en fer et d'y appliquer, au moment où il allait se solidifier, une autre plaque gravée en creux, dans les cavités de laquelle, moyennant une pression convenable, il forçait cet alliage à pénétrer pour reproduire en relief le même sujet. Pour obtenir, par le même procédé, une gravure en creux, il dessinait son sujet sur une planche en cuivre avec de l'ocre épaissie à l'argile, puis, fondant l'alliage au degré où il est possible d'y plonger une carte sans la jaunir, il y appliquait cette plaque, et par la pression reproduisait en creux dans la plaque d'alliage fusible tous les traits dessinés à l'ocre.

« Plus tard, s'étant convaincu qu'il suffisait d'un petit nombre de formes répétées et différemment combinées pour produire les nombreux dessins, fleurs ou ornements adoptés dans l'impression des tissus, il pensa que le nombre de ces formes n'était pas tellement considérable qu'on ne pût s'en procurer des collections semblables à celles des caractères d'imprimerie, à l'aide desquelles on fût à même d'imprimer une grande variété de dessins, comme avec les 24 lettres de l'alphabet on imprime tous les mots. Il se procura donc les formes primitives en cuivre et en bois, puis, formant une pâte terreuse d'un mélange d'argile et de plâtre, ramollie par un peu de gélatine, de fécule et de sirop de gomme, il l'étendait en lame sur une plaque de fonte, y imprimait le dessin voulu au moyen de ces formes primitives, et obtenait de la sorte une matrice gravée en creux, dans laquelle il coulait, lorsqu'elle était bien sèche, son alliage de bismuth, d'étain et de plomb. Il parvint à graver ainsi des *dessins mouchoirs* qui pouvaient s'imprimer d'un seul coup. »

« Ce procédé est resté longtemps sans recevoir d'application en grand ; les fabricants anglais ont été les premiers à en tirer parti. Et malgré que M. Fries, de Guebwiller, ait apporté en 1827, de la maison Dufay, de Dublin, des cachets en alliage fusible, ce n'est que vingt années après qu'on a porté la gravure en relief métallique au degré de perfection qu'elle a atteint depuis sous le rapport de l'exécution et sous celui du prix de revient. »

Lorsque le dessin qui est destiné à une planche peut être décomposé en plusieurs groupes qui se répètent dans le même ordre, un seul de ces groupes est gravé en relief sur bois et forme ce qu'on appelle *le cachet*. Pour le multiplier, on en fait d'abord un moule en plâtre, après l'avoir imprégné d'un mélange de deux parties d'huile et d'une de suif à une température assez élevée. Ensuite on prend de ces moules ou matrices des clichés en alliage fusible, par des procédés ordinaires, plus ou moins durs suivant la résistance qu'ils doivent offrir (1).

Comme la surface de ces clichés, opposée à la gravure, n'est jamais bien égale, il convient de la planer ; à cet effet, on dispose tous les cachets en deux rangées sur une machine à planer, en coulant sur les côtés, pour les consolider, un mastic formé de trois parties colophane et une de cire, et lorsque celui-ci est bien sec, on réduit les cachets au même degré d'épaisseur à l'aide du *rabot à planer*. Après quoi, on les fixe, au moyen de vis ou de clous, sur des planches en bois.

Ce moyen de clichage, quoique très-avantageux, présentait encore quelques inconvénients qu'on cherchait à corriger en employant le procédé suivant : Après avoir fortement desséché des planches de bois pris *de pointe* ou perpendiculairement à l'axe, on y implante, à une certaine profondeur, des lames ou des pointes de cuivre jaune, représentant le sujet à graver, on les entoure d'un cercle et l'on recouvre les parties en relief d'alliage. Ce métal, en enveloppant les pointes de cuivre qui sont en saillie, leur transmet assez de chaleur pour que la partie enfoncée dans le bois le carbonise, et il suffit alors de retirer l'alliage métallique auquel se trouvent soudées toutes les pointes, pour avoir une matrice au moyen de laquelle on coule autant de cachets qu'on peut en désirer. M. E. Witz, de Cernay, a modifié quelque peu ce procédé par lequel on est arrivé à diminuer sensiblement le prix de la gravure.

On avait aussi fait des essais de produire des matrices en bois dont le dessin en creux était comprimé par une série d'outils différents mus à la main, chacun d'eux représentant un détail de dessin à reproduire. Ces matrices servaient de moule pour en obtenir des clichés ou cachets reliefs métalliques.

(1) L'alliage le plus convenable pour la dureté, et pour résister le mieux aux couleurs corrosives, selon M. J. Schlumberger, de Thann, est le suivant : 16 plomb, 24,0 étain, 8 bismuth. Il est fusible à 150°, très-dur et très-malléable.

En 1856, un nouveau pas fut fait, le bulletin de la Société d'encouragement (1) va nous le faire connaître : « L'art de la gravure des planches d'impression des tissus était arrivé à ce point lorsque, vers 1849, M. Schultz, dessinateur à Paris, importa en France l'idée d'origine anglaise de la machine dont nous allons donner la description.

« L'appareil fut construit à Paris et fonctionna à Puteux chez MM. Bernoville, Larsonnier et Chenet.

« On doit croire que les essais furent peu heureux, ou tout au moins que la machine construite sur les indications de M. Schultz était bien imparfaite, car le procédé de gravure qu'elle réalise ne fut pas apprécié à Mulhouse dans les quelques ateliers où on tenta de l'introduire.

« MM. Heilmann frères, à Muhlhouse, ont repris les essais, et c'est à leur constante persévérance, à leur étude approfondie du procédé, qu'on doit la réalisation d'un système dont les résultats sont extrêmement remarquables. Voici en quoi il consiste :

« *Une mortaiseuse à pédale* donne le mouvement à un outil tranchant de forme quelconque, mais répondant à un détail du dessin voulu. Les dimensions de cette mortaiseuse sont plus réduites encore que celles de la plus petite des machines analogues usitées dans les ateliers de constructions ; cependant les dispositions essentielles sont les mêmes. Un tube à deux branches lance constamment deux jets de gaz convergents dans la direction de l'outil qui, sous l'action de la flamme, s'échauffe rapidement pendant sa marche. Le bois dessiné qu'il s'agit de graver en creux est conduit à la main et reçoit l'action de l'outil. Echauffé à une température déterminée, celui-ci pénètre le bois à une profondeur constante en le brûlant, et produit ainsi un creux dont les contours ont une netteté et une régularité remarquables. On arrive de la sorte à produire, en deux ou trois jours au plus, une planche ou une matrice qui exigeait souvent un mois dans le système des bois avec cuivres implantés en relief, et une semaine au moins avec la méthode de gravure en creux par compression du bois.

« Le bois soumis au travail de mortaiseuse doit être préparé

(1) Bulletin de la Société d'encouragement, etc. t. III, deuxième série, n° 43, Juillet 1856, p. 412.

d'une façon spéciale, dans le but d'empêcher les fendillements sous l'action de l'outil brûleur et de la flamme de gaz. On prend ordinairement du tilleul de choix, et la préparation consiste dans une mise au four conduite avec le plus grand soin.

« Les matrices obtenues à la mortaiseuse servent à la production de clichés en alliage, dont voici la composition : $^1/_3$ plomb, $^1/_3$ bismuth, $^1/_3$ zinc, $^1/_{20}$ du tout antimoine ; cet alliage, qui doit à l'antimoine une dureté très-convenable, donne des empreintes d'une grande finesse.

« Outre les planches planes, gravées en relief, on se servait aussi de rouleaux en bois, gravés en relief, pour l'impression des tissus. Les machines combinées avec des cylindres de ce genre s'appelaient *plombines*, et servaient à imprimer d'une manière continue. Un nommé Ebinger, de Saint-Denis près Paris (1), a établi en 1800 les premières de ces machines à Jouy et à Beauvais. En 1805, James Burton, ingénieur dans la maison Peel, à Church, appliqua également le rouleau en relief à l'impression des tissus, mais dans le but de le faire concourir à l'impression de plusieurs couleurs avec les rouleaux gravés en creux qu'on n'avait pas encore l'habitude d'employer à cet usage.

« Pour arriver à une diminution des frais de la gravure de ces rouleaux, et pour obtenir une plus grande pureté de dessin, les Anglais remplaçaient la gravure sur bois par des cachets en alliage fusible qu'on clouait sur les cylindres en bois vernis. »

En 1855, M. Laboulaye, chef de la Fonderie générale à Paris, avait exposé un rouleau formé de 800 vignettes, se composant et se décomposant à volonté, destiné à l'impression des étoffes.

Ajoutons encore quelques mots sur l'impression en relief inventée par M. Silbermann, de Strasbourg, qui peut trouver son application à l'impression des tissus (2).

Dans ce procédé on ne se sert plus d'une planche gravée en relief pour prendre de la couleur sur le châssis et l'imprimer sur le tissu, mais seulement du relief de la figure que l'on veut obtenir pour presser l'étoffe, par derrière, contre une planche plate et garnie uniformément de couleur, où les portions ainsi pressées

(1) Persoz, II, 337.
(2) Persoz, II, 340.

par derrière sont les seules qui prennent cette couleur, tandis que les autres sont réservées par la *frisquette,* qui refoule l'étoffe dans les creux.

Qu'il s'agisse, par exemple, d'imprimer un dessin représentant des pois 0, 0, 0, 0, on découpe, au moyen d'un emporte-pièce, des ronds en carton fin, de la dimension qui convient; ces ronds sont fixés à la colle-forte contre une planche en bois; alors on place l'étoffe entre cette dernière planche, sur laquelle elle est tendue, et une autre planche chargée de couleur; on soumet le tout à une pression convenable, et la couleur ne prend que sur les parties de l'étoffe qui ont été mises en relief par les hausses de carton.

M. Silbermann est arrivé par ce procédé à un haut degré de perfection : il a imprimé entre autres un bouquet de fleurs de fantaisie, dans lequel sept couleurs ont été appliquées avec la même planche et rapportées avec la plus grande exactitude, à l'aide de simples fragments de carton découpé, collés aux points où le relief devait être produit.

L'impression des tapis a été améliorée ces derniers temps par l'invention d'un appareil ingénieux dû à M. J. Burch, Anglais, appareil au moyen duquel on parvient à imprimer des dessins de très-grandes dimensions sur les tissus à poil.

Les blocs employés dans l'impression des tapis ont des dimensions un peu supérieures à celles des blocs ordinaires. Les plus grands dont on ait fait usage jusqu'à présent ont de $1^m,40$ de longueur sur $0^m,685$ de largeur. Avec dix-huit blocs, M. Burch parvient à produire des dessins très-riches et assez compliqués. Ces blocs se préparent de la manière suivante :

« Le dessin est d'abord transporté sur papier quadrillé comme les dessins pour le tissage. La surface des blocs d'impression est préparée d'une manière analogue, c'est-à-dire qu'on y découpe des lignes profondes sur la longueur et des lignes semblables sur la largeur, qui se coupent à angle droit, afin de former sur toute la surface des carrés dont le nombre correspond à ceux qui couvrent le papier. Chacun de ces blocs présente, sous ce rapport, un *fac-simile* exact des autres, et cette préparation des blocs a lieu quel que soit le dessin et indépendamment de ses contours. Dans cet état on marque sur chaque bloc les carrés qui sont colorés sur le dessin avec la couleur particulière que le bloc doit imprimer, puis on enlève tous les autres carrés de la surface, en laissant en relief ceux qui doivent être chargés de cette couleur. On voit ainsi que chaque bloc porte à sa surface une certaine portion du dessin, tous les points colorés du papier quadrillé se trouvant représentés par des carrés correspondants sur l'un ou l'autre de ces blocs.

« Ensuite on les soumet à l'action de l'appareil qui se compose d'une série de machines à imprimer au bloc, assemblées fermement entre elles au moyen d'arbres de communication et d'engrenage, de manière à ce que les efforts combinés de toutes les machines dans la série soient appliqués au même moment sur une pièce de tapis et sur le même dessin, chacune d'elles imprimant une couleur différente. La couleur est fournie par un système de rouleaux coloreurs. La machine, avec l'appareil sécheur qui en fait partie, pèse 72 tonnes, et imprime 1,400 mètres de tapis en douze heures de travail (1). »

Ayant donné, dans ce qui précède, ce qu'il y a de plus essentiel dans l'histoire et la pratique de la gravure en relief en général, et de la xylographie en particulier, nous devons nous occuper maintenant de la gravure en creux et de ses divers genres.

GRAVURE EN CREUX.

La **MÉTALLOGRAPHIE** ou *la gravure en creux sur métal*, un des plus anciens modes de reproduction, a été pratiquée de tout temps, mais on ne sait pas précisément à quelle époque et par quelle personne l'impression des planches gravées a été essayée la première fois. Les opinions sont fort divisées à cet égard.

Vasari attribue cette invention à Masso Finiguerra de Florence, dont les premiers essais sont de 1450 ; tandis que Samuel Palmer, Sandrart, Murr, Rumohr, Bartsch et d'autres décrivent un certain nombre d'estampes allemandes portant des dates fort antérieures. MM. Meermann, de Heinecke, J.-D. Passavant et d'autres pensent que, dans le même temps et sans le secours les uns des au-

(1) Moniteur industriel, Paris, 19 octobre 1856, n° 2101.

tres, les Allemands et les Italiens trouvèrent la méthode d'imprimer sur papier les planches métalliques gravées en creux.

Les Allemands ont joui néanmoins de l'avantage de connaître avant les Italiens l'impression des livres et des gravures xylographiques. Il y avait un genre de gravure en relief sur métal qui se pratiquait principalement en Allemagne dans le XVe siècle, et qui peut être considéré comme tenant le milieu entre la xylographie et la chalcographie ; nous voulons parler de la gravure au ciseau et au poinçon que les Allemands nomment **geschrotene Arbeit** ou **Metallschnitt**, et les Français **manière criblée.** Ce genre de travail, ou ce procédé de gravure, a beaucoup de rapport avec l'*opus interrasile* dont nous avons parlé plus haut, et paraît plutôt être le résultat d'un travail de pointes et de ciseaux que d'échoppes et de burins. L'ouvrage est plus fin, plus net et plus tranchant, et le dessin en est meilleur que dans les anciennes gravures sur bois. Par la manière dont sont traités les fonds et les ombres, il imite les peintures en miniatures à fond d'or. C'est la Bibliothèque royale de Munich qui en possède le plus grand nombre d'épreuves sur papier. Elles sont sans date ni monogrammes, et, suivant M. Sotzmann, les plus anciennes ne paraissent pas remonter à 1440, tandis que M. J.-D. Passavant les estime beaucoup plus âgées. Après l'invention de l'imprimerie on les rencontre aussi dans des livres; tels sont par exemple: *Les sept joies de Marie*, petit ouvrage en allemand, sans titre selon l'usage, dont l'impression est attribué à Pfister. Les 8 gravures qui ornent ce livre ont été gravées sur métal dans le genre dit criblé ; leur dessin annonce un artiste assez habile, quoiqu'il y manque la perception. Les contours sont grossiers, ont peu d'ombre et ressemblent à des silhouettes blanches. Des fleurs et des arabesques remplissent les intervalles laissés entre les figures, intervalles qui, autrement, seraient tout noirs.

La Passion de Jésus, en allemand, orné de 20 images gravées en creux sur métal, sur un fond noir, et une autre édition de la *Passion de Jésus*, également en allemand, qui n'a que 8 gravures sur métal en manière criblée. Ces trois ouvrages paraissent du même graveur, qui était allemand et probablement de Munich; ils sont imprimés en lettres mobiles, et M. Falkenstein les estime entre 1450 et 1460.

Les gravures de ce genre sont certainement les plus anciens exemples de la gravure sur cuivre destinée à l'impression; l'usage paraît en avoir duré jusque dans la première moitié du XVIe siècle, époque dans laquelle on ne s'en servit plus que pour l'impression des reliures de livres en peau ou en vélin.

NIELLURE. Outre les procédés de gravure en usage au moyen âge et au commencement des temps modernes, dont nous avons parlé plus haut, il y avait surtout deux manières distinctes de graver des ornements sur des objets métalliques. L'une s'opérait au moyen d'un acide qui creusait autour du dessin en le laissant intact en relief et poli, sur un fond mat, qui le plus souvent était doré. L'autre manière était celle des *crustarii* romains, ou la damasquinure : on creusait les dessins au burin, et on remplissait les traits avec d'autres métaux.

C'est ce dernier genre surtout, pratiqué avec quelques changements dans le XVe et le XVIe siècle, qui conduisit, dit-on, à la gravure sur cuivre pour obtenir des estampes. On l'appelait alors de divers noms : niellum, niello en latin; lavoro di niello, et nigello en italien; nellure, niellure, niellée, noellez et noïelez en français. Tous ces mots dérivent du latin *niger*, noir (1), parce que le dessin gravé en creux est rempli d'une matière noire.

Nous trouvons décrit dans plusieurs auteurs d'époques très-différentes les procédés de cet art si réputé alors, procédés un peu variés dans l'exécution, mais les mêmes quant au fond. La première description, et la plus ancienne, se trouve dans le traité sur divers arts de Theophilus Presbyter, moine à St-Gall dans le XIIe ou le XIIIe siècle. Une autre est contenue dans le traité de l'orfévrerie de Benvenuto Cellini (2), aussi fameux par ses extravagances que par ses travaux remarquables en sculpture, en ciselure et en fonte. Il vivait dans le XVIe siècle à Florence. Le savant commentaire sur les tableaux de Philostrade, dû à la plume de Blaise de Vigenère (3), contient

(1) Voyez Lessing's Analecten.
(2) Fiorenza, 1569, in-4°, trad. en français par M. Leclanché, Paris 1847.
(3) Paris, 1515, fol.

aussi des données sur le nielle. Vigenère vivait en Italie à l'époque où florissaient le plus les beaux-arts, et était lié d'amitié avec Michel-Ange et d'autres grands maîtres.

Enfin, plusieurs ouvrages modernes traitent aussi spécialement du nielle, surtout ceux de Pietro Zani [1], du professeur Fiorillo [2], de M. Duchesne [3], et du comte Léopold Cigognare [4]. Dans ce dernier on désigne un procédé pour dissoudre le nielle, afin de pouvoir se servir des planches pour l'impression. A cet effet, on place la plaque niellée dans un creuset rempli de potasse caustique, et on chauffe jusqu'à ce que le nielle soit entièrement dissous. Par ce moyen on fait complétement disparaître l'émail sans nuire à la gravure, qui apparaît aussi fraîche que si elle sortait de la main du graveur.

Nous donnerons le procédé de Benvenuto Cellini en résumé: Sur une planche en or ou en argent (d'autres métaux ne servent pas au nielle) qui soit lisse et polie, on dessine au moyen d'une pointe des figures, des ornements ou autres objets, dont on creuse ensuite les contours, les hachures et les fonds d'une certaine profondeur avec des burins. Alors on prépare le nielle, substance qui se compose d'argent très-fin, de cuivre épuré et de plomb; lorsque ces métaux sont bien fondus ensemble, on ajoute encore du borax et du soufre vierge, le plus noir qu'on puisse trouver. Avec cette composition, concassée en petits morceaux, on couvre entièrement la planche gravée, et on l'expose au feu jusqu'à ce que tous les traits de la gravure soient remplis. Après cela on ôte d'abord le plus gros de la composition avec le grattoir et on fait disparaître le reste en frottant avec la pierre-ponce et du charbon, jusqu'à ce que le dessin soit tout à fait à découvert. Lorsque la planche est polie avec soin, on voit la surface d'or ou d'argent ornée d'un dessin qui paraît être fait avec la plume, dont les traits sont remplis du plus bel émail noir, et qui est d'une grande solidité.

D'après Théophile Presbyter [5], les proportions de la com-

(1) Parme, 1802. — (2) Stuttgardt 1825.
(3) Paris, 1826. — (4) Venise, 1827.
(5) Théophile, prêtre et moine, Essai sur divers arts, publié par M. le comte Ch. de L'Escalopier. Paris et Leipz. 1843, in-4°. Chap. XXVII, p. 252.

position du nielle sont $^2/_3$ d'argent, $^1/_3$ de cuivre; on ajoute $^1/_6$ de plomb. Celles de Benvenuto Cellini, ainsi que celles de Blaise de Vigenère, sont : une once d'argent, deux onces de cuivre et trois onces de plomb.

L'argent et le cuivre se fondent d'abord avec le borax, on ajoute ensuite le plomb, et l'on verse le tout dans le soufre vierge, qui lui donne la belle couleur noire. Cette composition forme alors une masse friable qui se réduit facilement en une espèce de poudre à gros grains, dont l'on couvre la planche de métal que l'on veut nieller.

Les orfévres niellaient de cette manière les plaques d'or et d'argent qui se plaçaient sur les couvertures des Evangéliaires, ainsi que les calices, les vases, les casques, les étriers et une foule d'objets se prêtant à recevoir ce genre d'ornementation, mais surtout les *paci* ou *paix.* Ce sont de petites plaques de métal, de trois à quatre pouces de hauteur sur une moindre largeur, qui servaient à couvrir le calice. Ces paix sont couvertes de bas-reliefs ou de peintures en émail, ou gravées et niellées. Leur nom de paix vient de ce que le célébrant, après les avoir baisées pendant qu'on chante l'*Agnus Dei*, les présente ensuite à chacun des prêtres qui assistent à l'office, en disant *Pax Tecum!*

Parmi le grand nombre de nielleurs du XVe siècle en Italie, Maso (Thomasso) Finiguerra, de Florence, jouissait d'une réputation éclatante et méritée; c'était un bon dessinateur. Il avait travaillé aux fameuses portes de bronze du baptistère de Lorenzo Ghiberti, et il passait surtout pour maître dans le *lavoro di niello.*

Vasari nous dit que Finiguerra avait l'habitude de remplir les traits de ses gravures d'huile mêlée de noir avant d'y mettre le nielle, pour pouvoir mieux juger de l'effet de son travail. Or, un jour qu'il avait laissé sur la table une de ses planches ainsi préparées, couverte d'un morceau de papier pour la garantir contre la poussière, il arriva qu'une lingère survint, apportant un paquet de linge encore un peu mouillé, qu'elle posa sur cette planche sans l'apercevoir. L'humidité du linge qui se communiqua au papier le rendit propre à l'impression, et le poids, accru par le temps pendant lequel le paquet reposa sur la planche, produisit l'effet d'une presse; de manière que, lorsque Finiguerra chercha le lendemain sa gravure, il la trouva imprimée sur le papier, aussi nettement que si elle eût été exécutée à la plume.

C'est de cette manière, ou d'une autre tout au moins semblable, *qu'a pris naissance l'impression des planches de métal gravées en creux.*

Maso Finiguerra, ainsi que les autres orfévres-nielleurs, toutes les fois qu'ils gravaient des plaques d'argent, avaient soin, avant de les nieller, d'en prendre une empreinte sur une terre très-fine, sur laquelle ils tiraient une seconde épreuve en soufre. Finiguerra a fait en 1452 (suivant les documents officiels) une petite planche d'argent ou *paix*, représentant l'assomption de la Vierge pour l'église de Saint-Jean de Florence, et qui est encore conservée dans le musée de cette ville. Il en existe aussi deux moules en soufre: l'un dans la collection Durazzo à Gênes, l'autre dans celle du duc Buckingham Chandos en Angleterre. Ces moules sont en effet, comme nous l'apprend Vasari (1), la reproduction parfaite de la planche d'argent, représentant comme elle l'inscription et le sujet direct et non à rebours.

Vingt-deux autres épreuves en soufre de divers auteurs, qui se trouvaient dans un couvent à Florence, et qui sont maintenant en Angleterre, sont les seuls restes de ce genre.

On conserve dans différents musées publics et particuliers une assez grande quantité de paix ou d'autres planches niellées; Duchesne, dans son Essai sur les nielles, fait la description de la plupart. Il cite huit morceaux exécutés par Finiguerra, et il donne les noms des meilleurs graveurs-nielleurs de l'Italie au XVe siècle. Le plus célèbre après Finiguerra, et celui qui a produit le plus grand nombre de beaux nielles, c'est Stephanus Pelegrini de Césène; les autres orfévres-nielleurs dont les noms sont parvenus jusqu'à nous sont, parmi les Florentins, Amerighi, Michel-Ange Bandinelli, Philippe Bruneleschi; — à Bologne, Fr. Furnio, Barth. Gesso, Geminiano Rossi et Fr. Raibo-

(1) Vie des peintres, première édition, 1550, cap. 33.

lini, connu sous le nom de François Francia; — à Milan, Daniel Arcioni et Caradona. On connaît encore comme nielleurs Ambroise Froppa, de Pavie; Forzone Spinelli, d'Arezzo; Jacques Tagliacarne, de Gênes; Tencro fils d'Antoine et Jean Turino, de Sienne; Antonio, Danti, Pierre Dini dit Arcolano, Gavardino, Léon-Jean-Baptiste Alberti, Antoine Pollajuolo, Nicolas Rosex, de Modène, et Marc-Antoine Raimondi.

L'usage des nielles, après avoir continué depuis le VIIe jusqu'au XIIe siècle, avait été négligé pendant un long espace de temps (Duchesne, Bartsch). Il fut repris et fréquemment employé dans le XVe siècle; mais il ne tarda pas à être abandonné de nouveau; et, si l'on retrouve plusieurs objets d'orfévrerie gravés avec richesse vers ce temps en Allemagne, on observe que ces gravures étaient généralement remplies d'un ciment de diverses couleurs, mais rarement niellées. On en rencontre quelquefois que l'on croit fait à Augsbourg, dans le milieu du XVIIIe siècle. Il y avait alors une femme, nommée *Rosenauer*, fille du graveur-orfévre Mettel, de Nuremberg, qui exécutait des niellures (1). Ce genre de travail a été repris vers 1823 en France; mais il ne faut pas le confondre avec les bijoux ornés d'émail noir, qui sont très-différents du nielle. Les objets d'orfévrerie niellés qui se fabriquent depuis bien des années en Russie jouissent d'une grand réputation. Ce n'est qu'en 1830 que M. Wagner et Mention ont introduit en France ce genre de travail, qui constituait en 1840 une industrie très-étendue. Selon M. Pelouze (2), le nielle est composé de 38 parties d'argent, 72 de cuivre, 50 de plomb, 36 de borax et de 384 de soufre. On fond le soufre dans une cornue, l'argent et le cuivre dans un creuset, et on introduit le tout dans la cornue que l'on bouche exactement pour éviter l'inflammation du soufre, et on ajoute le borax; quand il ne se dégage plus de vapeur dans le col de la cornue, on verse la matière dans un creuset de fer, on la pulvérise et on lave d'abord avec de l'eau contenant un peu de sel ammoniac, et ensuite avec de l'eau légèrement gommée.

(1) Murr, p. 630.
(2) Pelouze, Secrets modernes des arts et métiers, vol. III; Paris, 1840.

Pour nieller l'argent, M. Levol (1) recommande beaucoup la *galène* ou plomb sulfuré.

Depuis longtemps on avait cherché à se procurer une épreuve sur papier d'un de ces nielles du XVe siècle, jusqu'à ce qu'enfin l'abbé Zani découvrit, en 1797, dans le cabinet des estampes de Paris, où Mariette avait déjà scrupuleusement mais vainement cherché, une épreuve qui paraît être tirée de la célèbre paix que Finiguerra avait gravée en 1452, pour l'église de Saint-Jean de Florence. Cette épreuve porte les traces de l'emploi d'une presse d'imprimeur parfaite, et a été tirée de la planche originale avant d'être niellée, car elle a l'inscription à rebours. On a prétendu, et Vasari l'a dit dans la 2e édition de son ouvrage de 1568 (il n'en est pas question dans la première de 1550), que l'épreuve sur papier avait été tirée sur l'empreinte en soufre: ce qui nous paraît tout à fait invraisemblable. On ne considère point la fragilité du soufre, et puis on n'a pas pensé qu'en prenant un moule en terre (c'est probablement du plâtre appliqué à l'état liquide), ce moule a dû se rétrécir en séchant, et qu'il est presque impossible que ce moule, lors de l'enlèvement de dessus la planche, ne se fût pas déchiré par places, dans les tailles fines, serrées et profondes, munies plus ou moins de rebarbes; enfin que l'empreinte en soufre, prise sur ce moule, ne contînt pas toutes les imperfections de celui-ci, mais à rebours, et que le soufre, en se refroidissant, ne se fût pas rétréci également. Donc, si l'on comparait l'épreuve sur papier prise sur le soufre avec la planche originale (ce qui n'a jamais eu lieu, quant à la paix de Finiguerra), le dessin de l'épreuve se serait trouvé plus petit que celui de la planche niellée; et si même elle avait été prise sur la planche avant sa niellure, ce dessin offrirait encore une différence dans la finesse des tailles et dans la grandeur des blancs, qui auraient changé de forme, changement causé par l'usure provenant du pollissage de la planche après la niellure.

Quelques savants regardent cette épreuve de la paix de Finiguerra comme douteuse, tandis que Duchesne et d'autres

(1) L'Écho du monde savant, n° 35, 2me semestre 1844.

la considèrent au contraire comme *la première épreuve sur papier*, absolument unique, d'une gravure sur métal, et ils regardent par conséquent Maso Finiguerra comme l'inventeur de l'impression des gravures en creux sur métal.

On rencontre encore quelques-unes de ces épreuves, mais on n'en tirait jamais un grand nombre d'exemplaires du même nielle.

La manière de graver les planches destinées à être niellées diffère de celle des gravures ordinaires. Les tailles sont plus profondes, très-fines, droites et extrêmement serrées, sans régularité, et ordinairement dans la même direction sur toute l'étendue de la planche; parce que ces tailles sur les planches d'argent n'étant qu'un moyen mécanique pour fixer le nielle et l'empêcher d'éclater, il était peu important qu'elles fussent régulières dans un sens ou dans un autre, le nielle noir et non transparent, dont elles étaient recouvertes, ne laissant d'ailleurs apercevoir aucune de ces imperfections. L'impression s'opérait au moyen d'un rouleau poussé à la main, ou d'un frotton, la presse d'imprimeur n'étant pas encore connue en Italie à cette époque. Cette impression était assez facile, vu le peu de dimension qu'avaient en général ces planches, leur grandeur n'excédant pas quatre pouces. L'encre qui a servi à l'impression des nielles est souvent un peu bleuâtre, quelquefois bistrée, ordinairement d'un ton gris.

Avant d'entrer plus avant dans le sujet, nous devons faire connaître sommairement les prétentions que l'Allemagne peut avoir pour l'invention de l'impression des estampes. Benvenuto Cellini, nielleur lui-même, compétent dans la question des gravures, connaissant parfaitement les qualités brillantes de Finiguerra, puisqu'il se proposait de suivre « avec le plus grand soin les traces de ce grand maître, » ignorait cependant complétement que Vasari attribuât exclusivement à Finiguerra l'invention de l'impression des estampes. Dans l'introduction de son traité de l'orfévrerie (qui parut une année après la deuxième édition de l'ouvrage de Vasari en 1569) il dit au contraire, en parlant de gravure : « Nos éloges sont dus à quelques orfévres ultramontains dont les travaux dénotent une extrême habileté, entre autres à Martin de Flandre, qui, tout en suivant la manière de son pays, fit avec un talent remarquable des nielles et des gravures sur cuivre. » Or, ce Martin de Flandre n'est autre que l'habile graveur connu sous le nom de *maître Martin Schœn* ou *Schongauer* dont le nom se trouve inscrit dans les archives de la ville d'Ulm sous la date de 1441, et à qui l'on attribue aussi l'invention de l'impression des estampes (1).

Schongauer, qui paraît être né en 1420, était peintre et orfévre, et avait travaillé dans les Pays-Bas sous Roger de Bruges. On connaît de lui quelques belles gravures. Il mourut à Colmar en 1488. M. J.-D. Passavant (2) nous communique à cet égard une circonstance très-intéressante : « Facius, dit-il, nous apprend que Rogier (nommé aussi Rogier von der Weyde, ou Roger de Bruges), élève de Jean van Eyck, avait fait en 1450 un voyage à Rome. Ce célèbre peintre néerlandais, pendant son séjour à Florence, peignit pour Jean et Pierre de Médicis un petit tableau qui est maintenant au Musée de Francfort. Roger se trouvait par conséquent à Florence juste au moment où Finiguerra était occupé à graver sa célèbre paix. Il est impossible que Roger n'ait pas cherché à faire la connaissance du graveur florentin; mais on ignore si Finiguerra fit part à l'étranger de son procédé d'impression, ou, au contraire, si c'est le peintre flamand qui le lui apprit. Cette dernière supposition paraît à M. Passavant la plus vraisemblable, puisque le peintre néerlandais connaissait indubitablement les procédés de l'impression des gravures xylographiques et métalliques pratiqués généralement dans son pays, et que ces procédés n'étaient point encore connus dans la Toscane à cette époque.

On voit que l'Allemagne et l'Italie ont d'égales prétentions à l'honneur de cette invention.

XVe siècle. Cependant la gravure des nielles n'avait pas pour but l'impression; mais, profitant de la découverte de Fi-

(1) Wimpheling, 1505, et Jobin de Strasbourg 1573.

(2) Deutsches Kunstblatt, 1850, p. 163. — Voyez aussi : Untersuchung der Gründe für die Annahme : dass Finiguerra Erfinder des Handgriffes sei, gestoch. Metallpl. auf genetzt. Papier abzudrucken. V. C. Fr. V. Rumohr. Leip. 1841.

niguerra, d'autres graveurs s'en emparèrent et l'employèrent bientôt pour multiplier leurs gravures. Dès ce moment, nous entrons dans *la première époque de la chalcographie* (du grec chalkos, airain, cuivre), ou art de graver en creux sur cuivre, pour multiplier les dessins au moyen de l'impression. On appelle aussi cet art *gravure en taille-douce*, en opposition à taille de bois, parce que l'épreuve qu'on tire de celle-là paraît à l'œil d'un effet plus doux que celui des épreuves sur bois (Duchesne).

Les gravures de cette époque, c'est-à-dire des cinquante dernières années du XVe siècle, ont été exécutées principalement par les orfévres-graveurs.

Quelques-uns de ces graveurs avaient fait des nielles, et leur manière de graver le cuivre rappela assez longtemps encore celle des graveurs-nielleurs, c'est-à-dire un travail fin et serré, mais dont les tailles étaient arrangées avec un peu plus de soin.

Vasari nous apprend que Maso Finiguerra fut suivi immédiatement de *Baccio Baldini*, de Florence. Cet orfévre habile, qui travailla de 1460 à 1490, était un faible dessinateur et gravait beaucoup d'après les compositions de Sandro Boticelli. Les gravures de Baldini, les plus anciens monuments chalcographiques de l'Italie, sont principalement celles *du calendrier de 1465*, accompagné de *la suite des planètes;* celles du *Monte-Santo di Dio,* imprimé à Florence en 1474; et celles du *poëme du Dante*, publié à Florence en 1481. La suite des planètes, qui va de 1465 à 1517, contient à chaque planète la représentation des penchants et des actions des hommes nés sous cette constellation. Il en existe encore une autre édition avec des planches plus grandes et mieux gravées. Ce qu'il y a de remarquable, c'est qu'il existe un *calendrier xylographique de l'année 1468*, dont les représentations qui accompagnent les planètes sont de composition et de dessin hollandais, mais dont le texte et les vers dérivent d'une description latine en prose, dont quelques fragments précèdent le calendrier; que, d'un autre côté, le texte italien du calendrier gravé sur cuivre est une traduction exacte de ce texte latin. Ce calendrier *xylographique* est celui qui a été écrit en 1439 par Johann de Gamundia, et le calendrier italieu n'en est qu'un résumé. Il paraît donc probable qu'une édition antérieure du calendrier xylographique a été apportée de l'Allemagne en Italie, qu'on l'a transformée en italien, et que Baccio Baldini l'a gravée sous cette nouvelle forme (Sotzmann).

L'école florentine du XVe siècle a produit peu de gravures sur cuivre. Outre les planches de Baldini, on cite encore quelques estampes de Pollajuolo, d'André Verrochio (n. 1432, m. 1488), de Baccio Bandinelli (n. 1488), du mosaïste et miniaturiste Gherando, et de l'orfévre Robetta (de 1490 à 1520), ainsi qu'un certain nombre de feuilles sans nom de graveurs, exécutées d'après Fiesole, Roselli, Lippi, Luca Signorelli et d'autres.

Les œuvres chalcographiques des écoles de Padoue et de Venise sont plus nombreuses et plus répandues. Le peintre André Mantegna, de Padoue (n. 1430, m. 1506), en était le fondateur, et maniait le burin avec une grande habileté. Marcello Figolino, Zuan Andrea, Nicoletto de Modène, Giovanni Maria et son frère Giovanni Antonio, de Brescia, et Girolamo Mozetta se formèrent en partie d'après Mantegna. S'ils surpassent ce maître dans la tendance générale, ils lui sont inférieures sous les autres rapports. Ils florissaient vers la fin du XVe siècle et au commencement du XVIe. Jacobo de Barbary de Venise, dit le maître au caducée, était un excellent graveur. Girolamo, Giulio, et Domenico Campagnuolo, peintres de l'école lombardo-vénitienne, ont livré de très-belles gravures. Giulio Campagnuolo est surtout remarquable par sa manière particulière de graver; ses gravures, très-délicatement traitées, sont faites dans la *manière pointillée*, au moyen d'une pointe ou d'un ciselet et du marteau. Il paraît être né en 1481. Les chefs-d'œuvre de Mantegna sont le *Christ au Tombeau*, la *Sainte Famille*, le *Triomphe de Jules-César*, en trois feuilles.

Benedetto Montagna, qui travaillait à Vicence à la fin du XVe siècle et au commencement du XVIe, est un graveur original, qui imitait dans ses œuvres le style de l'école de Jean Bellini, et celui d'Albert Durer.

Les chalcographes allemands du XVe siècle se distinguent des graveurs italiens de cette même époque par le nombre beaucoup plus considérable de leurs estampes, par le maniement plus artistique du burin, et par l'influence que leur manière de graver exerçait sur l'art italien; car les gravures de Martin Schongauer furent déjà imitées par Gherardo de Florence. La plus grande partie de ces graveurs étaient encore des orfèvres, et leurs noms ne sont point venus jusqu'à nous. Les dates considérées comme les plus anciennes qui figurent sur des gravures, se trouvent sur des estampes allemandes; ce sont celles du maître désigné par les lettres E. S. et les millésimes de 1461, 1466 et 1467. C'était un excellent graveur qui possédait parfaitement la pratique de son art; il travaillait avec beaucoup de régularité les hachures dans les ombres, et avait une manière large et franche pour reproduire les draperies. On connaît de lui un grand nombre de belles estampes, et beaucoup d'autres qui paraissent être faites par ses élèves ou par des maîtres qui imitaient sa manière.

Martin Schongauer ou Schœn, qui florissait presque en même temps que lui, était un des graveurs les plus distingués de cette époque, et avait aussi de nombreux élèves et imitateurs. Ses frères Gaspard, Louis et Paul pratiquaient à Colmar l'art de la gravure avec succès. Son neveu Barthélemy Schœn, peintre et graveur, vivait à Ulm en 1471. Un des bons maîtres de son école est Albert Glockenton, à Nuremberg (n. 1432).

Wenzel, d'Olmutz, a fait en 1481 plusieurs copies d'après Schongauer. Le maître de 1464, que les Français nomment le Maître aux banderolles, a fait entre autres un alphabet d'initiales latines avec des figures et des ornements, dont un exemplaire complet est conservé à Bâle. Ses estampes sont assez estimées, mais l'encre en est encore pâle, et elles paraissent imprimées au frotton, tandis que celles des graveurs dont les noms précèdent sont imprimées d'un noir brillant et au moyen de la presse.

François de Bocholt, qui florissait de 1458 à 1480, était un graveur doué d'une grande originalité; il travaillait dans le goût de l'école de Van Eyck. Israël de Mecken, mort en 1503, de qui on connaît plus de 250 planches, a copié beaucoup d'estampes de ses contemporains. A Nuremberg il y avait principalement Veit Stoss, en 1486, qui était aussi habile sculpteur, Math. Zasinger, Louis Krug et Maître Mair vers la fin du siècle.

Les noms des graveurs néerlandais de cette époque ne sont point connus; mais on conserve un grand nombre de leurs estampes, qui portent toutes le caractère de l'école de Van Eyck, et qui se distinguent généralement par la douceur des tailles, par des ombres moelleuses et par un dessin excellent.

XVIe siècle. Le XVIe siècle, si remarquable sous le rapport du progrès et de l'activité des arts en général, le fut en particulier pour la chalcographie; il a été illustré, en Allemagne et en Italie, par les deux plus grands maîtres de cet art, par Albert Durer et par Marc-Antoine.

Albert Durer avait poussé le maniement des outils, le procédé et le mécanisme de l'art de la gravure à un haut degré de perfection; il transporta dans la gravure toutes les particularités de son talent de peintre : l'imitation de la nature dans toute son originalité et sa naïveté.

Parmi ses productions chalcographiques, les plus remarquables sont surtout: *Adam et Ève* de 1504, *St. Jérôme* de 1514, et la *Conversion de saint Eustache*, une de ses estampes les plus considérables et les plus parfaites; elle est gravée à l'eau-forte sur fer.

Albert Durer eut beaucoup d'élèves, et l'excellence de ses gravures excitait un grand nombre d'artistes à les copier ou à imiter sa manière. Nous ne citerons que A. Hubert, W. de Haen, J. Goossen, Zuan Andrea, Jacques Binck (1490 à 1504), J. de Mecken, J.-C. Wisscher, Jean, Jérôme et Antoine Wierx, J. Hopfer, Wenzeslas d'Olmutz. Ces derniers sont les plus habiles.

L'Allemagne se glorifie encore de George Penz (n. Nuremberg 1500), excellent graveur, distingué par la correction et l'élégance de la forme et la vigueur du burin. Ses travaux les plus importants sont la *Prise de Carthage*, et les six planches des *Triomphes de l'Amour*, *de la Charité*, etc.

Bartholomé Beham (n. Nuremberg 1496) s'est formé surtout d'après Marc-Antoine; ce fut lui qui initia par ses œuvres les artistes allemands aux merveilles et aux beautés de l'art qui florissait au delà des Alpes. Il possédait un dessin correct rempli de grâce, et un burin doux et moelleux joint à une finesse admirable. Beaucoup de ses estampes ont passé pour l'ouvrage de Marc-Antoine. On distingue parmi ses travaux ses Vierges, les Combats d'hommes nus, les Tritons et les Néréides.

Hans Sebald Beham (n. 1500, m. 1550), neveu du précédent, était un des plus éminents artistes de cette époque. Il imitait avec talent Albert Durer, tout en fondant la manière de cet artiste avec celle du maître italien. Son plus bel ouvrage est l'*Histoire de l'Enfant prodigue*, en 4 feuilles. Il possédait à un haut degré le sentiment du beau. Après Beham viennent *les petits maîtres* allemands, qui se sont principalement appliqués à produire un grand nombre d'ouvrages. Il y avait cependant d'assez bons graveurs parmi eux; on y compte Lucas Kranach, J.-S. Lautensack, 1559; Lucas Kruger, Virgil Solis, Jobst Amman, Théodore de Brie, Vendelin Dieterlein, 1598, et d'autres.

Marcantonio Raimondi, dit Marc-Antoine, de Bologne (n. entre 1475 et 1488, m. 1527), se distingue surtout par la correction de son dessin et la netteté des contours. Sa manière est extrêmement simple, sans affectation, et la technique paraît n'être qu'un objet secondaire; néanmoins son burin avait une grande puissance à reproduire dans toute leur beauté et dans tout leur caractère les œuvres des plus grands maîtres. Contemporain de Raphäel, Marc-Antoine nous a principalement conservé les ouvrages de ce grand artiste. Ses premiers travaux rappellent le style de son maître Raibolini, dit le Francia de Bologne (de 1490 à 1535). La première planche qu'il ait signée est datée de 1505: c'est une Mort de Pyrame. Entre 1506 et 1510, il copia sur cuivre 65 xylographies d'Albert Durer; la première en 1506, est *St. Jean* et *St. Jérôme*. Marc-Antoine eut beaucoup d'imitateurs et d'élèves; parmi ces derniers Agostino, de Venise, et Marco, de Ravenne, sont les plus célèbres. Parmi les contemporains ou les successeurs de Marc-Antoine qui continuèrent plus ou moins heureusement sa manière, on distingue *le Maître au dé*, dont le nom n'est point connu, mais qu'on appelle quelquefois Beatricius; — Enea Vico, et la famille nombreuse des

Ghisi, dont le plus remarquable est Giorgio Ghisi. Ce dernier est un de ceux dont les gravures approchent le plus des meilleurs de Marc-Antoine; il a reproduit les grandes compositions de Michel-Ange, de Raphaël et de Jules Romain.

D'autres artistes s'efforcèrent de pousser la gravure dans une autre voie; ce furent surtout Giulio Bonasone et Francesco Mozzuoli, dit le Parmesan.

Mais déjà vers le milieu du siècle la gravure italienne cheminait vers une déplorable décadence, que ne pouvaient arrêter ni les talents de Battista Franco de Venise (mort en 1561), ni les travaux d'Agostino Carracci de Bologne, de Martin Rota de Selemico en Dalmatie (de 1538 à 1586), et de Francesco Villamena d'Assisi (né en 1566, mort à Rome en 1626).

Parmi les graveurs hollandais du XVIe siècle, on distingue surtout Lucas Dammerz, dit Lucas de Leiden (né à Leyde 1494, mort en 1533). Ses estampes ont plus de franchise et plus de précision que celles de ses contemporains; elles sont encore estimées aujourd'hui. Cornélius Cort (n. 1536 à Horn, m. 1578 à Rome) est un des plus célèbres chalcographes hollandais, ainsi que Henri Goltzius (né à Malbrecht en 1558, mort à Harlem en 1617); ce dernier était réputé surtout pour la perfection des hachures et des tailles. Les peintres hollandais Paul Rembrandt, Adrien Ostade, Nicolas Berghem, Paul Potter, Waterloo, Jacques Ruysdal, et d'autres ont tous produit des gravures à l'eau-forte très-recherchées encore.

La première apparition de la gravure en taille-douce en France, suivant Huber, ne remonte pas plus haut qu'à 1488.

Le livre orné de gravures sur cuivre qui porte cette date a pour auteur Nicolas le Huen, religieux du mont Carmel et professeur en théologie. Ce livre est en grande partie une compilation de l'Itinéraire de Bernard de Breitenbach et a pour titre : Peregrination de oultremer en terre saincte..... imprimé a Lyon par honnestes hommes michelet Topie de pymont et Jaques herembrecht dalemaigne demourant au dit lyon, Lan de notre seigne. mille CCCC quatre vingtz z huitz et le XXVIII novembre. On trouve dans l'ouvrage français les vues des mêmes villes qu'on voit dans les éditions latines et allemandes de l'Itinéraire de Breitenbach, publié à Mayence en 1486 par Erhard Rewich, à cette différence près que les planches sont en cuivre dans la traduction, et qu'elles sont en bois dans les originaux.

A partir de l'époque de François Ier, au commencement du XVIe siècle, la gravure et la peinture italiennes s'unirent intimement avec l'école française, dite de Fontainebleau, mais les graveurs restèrent inférieurs aux peintres. C'était en général des graveurs à l'eau-forte et des orfévres. On y remarque Jean Duvet ou Danet, dit le maître à la licorne; né en 1485, il travaillait encore en 1550. Il était orfévre et maniait le burin avec habileté. Sa planche capitale est l'Allégorie sur Henri II et Diane de Poitiers. Etienne de Laulne dit Stephanus (né à Orléans en 1518) travaillait principalement pour les damasquineurs, les orfévres et les nielleurs, ainsi que les graveurs Jean Vovert, Morien, Stephanus Carteron, de Châtillon, Jean Toutin et d'autres dont on possède les gravures. Vers la fin du siècle il y avait Philippe Thomassin, élève de Corneille Cort, natif de Troyes, travaillant à Rome; Léonard Gaulthier et Melchior Tavernier.

XVIIe siècle. Avec Callot commence une nouvelle ère dans la gravure. Jacques Callot (né à Nancy en 1593, mort en 1635), le premier d'une série de bons graveurs, était peintre médiocre, mais il se distinguait principalement par ses gravures nombreuses et très-variées, qui portent toutes le cachet de l'originalité, et d'une fraîcheur d'imagination remarquable. Par ses compositions et par son genre de vie singulier, il a beaucoup de rapport avec le peintre napolitain Salvatore Rosa (de 1615 à 1673), que ses tableaux et ses eaux-fortes, autant que ses extravagances, ont rendu célèbre. En même temps que Callot, ou peu après, vivaient Claude Mellan (né à Abbeville en 1601, mort en 1688), graveur original, qui, entre autres, a produit une grande estampe représentant la tête du Christ, avec une seule ligne allant en spirale et dont le commencement était au bout du nez; — Antoine Masson (né en 1636), distingué par ses portraits et par la souplesse de son burin; — les graveurs laborieux Jean le Pautre ou le Potre (né à Paris en 1617, mort en 1682), Jean-Baptiste Marot au milieu du siècle, et son fils Michel; — Israël Silvestre (né à Nancy en 1621, mort en 1691), Susanne Silvestre; — Nicolas Cochin (né à Troyes); — la famille des de Poilly, dont le plus célèbre est François de Poilly (né à Abbeville en 1622, mort en 1693); — Robert Nanteuil (né à Reims en 1630, mort en 1678); — Claudine-Bourdonnet Stella (né à Lyon en 1636, mort à Paris en 1697), qui est au premier rang des femmes-graveurs. Enfin les graveurs les plus distingués sont Gérard Audran (n. Lyon 1640, m. Paris 1703) qui gravait les grands maîtres français, et Nicolas Dorigny (n. Paris 1657, m. 1746); — Pierre Drevet le fils (n. Lyon 1664, m. 1739), habile surtout dans l'imitation des étoffes; — Sébastian LeClerc (n. Metz 1637, m. 1714), distingué par la fécondité et la noblesse de son style; — Etienne Picard, dit le Romain (n. Paris 1631, m. 1721), et son fils Bernard Picard (n. 1668, m. 1730), qui copiait avec facilité les estampes d'autres graveurs; — Simon-Henri Thomassin (n. Paris 1688, m. 1741), qui avait une manière libre et pittoresque; — Antoine Coypel (n. Paris 1661 m. 1722), bon graveur à l'eau-forte; — Jean-Louis Roulett (n. Arles 1645, m. 1693).

L'influence de l'école de Goltzius produisit de bons résultats dans le XVIIe siècle en Hollande. Les principaux graveurs d'alors étaient Corneille Blœmært (n. Utrecht 1603, m. Rome 1680); — Henri Hondius (n. Brabant 1573, m. Leyde 1645); — Pierre Soutman de Harlem (vers 1630); et ses élèves Jonas Suyderhœf, vers 1630, et Cornélius Vischer, vers 1660; — Lucas Vorstermann d'Anvers; — Rembrandt van Rhin (n. Leyde 1609, m. 1668), le plus célèbre des graveurs à l'eau-forte; — Paul Pontius à Anvers, en 1645; Schelte à Bolswert en Frise, 1645; — et Gérard Edelinck d'Anvers, qui s'établit à Paris en 1666, et y mourut en 1707. Ce graveur mariait la manière hollandaise à la manière française.

La chalcographie du XVIIe siècle en Allemagne était représentée par les graveurs Mathias Mérian (n. Bâle 1593, m. Schwalbach, 1651); — Adrien van Ostade (n. Lubecque 1610, m. Amsterdam 1685); — les familles des Kusell et des Kilian, à Augsbourg; Jacques de Sandrart (n. Francfort 1630, m. 1708); — Jean-Jacques Thurneisen (n. Bâle 1636, m. 1718); — mais surtout Venceslas Hollar (n. Prague 1607, m. Londres 1677). Les graveurs italiens de cette époque étaient Stephanus della Bella (n. Florence 1610, m. 1664); — Jean-Benoît Castiglioni, dit le Benedette (n. Gênes 1616, m. 1670); — Jean-Baptiste Falda de Milan, en 1665; — Pierre-Sante Bartoli (n. Perouse 1635, m. 1700). Le premier et le seul graveur natif d'Angleterre [1] qui ait exercé son art avec distinction pendant le XVIIe siècle est Williams Faithorn (n. Londres, m. 1691). Il gravait au burin des portraits et des frontispices de livres; ses plus remarquables planches sont Marie Stuart, princesse d'Orange, et Marguerite Smith, d'après des peintures de Van Dyck.

XVIIIe siècle. Chez les artistes italiens du XVIIIe siècle la chalcographie a gardé son éclat et sa consciencieuse gravité, du moins chez les principaux graveurs, tels que Domenico Cunego de 1727 à 1794; — Pietro Longhi (n. Venise 1702), auteur d'un excellent traité historique et pratique de la gravure; — Giov. Volpato (n. Bassano 1730, m. Rome 1803); — Ch.-Ant. Porporati (n. Turin 1741, m. 1816), un des meilleurs graveurs italiens, très-distingué aussi dans la manière noire; — Fr. Bartolozzi (n. Florence 1730, m. Lisbonne 1813), qui avait travaillé longtemps en Angleterre, et y avait introduit la manière au pointillé, tant cultivée dans la suite par les graveurs anglais; — Pietro Anderloni (n. à St-Eufémia 1784); — Raphaël Morghen (n. 1758, m. 1833); — Jean-Marc Pitteri (n. Venise 1703, m. 1767), qui avait une manière toute particulière, consistant en hachures parallèles; — Giambatiste Piranesi, distingué par ses monuments anciens et modernes, ses candélabres et vases antiques, gravés à l'eau-forte avec une admirable habileté et une grande vigueur.

En France, la gravure prenait de plus en plus une tendance vers le maniéré. Il y avait cependant d'excellents graveurs : Jean-Jacques Balechou (n. à Arles 1715, m. 1764); — Philippe-Claude de Tubières, comte de Caylus (n. à Paris 1692, m. 1754); — Jacques Beauvarlet (n. à Abbeville 1731); — Etienne Figuet (n. à Paris 1731, m. 1794); — Charles-Clément Bervic

(1) Catalogue of engravers which have been born or resided in England, by Horace Walpole, etc.

(n. à Paris 1756, m. 1822); — Jean-Jacques Boissieu, à Lyon depuis 1794, célèbre par ses eaux-fortes; — Ant.-Fr. Tardieu, dit de l'Estrapade (n. à Paris, 1757, m. 1822), habile graveur de géographie; — Jean-Georges Wille (n. à Grosleiden près de Giesen, 1715, m. à Paris 1808), qui, quoique Allemand, travailla toujours en France. Les Allemands de cette époque sont Jacques Frey (n. à Lucerne 1681, m. à Rome 1752); — Jean-Elie Ridinger (n. à Ulm, 1698, m. 1769); — George-Frédéric Schmidt (n. à Berlin 1712, m. 1775); — Jacques Schmutzer (n. à Vienne 1773, m. 1808); — Frédéric Muller (n. à Stuttgard 1782, m. à Paris 1816); — Salomon Gessner (n. à Zurich, 1730, m. en 1788); Daniel Codowiki (n. à Dantzig en 1726).

Les Anglais développèrent aussi dans le XVIIIe siècle une grande activité dans l'art de la gravure sur cuivre : Robert Strange (n. 1723, m. 1795); — Richard Earlow (n. 128); — William Weyne Ryland (n. 1732, m. 1783); — William Woolet (n. 1735, m. 1785); — William Sharp (n. 1746, m. 1824); — Charles Vownly (n. 1746), se distinguaient en diverses manières.

XIXe siècle. Dans les dernières années du siècle passé et dans les dix premières du dix-neuvième, la gravure a subi un abandon assez sensible. Le genre pointillé dominait généralement; la lithographie commença à prendre pied, ainsi que la sidérographie, toutes deux rivalisant pour détrôner leur aînée.

Depuis 1820 environ se répandit une mode qui contribua encore à fausser le goût, en introduisant dans la gravure un genre maniéré, léché, et ne visant qu'à l'effet; nous voulons parler de la mode des *Keepsakes* (souvenirs), espèces de livres, d'origine anglaise, magnifiquement reliés et ornés d'un grand nombre de gravures de tous genres : portraits, vues et monuments, exécutés avec une grande routine, mais adoucis à excès.

M. A.-G.-L. Boucher, baron Desnoyers (n. à Paris 1779) est regardé comme le rénovoteur de la gravure dans notre siècle. Elève de Tardieu, il débuta en 1806 par une magnifique planche représentant la madone de Raphaël, connu sous le nom de la Belle Jardinière. Il a livré une série de chefs-d'œuvre dont le dernier est la Transfiguration. En 1852 il était à Rome.

Depuis 1810, la gravure reprit peu à peu son ancien éclat; notre époque est riche en bons graveurs. Chaque pays en a fourni beaucoup d'excellents, qui ont produit des œuvres admirables dans tous les genres et dans toutes les manières. Ils sont trop nombreux pour que nous puissions les nommer tous, nous ne citerons que les plus saillants. En France ce sont : Blot; Morel; L. Calamatta qui, bien que né en Italie, a toujours exercé la gravure en France. — Henriquet Dupont (m. le 4 nov. 1856), dont l'Hémicycle des beaux-arts, d'après Paul Delaroche est un chef-d'œuvre. — Ses élèves sont Alphonse et Jules François. — J.-M. Leroux, Bridoux, Laugier, Lecomte, Lorichon, Z. Prévost gravent d'après les grands maîtres. — Les Vierges de Raphaël exécutées par Pannier, Dien, Pelée, Metzmacher, Lévy, Saint-Ève (m. 1856). — A. Burdet, graveur de la Bataille de Fontenoy et de la Smala. — Paul Girardet, de Neuchâtel (Suisse), graveur de la Bataille d'Isly, et de Washington traversant le Delaware. — Le Triomphe de la Religion dans les arts, d'après Overbeck, la plus belle planche de notre époque, gravée par Samuel Amsler de Zurich (m. 1849). — T.-V. Desclaux a fait usage de deux procédés : la manière noire et la retouche au burin, que M. Prévost a également employés dans ses quatre gravures d'après Léopold Robert. — MM. Jazet, père et fils, sont les plus célèbres graveurs en mezzo-tinto. — Les Moissonneurs de L. Robert, et la Sainte Famille d'après P. Delaroche, gravés par Mercuri pour l'éditeur Goupil, sont ce qu'il y a de mieux en gravures artistiques. — M. Gaucherel a gravé à l'eau-forte des sujets d'architecture. — A.-L. Martinet, F. Forster, A.-A. Caron, J.-G. Levasseur, F. Girard exécutent des sujets divers. — Les fac-simile d'après les grands maîtres gravés par Al. Leroy, Rosotte, Bein, Wacquez. — M.-A.-F. Lemaître est l'un des derniers qui se soit livré à la gravure au burin.

Les meilleurs graveurs anglais au burin sont S.-H. Robinson, J. Burnet (les Pensionnaires de Chelsa lisant le bulletin d'une victoire, d'après Wiskie), Stoks Lump (la Maîtresse d'école, la Partie de carte de Webster, et l'Enfant en prière, d'après Frith), C. Rolls (portrait de West d'après Lawrence; Catherine et Patrucchio, d'après Leslie), G. Doo (l'Ecce Homo du Corrége, et

Combat de deux hommes nus, d'après Etty); — Brandard, E. Goodall, W. Miller, T.-A. Prior, J. Pye, C. Turner, H. Wallis, J.-T. Willemore, graveurs au burin d'après feu Turner. — C. Lewis, J. Outrine, Th. Landseer, J.-H. Watt exécutent en manière noire les compositions de Landseer. Cette manière est encore représentée par W. Holl, T. Holl, Humphreys, S. Cousins, etc.

L'Allemagne possède E. Mertz (Ruines de Jérusalem, d'après Kaulbach), E. Mandel, de Berlin. — E. Eichens, L. Jacoby, A. Hoffmann, graveurs de la galerie de Shakspeare, publiée à Berlin. — Nordlinger, de Stuttgard (portrait de Raphaël jeune), E. Willmann, de Bade; Steinla, de Saxe (Vierge au poisson); Schmidt, F. Stœber et T. Benedetti, de l'Autriche.

J. de Mare, à Amsterdam, Kaiser, Lange, Stuyter, Steelinck, Taurel et Wehmeyer, sont des graveurs habiles dans les Pays-Bas.

En Espagne se distingue B. Martinez, de Valence, élève de Calamatta.

Les diverses estampes publiées de nos jours peuvent être placées honorablement à côté de tout ce qu'on a fait de mieux dans les siècles précédents; et tous les peuples, les Anglais comme les Français, les Allemands comme les Italiens, luttent à l'envie pour atteindre la plus grande perfection dans l'art de la gravure.

Les divers genres de gravure. La gravure en creux se compose de plusieurs genres différents, qui s'exécutent chacun dans des manières et par des procédés très-variés, et qu'il importe de connaître. Suivant la matière qu'on emploie pour la gravure en creux, cet art prend des noms divers; ainsi la *chalcographie* est l'art de graver sur cuivre; la *sidérographie*, celui de graver sur acier ou sur fer; la *zincographie*, celui de graver sur zinc, et la *hyalographie*, celui de graver sur verre.

LA CHALCOGRAPHIE, qui est pratiquée depuis le milieu du XVe siècle, comme nous l'avons dit plus haut, se divise en plusieurs genres, qui diffèrent par leurs procédés et leurs résultats.

Gravure au burin. Le premier genre, et en même temps le plus ancien, c'est la gravure au burin. Ce genre consiste à reproduire le dessin ou le tableau qu'on veut copier, par des tailles ou des hachures creusées sur la planche de métal au moyen de burins de différentes grosseurs. Il est rare cependant d'employer le burin seul: généralement il sert pour terminer le travail fait à l'eau-forte. Ce genre se subdivise en autant de *manières* de graver qu'il y a de combinaisons de tailles et de points pour obtenir l'effet et le ton du coloris. C'est ainsi qu'on distingue la *manière fine,* ou celle dans laquelle les contours sont bien marqués, les hachures serrées, irrégulières, triplement croisées dans les ombres, quelquefois même quadruplement, et finissant vers les lumières par de petits traits courbes. C'est dans cette manière que travaillaient les anciens maîtres allemands : Schongauer, Israïl von Mecken, François de Bocholt.

La manière lancéolaire a toujours les contours fortement tracés, les hachures simples, peu serrées, avec des traits fins entre deux, placés diagonalement. Les tailles se fondent dans les lumières par des bouts très-déliés. C'est la manière de graver de presque tous les anciens maîtres italiens : Mantegna, Polleguola, Joan Andrea, etc.

La manière brillante présente les contours du dessin solidement marqués par des traits fins. Les hachures sont serrées, doublement croisées dans les ombres; pures et brillantes c'est la manière d'Albert Durer, de Lucas de Leyde, de Léonard Gautier, d'Étienne de Laulne, de Wierix, etc.

La manière facile ne diffère des autres que par la légèreté du travail, par des hachures serrées à deux ou trois rangs et entremêlées de points. Elle a été employée par Marc-Antoine, par les Ghisi, Bonasone, le Maître au dé, etc. Cette manière perfectionnée a été appélée la *manière franche,* et fut pratiquée par Cornélius Cort, Augustin Caraccio, Villamena, Alberti, etc. Dans la manière dite *hardie,* les contours sont produits par des hachures; les muscles et les plis des draperies sont franchement accusés; les hachures se perdent finement dans les lumières en suivant les reliefs et les creux, au moyen d'une rangée de tailles; dans les parties les plus ombrées, il y a deux rangs de tailles, comme le montrent des estampes de Henri Golzius, de Jocob de Gheyn, Jac. Matham, J. Muller, J. Saenredam, Lucas Kilian et d'autres.

Dans la *manière à hachures parallèles* on ne se sert que d'un seul rang de tailles placées parallèlement et reproduisant le modelé suivant le sens des objets qu'elles doivent représenter. C'est la manière de Mellan, de François Spierre, de Thurneisen. Il y a une manière particulière et bizarre à hachures parallèles, inventée par Jean-Marc Pitteri, dans laquelle toutes les tailles sont dirigées perpendiculairement ou diagonalement. Pour décider le contour et les demi-teintes, les tailles, généralement légères, sont rentrées à petits coups de burin en manière de poires allongées plus ou moins marquées. François Piranesi, J.-Ant. Pasquali, J.-A. Faldoni et Jean Cattini travaillaient aussi au moyen de hachures parallèles traversant directement les formes, en ne les modelant que par le renflement et le rétrécissement des tailles.

La manière frettée ou treillée dans laquelle les tailles moelleuses se croisent en forme de treillis avec d'entre-tailles composées de points réguliers faits au burin, a été pratiquée par Corn. Bloemaert, Michel Natalis, Fr. Spierre, Guil. Vallet, Et. Baudet, Fr. de Poilly, G. Edelink, R. Nanteuil et d'autres.

Toutes ces manières sont ou demi-ombrées ou ombrées entièrement suivant le plus ou le moins de hachures. Elles sont employées dans tous les genres de gravures, et toutes celles que nous avons nommées ont cela de commun, que toutes les parties du dessin sont traitées de la même manière sans distinction. Mais il y a une autre manière dans laquelle on distingue par un travail particulier les chairs, les étoffes, les terrains, etc. Cette manière peut être considérée comme la plus parfaite. Les graveurs suivants s'y sont distingués : G. Edelink, Ant. Manon, Corn. Vischer, J.-J. Balechou, C.-Fr. Schmidt, J.-G. Wille, Jacques Schmutzer, Bartolozzi, J.-G. Muller, Jean Hall, J.-C. Scherwin, W. Sharp et d'autres.

Nous devons mentionner encore une manière toute particulière dont l'invention est due à Jean Boulanger (1660), c'est la *manière pointillée.* Elle s'exécute au moyen de points et de petits traits faits au burin, et ne sert généralement que pour traiter les chairs. Morin (1660), Schenker (né à Genève) et quelques autres graveurs, surtout les Anglais, ont travaillé dans cette manière, sur laquelle nous reviendrons plus bas.

Gravure à l'eau-forte. Le second genre de chalcographie, la gravure à l'eau-forte, est le genre le plus généralement employé; il offre de grands avantages sous le rapport du temps et de la facilité d'exécution.

On n'est point d'accord sur l'origine et la date de sa découverte. D'un côté on l'attribue à François Mazzuoli, dit le Parmesan, qui s'occupait beaucoup de chimie; d'un autre côté on fait valoir l'antériorité des gravures de ce genre faites par Albert Durer. M. Duchesne aîné pense que cette question peut être maintenant résolue, mais d'une manière assez singulière: « Car, dit-il, au lieu de laisser cette invention à l'un de ceux à qui on avait voulu en faire honneur, on peut assurer qu'elle est due à Wenceslas d'Olmutz, dont il existe au *British Museum* une gravure extrêmement curieuse, représentant une figure allégorique et satirique, avec la date de 1496. Elle est relative aux discussions qui eurent lieu à cette époque entre quelques princes d'Allemagne et la cour de Rome. Cette pièce que l'on croit unique, et qui a échappé aux recherches de MM. de Heinecke, de Murr et de Bartsch, est extrêmement curieuse, puisque par sa date elle montre une antériorité de 19 ans sur les gravures d'Albert Durer, dont la plus ancienne porte la date de 1515, et que celles du Parmésan sont encore plus récentes, ce peintre n'étant né qu'en 1503. »

Le procédé de la gravure à l'eau-forte consiste en trois opérations principales; 1° à vernir la planche de cuivre; 2° à décalquer et à tracer sur cette planche le dessin qu'on veut multiplier; 3° à la faire mordre par un acide.

Après avoir bien dégraissé et nettoyé avec du blanc d'Espagne la planche de cuivre rouge, on la place sur un réchaud contenant un feu de charbon très-doux; on fixe à l'un ou à plusieurs des angles de la planche des étaux à main, afin de pouvoir la manier convenablement. Si la planche est petite, on peut la chauffer avec du papier roulé en corde, que l'on promène dessous tout allumé. Mais, si celle-ci est de grande dimension, on la suspend au-dessus du réchaud au moyen de cordes à une poulie fixée au plafond. Lorsque la planche a atteint le degré de chaleur voulu, on passe la boule de vernis enveloppée dans du taffetas neuf, jusqu'à ce que toute la surface en soit couverte, et on frappe ensuite le vernis avec un tampon en soie, afin de l'égaliser. La meilleure méthode et la plus nouvelle pour vernir la planche, c'est de se servir d'un petit rouleau en bois recouvert de peau dégraissée, se mouvant dans un manche fourchu, avec lequel on étend le vernis qu'on a fait fondre sur le bord de la planche.

Le vernis dont on se sert est de différente composition, suivant le travail qu'on veut exécuter. Celui qu'on trouve chez les marchands n'est pas toujours excellent ; il est donc utile d'en connaître la composition, afin de pouvoir en faire au besoin. Le vernis dont se servait Rembrandt se compose d'une partie d'asphalte, d'une de mastic en larmes et de deux de cire vierge; celui d'Abraham Bosse, d'une partie d'asphalte, deux de mastic en larmes et trois de cire vierge; celui de Callot, dit vernis de Florence, de quatre onces d'huile de lin pure et d'autant de mastic en larmes. Le vernis anglais a une partie d'ambre jaune, deux d'asphalte et quatre de cire vierge, ou quatre parties d'asphalte, deux de poix noire de Suède, et une partie de poix de Bourgogne. M. Henri Felsing, de Darmstadt, fabrique un excellent vernis dans lequel il fait entrer six onces (loth) de cire, quatre de gomme laque, trois de colophane et cinq d'asphalte.

Après avoir verni la planche, et avant son refroidissement, on la tourne, le vernis dessous, et on promène la flamme d'un flambeau composé de plusieurs bougies allumées, la mèche restant à un pouce au plus de distance, jusqu'à ce que la flamme toujours en mouvement ait communiqué au vernis une teinte noire bien égale. Cette opération s'appelle *flamber la planche*, et sert à donner au vernis une couleur noire, afin de faciliter le décalque du dessin.

Le calque du dessin qu'on se propose de graver peut se faire sur du papier transparent, dit papier à calquer (ou papier végétal), sur lequel on trace, au moyen d'un crayon ou d'une plume, les contours et les détails de l'original. Pour le décalquer sur la planche, on le renverse sur le vernis, le dessin en dessous, puis on interpose entre la planche et le calque un papier fin recouvert d'une couche de sanguine, et l'on passe sur tous les traits une pointe bien arrondie pour les marquer sur le vernis. C'est la manière la plus ordinaire pour transporter le dessin sur la planche vernie, mais il y en a encore d'autres, qu'il importe de connaître. Un calque fait sur un papier d'une épaisseur moyenne avec un crayon de mine de plomb mou se décalque très-bien sur le vernis lorsqu'on humecte légèrement la feuille, qu'on la pose sur la planche du côté du dessin, et qu'on la fait passer sous la presse de l'imprimeur, qui fait adhérer le crayon au vernis. Au lieu du crayon on peut se servir de vermillon mélangé d'un peu de fiel de bœuf.

Le papier-glace, qui n'est autre chose qu'une feuille de gélatine très-mince et aussi transparente que du verre, sert très-avantageusement pour le calque et pour le décalque. Le dessin s'exécute avec une pointe tranchante, très-soigneusement aiguisée pour qu'elle ne forme pas de rebarbes, qui pourraient endommager le vernis. On remplit de poudre rouge les traits creusés dans le papier-glace, et on décalque sur le vernis en frottant le revers avec un brunissoir, ou l'on opère par impression comme à la méthode précédente. Pour décalquer sur cuivre nu, on remplit les traits du dessin fait sur papier-glace avec du soufre pulvérisé, on le renverse sur la planche préalablement enduite de suif, puis avec l'aide du brunissoir on opère comme nous l'avons indiqué ; le suif, combiné avec le soufre, laisse sur la planche des traces noires très-prononcées, qui ne tarderaient pas à creuser le cuivre si l'on ne se hâtait de les laver avec de l'essence de térébenthine.

Lorsque le décalque est terminé, on préserve le vernis de toute écorchure en recouvrant la planche de linges très-fins, et en se servant d'une espèce de petit banc en bois, dont les pieds posent sur la table, et dont le dessus recouvre la planche sans la toucher, ou bien l'on entoure la planche d'un cadre dont l'épaisseur dépasse un peu celle du cuivre, et sur lequel repose une planchette de bois pour soutenir la main pendant le travail.

Les pointes dont on se sert pour tracer le dessin sur la planche à travers le vernis doivent être de bon acier trempé et de différentes grosseurs, suivant le genre de dessin qu'on veut reproduire. Les fines aiguilles anglaises et les équarrissoirs dont se servent les horlogers, fixés dans un porte-pointe ou dans des manches, sont les meilleures pointes. Il faut avoir soin de les aiguiser convenablement pour qu'elles glissent sur le cuivre dans tous les sens avec facilité, qu'elles tracent un trait pur, brillant, sans aucune égratignure, et qu'elles n'attaquent le cuivre que légèrement.

Le tracé à la pointe terminé, on soumet la planche à l'action du mordant pour creuser les traits. A cet effet on entoure la planche entière, ou la partie seulement qu'on veut faire mordre, d'un bord en cire molle de 2 à 3 centimètres de haut, en ménageant dans un de ses angles une petite goulotte pour pouvoir se débarrasser commodément de l'acide restant après la morsure. L'eau-forte ou l'acide nitrique que l'on verse sur la planche à la hauteur de 2 centimètres au moins, doit avoir 15, 20 ou 25 degrés, suivant le travail qu'on veut exécuter. En y mêlant un peu de sel ammoniac, on empêche l'eau-forte d'élargir les traits. La force de l'acide et la durée de la morsure ne sont soumises à aucune règle fixe; la pratique seule guidera l'artiste. Il faut cependant avoir soin de ne pas laisser l'eau-forte en repos, mais de l'agiter souvent avec la barbe d'une plume de pigeon, pour ôter les bulles qui se forment sur les traits. Lorsqu'on juge que les parties légères ont acquis le ton convenable, il faut suspendre l'action du mordant. On retire l'eau-forte, on lave la planche à plusieurs eaux, sans ôter la bordure de cire; et on la sèche, en appliquant dessus du papier brouillard ou du papier joseph. Ensuite on recouvre toutes les parties suffisamment mordues de petit vernis ou de vernis à couvrir, composé d'une dissolution d'asphalte dans de l'essence de térébenthine mélangée d'un peu de noir de fumée, avec un pinceau. Après l'entière dessiccation du vernis, on remet l'eau-forte pour opérer la seconde morsure, et pour donner à d'autres parties le degré de force convenable. On continue ainsi jusqu'à ce que tous les tons aient acquis le degré de vigueur convenable, en ayant soin de retirer chaque fois l'eau-forte de la planche, de laver celle-ci et de la sécher.

Lorsque le travail de la morsure est terminé, on ôte la bordure en cire, on passe la planche à l'essence de térébenthine légèrement chauffée, et on ébarbe le cuivre avec un charbon doux et de l'huile, pour enlever les saillies résultant du foulage de la pointe. Pour vider complétement les tailles on se sert de lessive caustique. M. Deleschamps recommande le sous-carbonate de potasse réduit en poudre fine, sur lequel on jette quelques gouttes d'eau. Pour cela on se servira d'une brosse rude, afin de faire entrer de ce sel alcalin dans les tailles.

Si l'on s'aperçoit, après le tirage des épreuves, qu'il y a des places où la morsure n'a pas assez agi, ou auxquelles on voudrait donner plus de force, on pourra faire remordre la planche. A cet effet on la nettoie bien, comme nous l'avons indiqué, et on la revernit en ayant soin de ne pas trop la chauffer, pour que le vernis ne coule pas dans les tailles lorsqu'on passe dessus le rouleau à vernir. On peut alors remettre l'acide, et creuser les parties qui en ont besoin, sans retoucher à la pointe; ou bien on peut tracer à la pointe de nouvelles rangées de hachures par-dessus les autres, pour augmenter la vigueur. Pour empêcher le vernis d'entrer dans les traits, on n'a qu'à y introduire de la gomme arabique à laquelle on mêle un peu de blanc pour la rendre visible; la gomme repoussant le vernis, il faut avoir soin de bien essuyer les places où l'on veut qu'il prenne.

Telles sont en général les diverses opérations du procédé de la gravure à l'eau-forte. Nous n'entrerons pas dans plus de détails, le praticien les touvera dans les traités spéciaux auxquels nous le renvoyons.

On distingue ordinairement deux genres de gravure à l'eau-forte : celui qui est connu sous le nom d'*eau-forte des peintres*, et celui dit *eau-forte des graveurs*. Ce dernier genre n'est destiné qu'à préparer le travail, qui doit être terminé au burin; ce n'est qu'une ébauche d'estampe plus ou moins avancée. Quelquefois l'eau-forte domine dans les tailles faites au burin, d'autres fois elle n'occupe que des places secondaires, suivant le goût et l'habileté de l'artiste ou les exigences de l'original.

On joint souvent à ce genre mixte, et aussi au genre purement eau-forte, un autre travail, celui dit *à la pointe sèche*. Ce genre s'exécute sur cuivre nu, c'est-à-dire non verni, au moyen de pointes aiguisées en tranchants de diverses formes, qui entament le cuivre à peu près comme le burin, mais dont les tailles ne sont ni aussi profondes, ni aussi nourries que celles qui sont faites au burin. On exécute rarement des planches entièrement à la pointe sèche; on n'use guère de ce procédé que pour les petites figures et pour harmoniser et lier les tons. La pointe sèche permet de faire des dessins avec une extrême finesse, et les épreuves, vues à distance, ont l'apparence de lavis, parce qu'en général on n'ébarbe pas les tailles; le refoulement produit par le travail de la pointe retient l'encre d'imprimeur et communique à l'œuvre ce velouté qui distingue ce genre. Mais cette espèce de gravure a aussi l'inconvénient de s'user très-promptement et de ne fournir qu'un petit nombre de bonnes épreuves, tandis que les planches gravées totalement au burin en donnent une grande quantité. On estime à 1,500 le nombre des épreuves parfaites, et de 3 à 4,000 celui des épreuves passables qu'on peut obtenir d'une planche gravée au burin.

L'eau-forte des peintres, pratiquée par les dessinateurs et les peintres, est un genre tout à fait libre, qui n'est soumis à aucune règle, et qui dépend entièrement du goût, du sentiment et du caprice de l'artiste. Celui-ci se sert de la pointe comme il manie le crayon, et il peut produire dans ce genre des choses charmantes, tantôt vigoureuses et brillantes, tantôt douces et fines.

Les artistes les plus distingués dans la gravure à l'eau-forte sont: Albert Durer, Antoine de Trente, Salvator Rosa, Guido Reni, Dieterlein, de Strasbourg, Jacques Callot, Stephano Della Bella, Ab. Bosse, Rembrandt, Ant. Tempesta, Daniel Chodowiecki, Potter, Claude Lorrain, Piranesi, Salomon Gessner; — Angélique Kaufmann (n. Coire en Grisons, 1741, m. en Italie, 1807), pendant son séjour en Italie, en 1766, grava à l'eau-forte, mêlée de lavis, trente planches de différentes grandeurs, tant d'après des sujets de sa composition que d'après divers maîtres italiens. Nous nommons encore Kolbe, Boissieu, Biedermann, Mercuri; Jean Huber et Calame, de Genève.

A Londres il existe une société d'artistes, connue sous le

nom de *Etching-Club*, qui publie de temps en temps des collections d'eaux-fortes; celle de 1844, éditée sous le titre *Etched Thoughts by the members of the Etching-Club,* contient soixante planches exécutées par J. Bell, C.-W. Cop, Th. Creswich, T. Fearnly, J.-R. Herbert, F.-C. Knight, J. Calcoth-Horsley, R. Redgrave, J. Stone, F. Severn, C. Stonhouse, F. Webster, Fr. Taylor, N.-J. Townsend, etc.

Mezzo-tinto. Le troisième genre de gravure est très-différent des deux précédents. Au lieu de réserver sur la planche les lumières et de creuser par divers moyens les demi-teintes et les ombres, on fait justement le contraire : on commence par les tons les plus foncés, et on use le cuivre jusqu'à ce qu'on ait atteint les diverses teintes de la lumière. Aussi appelle-t-on ce genre *Mezzo-tinto*, ou *manière noire.*

Le procédé, qui est purement mécanique, consiste d'abord à produire sur toute la planche un grain égal et serré qui donne une épreuve d'une teinte noire uniforme et bien veloutée. On se sert pour graver la planche d'un outil d'acier nommé *berceau* qui, pareil à un ciseau plat dont le tranchant décrit un arc de cercle d'environ 6 pouces de rayon, est armé de dentelures très-rapprochées et très-fines. Pour obtenir le grain convenable, on tient le berceau par son manche aussi fermement que possible, et dans une direction perpendiculaire à la planche; puis, balançant le berceau de droite à gauche, et de gauche à droite, on lui fait imprimer ses dents dans le métal, de manière que chaque oscillation du berceau forme une ligne parallèle aux lignes déjà produites. Lorsqu'on a ainsi couvert toute la planche de lignes paralèlles, on en produit d'autres à angle droit avec les premières, puis une troisième et une quatrième série de lignes formant des diagonales avec les deux précédentes, puis d'autres se croisant sous différents angles, jusqu'à ce que la planche soit recouverte d'un grain très-serré et parfaitement identique dans toutes les parties. L'opération du berçage est très-longue et très-fatigante, car les quatre opérations doivent se répéter une vingtaine de fois.

Quand la planche est ainsi préparée, on décalque le dessin

qu'on veut graver en se servant d'un papier enduit de sanguine. Pour que les traits ne s'effacent pas pendant le travail, on les repasse avec un pinceau et l'encre de Chine, ou avec de la couleur à l'huile. C'est avec des racloirs, des grattoirs et des brunissoirs de formes et de forces variées, qu'on enlève ou qu'on écrase tout ce qui doit devenir blanc à l'épreuve, ou seulement d'un ton moins foncé que le grain primitif. C'est de cette manière qu'on arrive à produire les dégradations de teintes les plus délicates du clair-obscur, depuis le noir le plus vigoureux jusqu'au blanc le plus brillant.

Lorsqu'on a trop enlevé le grain dans certaines parties, on peut y remédier en les repassant avec de petits berceaux.

Ce genre se rapproche des dessins au lavis ou des dessins à l'estompe, et il est particulièrement propre pour les chairs et les draperies, pour la reproduction des fleurs, des fruits et des ornements brillants; mais les planches gravées à la manière noire sont difficiles à imprimer et ne fournissent que 150 ou tout au plus 300 bonnes épreuves. Le grenage des planches offre aussi de grandes difficultés et demande un temps considérable. Une planche de 2 pieds de long sur 18 pouces de large exige près d'un mois de travail pour produire un grain convenable. Aussi on trouve maintenant en Angleterre des planches toutes préparées, et en France on a remplacé le grenage des planches fait à la main, par le grenage mécanique, dont l'invention est due à MM. Collas et Saulmier aîné.

La gravure à la manière noire a été inventée en 1643 par un officier hessois, Louis de Sieghen. Son premier essai fut le portrait de la landgrave de Hesse, Amalie-Elisabeth. Le prince palatin Robert(1), à qui l'inventeur avait communiqué son procédé, le fit connaître en Angleterre, où ce genre de gravure fut adopté et où il atteignit bientôt le plus haut degré de perfection.

C'est surtout Richard Earlom (n. comté Sommerset, 1728, m. Londres, 1794) qui a pratiqué la manière noire avec grand succès. Parmi le grand nombre de planches qu'il a gravées dans

(1) Il y a dans la galerie de Dresde des gravures dans ce genre, exécutées par le prince *Rubrecht*.

ce genre, on distingue an Iron Forge, d'après J. Wright (1773), the royal Academie of Arts, et the Porter and hare, d'après Zoffani; le portrait du général Elliot, d'après Reinolds (1782); le portrait de Rembrandt (1767); Galathea, d'après Giordano (1779); a Fruit-Piece, et a Flower-Piece, d'après Huysum (1781 et 1778); une Lionne avec ses petits, d'après Northcote (1780); la femme de Rubens (1783), etc., etc. Les graveurs qui se sont le plus distingués dans la manière noire sont: John Dixon, John Smith (n. 1660, m. Bristol, 1721), Inigo Wright, Robert Dunkarton, W. Dickinson, John Murphi, J. Finlayson, Philippe Daw, John Saunders, Thomas Parc, Richard Houston, George White, et de Bapt. Smith, les Haid et Rugendas, d'Augsbourg; Vogel, de Nuremberg, qui sont tous du XVIIIe siècle. Plus modernes sont Jacob Pichler, Franz Wrenk, André Geiger, J.-François Clerc, Jean et Jacques-Léon, Porporati, de Turin; Jazet, père et fils, de Paris.

Aqua-tinta. Le quatrième genre de gravure, c'est l'aqua-tinta, ou la gravure imitant, au moyen de teintes variées et grenées, le lavis à l'encre de Chine ou à la sépia sur papier. Pour reproduire ce grené et ces différentes teintes, on a plusieurs procédés, et chaque artiste a encore des moyens particuliers plus ou moins avantageux. Nous allons donner les plus généralement employés.

D'abord il faut transporter le dessin sur la planche: ce qui se fait de la même manière que nous l'avons décrit à l'eau-forte, à cette différence près, que le trait doit être très-fin et très-faiblement creusé. Après quoi on enlève le vernis, on nettoie bien la planche, et on lui donne le grain de la manière suivante.

Dans une boîte de bois léger, de la capacité d'un mètre environ, on soulève au moyen d'un soufflet de la poudre de résine très-fine qu'on y a préalablement placée, et on la laisse reposer pendant quelques instants; ensuite on pose la planche dans le fond de la boîte sur des tasseaux: les grains de résine sont d'autant plus fins, qu'on aura attendu plus longtemps pour placer la planche dans la boîte. Au bout d'un certain temps la planche est recouverte d'une poussière blanche, dont on peut augmenter la quantité en renouvelant l'opération. Lorsque la planche est suffisamment recouverte de résine, on la chauffe avec précaution au-dessus d'une lampe à l'esprit-de-vin, ou au moyen d'un papier enflammé, pour faire agglomérer les grains de la poussière de résine, et les faire adhérer au cuivre. On couvre alors avec du petit vernis les parties qui doivent rester blanches, on borde la planche, et on fait mordre le reste; on couvre les parties qui sont assez mordues, on fait mordre de nouveau celles qui demandent plus de vigueur, et on continue cette double opération jusqu'à ce qu'on ait obtenu la dégradation des teintes et les forces qu'on désire. Pour produire un grain plus parfait qu'avec la résine ordinaire, M. Deleschamps recommande de prendre 4 parties de résine ordinaire sans ordures, et 12 parties d'arcanson noirci, le tout réduit en poudre, et de les passer plusieurs fois à travers un tamis de soie le plus fin possible.

On obtient encore le grain par d'autres procédés. Ainsi on fait dissoudre dans de l'alcool très-rectifié de la résine, de la poix de Bourgogne, ou du mastic en larmes, et quelquefois ces trois substances à la fois, selon l'espèce de grain qu'on veut obtenir, chacune donnant un grain différent. On verse de cette dissolution, plus ou moins chargée, sur la planche maintenue dans une position inclinée pour faire écouler le liquide superflu, puis on la laisse se sécher. La couche résineuse laissée sur la planche, par l'évaporation de l'alcool, ne tarde pas à se crevasser en tous sens, tout en restant fortement adhérente au métal, et produit des réseaux différents de forme pour chacune des substances résineuses employées. Plus cette couche est épaisse, plus le retrait de la matière est considérable, et plus les lignes qui forment les réseaux sont larges. La position inclinée qu'on donne à la planche pour faire écouler le liquide superflu fait déposer au bas de cette planche une plus grande quantité de résine que dans les autres parties. Aussi faut-il avoir soin de placer en bas les parties qui doivent avoir le plus de vigueur.

Une autre méthode consiste à couvrir de petit vernis toutes les parties blanches, et de faire mordre toutes les autres parties avec de l'esprit de nitre affaibli; en pratiquant ainsi plusieurs morsures, en ayant soin de couvrir chaque fois les places assez mordues, on peut obtenir deux ou trois teintes différentes, mais légères et d'un grain mat. Pour donner plus de vigueur, on enlève le petit vernis, et on recouvre la planche entière d'un vernis transparent d'une partie de poix de Bourgogne et de deux de cire; puis, pendant que le vernis est encore liquide, on le saupoudre, au moyen d'un tamis fin, de sel gemme ou de sel marin purifié réduit en poussière. On remet la planche sur le feu jusqu'à ce que le sel ait pénétré à travers le vernis jusqu'au nu du cuivre; puis on la laisse refroidir et on la met tremper dans l'eau pour dissoudre le sel, qui laisse à la place qu'il occupait un nombre considérable de petits trous qu'on ne peut distinguer qu'avec la loupe. On opère alors comme ci-dessus, après avoir couvert de vernis les parties blanches et les parties mordues.

Cette méthode donne un résultat absolument contraire aux précédents, c'est-à-dire qu'au lieu d'un réseau de lignes noires, on obtient à l'épreuve un réseau de lignes blanches sur un fond noir. On attribue ce procédé à Peter Floding.

On peut se servir avantageusement de la méthode suivante pour imiter parfaitement les dessins faits au pinceau. Après avoir tracé le dessin sur la planche, on la vernit de nouveau, et on peint les ombres les plus foncées avec un pinceau trempé dans une dissolution composée d'huile d'olive, d'essence de térébenthine et de noir de fumée. Ce mélange a pour effet la dissolution du vernis, qu'on enlève ensuite facilement, mais avec précaution, au moyen d'un linge légèrement trempé d'acide. Lorsque les places ainsi peintes sont bien nettoyées, on leur donne le grain, en exposant la planche à la boîte à grener; on fait mordre, et on continue ainsi en découvrant, en grenant et en creusant toutes les autres teintes du dessin, en les dégradant jusqu'aux tons les plus légers.

Il y a encore une méthode, semblable à la précédente, qui consiste à faire les retouches et les parties fortes avec un pinceau et un mélange de blanc ordinaire, de thériaque et de sucre fondu, mélange qu'on applique comme on pose les touches à l'encre de Chine sur du papier. Le reste de la planche sera de nouveau verni et soumis à l'action de l'acide, qui agira seulement sur les parties retouchées avec le mélange, et leur donnera la vigueur désirée.

Quelques artistes emploient une composition de sel marin, de sel gemme, de sel ammoniac et de sirop de vieux miel pour l'appliquer avec le pinceau sur le cuivre nu.

On obtient encore un assez bon résultat, et sans être obligé de grener la planche, en se servant pour mordant d'eau-forte affaiblie à 12°, mélangée de 12 parties d'eau distillée, et de 3 d'alcool rectifié; ce mordant produit une teinte égale et légère, qu'on rend successivement plus foncée en ayant soin de recouvrir les places qui sont assez creusées, et en faisant remordre les autres.

Le procédé de gravure au lavis que M. Keller a inventé en 1817, diffère totalement de ceux dont nous venons de parler: il a pour but de substituer à la méthode de l'aqua-tinta par l'eau-forte, un moyen mécanique d'incruster le cuivre sans le secours de cet acide. Voici en quoi il consiste: après avoir tracé les contours du dessin, on vernit et on flambe la planche, et on recouvre les parties qui doivent être ombrées avec du fiel de bœuf à l'aide d'un pinceau. On verse du sable dessus, on enlève tout le sable qui n'adhère pas au fiel, on recouvre d'une feuille de papier, et l'on applique fortement pour que le sable découvre le cuivre; enfin on enlève le sable avec un pinceau, et on fait mordre à l'eau-forte. Cette opération terminée, on nettoie le cuivre et on y passe de l'huile; les autres opérations n'exigent plus d'eau-forte, et c'est ici, à proprement parler, que commence le procédé de M. Keller.

Pour produire le premier grain, on couvre les parties de la planche qui ne doivent point être attaquées d'un vernis dur et sec, auquel le sable ne puisse s'attacher; on étend de gros sable sur la planche, bien également, de l'épaisseur d'un quart de ligne; on fait agir une roulette d'acier trempé, montée dans une chape, d'abord doucement pour que le sable ne coule pas, et ensuite plus fortement, en longueur et en largeur, jusqu'à ce que la planche soit également attaquée et qu'il n'y ait plus de parties brillantes. L'opération terminée, on replace le calque sur le cuivre, on décalque sur le fond grené les lointains et la perspective; on passe le brunissoir avec de l'huile sur les parties brillantes du ciel, afin de former les nuages, et sur les parties qui doivent être détachées les unes des autres, et on passe sur les plans éloignés un bouton d'acier poli, auquel on donne un mouvement circulaire. Si l'on veut obtenir des parties plus foncées, on couvre tout le reste de vernis dur, on agit sur les parties découvertes comme précédemment, et en se servant d'un plus petit rouleau d'acier.

Pour produire un second grain, on mélange avec du vernis de la couleur composée d'une partie de mastic, des deux parties d'huile de térébenthine, et de la couleur brune broyée avec de l'huile; on en couvre toutes les parties plates du second plan, quelque légères qu'elles soient; on verse alors le sable sur la planche, et on rejette tout ce qui n'est point attaché à la peinture. Pour les grandes surfaces on se servira de la roulette que l'on promènera fortement sur le sable; pour les petites parties on se servira d'un plus petit instrument en acier. On s'assure par une épreuve des différents tons et de l'effet général de la gravure. Pour le troisième grain, les mêmes moyens sont mis en usage que dans la formation des teintes du premier plan; seulement on prend le sable le plus gros, on l'imprime le plus fortement possible, et on passe le brunissoir sur les endroits où l'on veut rappeler les clairs. Il faut, pour obtenir les tons convenables, souvent renouveler l'ensablement, et avoir soin de se procurer du sable fin, bien pur et contenant beaucoup de quartz. M. Keller prétend que les planches traitées de cette manière ne donnent que 200 épreuves, mais qu'on peut recommencer à sabler tant que les contours sont encore visibles. Les épreuves tirées de ces planches tiennent, quant à l'apparence, le milieu entre la manière noire et l'aqua-tinta à l'eau-forte; elles présentent un certain velouté provenant des aspérités du cuivre produites par le refoulement du sable.

On attribue à Jean-Adam Schweikard (1) (n. Nuremberg 1722, m. 1787) les premiers essais de gravure au lavis: c'était à Florence, en 1750, qu'il grava des dessins de maîtres à l'aqua-tinta.

Schweikard communiqua son invention à André Scacciati (m.

(1) Murr, 710, et Meusel's Museum, 1787.

1771) qui publia en 1766, à Florence, vingt gravures dans ce genre, d'après les plus célèbres peintres de la galerie de cette ville.

Jean-Baptiste Le Prince (n. Paris 1733) s'était aussi occupé du lavis, et avec un succès parfait; mais son procédé n'a été divulgué qu'après sa mort, en 1781, par son ami l'abbé Saint-Non, à qui il paraît avoir révélé son secret. L'abbé Jean-Claude-Richard de Saint-Non (n. 1727, m. 1791), auteur du voyage pittoresque de Naples et de Sicile, dessiné par Fragonard et Robert (1), avait exécuté, de 1766 à 1767, trente-deux gravures au lavis, et vingt-quatre eaux-fortes, de 1753 à 1765.

L'Allemagne a eue connaissance de ce genre de gravure par une brochure de Stappart, traduite en allemand et publiée à Nuremberg en 1780.

Parmi les graveurs qui se sont le plus distingués dans l'aquatinta, nous citerons : P.-L. Debucourt (2) (1757): il a laissé des ouvrages de sa composition pleins d'esprit et de finesse. — Ph.-L. Parizeau (1779), qui a traité de petits sujets. — Jean-Gottlieb Prestel (n. Grunebach 1739), qui grava d'après les dessins des grands maîtres du musée Praun à Nuremberg; son épouse Marie-Catherine grava dans le même genre, en 1784. — Ambroise Gabler (né 1762), de Nuremberg. — J.-Fr. Bause (1786), excellent graveur en portraits. — Richard Earlom s'est également distingué au lavis. — Kunze (n. 1770), de Mannheim. — Frey a publié les vues du château de Marienbourg. — C. Haldenwang (n. Durlach 1770 m. 1831). — Falkenstein, graveur d'animaux, d'après Fielding. — Aimely et d'autres. Les artistes suisses ont surtout adopté ce genre pour graver les vues de leur pays.

Genres de gravure qui procèdent par un pointillé. Nous avons à parler maintenant de quelques genres de gravure qui, quoique distincts les uns des autres, se ressemblent cependant plus ou moins, et ont été souvent confondus. Il s'agit de la gravure au pointillé, de celle qui imite le crayon, et de celle

(1) 4 vol. gr. fol. Paris, chez Lafosse; voyez Meusel's Museum, 1792.

(2) Les beaux-arts dans les deux mondes en 1855, par M. Delécluze, Paris.

qui imite les peintures. Dans toutes ces gravures on procède par un pointillé quelconque, produit par une méthode variée.

Opus mallei. Commençons par la *gravure au pointillé* proprement dite. Ce genre s'exécute de différentes manières. Nous avons parlé plus haut d'une espèce de gravure appelée opus punctile, pratiquée par les orfévres du moyen âge, et dont l'usage paraît avoir été maintenu encore longtemps après. Les orfévres du XVIe et du XVIIe siècle la connaissaient sous le nom de *opus mallei* ou de *travail au maillet*, parce quelle s'opérait au moyen de pointes ou de ciselets et avec le marteau. On conserve encore dans le *Grüne Gewölbe* à Dresde, entre autres objets d'orfévrerie, des gravures au maillet dues à Conrad-Jean et David Kellerdaler (1), de la Saxe (du XVIe et du XVIIe siècle). On y remarque surtout un Banquet de divinités païennes, l'Enlèvement des Sabines, avec la date de 1613, et l'Électeur Jean-George II, à cheval. Il y a encore un saint Jérôme, copié d'après Durer par Mat. Strœbel, de Nuremberg, en 1557. De cette époque sont aussi des portraits en opus mallei, dont les chairs sont d'argent, et les cheveux et les draperies dorées. On les attribue à George Jæger, de qui on connaît encore des copies faites dans le même genre, d'après des gravures de sujets bibliques de Mérian, et qui portent la date de 1667. Ces planches gravées au maillet, en argent ou en cuivre doré, ne servaient qu'à la décoration de coffrets, d'armoires ou d'autres meubles, mais nullement à l'impression; on en gravait cependant aussi sur cuivre, qui furent employés à ce dernier usage.

Les plus anciennes estampes en opus mallei qui me soient connues offrent le monogramme B. Z. (Bernard Zan?) et la date de 1581. Ce sont des modèles d'orfévrerie accompagnés de vues et d'allégories, dont les contours et les ombres sont gravés avec la pointe et le marteau. Du même genre sont encore les dessins d'orfévrerie publiés en 1592 par Paul Flynt (n. Nuremberg 1570, m. 1620). En 1601 furent publiées à Augsbourg 14 estampes traitées en opus mallei, représentant le Christ et les Apôtres, avec la sous-

(1) Keysler, Reisen, lettre 36.

cription suivante: « .... effig. novo hoc in aere typi genere effor: m. os. observ. ergo D. D. Franciscus Aspruck. B. 1601. »

Aspruck était un orfévre néerlandais qui travaillait à Augsbourg, et qui croyait avoir inventé un nouveau genre de gravure (Stetten).

C'est surtout le célèbre orfévre Janus ou Jean Lutma (n. Grœning 1584, m. 1669), qui a excellé dans l'opus mallei; il en a même été regardé longtemps comme l'inventeur. Son fils Jacques Lutma avait gravé en 1681 le portrait de son père et le sien. Entre autres graveurs d'Augsbourg du XVIIIe siècle, on nomme J.-Erhard Heigle, qui grava en 1721 une douzaine d'estampes au maillet, contenant des modèles d'orfévrerie, ainsi que Jean-George Klinger, de Nuremberg (1788).

Gravure au pointillé. Ce travail au marteau et au ciselet a probablement donné naissance au *genre de gravure dit au pointillé*, qui n'est qu'un assemblage de points et de petits traits, ou de points seuls, produits, ou par la pointe tranchante et triangulaire du burin, ou par la pointe sèche.

On attribue cette manière de graver à Jean Boulanger (n. Amiens 1607 ou 1613, et mort très-âgé à Paris). C'est le premier qui ait traité de grands sujets; mais il ne pointillait que les chairs, pour obtenir plus de douceur; les draperies étaient gravées au burin. Ses meilleurs planches sont la Vierge à l'œillet, d'après Raphaël; la Vierge et l'enfant Jésus, d'après le Guide, etc., etc. Jean Morin (n. Paris, m. vers 1660), travaillait dans le même genre, mais il faisait son pointillé à l'eau-forte. En Allemagne Bartholomé Kilian (n. Augsbourg 1628, m. 1693) gravait de très-beaux portraits au pointillé; ainsi que J.-A. Bœner et J.-F. Léonard, qui vivaient au milieu du XVIIe siècle.

Marie-Angélique Kaufmann (n. Coire en Suisse 1742) a aussi produit quelques planches dans le genre au pointillé. En Angleterre, où la gravure au pointillé a eu le plus de partisans, il y avait William-Wynne Ryland (n. Londres 1732, m. 1783), mais principalement le Florentin Francesco Bartolozzi (n. Florence 1730, m. Lisbonne 1813), qui a vécu quelque temps en Angleterre, et a produit de très-belles estampes, dont les plus remarquables sont Clytie, et la Femme adultère, toutes les deux d'après An. Carrache; la Mort de lord Chatam, d'après Copley; le Triomphe de la vertu, d'après Peters; Jupiter et Io, d'après le Corrége, etc.

C'est surtout au commencement de notre siècle que ce genre a été pratiqué, et il l'est encore de nos jours.

On l'emploie généralement pour les gravures des journaux de modes, des almanachs, pour vignettes et petites estampes qui ornent les ouvrages typographiques; on s'en sert aussi pour des planches plus considérables gravées d'après les grands maîtres, ou d'après des œuvres de la sculpture, ou bien encore pour produire des modèles destinées aux écoles de dessin.

Les meilleurs graveurs dans le genre du pointillé sont Daniel Berger (n. Berlin 1774, m. 1824), Fleischmann (n. Nuremberg 1791, m. 1834), Feller, Schmidt, Sinzenich, John, à Vienne; Gérard, Perrot, Ruotte, Noël, Bertrand, Mme Marchand, Alexandre Chapponier (n. Genève 1753), Nicolas Schenker (n. Genève 1760, m. 1848), Charles-Simon Pradier (n. 1782, m. 1847), frère du célèbre sculpteur de Genève, William Roffe, H.-T. Ryall, J. Thomson, W.-H. Mote, J. Wagstaff, C. Knight, T.-W. Knight, J.-H. Baker, G. Virtue, B. Holl, et un grand nombre d'autres.

Gravure imitant le crayon. Dans le siècle dernier les dessinateurs et les peintres se servaient généralement de la sanguine pour dessiner leurs figures, et les graveurs qui désiraient les multiplier par la gravure cherchaient à imiter le grené du crayon par divers moyens. De là l'invention d'un nouveau genre de gravure appelé *gravure dans le genre du crayon*, ou *manière sablée*, ou encore *gravure à la roulette*, suivant le procédé employé. L'invention en est due à J.-C. François, graveur à Paris. Ses recherches avaient pour but de substituer aux gravures en taille-douce des gravures imitant le maniement large du crayon, et par cela même plus propres à servir de modèles dans les écoles de dessin que les gravures au burin. Son premier essai (en 1740) ne réussit point; mais en 1753 il réussit mieux, et publia en 1756 six feuilles avec un succès complet, ce qui lui valut le titre de graveur des dessins du Cabinet du roi (1). Il gravait les dessins au lavis

(1) Reg. de l'Ac. roy. de peint. et sculp. 26 nov. 1757.

et ceux au crayon noir et blanc sur papier gris ou bleu; enfin il joignait la planche du crayon rouge à celle du crayon noir et blanc pour imiter les trois crayons. Après 1760, François a exécuté le portrait du médecin Quesnay, dans un genre qui, comme il le dit lui-même, « permettait de réunir toutes les différentes gravures sur une même planche; ainsi la tête de ce portrait est comme une manière noire rengraissée; l'habit est au burin; le cadre et le fond sont d'un crayon simple, les livres qui l'accompagnent contiennent des dessins lavés, et le piédestal est un crayon noir et blanc; les différents crayons qui s'y trouvent sont travaillés de la manière simple, sans mécanique. »

D'autres graveurs se sont approprié ce nouveau genre de gravure, principalement Gilles Demarteau (n. Liége 1729 ou 1732, m. Paris 1776), qui l'a poussé à un haut degré de perfection. On connaît de lui plus de 560 estampes dans ce genre, gravées d'après Raphaël, Pierre de Cordone, Rubens, Bouchardon, Boucher, Huet, etc. Il est nommé l'aîné pour le distinguer de son neveu et élève Gilles-Antoine Demarteau (n. Liége, m. Paris 1806), qui a gravé dans la même manière. On remarque surtout ses têtes d'après le Dominiquin. De cette époque sont encore les graveurs français Louis Bonnet, Paris 1760, Magny, J.-B. Richard, Obelle, Petit, Mlle Liothier la jeune, Carrée, J.-Fr. Janinet, Roubillac, J.-Baptiste Lucien, Gillberg, J.-C. Franco. Duruisseau a publié les cinq ordres d'architecture en employant un pointillé assez fin pour imiter le lavis.

En Hollande il y avait Ploos van Amstel, Cortryk, van Noorden, G. Saint, Jean-Jacques Bylaert. Ce dernier a publié un traité sur ce genre de gravure (Amsterdam 1770).

Jean-Henri Tischbein le cadet (n. Heyna en Hesse 1742, m. 1808), a publié en 1790 à Cassel une collection de gravures remarquables en 84 feuilles, gravées dans différentes manières, pour imiter le crayon. Nous allons décrire ses procédés. Celui de la manière dite sablée consiste à vernir la planche comme d'habitude, et de la flamber; on la saupoudre alors de sable très-fin, que l'on fait adhérer au vernis en chauffant légèrement, et l'on enlève tout le superflu; puis on place sur la planche le dessin même qu'on veut reproduire, après l'avoir enduit de sanguine par-dessous, et on repasse tous les traits et toutes les hachures avec des pointes variées de grosseur, mais obtuses, et appuyant plus ou moins fortement pour faire pénétrer le sable jusqu'au cuivre. Après avoir terminé le décalque complet de toutes les parties du dessin, on fait mordre la planche comme nous l'avons indiqué plus haut. Au lieu de sable, on peut prendre aussi des cristaux de tartre (bi-tartrate de potasse) pur et finement pulvérisé, qui se dissolvent plus facilement par l'acide. Il faut avoir soin, en posant son dessin sur la planche, de marquer des repères, afin de pouvoir le remettre à la même place s'il y avait des corrections à faire. Lorsqu'on aura enlevé le vernis, on pourra faire des retouches au moyen de pointes faites avec de la pierre ponce, ou avec du grès feuilleté (pierre à aiguiser); qu'on aura soin de tenir humides; et, pour donner plus de vigueur aux ombres ainsi retouchées, on se servira d'un mélange de 25 à 30 gouttes d'acide hydrochlorique (esprit de sel fumant) et d'une demi-once d'eau régale, qu'on posera avec un pinceau de poil de loutre. Le brunissoir servira pour adoucir les parties trop fortes. Les planches gravées de cette manière et imprimées en rouge, imitent parfaitement les dessins faits à la sanguine, ou le crayon si elles sont imprimées en noir.

La manière sablée peut être employée aussi conjointement avec les genres à l'eau-forte et au lavis ordinaire; elle ressemble surtout à ce dernier lorsqu'on évite de faire des hachures, pour ne faire que des teintes fondues.

Une autre gravure au pointillé pour imiter le crayon, s'exécute au moyen de pointes d'acier trempé, divisées en parties inégales, avec lesquelles on frappe ou on imprime dans le vernis qui couvre la planche, pour obtenir un grené uni, serré ou espacé, suivant les teintes de l'original. La morsure s'opère comme à l'aqua-tinta; et, pour harmoniser les nuances, on emploie la pointe sèche. Beaucoup de gravures au pointillé s'exécutent au moyen de la pointe du burin, qui est affilée ou arrondie pour produire des points de grosseurs différentes.

On obtient encore un pointillé parfait avec l'instrument qu'on nomme la *roulette*. C'est une rondelle d'acier trempé de deux millimètres de diamètre au plus, d'épaisseur variée, et sur laquelle sont ménagées de petites aspérités inégales. Ce petit cylindre est percé dans son milieu, et monté sur un axe rivé autour duquel il tourne facilement. Les dents de la roulette enlèvent le vernis sur les points qu'elles touchent; on fait ensuite creuser à l'eau-forte et l'on termine, avec des roulettes seulement, sur le cuivre nu.

Les deux derniers procédés se rencontrent souvent mélangés sur la même planche, et sont encore en usage aujourd'hui, tandis que la manière sablée a été remplacée de nos jours par la lithographie, comme nous le verrons plus bas.

Plusieurs graveurs ont employé la manière sablée pour reproduire les dessins faits avec deux crayons, un rouge et un noir. A cet effet il fallait deux planches parfaitement égales de grandeur; sur l'une on gravait les parties du dessin qui étaient en rouge, sur l'autre celles qui étaient en noir; imprimées successivement sur une même feuille de papier, elles produisaient une épreuve identique du dessin original.

Gravure en couleur. On a fait un emploi semblable des procédés de l'aqua-tinta et de la manière noire, mais pour reproduire les dessins sur papier tinté, ou en camaïeu, les dessins coloriés et les tableaux; c'est ce qu'on appelle *la gravure en couleur*, qui n'est pas, à proprement parler, une manière de graver, mais plutôt un procédé particulier d'impression polychrome. Nous avons déjà parlé d'estampes pareilles produites par des procédés typographiques et xylographiques; décrivons maintenant les procédés chalcographiques; plus tard nous en indiquerons d'autres.

On nomme Lastmann, peintre hollandais, qui vivait vers 1626, Peter Schenk, graveur, à Amsterdam, vers 1680, et Taylor, ingénieur anglais au service de Frédéric le Grand, comme les premiers qui aient fait des essais de gravure en couleur. Mais ces artistes ne se servaient que d'une seule planche gravée dans la manière ordinaire à l'eau-forte, et sur laquelle ils peignaient les diverses nuances de couleur qui devaient entrer dans le coloris du dessin; il n'y avait par conséquent qu'une seule impression.

Un peintre de Francfort, Jacques-Christophe Leblond, élève de Carlo Maratte, qui avait séjourné vers 1704 en Hollande, et qui s'était établi à Paris vers 1720, eut l'idée d'employer la manière noire, alors totalement abandonnée en France, pour imiter la peinture. Il a décrit ses procédés dans un traité qui a été réimprimé sous le titre de l'*Art d'imprimer les tableaux, Paris, 1757.*

« C'est en cherchant les règles du coloris, dit Leblond, que j'ai trouvé la façon d'imprimer les objets avec leurs couleurs, savoir le jaune, le rouge, le bleu. Les différents mélanges des trois couleurs primitives produisent toutes les nuances imaginables, autant de teintes qu'il en puisse naître de la palette du plus habile peintre; mais on ne saurait, en les imprimant l'une après l'autre, les fondre comme le pinceau les fond sur la toile; il faut donc que ces couleurs soient employées de façon que la première perce à travers la seconde, et la seconde à travers la troisième, afin que la transparence puisse suppléer à l'effet du pinceau. Chacune de ces couleurs sera distribuée par le secours d'une planche particulière : ainsi trois planches sont nécessaires pour imprimer une estampe à l'imitation de la peinture.

« Ces planches doivent être de même grandeur, et pourvues chacune aux quatre coins de trous de repère. Sur chacune on calque le contour du dessin, et l'on traite les parties qui doivent être gravées à la manière noire sans trop approcher du contour ; les ombres les plus fortes sont faites par des hachures au burin.

« La première planche sert pour la couleur bleue, la seconde pour le jaune et la troisième pour le rouge; les lumières vives ou le blanc sont représentées par le papier. On ajoute quelquefois une quatrième planche, avec laquelle on imprime les noirs du tableau; et pour rendre les brillants plus apparents on se sert d'une planche dans laquelle on creuse les traits qui doivent rendre en blanc sur les autres couleurs la transparence de l'original. Les planches ainsi préparées tireront au plus 600 à 800 épreuves sans altération sensible [1]. »

(1) Encyclopédie, t. VII, 1757, p. 899.

Un élève de Leblond, nommé Robert, imagina une autre méthode, en employant seulement la gravure en taille-douce. Deux planches suffisent à ce genre de gravure: elles sont gravées à l'eau-forte et au burin; la première imprime le noir, la seconde le rouge, et l'épreuve sort de la presse comme un dessin à deux crayons. Les planches d'un Traité d'anatomie du médecin Pierre Tarin, imprimé à Paris, sont gravées dans ce genre.

Gautier, de l'Académie de Dijon, arriva vers cette époque à Paris avec un procédé semblable à celui de Leblond. Il succéda, à la mort de ce dernier, à son privilége, et vit ses procédés adoptés et pratiqués. Nous empruntons à une lettre de Gautier la description de sa méthode: « Je me sers, dit-il, de quatre couleurs pour imiter tous les tableaux peints à l'huile, savoir, du noir, du bleu, du jaune et du rouge; ces quatre couleurs et le blanc du papier forment toutes les autres nuances possibles; c'est pourquoi je grave quatre planches, sur lesquelles j'applique ces quatre couleurs qui doivent, par leurs différentes nuances, former le tableau...

« Ma première planche ne porte que le noir. Elle est gravée pour tous les tons de cette couleur dans le tableau; elle sert encore à produire toutes les teintes grises, qui ne peuvent être faites que par cette seule couleur avec le blanc du papier. Je passe d'abord sous la presse cette première planche, qui fait sur le papier une espèce de lavis à l'encre de Chine; ensuite je passe ma planche bleue qui, avec le secours de la précédente, fait un camaïeu noir et bleu, et dans lequel on trouve une grande quantité de teintes composées de ces couleurs.

« Je passe sous la même feuille la planche jaune, qui fait avec les teintes précédentes le jaune, le vert clair, etc.; elle fait encore, avec le secours des teintes noires primitives, les terres brunes, etc. Après, je passe ma planche rouge, laquelle produit le rouge et avec les teintes des trois autres, les pourpres, les oranges, etc. (1) »

Gautier a gravé de cette manière des planches anatomiques et autres qui ne sont pas sans mérite.

(1) Réc. d'obs. sur la peint. et sur les tableaux par M. de Boze, 1753.

Fac-simile. Ces procédés de gravure dite en couleur, qui imitent le crayon, le lavis ou la manière noire, et qui servent à imprimer soit en deux teintes, soit en plusieurs couleurs, ces procédés, dis-je, ont servi principalement à reproduire les dessins originaux d'artistes distingués. L'un des premiers recueils de ce genre, et l'un des plus remarquables, est celui que Cornélius Ploos van Amstel a publié en 1765 à Amsterdam; ce recueil donne en 45 feuilles une imitation parfaite des dessins d'un grand nombre de peintres néerlandais. En 1821, cet ouvrage fut continué à Londres par C. Josi, sous le titre « Collection d'imitations des dessins d'après les principaux maîtres hollandais et flamands. » G. Cootwyk, J. Kœrnlein, B. Schreuder, J. de Bruyn, F. Dietrich, Charles Lewis, C. Josi et d'autres en ont gravé les plus belles planches. J. Cootwyk a également publié un ouvrage dans ce genre d'après des dessins de peintres flamands et français. Les planches sont gravées dans le genre crayon rouge, bistre, noir et au lavis.

L'ouvrage publié à Londres en 1777, par Richard Earlom, contient deux cents fac-simile remarquables, gravées au lavis et retouchés à la pointe, d'après les dessins de Claude Gelée, le Lorrain. En 1778 parut à Londres « A Collection of Prints in imitation of Drawings, » composée de 112 magnifiques gravures d'après des maîtres italiens, néerlandais et français, gravées par Fr. Bartolozzi, W. Wynne, J. Basire, J. Watts, J. Deacon, etc.

J.-Th. Prestel a gravé une collection de dessins des meilleurs peintres des Pays-Bas, de l'Allemagne et de l'Italie (Vienne 1779), et plus tard encore deux autres (Nuremberg, 1780 et 1782). Nous nommerons encore : Celeberrimi Francisi Mazzolæ Parmesanis graphides per Lud. Inig. Bonoiæ coll. edit. an. 1788, 25 feuilles en manière de crayon, gravées par Francesco Rosaspina. — Designi originali d'excell. Pittori, incisi ed imitati nell' loro grandezza et colore; 4 part. Lond. 1794, gravées par un amateur, Etienne Bourgevin Vialart, comte de Saint-Morys. — Suite d'Estampes d'après les dessins de Fr. Barbieri dit Guercino, par A. Bartsch, 40 planches publiées à Manheim en 1803-1817. — Original Designs of the most celeb. Mast. of the Bolognese, Roman, Florentine and Venetian Schools, 74 planches gravées par Bartolozzi, Tomkins, Schiavonetti, Lewis; Lond. 1812; — et en 1823, The Italian School of design, 84 fac-simile gravés par l'éditeur même, W.-Y. Ottley, et par F.-C. Lewis, L. Schiavonetti, T. et J. Vivares.

Outre ces recueils, on possède encore un grand nombre de planches indépendantes gravées dans le genre en couleur, par Edouard Dagotti, Keating, Nutter, W. Ward, Thomas Burke, Arthur Pond, Knapton. — C. Knight, Bartolozzi et Parker ont exécuté à Londres en 1787, entre autres planches en couleur, des sujets tirés de Werther.

Le peintre hollandais Abraham Blœmært (n. Gorricum 1564, m. 1647), a traité l'impression à plusieurs teintes ou en camaïeu d'une manière particulière, en se servant de la gravure sur cuivre conjointement avec celle sur bois. Il traça d'abord les contours de son dessin à l'eau-forte sur une planche de cuivre et tailla ensuite les ombres sur deux planches en bois. La plupart de ses estampes sont faites d'après les compositions du Parmesan. La même méthode, mais augmentée du lavis, avait été employée par Vincent Lesueur (n. Rouen 1568, m. 1743), par Nicolas Lesueur (n. 1669, m. 1750), et par Nicolas Cochin, pour reproduire les dessins de maître. Cochin grava ordinairement les planches de cuivre, et les deux autres exécutaient les planches de bois. Adam de Bartsch (Vienne, n. 1757, m. 1812) se servait du cuivre et de l'aqua-tinta.

G. Baxter, de Londres, après avoir publié en 1837, des reproductions typographiques des dessins en camaïeu et de peintures à l'huile, prit en France, 1850, un brevet pour un perfectionnement qu'il avait introduit dans l'impression ou les gravures coloriées tirées sur des planches d'acier ou de cuivre (printed in oil colours). Il reproduisait avec succès toutes sortes de peintures, et il eut plusieurs imitateurs, tant en Angleterre qu'en Allemagne. Cependant aucun n'est arrivé au même degré de perfection que M. Desjardins. Il y a trois ans, en 1853, que M. J. Desjardins, de Paris, est parvenu à résoudre le problème, en apparence insoluble, de la reproduction des aquarelles, des sépias et des mines de plomb avec l'exactitude du fac-simile. Il arriva à reproduire les aquarelles au moyen de quatre planches d'acier, dont trois seulement sont consacrées à la coloration proprement dite; la quatrième peut être considérée comme réservée presque exclusivement à mettre les ombres dans le dessin. Les trois autres planches servent l'une à la couleur jaune, une seconde à la couleur rouge, et la dernière à la couleur bleue. Ces trois couleurs sont, en effet, les génératrices de toutes les autres. M. Desjardins n'emploie pas de noir pour ces reproductions, il encre sa quatrième planche avec du bistre, ce qui fournit un moyen de coloration secondaire, en même temps que cela sert à dessiner les ombres. Si l'on a besoin de noir, on peut s'en procurer par la superposition du bleu sur le bistre.

M. Desjardins fait un décalque de l'aquarelle; non un décalque ayant pour but unique de reproduire les contours des figures et des objets, mais un calque des teintes diverses de l'aquarelle. Il décalque tous ces contours sur une planche de cuivre; les grave en traits légers, et en tire une épreuve. Il transporte, au moyen de trous de repère, sur quatre planches d'acier, les traits déliés indiquant les contours des espaces occupés par les couleurs particulières afférentes spécialement à chacune des planches. Puis il traite chacune des quatre plaques en particulier en les gravant à l'aqua-tinta. Par une série d'opérations répétées, en recouvrant les parties qu'il juge assez creusées par l'acide, ou en faisant mordre de nouveau celles qui n'ont pas encore assez de vigueur. M. Desjardins amène chacune des planches au degré d'intensité et de dégradation de teintes convenable. La réflexion et l'expérience ont indiqué à M. Desjardins dans quel ordre de superposition doit se faire l'impression des épreuves: le jaune d'abord, puis le bleu; le bistre et le rouge en dernier lieu. Des trous de repère permettent à l'imprimeur de reporter les épreuves sur les planches dans des rapports exacts de superposition. M. Desjardins ne reproduit pas seulement des aquarelles, mais aussi des sépias, des *crayons*, et même des peintures à l'huile, et avec une perfection telle, qu'il est difficile de les distinguer des originaux. (Voir aussi pour ce qui concerne le camaïeu pages 170 à 178, et Lithographie).

Machines à graver. Dans les divers genres de gravure que nous venons de décrire, il a été question, à plusieurs reprises, de l'emploi de certains instruments, ou de moyens mécaniques propres à faciliter ou à remplacer le travail de la main. Nous devons en ajouter d'autres qui sont d'un usage général: tels sont le **pantographe** (du grec panta, tout, et grapho, j'écris), appelé aussi le singe, l'*autographe*, etc., inventé en 1611 par Christophe Schreiner, et perfectionné successivement par Macclius, Langlois, Sikes, Krull, Muller, Stegmann, Napier et d'autres; il sert à reproduire identiquement un dessin, ou de même grandeur, ou réduit, ou augmenté, et on l'emploie avantageusement pour décalquer directement sur la planche un dessin destiné à la gravure. — Un autre instrument, **le diagraphe,** remplit à peu près les mêmes fonctions, mais seulement pour le dessin; il permet de suivre des contours, et de transporter sur le papier la représentation d'un objet quelconque, sans qu'on ait aucune connaissance du dessin et de la perspective, on s'en sert encore pour dessiner les objets dans leur projection géométrique, des peintures de plafond au moyen d'un miroir réflecteur, des panorama, et des dessins microscopiques. Cet instrument a été inventé en 1834 par M. Gavard, capitaine d'état-major, à Paris. La gravure de Jazet, d'après Horace Vernet, représentant des Arabes en repos, a été copiée d'après la peinture au moyen du diagraphe, et les contours ont été gravées au moyen du pantographe.

La *règle à parallèles*, dont le nom indique suffisamment les fonctions, et qui est en usage dans la gravure, a conduit à l'invention de la **machine à graver,** avec laquelle on obtient non-seulement des lignes rigoureusement parallèles entre elles, mais dont on peut varier la distance dans toutes les proportions désirées, ainsi que la profondeur. La première machine de ce genre a été inventée en 1803 par Conté, pour la gravure des planches du grand ouvrage de la Commission d'Egypte. Au moyen de cette machine, on obtient tous les effets de gravure qui peuvent résulter des lignes parallèles; elle est précieuse surtout pour les ciels, et les dessins d'architecture ou autres de ce genre, pour produire les tons plats et les teintes générales et unies. La machine à graver a été diversement modifié et perfectionnée par Turret, Petitpierre, Gallet, et principalement par Collas; ce dernier a inventé aussi une machine pour produire des dessins irisés sur métaux [1].

Nous bornerons là nos citations d'instruments mécaniques employés dans la gravure, en y ajoutant toutefois encore le *tour à guillocher*, qui mériterait, avant tout autre, le nom de machine à graver.

Cet instrument, avec ses divers ajustements et compléments, ne sert pas seulement à graver tous les genres de lignes et courbes, mais aussi toutes les combinaisons de lignes, pour en former un dessin; et, dans les mains habiles de M. Collas, il est devenu une machine de reproduction très-remarquable, avec laquelle il a créé un nouveau genre de gravure. Mais, avant d'en parler, disons quelques mots sur les diverses modifications qu'a subies le tour à guillocher. Suivant M. P. Hamelin Bergeron [2], l'art de guillocher sur le tour ne remonte guère au delà de l'an 1650. Cette invention parut si ingénieuse, que tous les bijoux de ce temps, et surtout les tabatières, étaient guillochés.

On ne s'en servait point encore pour la gravure des planches à imprimer. L'an XI (1803) le tour à guillocher fut introduit en France par Lambert pour la fabrication des terres à pâte de couleurs, pour la poterie.

Le tour à guillocher paraît tirer son origine de l'Angleterre, et sa construction, actuellement tant perfectionnée, ne provient que de modifications successivement introduites dans celles du tour du tourneur ordinaire. Après avoir adapté au tour du tourneur toutes les machines ingénieuses, telles que l'ovale, l'épicycloïde, l'excentrique, on a inventé le tour à guillocher. Enfin on est parvenu à obtenir, par le moyen du tour, la copie réduite d'une médaille, d'un portrait. L'invention de la machine carrée est due à *De la Hire*, *de la Condamine* et

(1) Sur toutes ces machines, voy. Bulletins de la Société d'encouragement, t. 22, 27 et 28.

(2) Manuel du tourneur, par L.-E. Bergeron, 2me édit. par Hamelin-Bergeron. Paris, 1816, t. II, p. 357.

Dufay, savants français. C'est au moyen de la machine carrée, appelée maintenant *ligne droite*, que l'on guilloche les clefs de montre, les boîtes carrées, et tous les bijoux de ce genre. Dans *l'Art de tourner*, par le Père Plumier (1), de la Condamine donne le moyen de réduire un profil, moyen qui a d'abord conduit à la découverte des *rosettes à profil* employées pour le tour à guillocher, et qui ont vraisemblablement conduit à l'invention du tour à portrait.

Dans l'origine, le tour à portrait rendait creux pour relief, et relief pour creux. Après diverses modifications apportées à cet instrument, feu Hulot, fils du célèbre Hulot, auteur de l'art du tourneur mécanicien, en a changé entièrement la construction, et l'a simplifié dans son exécution et dans les moyens employés pour lui faire produire des effets plus précis et plus sûrs. La copie doit représenter exactement l'original. Les originaux dont on se sert sur le tour à portrait sont des médailles en cuivre, en bronze ou en un autre métal.

Le manuel du tourneur (2) contient des essais exécutés sur la machine carrée ou sur le tour à guillocher, directement sur la planche destinée à l'impression, au lieu d'être gravés à la main. Ces essais sont dus à l'habile guillocheur M. Achille Collas, et représentent entre autres la façade du Palais de Justice; ce qui prouve que l'art du guillocheur consiste à disposer des lignes en tous sens, et *qu'il peut imiter la gravure sur cuivre.* Un autre essai représente *un portrait copié en taille-douce sur la machine carrée, qui a l'avantage de figurer le bas-relief par l'illusion des reflets de la lumière.*

Procédé Collas. Ce dernier genre de gravure, mis en pratique en 1816 par Achille *Collas* de Paris, reçut le nom de *Procédé Collas.* Il consiste à reproduire, au moyen du tour à guillocher, disposé à cet effet, des objets en bas-relief, sur lesquels glisse une pointe fine et émoussée, en suivant toutes les sinuosités de l'original en lignes droites et parallèles; tandis qu'une autre pointe, mais celle-ci tranchante et fixée à une autre

(1) Paris, chez Jombert, 1749.

(2) 2me éd. par Hamelin Bergeron, t. II, fol. 51. Paris, 1816.

place du tour, trace sur une planche de cuivre vernie les mêmes lignes plus ou moins ondulées et non droites, serrées ou espacées et non parallèles, suivant les reliefs variés de l'original, ce qui reproduit sur la surface plane du cuivre une copie qui simule parfaitement un relief. La planche ainsi tracée est ensuite soumise à l'action d'un mordant, comme on le pratique dans la gravure à l'eau-forte.

Le premier ouvrage publié avec des planches gravées par le procédé Collas fut le *Trésor de numismatique et de glyptique.* C'est un recueil général des médailles, des pierres gravées, et des bas-reliefs les plus intéressants sous le rapport de l'art, tant anciens que modernes, gravé par les procédés de M. Achille Collas, sous la direction de M. Paul Delaroche, peintre, de M. Henriquet Dupont, graveur, et de M. Ch. Lenormand, conservateur du cabinet des médailles (Paris, gr. fol. 1834).

Quelque temps après, en 1836, un opticien berlinois, M. F.-G. Wagner, cadet, inventa une machine à copier les objets reliefs sur une surface plane, au moyen de lignes parallèles que l'on approfondit à l'aide d'un corrosif pour pouvoir imprimer cette gravure sur la presse chalcographique. M. Wagner opère sur les modèles les plus *tendres*, comme le plâtre, etc., sans détérioration. Il a publié un recueil de médailles et de pierres gravées d'une réussite parfaite.

Ce procédé, comme on voit, est pareil à celui de M. Collas, qui n'avait point été publié encore. M. Collas prit en 1837 un brevet de 15 ans, pour les procédés mécaniques propres à la reproduction de toute espèce de sculpture.

Ce genre de gravure mécanique a été adopté généralement, et il a un emploi très-varié, il sert surtout à tracer sur des billets de banque des dessins inimitables; et aussi à des notes, des cartes de visites, principalement pour reproduire toutes sortes d'objets en relief.

Jusqu'ici nous n'avons parlé que de la gravure sur cuivre, ou de la chalcographie; cependant tous les genres de gravure et toutes les différentes manières de graver que nous venons de passer en revue, sont exécutés aussi sur d'autres métaux, et en particulier sur l'acier, mais avec des procédés différents, qu'il importe de connaître.

SIDÉROGRAPHIE. Déjà dans les temps primitifs de la gravure en creux, les anciens maîtres allemands employaient souvent des planches de fer pour exécuter leurs gravures. Albert Durer surtout, cet artiste éminent qui a tant contribué au perfectionnement de la gravure à l'eau-forte, l'a employée aussi sur du fer.

Il a gravé ainsi des planches très-remarquables, entre autres un saint Hubert.

On nomme encore un graveur du XVe siècle, François Stœber, de Vienne, comme un des premiers qui se soient servis du fer pour les planches à imprimer. Cependant ce genre de gravure n'a pas eu beaucoup de partisans, et ce n'est qu'au commencement de notre siècle qu'on l'a repris de nouveau, mais en substituant l'acier au fer.

L'usage de porter des bijoux en acier, très-répandu alors, occasionna la recherche de procédés propres à amener l'acier à un degré de malléabilité qui en facilitât le travail. Suivant Chaptal [1] la France en est redevable à M. Schay, et en effet M. Schay obtint l'an IX (1800) une médaille d'argent, pour avoir établi une manufacture de bijoux en acier, d'une exécution soignée et bien polis [2].

La circonstance d'avoir trouvé un moyen d'amollir l'acier, circonstance qui se rencontrait avec le désir, nourri depuis longtemps peut-être, de trouver une substance aussi malléable mais plus résistante que le cuivre, pour permettre un tirage d'épreuves plus considérable, est probablement la cause qui a fait introduire l'usage des planches d'acier dans l'art de la gravure.

L'invention de la sidérographie (du grec sidéros, fer) ou l'art

(1) Vol. II, p. 98, de l'Industrie française, par le comte Chaptal, 2 vol. in-8°, Paris. 1819.

(2) Bull. de la Société d'encouragement, t. V, 320, 1806.—Bartholomé Hoppert, habile serrurier de Nuremberg, inventa l'art d'amollir le fer et l'acier, en les rendant aussi tendre que du plomb; il les durcissait ensuite. Hoppert mourut en 1715.—Doppelmayr, p. 314. Murr, Merkw. Nuremberg, 1801, p. 707.

de graver sur acier, est généralement attribuée aux Américains Perkins, Fairman et Heath, de Philadelphie, qui avaient trouvés, en 1816, le secret de donner à l'acier un degré particulier de mollesse telle qu'on peut le graver au burin aussi aisément que le cuivre, et qui se sont d'abord servi de ces avantages au profit de la gravure. Cependant nous ne devons point omettre qu'en France, déjà en 1806, M. de Paroy avait fait des gravures en creux sur acier qui, il est vrai, ne servaient qu'à la décoration ; mais, en 1811, M. Molard présentait à la Société d'encouragement [1] un premier essai de planches en acier fondu, gravées en taille-douce, et plusieurs épreuves qu'il en avait fait tirer, desquelles la Société paraissait satisfaite.

La gravure sur acier, dit le rapport sur l'Exposition d'industrie française, de 1823, est particulièrement affectée à la production des billets de banque, des effets de commerce et des vignettes à l'usage de l'imprimerie. Cet art est pratiqué avec succès en France, et ceux de nos artistes qui s'y livrent sont souvent employés par les étrangers.

Le rapport fait mention de MM. Cornouailles, Deschamps et Samier-d'Aréna jeune, à Paris.

Il n'est question ici que de la gravure en relief, la gravure en creux sur acier, n'était donc point encore répresentée à l'Exposition.

Dès ce moment l'acier est venu augmenter le nombre des substances propres à former des planches pour la gravure, et il est maintenant un rival important à la gravure sur cuivre, par les avantages incontestables qu'il offre.

Les planches d'acier fondu, décarbonisées convenablement, sont propres à recevoir toute espèce de gravure ; et, par la promptitude avec laquelle l'acier s'oxyde, elles présentent surtout une grande facilité pour la gravure à l'eau-forte. Le travail au burin ne s'effectue pas aussi aisément sur l'acier que sur le cuivre ; il faut des outils d'une bonne trempe et l'habitude de les manier. En revanche, on peut faire sur l'acier des tailles beaucoup plus fines et plus serrées que sur le cuivre, et augmenter ainsi la

(1) Bulletin, t. 5 et 10, 1811, p. 108.

dégradation des teintes pour faire disparaître la sécheresse que présentent souvent les hachures sur acier. Ce qui distingue surtout la gravure sur acier de la gravure sur cuivre, c'est la grande solidité des traits gravés ou tracés sur ce métal; les tailles les plus délicates ne s'effacent que difficilement, par conséquent le travail du grattoir et du brunissoir est plus difficile, mais aussi cette particularité offre l'immense avantage qu'une planche d'acier supporte le tirage d'un nombre considérable d'épreuves, 40 à 50 mille, sans que la gravure en soit altérée, et sans avoir besoin de retoucher, tandis qu'une planche de cuivre, si fortement gravé qu'elle soit, n'en donne que 5 à 6 mille.

Les procédés de la gravure au burin sur planche d'acier sont les mêmes que sur cuivre, mais les opérations à l'eau-forte sont différentes. Le vernisage est encore le même, mais on emploie d'autres mordants. Celui que M. Turret recommande se compose de 4 parties d'acide pyroligneux très-concentré (vinaigre de bois), de 1 partie d'alcool, et 1 partie d'acide nitrique pur. Ce mordant agit pour les parties faibles en 1 minute, et pour les parties les plus fortes, il ne faut que 10 à 15 minutes. M. Warren compose un corrosif excellent, en faisant dissoudre une demi-once de nitrate de cuivre cristallin dans une peinte et demie d'eau distillée, et y ajoutant quelques gouttes d'acide nitrique.— Le Dictionnaire d'Industrie contient entre autres la recette suivante: 15 parties d'eau distillée, 2 d'alcool, 1 d'acide nitrique, et 18 grains de nitrate d'argent par litre du mordant; on peut y ajouter quelques gouttes d'acide nitreux, on en accroîtra la force en augmentant la dose de l'acide nitrique ou celle du nitrate d'argent. Le mordant pour l'acier, auquel M. Deleschamps donne le nom de glyphogène, se compose de 8 grammes d'acétate d'argent, 500 d'alcool rectifié, 500 d'eau distillée, 260 d'acide nitrique pur, 64 d'éther nitreux, et 5 d'acide oxalique. M. C. Barth, graveur, conseille de ne pas employer de mordant dans lequel il y a de l'alcool, parce que celui-ci attaque le vernis; il se sert de 1 partie d'acide acétique mélangé à 5 d'acide nitrique, et il obtient une morsure pure et profonde.

Par le seul moyen des mordants et sans le secours d'instruments tranchants, on peut produire sur acier des gravures d'un effet parfait, ayant les teintes bien dégradées et les ombres d'une grande vigueur. Les traits obtenus par ces procédés sur acier sont plus purs et plus francs que sur cuivre, et lorsqu'on les repasse légèrement avec la pointe de diamant un peu arrondie, on peut leur donner l'apparence des tailles brillantes faites au burin. La manière noire, le lavis, la gravure au pointillé, à la roulette et en couleur, sont également pratiqués sur acier, et l'on possède maintenant de magnifiques estampes dans tous ces genres de gravure. Ce sont les Anglais qui ont donné la première impulsion à la gravure sur acier, et qui en ont répandu la pratique et le goût qu'on retrouve partout depuis plusieurs années.

La gravure sur acier a été employée avantageusement pour multiplier une planche gravée, en former un certain nombre d'autres identiquement semblables, et en tirer une quantité considérable d'épreuves sans craindre aucun changement dans le dessin, ce qui arrive toujours lorsqu'il faut regraver une planche usée. Ce procédé, inventé par Perkins, a pour but spécial d'empêcher la contrefaçon des billets de banque ou autres objets de ce genre, et s'opère de la manière suivante: Après avoir gravé une planche d'acier doux, on la trempe soigneusement pour la durcir. Lorsqu'elle est en cet état, on promène dessus, au moyen d'un appareil à forte pression, un rouleau d'acier décarbonisé, qui reçoit en relief l'empreinte des traits gravés de la planche; on trempe ensuite le rouleau, et au moyen de la même machine à pression on imprime sur d'autres planches d'acier amolli, ou seulement de cuivre, les traits de la gravure originale. On obtient ainsi un certain nombre de planches identiques entre elles. M. Charles Martin, de Genève, a eu l'obligeance de nous communiquer les faits suivants, qui nous permettent de fixer avec plus de sûreté l'époque de l'invention de M. Perkins. C'est à Londres, en 1817, que M. Charles Martin entra en rapport avec M. Perkins pour lui faire graver et reproduire, au moyen de son procédé, des étiquettes relatives à son commerce, et il estime que c'est peu avant cette époque que M. Perkins avait introduit ce procédé à Londres. M. Charles Martin avait joint à sa lettre l'épreuve d'une de ces étiquettes reproduites, qui est d'une exécution parfaite. Il paraît cependant qu'un artiste français, M. Gingembre, a eu en

1800 le premier l'idée de transporter sur le cuivre, au moyen d'une presse à vis, la gravure à très-bas relief exécutée sur acier (1).

Il y a maintenant beaucoup d'établissements industriels dans lesquels le procédé Perkins est employé en grand, par exemple dans la fabrique d'indienne de M. Dannenberger à Berlin, etc. (2)

M. Perkins, pour accélérer l'impression des planches multipliées, a inventé une machine au moyen de laquelle il peut produire, avec 36 planches et le travail de 4 hommes, 108 épreuves dans une minute, 6 mille dans une heure, et 60 mille dans une journée entière. La machine consiste en une roue de 4 pieds de diamètre, sur la périphérie de laquelle les 36 planches se trouvent fixées; l'encre est portée sur les planches d'après le procédé de M. Cowper, et un rouleau de papier d'une longueur indéfinie passe entre les planches et le rouleau.

ZINCOGRAPHIE. Outre le cuivre et l'acier, on emploie encore le *zinc* dans la gravure en creux, surtout à cause du prix inférieur de ce métal. Cependant on ne s'en sert point pour les gravures soignées, ni pour la reproduction des chefs-d'œuvre. On l'a employé d'abord pour la gravure des notes de musique, et je crois que ce sont MM. André à Offenbach-sur-Main qui les premiers l'ont mis en usage. On s'en est servi ensuite pour la gravure de dessins d'architecture et de monuments. M. H.-W. Eberhardt, architecte allemand, a publié en 1822 une brochure sur l'emploi du zinc dans la gravure en creux, au lieu du cuivre et de la pierre; cet ouvrage était accompagné de 10 planches. En 1828, il a publié une édition allemande des Antiquités athéniennes et ioniennes de Stuart et Revett (3), dont les gravures sont exécutées avec beaucoup de soin sur zinc.

L'exemple de M. Eberhardt a été suivi par d'autres artistes, et la gravure sur zinc est toujours en usage, mais principalement pour des ouvrages qu'on désire livrer à bas prix. Les

(1) Voyez Hist. et procéd. du polytypage, etc. par M. Camus; dans les mémoires de l'Institut national, t. III; Paris, l'an IX.

(2) Voyez plus loin sur l'Impression des tissus.

(3) Darmstadt, chez C.-K. Leske, in-fol. 1828.

genres de gravure employés sont surtout celui à l'eau-forte et celui au burin, dont les procédés sont les mêmes que sur cuivre. Les autres genres se pratiquent différemment et font partie d'une catégorie particulière des arts graphiques dont nous parlerons plus loin [1].

HYALOGRAPHIE. Il y a encore une autre matière, tout à fait différente des précédentes, mise en usage dans la gravure en creux, c'est le verre. Les gravures exécutées sur verre sont d'une grande finesse, mais la fragilité des planches, pour le tirage des épreuves surtout, fait qu'on ne se sert que rarement de cette substance.

L'hyalographie (du grec hyalos, verre) ou l'art de graver sur verre se pratique de deux manières différentes : l'une est mécanique, l'autre chimique.

Les peuples de l'antiquité connaissaient très-bien ce genre de gravure, et, suivant Pline (l. XXXVII, c. 15), ils tournaient le verre à la roue et le gravaient aussi facilement que l'argent. Laurent Natter, le plus habile glyphographe des temps modernes, suppose que les anciens se servaient à peu près des mêmes outils que ceux qui sont encore en usage aujourd'hui, savoir : du sable et de l'émeri appliqués sur une petite roue qui, en tournant, trace des dessins d'une légère profondeur. On croit même qu'ils ont connu l'usage du diamant [2].

Cependant cet art s'était perdu comme tant d'autres dans les ténèbres du moyen âge, et on ne l'a repris ou de nouveau inventé dans le XVe siècle, que lorsque Louis Berquen, de Paris, eut en 1476 découvert le moyen de tailler et de polir le diamant. Dès ce moment on se servit non-seulement des fragments tranchants du diamant, mais aussi de sa poussière, pour mater, tailler et graver un grand nombre d'objets en verre, en cristal et en pierre fine. Tout le monde connaît les célèbres produits en verrerie, ornés de gravures de fleurs et d'arabesques, qui virent le jour dans le XVIe siècle à Venise.

Ce genre de gravure s'est répandu et s'est maintenu jusqu'à

(1) Voyez Lithographie et Galvanoplastie.
(2) Winkelmann, Hist. de l'art. II, 3[illegible].

présent surtout en Bohême, où il est exécuté avec goût et habileté. Il a rarement servi à la représentation de sujets sur des surfaces planes; on conserve cependant, entre autres au Musée de Berlin, quelques feuilles de verre du XVIIe siècle, sur lesquelles sont gravés les portraits des ducs de Nassau et de Brandebourg. On s'en servait encore moins pour l'impression; cela ne se fit que lorsqu'on eut découvert un procédé chimique.

Sandrart (1) et Murr (2) nomment Henri Schwanhard, de Nuremberg, comme le premier qui ait gravé sur verre des dessins en creux et en relief au moyen d'un corrosif; mais on ignore son procédé.

En 1725 fut publié par le docteur Weygand, en Courlande, un procédé de l'invention du docteur Math. Pauli, de Dresde, pour graver le verre. Il consiste à verser de l'acide nitrique dans un vase, en y mêlant de l'émeraude verte de Bohême pulvérisée, et à poser ce vase pendant 24 heures dans du sable chaud. Lorsqu'on a dessiné avec un vernis les ornements que l'on veut obtenir sur une feuille de verre bien dégraissée, on l'entoure d'un bord de cire pour empêcher l'écoulement, et on la couvre de cet acide; en le laissant mordre quelque temps, on obtient des dessins anaglyptiques ou reliefs sur un fond mat.

L'émeraude ou Hesper (pierre qui, pulvérisée et chauffée, brille d'une lumière verte) dont il est fait mention ici, et qui a été ainsi nommée par les anciens physiciens, n'est autre chose que le fluate de chaux; il doit son nom de fluor à Agricola, 1561. Cette substance, mise en contact avec l'acide nitrique, développe l'acide fluorique.

Mais ce ne fut que lorsque le chimiste Scheele, en 1771, eut découvert réellement dans le fluate de chaux (spath-fluor) l'acide fluorique ou l'acide spathique, et sa propriété, qui est de dissoudre le verre, qu'on put penser à entreprendre efficacement la gravure sur verre par ce procédé chimique.

Klindworth, à Leipzig, et Renard, à Strasbourg, l'employaient déjà en 1790 à divers usages; le dernier surtout s'en servait

(1) Deutsche Académie, II, l. III, c. 24.
(2) Beschreib. Nuremb. 1801, p. 707.

pour tracer les degrés et les chiffres sur les échelles en verre des thermomètres.

En 1810, le peintre Landelle grava des glaces par le moyen de l'acide fluorique. C'était l'usage alors de composer les cadres des glaces, de lames de miroir, ornées de gravures, d'arabesques et de figures mates ou polies.

M. Bourdier fils paraît être le premier qui ait inventé (l'an VIII) un procédé aussi expéditif pour graver sur verre que sur cuivre, et offrant l'avantage de fournir jusqu'à 10 mille épreuves sans altération de traits [1].

Cependant ce procédé ne faisait pas beaucoup de progrès; il restait toujours la difficulté de la préparation de l'acide fluorique. Mais, depuis que MM. Gay-Lussac et Thénard en 1810, et M. Berzélius en 1835, ont donné sur ce point des instructions précises, on s'en est occupé davantage.

Ce furent généralement des amateurs qui exécutèrent ce genre de gravure, notamment M. de Puymaurin, ancien directeur de la monnaie de Paris. Il opérait de la manière suivante : La planche de verre, vernie sur toutes ses faces et sur laquelle on découvre tous les traits qu'on veut faire mordre, se place dans une caisse de plomb, fermée par un couvercle de même métal; celle-ci communique par un tube, aussi en plomb, avec un ballon contenant une partie de fluate de chaux pur, et deux parties d'acide sulfurique à 66°; enfin un tube en S, contenant une petite quantité de mercure, est également adapté à la caisse, pour permettre aux vapeurs en excès de se dégager sans rompre les parois de la caisse. Ensuite on chauffe le ballon, l'acide sulfurique agissant sur le fluate de chaux, s'empare de la chaux et met en liberté l'acide fluorique, qui, pénétrant dans la caisse à l'état de vapeur, creuse le verre de toutes les parties mises à nu par la pointe.

Beaucoup d'autres essais ont été faits par MM. O'Reilly, Desvignes, Jeanson, Hugues Bær, et en 1844 par le docteur Bœttger de Francfort et le docteur Bromeis de Hanau. Ces deux derniers firent surtout des efforts pour obtenir des gra-

(1) Moniteur, l'an VII, p. 1297.

vures destinées à l'impression, et ont produit de très-belles épreuves sur papier, lesquelles ont paru dans le Journal des imprimeurs (1).

M. C. Piil, attaché à l'imprimerie impériale de Vienne, est l'artiste qui a le plus perfectionné, de nos jours, le procédé de la gravure sur verre à l'aide de l'acide fluorique, et qui a indiqué les meilleurs moyens pour parer au danger que présente ce genre de travail. Nous empruntons de son Traité de l'Hyalographie (2) quelques détails pratiques, qui nous paraissent très-utiles.

L'acide fluorique étant extrêmement pernicieux pour les organes respiratoires et pour la peau, il convient de prendre toutes les précautions possibles lorsqu'on en fait usage à l'état concentré. On fera bien d'avoir toujours à sa portée un vase contenant une dissolution de potasse dans de l'eau, pour se laver les mains, dans le cas où l'on n'opère pas avec des gants huilés, et de se couvrir le nez et la bouche pour n'en pas respirer les vapeurs. Heureusement qu'on n'a pas besoin, pour la gravure sur verre, de l'acide concentré, mais étendu d'eau, ce qui diminue le danger.

Tous les vernis ne sont pas également bons pour la gravure sur verre. M. Piil conseille un mélange d'une partie d'adipocire (spermacéti ou blanc de baleine) avec deux parties d'asphalte de Syrie pur. On n'a qu'à dissoudre ce même vernis avec de l'essence de térébenthine rectifiée, pour se procurer un vernis qu'on peut étendre au moyen d'un pinceau.

Le petit vernis se compose de parties égales d'asphalte et de colophane dissoutes dans de l'essence chauffée.

Pour vernir le verre, on a une caisse quadrangulaire en fer blanc, munie de pieds et d'un couvercle de tôle forte sur lequel on place la planche; on remplit la caisse d'eau, qu'on met en ébullition au moyen d'une lampe à esprit-de-vin placée sous la caisse, et lorsque la planche de verre est suffisamment chauffée, on la couvre de vernis et on la flambe comme à l'ordinaire. Si l'on désire donner au vernis une couleur blanche, on étend

(1) De C.-A. Franke; Weimar, 1844. N° 5.
(2) Vienne, 1853, in-8°.

dessus une légère couche de térébenthine de Venise dissoute dans de l'alcool, et sur cette couche, avant son entière dessication, on frotte de la poudre d'argent.

Le décalque s'opère comme sur les planches de cuivre; mais le tracé à la pointe demande beaucoup plus de soin, parce qu'on ne peut pas attaquer le verre comme le métal avec le tranchant de la pointe. Pour que la morsure soit pure et égale, il faut s'efforcer d'enlever aussi complétement que possible le vernis dans les traits. Le verre étant transparent, on mettra sous la planche vernie en noir une feuille de papier blanc, et sous la planche à vernis blanc une feuille noire, pour mieux voir le tracé.

L'opération de la morsure offre beaucoup de difficultés, parce que l'acide fluorique, plus encore que les mordants sur métaux, tend toujours à élargir les traits, et à s'introduire sous le vernis en le détériorant ou en le faisant éclater. Les bons vernis de M. Piil paraissent triompher de ces inconvénients.

Il y a plusieurs méthodes pour faire mordre une planche de verre ou des objets de verrerie. La plus généralement en usage jusqu'ici est la méthode employée par M. de Puymaurin. Elle consiste à se servir de l'acide fluorique à l'état de vapeur. On peut aussi se servir d'une feuille de papier brouillard imbibée d'acide fluorique et qu'on place sur la planche tracée à la pointe; sur cette feuille on en met encore plusieurs autres sèches; puis on serre fortement le tout sur le tracé, de manière à obtenir au bout de quelques minutes une morsure passable.

Ce procédé est très-commode pour de petits objets; mais la meilleure méthode selon M. Piil est la suivante : On verse sur la planche, un peu chauffée et entourée d'un bord en cire, l'acide fluorique étendu d'eau, dans les proportions d'une d'acide sur deux d'eau, en ne laissant agir qu'un quart de minute; après quoi on ôte l'acide, en le versant dans un flacon, et on lave, aussi promptement que possible, à plusieurs eaux, pour faire disparaître complétement l'acide; on sèche ensuite à l'aide d'un soufflet. Dans le cas que le vernis ne soit pas altéré, on peut couvrir les parties assez creusées et opérer une seconde fois de la même manière. On répète cette opération aussi longtemps que le vernis le permet, et aussi longtemps qu'il le faut pour atteindre le degré de force voulu. Mais, lorsque le vernis est endommagé, il faut l'enlever et nettoyer la planche, d'abord avec de l'essence, et ensuite avec de la craie bien fine; on chauffe légèrement et on couvre la planche de vernis, en ayant soin qu'il ne coule pas dans les traits. De cette manière on peut faire mordre de nouveau. Dans toutes ces opérations il est important d'agir avec la plus grande vitesse. Les hachures dans les parties ombrées, qui demandent plus de force, se creusent facilement au moyen d'une pointe tranchante de diamant.

Pour obtenir des tons unis et dégradés, comme au lavis, on s'y prend de la manière suivante : On remplit les traits gravés avec un mélange de térébenthine de Venise, de gomme laque, et de noir de fumée; on chauffe la planche; lorsqu'elle est froide, on enlève le superflu de dessus la surface au moyen d'un linge humecté de térébenthine; ensuite on couvre légèrement la planche avec du baume de copahu mêlé d'un peu d'encre d'imprimeur, et on frotte dessus de la poudre d'argent très-également et partout. Après avoir couvert de petit vernis les parties qui ne doivent pas être matées, on expose la planche à l'action de l'acide fluorique à l'état de vapeur pendant 10 ou 12 minutes ; on obtient ainsi un ton mat assez uniforme, mais faible, que l'on pourra bien encore creuser en répétant plusieurs fois l'opération, mais sans lui donner plus de vigueur. Pour arriver à cela, il faut procéder comme sur le cuivre pour le lavis, et saupoudrer la planche de résine. Pour lier les tons fins, et pour ôter les contours entre les teintes, on se servira d'une pointe en buis, avec de la pierre ponce pulvérisée très-finement et de l'eau.

Pour imprimer les planches de verre, il faut prendre la précaution de les incruster dans une forte planche de bois dur, et de les cimenter au moyen de plâtre mêlé de colle forte, ou d'un ciment composé de 3 parties de poix, 1 de bol et $^1/_2$ de brique pulvérisée, le tout fondu ensemble.

La planche de verre sera encrée comme une gravure en taille-douce, et imprimée sous la presse lithographique.

L'imprimerie impériale de Vienne a produit au moyen des procédés de M. Piil de très-belles épreuves hyalographiques; mais comme les planches de verre présentent toujours l'inconvénient de se briser facilement à l'impression, on a pris le parti de les reproduire par l'électrotypie, comme nous le verrons plus loin.

Emplois de la gravure en creux. Pour terminer ce que nous avions à dire sur la gravure en creux, nous ajouterons encore quelques mots concernant ses emplois divers.

La reproduction des chefs-d'œuvre de sculpture et de peinture, ainsi que des autres arts de tous les temps, et leur multiplication par la chalcographie, ont eu pour conséquence naturelle de les faire connaître partout, de les rendre accessibles à tous, et de contribuer puissamment à l'avancement des arts.

La facilité qu'offre la gravure à l'eau-forte, en comparaison de la gravure sur bois, l'a bientôt fait substituer à cette dernière; et nous lui devons ces nombreuses et magnifiques eaux-fortes des peintres. Ces précieux monuments de leur invention du premier jet auraient probablement été perdus, s'ils les avaient dessinés seulement sur du papier, en exemplaires uniques.

L'usage de décorer les appartements de gravures en taille-douce, à la place des peintures plus coûteuses mises en vogue dans le siècle passé, a contribué à étendre encore davantage le goût pour la gravure sur cuivre, et l'on vit de plus en plus se répandre ce genre pour la décoration des livres typographiques.

Les premiers indices de la chalcographie dans les livres sont du XVe siècle, et se trouvent dans Petrus de Abno, de Venenis, imprimé à Mantoue en 1472, avec des initiales gravées sur cuivre. Le XVe siècle et le XVIe n'étaient pas encore bien riches en ce genre. Nous ne citerons que les belles gravures des ouvrages numismatiques, publiés par Hubert Golzius de Vanloo (n. 1526, m. 1583). Dans le XVIIe siècle et dans les suivants il y en avait déjà davantage: par exemple la Bible dite de Richér, de 1622. — Les livres publiés par Langlois, depuis 1634, et ceux de Denys

Mariette, depuis 1693. — Le Vitruve de Perrault, en 1713. — L'histoire générale des voyages, imprimée par François Didot, en 1713. — Le Traité des pierres gravées par P.-Jean Mariette, fils de Denys, en 1714. — Les Amours postorales de Daphnis et Chloé, traduits par Amiot et ornées de 24 gravures de Baudran, d'après les dessins du régent, 1718. — Le Traité de diplomatique par Toustain et Tassin, de 1750 à 1765. — L'Encyclopédie des sciences et des arts, par Diderot, avec 11 volumes in-fol. de planches, 1751. — La Rodogune de Corneille, précédée d'une estampe gravée par Madame de Pompadour, d'après Boucher, et imprimée par elle en 1760 dans l'imprimerie qu'elle avait établie dans son appartement, *au Nord.* — L'Encyclopédie méthodique par Panckouke, commencée en 1781 et terminée 50 ans après, 167 volumes in 4°, renfermant 6,439 planches. — Les œuvres de Voltaire, 70 volumes, publiées à Kehl par Beaumarchais, avec des gravures de Moreau, 1784 à 1789. — Les Fables de La Fontaine, avec des gravures d'après Oudry. — Racine, in-folio, par Pierre Didot, avec 57 gravures, 1801—1805. — Le Musée français, publié par Robillard Péronville, 1808—1811, avec 334 planches. — Le Musée, publié par Laurent, 1816—1822, avec de magnifiques gravures. — La Louisiade, et la Henriade, imprimées par Firmin-Didot, ornées de belles gravures, par les meilleurs artistes de Paris. — Le magnifique ouvrage, la Description de l'Egypte, publié par ordre de Napoléon Ier, continué par Louis XVIII, et terminé sous Charles X, avec plus de 900 planches de très-grand format. — Die deutsche Academie, par Joachim de Sandrart, Nuremberg, in-fol. 1773, avec beaucoup de planches de toutes les branches de l'art. — L'édition de luxe des œuvres de Virgile, publiée par Wagner à Leipzig en 1834, avec 400 gravures et 40 vignettes; — enfin un des plus beaux livres qui aient paru de nos jours, les Chansons de Béranger, illustrées de 52 gravures sur acier, exécutées par MM. Garnier, Prudhomme, Darodes, Frilley, Moret, Ch. Lalaisse, Vallot, de Marc, Mauduit, Massard, Willman, Colin, Mme L. Pannier, Normand, etc., d'après les dessins de Charlet, T. Johannot, Grenier, De Lemud, Raffet, Sandoz, etc. Paris, chez Perrotin, 1848, 2 vol. gr. in-8. Sans compter les almanachs, les journaux de modes, les livres pour l'adolescence et la jeunesse, et un grand nombre d'autres éditions de luxe publiées en France, en Angleterre, en Italie, et en Allemagne. Dans le siècle passé on a poussé si loin le goût pour la chalcographie, qu'on ne s'est pas contenté d'orner les livres de gravures, mais qu'on en a même fait dont le texte et les planches étaient entièrement gravés sur cuivre. De ce genre est entre autres une édition de Virgile, qui a paru à Rotterdam sous le titre : Virgulii opera ex antiquis monumentis illustrata cura et sumptibus Henrici Justice Armigeri Ruthfortii Toporchi.

Dans le XVIe, le XVIIe et le XVIIIe siècle on avait l'usage de coller dans l'intérieur de la couverture des livres une armoirie, ou une étiquette allégorique ou symbolique de la famille ou de la personne qui était propriétaire du livre. Dans le XIVe siècle, et dans une partie du XVe, ces objets étaient gravés sur bois, plus tard on les grava sur cuivre, et aujourd'hui ils sont généralement remplacés par un timbre humide, c'est-à-dire, par un timbre gravé en relief et imprimé avec de l'encre d'imprimeur.

La chalcographie et la sidérographie sont spécialement employées pour la reproduction des dessins géographiques et topographiques. Les premières cartes géographiques gravées sur cuivre datent du XVe siècle. L'édition latine de la cosmographie de Ptolémée, commencée par le typographe Conrad Schweinheim à Rome, terminée par le graveur Arnold Bucking en 1478, contient 37 cartes sur cuivre, sur lesquelles les légendes et les noms ont été frappés à l'aide de poinçons en relief, au lieu d'être gravées. En 1482 fut publiée une autre édition du Ptolémée par Doménique de Lapis à Bologne, édition qui contenait également des cartes géographiques gravées sur cuivre.

Nous l'avons déjà dit, la chalcographie rivalisait avec la xylographie pendant le XVIe siècle, époque dans laquelle il y avait encore peu de graveurs de cartes sur cuivre : Les principaux furent Ortellus et Tavernier en Hollande; François de la Guillotière en France, Meyer à Bâle, etc. — Dans le XVIIe siècle, et depuis cette époque, on ne vit presque plus que des cartes gravées sur cuivre, et le nombre des graveurs était aussi plus considérable : Il y avait entre autres Mercator, Paul Merula, Judocus Hondius, Janson, Delapointe; — et dans le XVIIIe siècle, Homann, Riolet, l'abbé de la Grive, Chalmandrier, Delahaye, Perrier, Bourgoins, Dupuis, Le Monieu.

Jusque-là les cartes géographiques n'offraient pas une image suffisante de l'objet qu'elles devaient représenter, bien qu'il y en eût de très-bonnes. La gravure en était généralement dure et aride, n'imitant qu'imparfaitement les sinuosités du terrain, les pentes des montagnes; enfin on n'avait point de système fixe et convenable pour le dessin topographique. Vers la fin du siècle passé cet état de choses change, et depuis il est allé toujours en se perfectionnant. Grâce aux travaux des Anglais Arrowsmith, Carey, etc., des Français Haxo, Puisant, Lapie, Brué, etc., des Allemands Charles Jæck, Gerstenbergh, J.-G. Lehmann, Muffling, etc., des Italiens Manzini, Legnani, Momo. On introduisait alors un système de hachures plus régulier, des dégradations plus naturelles se basant sur une échelle en rapport avec les hauteurs, les pentes, les accidents et les formes du pays qu'on voulait représenter; ce système permettait aux graveurs de produire de magnifiques résultats par des effets de lumière et de perspective, tout en liant au moelleux, à la suavité une exactitude presque mathématique des proportions. Beaucoup de graveurs se sont distingués dans ce genre, entre autres Bouclet, Doudan, Tardieu, Pellicier, Piquet à Paris; — Bach à Dresde, Hampe, Kolbe à Berlin, Mare à Königsberg, P. Schmidt et fils, W. Jæck, C. Jætting et fils, Richter, Kliewer, Bimbé, Muller, Stein à Vienne; — Seitz, Schleich à Munich, Bruck à Leipzig, Knittel à Nuremberg et un grand nombre d'autres en Angleterre, en Italie, etc.

La gravure de la musique est aussi un des emplois les plus considérables de la chalcographie, de la sidérographie et de la gravure sur zinc et sur étain. On se sert dans ce genre de gravure de plusieurs instruments et outils pour faciliter et abréger le travail que l'on trouve décrit dans des manuels spéciaux. M. Richome père l'a beaucoup perfectionné.

A ces deux genres se lie la gravure de la lettre, employée

encore pour les billets de banque, le papier-monnaie, les cartes de visite et d'adresse, etc.

La gravure en creux a été employée aussi, au commencement de notre siècle surtout, à la reproduction de dessins de tricotage et de broderie; elle est remplacée aujourd'hui par la lithographie, avec le secours de machines à pointiller, et par le décalque.

Dans les manufactures d'indienne, on se sert de cylindres en cuivre gravés pour imprimer les étoffes. On grave d'abord les planches planes, que l'on transforme ensuite en cylindre en les roulant et en les soudant solidement aux jointures.

C'est à la fin du XVIIe siècle, ou vers le premier tiers du XVIIIe, que fut importé en Europe l'art de fabriquer les toiles peintes, connues sous le nom de perses ou indiennes, noms de leurs pays d'origine. Les sujets étaient coloriés au pinceau, opération longue et dispendieuse qu'on remplaça en Europe par l'impression à l'aide de planches gravées.

Dans la fabrication du papier-tenture on se sert également de la chalcographie. On a déjà décrit (p. 179 et suiv.) les procédés de gravure en relief des planches et des rouleaux employés dans ces deux fabrications, nous donnerons maintenant ceux de la gravure en creux.

Selon M. Persoz [1] que nous suivrons encore ici, ce genre de gravure s'exécute généralement sur les métaux, et particulièrement sur le cuivre jaune ou rouge, rarement sur pierre et sur verre.

« Lorsque, dans le cours du siècle dernier, les fabricants d'indiennes empruntèrent aux graveurs et aux imprimeurs en taille-douce les moyens de reproduire des dessins et des impressions sur l'étoffe, ces artistes employèrent déjà la gravure au burin et à l'eau-forte. Le grand développement qu'a reçu l'impression des tissus et surtout la découverte du rouleau, ont fait de la gravure pour cette impression un art pour ainsi dire distinct de celui qui lui a donné naissance.

« Pour faire comprendre toutes les modifications que les

[1] Traité théor. et prat. de l'impr. des tissus. Paris, 1846, II, p. 264 et suiv.

procédés ont subies, nous jetterons un coup d'œil rapide sur leurs perfectionnements successifs.

« On se sert des mêmes moyens pour graver les plaques et les cylindres en cuivre; les machines employées dans l'impression en taille douce ont été les premières appliquées à l'impression des tissus; c'est donc la gravure des planches plates qui a subi les premières améliorations. Dans le principe, la gravure de ces planches ne différait en rien de celles des planches qui servent à l'impression du papier : on gravait au burin et à l'eau-forte, mais d'une manière beaucoup plus prononcée. Les ombres s'obtenaient au moyen de légères courbes qu'on serrait et croisait, suivant la nature de ces ombres, pour produire la teinte nécessaire à l'effet du dessin.

« La presse dont on se servait ne permettant pas de *rapporter*, chaque sujet était renfermé dans une planche et ne pouvait être répété; on ne tarda pas à perfectionner la presse au point que les rapports devinrent possibles mécaniquement et de la manière la plus exacte. On grava alors en relief de petits dessins qui devaient se répéter sur un poinçon d'acier doux qu'on durcissait après. Moyennant ce poinçon qu'on enfonçait à coups de marteau dans la plaque métallique, et sur des points déterminés à l'avance par des lignes, on composait le dessin et l'on employait le burin pour terminer la gravure. Plus tard, le poinçon, au lieu d'être enfoncé à coups de marteau, le fut par une presse à vis, et aux distances marquées par des diviseurs qui dépendaient de cette presse et faisaient marcher la planche en long et en large.

« Les choses en étaient là lorsque s'opéra une grande révolution dans l'impression par l'introduction du rouleau (en 1800 environ). Ceux-ci furent d'abord gravés à la main; mais la lenteur de ce genre de gravure, et surtout la dépense à laquelle il entraînait (1), le firent bientôt abandonner; il fut

(1) Selon M. Dollfus-Gonthard, il y a des dessins dont les rouleaux gravés à la main avaient demandés 6, 8, 10 mois et plus. — Les frais de gravure au poinçon s'élevaient de 1000 à 1500 fr. — Les cylindres, guillochés en moins d'un jour, se vendaient 1200 fr. — Maintenant que les graveurs de fabriques empruntent à la mécanique et à la chimie toute leur puissance, ils font en un jour presque le travail d'un an; de là vient qu'on

remplacé par deux procédés distincts, employés, l'un en France, l'autre en Angleterre.

« M. Lefèvre, de Paris, dans le premier de ces pays, appliqua à la gravure au rouleau tous les procédés de la gravure à la planche plate, et grava des poinçons qui, au lieu d'avoir une surface plane, comme ceux de ce dernier genre de gravure, avaient une surface concave qui correspondait à la concavité des cylindres; puis bientôt, au moyen d'un tour à graver qu'il avait imaginé, il enfonça le poinçon à une profondeur donnée et égale sur toute la surface des cylindres.

« En Angleterre, on eut l'heureuse idée de graver en creux un petit *cylindre miniature* en acier doux, appelé *molette*, qu'on trempait ensuite et pressait fortement contre une autre molette également en acier doux, à laquelle il transmettait, mais en relief (1), le sujet qu'on y avait gravé en creux; ce transport opéré, on procédait à la trempe de cette seconde molette pour réaliser ensuite, moyennant une pression suffisante, un nouveau transport, mais cette fois sur le cylindre en cuivre, qui était ainsi bientôt gravé en creux sur toute sa surface. C'est aux graveurs anglais Perkins, Fairman, Heat, Loquet, qu'est due cette belle découverte, qui ne fut connue et adopté en France que beaucoup plus tard. Après bien des essais infructueux, faits d'abord par un Anglais dans la maison Hartmann, de Münster, puis, en 1820, chez M. Hausmann, au Logelbach, le fils de ce dernier fabricant triompha enfin de toutes les difficultés, et en 1822 tous les rouleaux de leur établissement étaient gravés à la molette. La même année, MM. Köchlin frères importèrent d'Angleterre ce procédé que chacun s'empressa d'adopter.

« Tous ces perfectionnements portent, comme on le voit, sur l'emploi du poinçon qui, primitivement employé comme un cachet, et sur un point limité, a fini par être appliqué d'une manière continue.

peut donner pour 50 à 80 francs ce qui en coûtait 1500 il y a une quarantaine d'années. —Une gravure qui autrefois se payait 200 francs, n'est pas estimée aujourd'hui plus de 20 francs. (M. Persoz.)

(1) La première de ces molettes (en creux) s'appelle molette-mère, et la seconde (relief) molette-mâle.

« Le burin, au moyen duquel on donne des traits si nets et si vigoureux, devait aussi recevoir ses perfectionnements, et en effet, de 1823 à 1824, en Angleterre et en Suisse, on parvint à le faire mouvoir mécaniquement, ainsi que le rouleau, de manière à produire sur ce dernier tous les contours que depuis longtemps les graveurs de boîtes de montres obtenaient à l'aide de tours dits à *guillocher*. Mais pendant qu'en Angleterre le burin ne servait qu'à produire des traits sur la couche du vernis dont la surface du rouleau était recouverte, et à mettre en liberté le métal que devait ronger ensuite un acide, en Suisse on attaquait directement la matière du rouleau par la pointe du burin. C'est un nommé Stramm, guillocheur de montres à la Chaux-de-Fonds (Suisse) qui, sur les indications de MM. Verdan père et fils, à Neuchâtel, a gravé le premier, au commencement de l'année 1824, les cylindres guillochés. »

Au moyen de ces divers genres de gravure employés séparément ou conjointement, quelquefois tous ensemble, on peut produire des dessins infiniment variés, et dont chacun se distingue par un nom particulier.

La gravure à l'eau-forte des rouleaux s'opère de la manière ordinaire, décrite plus haut. Cependant on remplace quelquefois la pointe par un des moyens ci-après : « Veut-on, par exemple, obtenir un dessin blanc sur un fond couvert; ou l'on trace ce dessin au pinceau avec le vernis même sur le cylindre, ou on le grave d'abord sur un cachet, à l'aide duquel on imprime ensuite le vernis sur une feuille de papier gommé qu'on applique sur le rouleau, puis, lorsque le vernis est sec, on humecte le papier pour le détacher, et le dessin imprimé en vernis gras se trouve transporté sur le cylindre. Quand, au contraire, le fond doit rester blanc et le dessin être gravé en creux, on imprime avec le cachet, au lieu de vernis, une solution concentrée de gomme, sur un papier imprégné de *galipot*, qu'on transporte immédiatement sur le cylindre, où on le laisse sécher, et il suffit alors d'humecter le papier d'alcool chargé d'essence de térébenthine pour le détacher de la gomme, puis de recouvrir le cylindre de vernis, de le dessécher et de le plonger dans une eau acidulée de vinaigre, qui, agissant sur les parties gommées, met à nu le métal réservé par elle.

« On obtient aussi des figures irrégulières, des sablés, des marbrures, par des procédés qui ne sont que des imitations de ceux qu'on emploie pour produire quelques dessins sur le papier de reliure, sur la toile cirée, etc., dans lesquels les substances hétérogènes incorporées et maintenues en suspension l'une par l'autre, puis abandonnées à elles-mêmes ou traitées à la brosse, reprennent chacune leur position respective et donnent les formes les plus bizarres. C'est ainsi qu'en incorporant du goudron à des dissolutions salines et en étendant uniformément ce mélange sur un cylindre, le plus léger coup d'une brosse a pour résultat d'accumuler le goudron sur certains points et la solution saline sur d'autres, de sorte qu'en desséchant le premier et en passant le cylindre dans l'acide, les parties où le sel s'est accumulé sont les seules rongées. On réalise encore des figures d'un autre genre, dits *fouillis éclaboussés* ou *giclés*, en aspergeant le rouleau de vernis avec un pinceau ou avec une brosse. Toutes les parties couvertes de vernis sont respectées par l'acide, et les autres, au contraire, attaquées.

« Ce genre de gravure est susceptible d'être varié à l'infini ; car rien n'empêcherait, par exemple, d'enrouler d'une façon irrégulière, de manière à produire des contours ou figures plus ou moins bizarres, des fils imprégnés de vernis ; ce vernis faisant fonction de réserve, les parties du métal qui n'en seraient pas recouvertes seraient les seules attaquées. Il serait facile de reproduire par ce moyen les dessins des mailles du tricot ou du filet. Enfin, rien ne s'opposerait à ce qu'on fît cristalliser des dissolutions salines sur la surface du rouleau, et, ces cristallisations accomplies, à ce qu'on recouvrît le tout de vernis ; ce dernier ne prenant que sur les surfaces nues du métal, on obtiendrait encore des figures de cristaux en relief. »

Outre les vernis de graveur employés ordinairement, M. Persoz recommande encore une dissolution du copal dans l'essence de lavande, lorsqu'il s'agit de tracer un dessin au trait sur le vernis.

Lorsque le dessin ne doit pas être tracé à la pointe, on emploie avec avantage le *galipot*. Quant au mordant, voici la préparation la plus propre selon M. Laugier, à pénétrer convenablement le cuivre sans endommager les contours des dessins. Dans huit parties de vinaigre fort et dix d'eau, on fait dissoudre à chaud quatre parties de vert-de-gris, acétate bi-cuivrique, bien pulvérisé, quatre de chlorure sodique, quatre de chlorure ammoniaque et un d'alun; puis on filtre. Ordinairement les rouleaux de cuivre rouge sont gravés à l'acide nitrique, et ceux de cuivre jaune par un mélange d'acide nitrique et d'acide acétique.

M. Perrot [1], en 1854, a inventé et fait breveter un nouveau procédé d'impression de dessin sur tissus, qui imite d'une manière très-agréable la broderie. Il prépare d'abord un mastic demi-fluide, comme les encres d'impression, au moyen de gutta-percha, blanchie préalablement au chlore, puis dissoute dans le sulfure de carbone, ou d'huile de caoutchouc, d'huile de naphte, de la benzine ou même de la térébenthine. Ce mastic est insoluble dans l'eau et résiste au lavage. Au moyen d'un rouleau gravé très-profondément, placé au-dessous d'un autre rouleau presseur et alimenté avec le mastic renfermé dans une auge, on transporte celui-ci sur le tissu, qui présente alors, gravé sur le rouleau, le dessin reproduit en mastic. Quand le mastic est encore mou, ou sur le mastic ramolli par la chaleur, on fait adhérer soit des poudres métalliques, or et argent, soit un duvet de tontisse ou tonture de laine, de coton, de soie, etc., blanc ou teint de la couleur qu'on veut obtenir. L'imitation de broderies en or, en argent, en soie, en velours est alors produite. On peut aussi colorer intérieurement le mastic par l'addition d'un peu de poudre colorée.

Dans les fabriques de poterie, de faïence, de porcelaine et de verrerie, on emploie des planches de cuivre ou d'étain pour orner les plats, les assiettes, les tasses et autres objets. A cet effet on grave en creux assez profond un dessin quelconque, et on en tire des épreuves, mais au lieu de l'encre d'imprimeur ordinaire, on se sert d'une composition de cobalt arsé-

(1) Cosmos, IV, 141.

niaté; ces épreuves se placent sur la poterie avant d'avoir mis le vernis; on y pose le côté où il y a l'impression et on enlève avec soin le papier, en n'y laissant que les traits d'impression.

C'est principalement dans le transport de l'épreuve qu'il y a des difficultés, soit pour trouver des corps flexibles capables de se mouler sur les vases qu'on veut décorer, soit pour conserver le relief de la couleur et la pureté des traits, soit pour obtenir des impressions dans un sens qui permette de lire l'écriture. Il faut pour cela des contre-épreuves, ce qui diminue l'effet et la pureté.

M. Pictet, qui avait une manufacture près de Genève, employait déjà le siècle passé, pour le transport, des feuilles de bonne colle forte de 2 à 3 lignes d'épaisseur et de la consistance d'un cuir souple. Il se servait de planches d'étain pour la gravure[1]. Hassenfratz exécutait alors, à l'aide d'épreuves sur papier, des paysages et d'autres dessins sur porcelaine. Il y avait de très-belles poteries blanches faites de cette manière aux expositions de l'industrie française de l'an VI et de l'an X, qui sortaient de la manufacture de Vaudevrange (Moselle), où M. Gillet de Laumont avait introduit ce procédé de transport.

M. de Paroi, en 1807, employait la colle de poisson et divers autres corps élastiques à cet effet.

MM. Stone, Coqueret et Legros d'Anizy, avaient en 1809 mis en faveur et employé en grand les procédés de transport des gravures sur porcelaine et sur faïence.

M. Gonord, peintre en miniature et graveur, avait inventé en 1805 un procédé particulier de transport, qu'il nommait *par aspiration* et par épreuve. De plus, il a obtenu en 1807, d'une même planche gravée, des impressions de différentes grandeurs, principalement par réduction, et est parvenu à les faire à volonté d'une moitié, des $^3/_4$ plus petites ou plus grandes, même de beaucoup plus encore, en conservant toutes les proportions.

M. Gonord a produit ainsi sur des assiettes et des tasses des oiseaux et des paysages gravés par Baltard, de même grandeur, et aussi d'un tiers plus petits. En 1814 il a obtenu entre autres

(1) Bulletin de la Soc. d'encouragem. XXI, 1806.

des cartès géographiques réduites à de très-petites dimensions avec une extrême netteté. Il a produit des globes de lampe, de verre dépoli, sur lesquels il avait appliqué des gravures représentant la sphère terrestre et la sphère céleste. En 1819 il avait exposé au Louvre cinq épreuves du portrait de Louis XVIII, de grandeurs différentes, qui toutes avaient été tirées de la planche gravée par M. Audoin, et un plan de Petitbourg, imprimé en trois grandeurs différentes. La Société d'encouragement lui avait décerné à plusieurs reprises des médailles d'encouragement. Cependant M. Gonord était un homme bizarre qui, quoique pauvre, n'a jamais voulu accepter une place, ni faire connaître son procédé ; il est mort avec son secret (1). En 1823 la veuve Gonord continuait le procédé de son mari, et reçut une médaille d'or.

M. Robertson a publié en 1818 un procédé de transport de gravure sur verre, baudruche et papier huilé. Il consiste à imprimer une planche gravée avec une encre composée de noir de fumée, de blanc de plomb et d'huile siccative ; au sortir de la presse, on applique cette épreuve sur le verre, et, pour l'y faire adhérer, on se sert d'un rouleau d'un pouce de diamètre sur 3 de longueur, avec lequel on la presse doucement en le passant sur le revers de la gravure ; ensuite, pour favoriser l'adhérence du noir de la gravure sur le verre, on fait légèrement chauffer celui-ci. Pour imprimer sur baudruche ou sur un papier verni, il suffit d'employer de l'encre composée de noir de fumée et d'huile (2).

On s'est servi aussi des gravures en creux pour les transporter sur des objets en tôle et en fer-blanc verni, sur des articles de tabletterie et des cartonnages, etc.

Pour transporter une épreuve de gravure tirée sur papier sur une autre feuille de papier, on se sert d'une lessive caustique propre à dissoudre l'encre d'impression ; ce dissolvant se compose de 2 livres de savon vénitien râpé, de 2 livres de cendre de hêtre tamisée, et d'une livre à une livre et demie de chaux vive. Après avoir bien mélangé ces ingrédients dans un vase de terre verni, en y versant 6 à 8 peintes d'eau de rivière pure, et après

(1) Bulletin XXXIX, 1807 ; CXVIII, 1814, et le Lycée, 1819.

(2) Archives des Découvertes, 1819, p. 195.

les avoir laissé bouillir pendant une demi-heure, on les laisse reposer; et, lorsque le dépôt s'est bien fait, on verse le clair dans un vase propre, sans remuer le dépôt. Ensuite on trempe dans la lessive caustique un grand pinceau en poil doux, et on humecte également l'estampe du côté où se trouve l'impression, on y place une feuille de papier blanc, humectée très-également, sur laquelle on met plusieurs feuilles de maculature blanche humectées; on pose cet ensemble sur un carton épais également un peu humecté, et l'on met le tout entre deux planches de bois lisse, dans une presse de relieur ou d'étoffe, en serrant fortement les vis, et on le laisse dans cet état pendant deux heures de temps (1).

Ainsi la gravure en creux, dans ses divers genres, a été pendant bien des siècles d'une grande utilité et d'un secours efficace pour les arts et l'industrie; et elle l'est encore aujourd'hui, malgré l'art rival qui est venu le remplacer dans maint emploi, qui lutte continuellement avec elle et souvent avec succès, sans arriver cependant à pouvoir s'y substi.uer complétement. Cet art rival, c'est la lithographie.

DESSIN ET GRAVURE SUR PIERRE

LA LITHOGRAPHIE (du grec lithos, pierre) est l'art de dessiner, d'écrire ou de graver sur la pierre, pour en obtenir des estampes au moyen de l'impression.

Ses procédés reposent: 1° sur l'adhérence avec une pierre calcaire d'une sorte d'encaustique gras qui forme les traits; 2° sur la faculté acquise aux parties pénétrées par cet encaustique de se couvrir d'encre d'imprimerie, dont l'huile de lin forme la base; 3° sur l'interposition de l'eau qui prévient l'adhérence de l'encre dans tous les endroits de la superficie de la pierre non imprégnés de l'encaustique; 4° enfin sur une pression exercée de manière à décharger sur le papier la plus grande partie de l'encre qui recouvre les traits graisseux de l'encaustique (2).

INVENTION ET HISTORIQUE DE LA LITHOGRAPHIE. Cet art a été inventé vers la fin du XVIIIe siècle

(1) Krunitz, Encyclop. 1757, 538.
(2) M.-J. Girardin, prof.

par Aloïs Senefelder (né à Prague en 1772, et mort à Munich le 26 février 1834). Fils d'un comédien, Senefelder se voua lui-même au théâtre, contre la volonté de son père qui l'avait destiné à l'étude du droit. Ne pouvant réussir comme acteur, Senefelder se fit auteur, et publia en 1793 une petite pièce de théâtre. Ce premier ouvrage fut suivi d'autres; mais voyant tout son gain absorbé par les frais d'impression, il chercha un moyen d'obtenir ses imprimés à meilleur marché. Il essaya d'abord une espèce de stéréotypage sur la cire et sur le bois; mais l'exécution en grand exigeait des capitaux au-dessus de ses moyens. Il se servit ensuite de planches de cuivre, et il procéda comme les graveurs à l'eau-forte, c'est-à-dire qu'il vernissait sa planche, dessinait son écriture dessus, et la creusait au moyen de l'acide nitrique.

Les difficultés qu'il avait à surmonter étaient surtout l'imitation des caractères d'imprimeur et l'écriture à rebours. Un autre obstacle était la correction des fautes qu'il faisait en écrivant. Ne connaissant point le petit vernis qui sert à cet effet aux graveurs, il imagina de dissoudre dans de l'eau de pluie des quantités égales de cire et de savon, avec un peu de noir de fumée, mélange qui plus tard servit d'encre chimique pour la lithographie.

Pour tirer à l'économie, Senefelder voulut se servir de la même planche pour un second essai, mais il lui fallut employer plusieurs heures pour effacer les traces que l'eau-forte y avait laissées. Cette circonstance lui fit penser qu'on pouvait aussi bien graver à l'eau-forte sur la pierre que sur le cuivre, et il résolut de faire des *gravures en creux sur pierre* (1). Ces premiers essais se firent sur une espèce de pierre calcaire qu'on nomme *pierre de Solenhofen,* du nom d'un village bavarois, où l'on trouvait la meilleure espèce, et qu'on employait à Munich pour le carrelage des appartements. C'est cette même espèce de pierre qui sert encore aujourd'hui spécialement aux lithographes. Se-

(1) Quelques auteurs attribuent à l'abbé Schmidt, professeur à l'école des cadets à Munich, la première idée d'employer les pierres à l'impression. L'abbé Schmidt avait, avant Senefelder, gravé en relief sur pierre, des feuilles de diverses plantes, dont il se servait dans un cours de botanique. Cependant, et longtemps avant l'abbé Schmidt, on grava en relief sur pierre calcaire au moyen d'un corrosif. Il existe à Munich, au musée de l'école gratuite de dessin, un astrolabe fait par ce procédé, et portant la

nefelder couvrit la pierre du même vernis que pour le cuivre, et il dessina ses lettres à l'aide d'une plume d'acier d'une forme particulière.

Le plus grand obstacle qu'il rencontra fut de donner à la pierre le poli convenable, pour pouvoir enlever facilement l'encre. Après de nombreux essais, Senefelder trouva enfin qu'en jetant sur la pierre bien débrutie un mélange d'une petite partie d'huile de vitriol concentrée avec 4 ou 5 parties d'eau, et frottant de suite avec un linge on obtient un poli parfait. Mais malheureusement ce poli n'est pas très-solide, et sa durée est si courte, qu'on ne peut guère tirer avec une pierre ainsi préparée qu'une cinquantaine d'exemplaires nets; après quoi il faut employer de nouveau le même procédé, ce qui nuit toujours un peu au dessin.

Une autre difficulté était de trouver un noir qu'on pût enlever facilement. « Tous les essais que je fis, nous dit l'inventeur, me prouvèrent que rien ne convenait mieux à une pierre sans préparation d'huile de vitriol, qu'un vernis huileux mêlé de noir fin de Francfort, qu'on enlevait de dessus la pierre avec une faible dissolution de potasse et de sel de cuisine. »

Senefelder avoue qu'il n'avait rien trouvé de neuf jusqu'alors, ni fait autre chose, pour la préparation de ses pierres, que ce que font les graveurs en taille-douce.

Ce fut en 1796 qu'il passa de la méthode creuse dont nous venons de parler à une nouvelle manière, qu'il appelle gravure en relief, en se servant de l'encre qu'il avait inventée quelque temps auparavant. Voici comment il raconte lui-même le hasard qui lui a fait découvrir ce nouveau procédé: « Je venais de dégrossir une pierre pour y passer ensuite le vernis et continuer mes essais d'écriture à rebours, lorsque ma mère

date de 1580. On voit aussi dans le cabinet royal des antiquités de la même ville, une grande table ronde, faite d'une pierre de Solenhofen, sur laquelle sont gravés en relief, et par le même moyen, les portraits des anciens ducs de Bavière, avec plusieurs inscriptions et une chanson accompagnée de notes (Engelmann, p. 7). A la bibliothèque de Genève il y a une pierre calcaire, âgée de quelques siècles, dont l'inscription paraît être faite au moyen d'un corrosif (M. Blavignac, architecte). — Du reste, Senefelder ignorait complétement le procédé de l'abbé Schmidt, et l'existence de ces pierres gravées à Munich.

vint me prier de lui écrire le mémoire du linge qu'elle allait faire laver; la blanchisseuse attendait impatiemment, tandis que nous cherchions inutilement un morceau de papier blanc. Le hasard voulut que ma provision se trouvât épuisée par mes épreuves, et mon encre ordinaire desséchée. Comme il n'y avait alors personne à la maison qui pût aller quérir ce qui nous était nécessaire, je pris mon parti, et j'écrivis le mémoire sur la pierre que je venais de débrutir, en me servant à cet effet de mon encre composée de cire, de savon et de noir de fumée, dans l'intention de le copier lorsqu'on m'aurait apporté du papier. Quand je voulus essuyer ce que je venais d'écrire, il me vint tout à coup l'idée de voir ce que deviendraient les lettres que j'avais tracées avec mon encre à la cire, en enduisant la pierre d'eau-forte, et aussi d'essayer si je ne pourrais pas les noircir comme l'on encre les caractères d'imprimeur ou la taille de bois, pour ensuite les imprimer. Les essais que j'avais déjà faits pour graver à l'eau-forte m'avaient fait connaître l'action de ce mordant relativement à la profondeur et à l'épaisseur des traits, ce qui me fit présumer que je ne pourrais pas donner beaucoup de relief à ces lettres.

« Cependant, comme j'avais écrit assez gros pour que l'eau-forte ne rongeât pas à l'instant les caractères, je me mis vite à l'essai. Je mêlai une partie d'eau-forte avec dix parties d'eau, et je versai ce mélange sur la pierre écrite; il y resta 5 minutes à la hauteur de deux pouces.

« J'examinai alors l'effet opéré par l'eau-forte, et je trouvai que les lettres avaient acquis un relief à peu près d'un quart de ligne, de manière qu'elles avaient l'épaisseur d'une carte. Quelques traits, qui sans doute avaient été écrits trop fins, ou qui n'avaient pas pris assez d'encre, étaient endommagés en plusieurs endroits. Les autres n'avaient perdu qu'une partie imperceptible de leur largeur en comparaison de leur relief, ce qui me donna l'espérance fondée qu'une écriture bien tracée, et surtout en caractères moulés comme ceux de l'imprimerie, pourrait encore avoir plus de relief.

« Je m'occupai ensuite des moyens d'encrer ma pierre : je

pris pour cela une petite plaque de bois qui avait servi de couvercle à une boîte fort unie, je la recouvris de drap très-fin de l'épaisseur d'un pouce, et je la frottai fortement avec une couleur faite de vernis d'huile de lin très-épais et de noir de fumée; je passai ensuite ce tampon sur les caractères écrits; ils prirent fort bien la couleur et je réussis si bien, qu'il ne me resta plus rien à désirer. »

Cette découverte de Senefelder, qui consiste à travailler en relief, et à imprimer à la manière de la taille de bois, peut être considérée comme le commencement de la lithographie.

Tous les essais que Senefelder fit ensuite pour les écritures sur pierre s'exécutaient de cette manière ; il employa même ce moyen avec succès à l'impression des notes de musique, et forma en 1796 un établissement d'imprimerie musicale, en compagnie avec M. Gleissner, musicien de la cour à Munich.

En même temps il inventa une nouvelle presse à imprimer qu'il appela presse à branches, et il employa sa méthode d'impression à faire des adresses et des cartes de visites.

Un air mis en musique que Senefelder avait imprimé, et au-dessus duquel se trouvait une petite vignette, engagea le conseiller Steiner, à Munich, à lui faire dessiner de petites images pour un Catéchisme. Quoique les dessins fussent fort médiocres, on acquit cependant la certitude de pouvoir faire toutes sortes de dessins sur pierre ; et M. Steiner, qui était directeur du dépôt des livres destinés aux écoles, procura à Senefelder l'occasion de s'exercer à différents travaux de ce genre.

Restait toujours la plus grande difficulté, l'écriture à rebours. Il fallait donc trouver un moyen pour surmonter cet obstacle. Ayant remarqué pendant ses diverses opérations que, lorsqu'on écrivait sur du papier avec un bon crayon anglais, qu'on le mouillait, qu'on l'appliquait ensuite sur une pierre bien polie, puis qu'on le soumettait à l'action d'une presse bien tendue, les caractères écrits au crayon restaient distinctement marqués sur la pierre, et qu'il n'avait alors qu'à repasser les traits de crayon avec son encre lithographique. Il essaya plusieurs compositions pour transporter son écriture sur la pierre. La sanguine fine, broyée avec de l'eau gommée, et même l'encre commune faite de noix de galle et de vitriol vert, pouvaient être utilement employées à cet effet. Il employa également un mélange d'huile de lin, de savon et de noir de fumée; mais il lui fallait toujours repasser avec son encre lithographique le dessin transporté sur la pierre pour pouvoir l'imprimer; opération double, qui lui fit désirer de trouver une encre qui, en se détachant du papier, se transportât entièrement sur la pierre, et lui épargnât la peine de copier. Senefelder avoue que cette recherche lui a coûté pour le moins un millier d'essais, mais il en a été amplement récompensé, car il leur doit la découverte du secret de la lithographie chimique.

Parmi tous ces essais, celui qui lui réussit le mieux fut le suivant : il passa sur le papier une eau gommée dans laquelle était dissous du vitriol martial (sulfate de fer) ; lorsque ce papier fut sec, il écrivit dessus avec son encre lithographique, rendue plus collante en y mêlant de la colophane, du vernis huileux épais, de la gomme élastique, de la térébenthine, du mastic et d'autres matières pareilles, et le laissa sécher de nouveau. Il mouilla ensuite le papier, et il l'imprima sur une pierre qui avait été enduite légèrement d'une dissolution de vernis huileux dans l'essence de térébenthine, laquelle ne laissait qu'une couche grasse très-mince. Cet essai, comme je l'ai dit, réussit fort bien ; l'autographie venait d'être inventée.

En transportant ses dessins sur la pierre, Senefelder avait remarqué que l'humidité, surtout l'humidité visqueuse, comme par exemple une dissolution de gomme, s'opposait à ce que l'encre lithographique s'attachât à la pierre ; de manière qu'un papier, écrit avec de l'encre lithographique qui a bien séché, trempé dans de l'eau où il y a quelques gouttes d'une huile quelconque, prend cette huile sur toutes les parties écrites, et que le reste du papier, surtout lorsqu'il a été trempé dans de l'eau gommée ou dans de la colle d'amidon très-déliée, ne prend pas d'huile. Il pouvait donc supposer qu'un papier imprimé avec l'encre noire ordinaire de l'imprimerie donnerait le même résultat. Pour s'en convaincre, il arracha une feuille d'un vieux livre imprimé, la passa dans une dissolution de gomme très-claire, il la mit ensuite sur une pierre, et prenant une éponge trempée dans une couleur huileuse et claire, il la passa partout sur le papier. Le résultat fut que les caractères imprimés prirent la couleur, tandis que le papier restait blanc. Il appliqua alors un papier blanc, sur le côté imprimé du premier, les mit tous les deux sous la presse, et il tira une très-belle copie de la feuille imprimée, quoique en sens renversé.

Ainsi chaque feuille de papier devenait à Senefelder une planche à imprimer, et il pouvait en tirer une cinquantaine d'exemplaires, en se servant d'une encre plus compacte et composée de colophane, de litharge ou oxyde de plomb vitreux, broyée en poudre, de noir de fumée, de vernis huileux et de potasse délayés dans de l'eau. En employant cette méthode, et seulement avec du papier et sans pierre, il aurait pu réimprimer de vieux livres et faire même des éditions de livres nouveaux.

Cependant le peu de solidité du papier décida Senefelder à se servir pour ce travail des pierres calcaires de Solenhofen. Cette espèce de pierre a une attraction très-forte pour les corps gras, lesquelles la pénètrent si profondément, que souvent il est impossible, même en l'usant beaucoup, d'en faire disparaître les traces.

Il prit donc une de ces pierres bien débrutie, y dessina quelque objet avec un petit morceau de savon, jeta dessus une faible dissolution de gomme, et y passa une éponge ou un tampon trempé dans de la couleur huileuse; alors toutes les places marquées par le corps gras devinrent noires à l'instant, tandis que les autres restèrent blanches. Une pierre ainsi préparée pouvait produire autant d'épreuves que l'on en voulait.

Toutefois il était aisé de prévoir qu'un dessin auquel on aurait donné un peu de relief au moyen du mordant serait plus facile à imprimer, et qu'une pierre préparée de la nouvelle manière était bien plus facile à dégrossir pour s'en servir de nouveau.

Senefelder croyait au commencement qu'il pouvait se passer de gomme, mais il fut bientôt convaincu qu'elle avait une sorte de liaison chimique avec la pierre, dont elle ferme un peu les pores aux corps gras, tandis qu'elle les dispose de plus en plus à recevoir l'eau, qualité que l'eau-forte et la gomme ne peuvent donner que réunies.

Les essais faits de cette manière réussirent parfaitement, tant en creux qu'en relief.

Si, en suivant une marche inverse, au lieu de mouiller la pierre avec de l'eau, on prenait de l'huile et une couleur préparée avec de l'eau gommée, alors il n'y avait plus que les endroits humides qui prissent la couleur, les endroits gras la laissant, et on pouvait imprimer par ce moyen avec toutes sortes de couleurs à l'eau.

En faisant usage de savon sec pour tracer le dessin, le genre des dessins au crayon était trouvé tout naturellement, car ce n'est pas seulement à l'état fluide que l'encre chimique pénètre dans la pierre et rend les places dessinées par son moyen propres à recevoir la couleur, mais on peut aussi s'en servir lorsqu'elle est desséchée.

Voilà donc la méthode chimique à voie humide trouvée, c'est-à-dire la lithographie dans toute son extension et avec tous ses genres.

Elle consiste en somme dans les conditions suivantes: « Il importe peu que le dessin soit en relief ou en creux; l'essentiel est qu'il se trouve sur les lignes et les points de la plaque à imprimer une matière à laquelle s'attache ensuite la couleur par son affinité chimique, couleur qui doit donc être composée d'une substance semblable à celle du dessin. Il faut encore que les parties de la planche qui doivent rester blanches aient la propriété de ne point prendre et même de repousser la couleur, afin qu'elle ne puisse s'y attacher. »

PROPAGATION DE LA LITHOGRAPHIE.

Après ces divers essais et ses réussites successives, Senefelder s'associa ses deux frères Thiébaud et Georges et agrandit ainsi l'établissement qu'il avait fondé avec son ami Gleissner. Ils reçurent en 1799 de Maximilien-Joseph un privilége exclusif pour

15 ans. Ce fut à cette époque aussi que l'éditeur en musique, M. André d'Offenbach, convint avec Senefelder que celui-ci lui enseignerait son art dans toute son étendue moyennant une somme proportionnée à son importance; il lui proposa en outre une association avec lui et ses trois frères pour former cinq établissements dans les différentes capitales de l'Europe. Senefelder accepta et monta d'abord une imprimerie lithographique à Offenbach. Il alla ensuite à Londres pour obtenir avec M. Philippe André un privilége et fonder une lithographie; mais ils ne s'entendirent pas. En 1802, il envoya son frère à Paris dans le même but; et en 1803 il obtint un privilége en Autriche. C'est alors qu'il s'associa avec M Hartl, et qu'il établit une imprimerie de musique à Vienne; cet établissement ne réussissant pas, il le remit à M. Steiner, et il se livra à l'impression des toiles de coton au moyen des procédés lithographiques; mais il rencontra tant de difficultés qu'il fallut bientôt renoncer à ce système. Il imagina alors une machine à imprimer, composée de deux cylindres en fer, dont l'un était gravé à l'eau-forte. De nouveaux obstacles firent aussi tomber cette entreprise.

En 1806, Senefelder et Gleissner s'associèrent avec le baron d'Aretin à Munich, et y fondèrent un grand atelier lithographique. Plusieurs presses furent mises en mouvement et travaillèrent aux productions musicales, à des écritures pour le gouvernement et à des objets d'art. L'association dura 3 ans, pendant lesquelles ils firent un grand nombre d'ouvrages qui fixèrent l'attention publique sur cet établissement.

Les premières productions lithographiques sorties de ces presses furent les dessins d'Albert Durer pour le bréviaire de l'empereur Maximilien, dessinés sur pierre par Nepomuc Strixner et imprimés en différentes couleurs. Ils annoncèrent ensuite un spécimen de 40 feuilles des divers genres de dessin que la lithographie pouvait produire; mais il n'en a paru que la première livraison de 10 feuilles. Malheureusement les associés retirèrent de si faibles bénéfices de leur entreprise, qu'ils se décidèrent à céder une partie de leur établissement à M. Mannlich, directeur de la galerie des tableaux à Munich; l'autre fut achetée par M. Zeller,

M. Mannlich se distingua par l'exécution d'un grand ouvrage, dans lequel, sous le titre de *Œuvres lithographiques de Strixner et Pilotti*, il reproduisit des fac-simile de dessins des anciens maîtres qui se trouvent dans le cabinet du roi de Bavière. Il y fit usage pour la première fois de planches à teintes plates, imitant le dessin sur papier teinté, rehaussé de lumières blanches. C'est le genre camaïeu reproduit par la lithographie. Nommé en 1809 inspecteur de la lithographie royale à Munich, et se voyant une position assurée, Senefelder se voua dès lors au perfectionnement de son art.

C'est ainsi qu'il inventa en 1817 un *papier-pierre*, espèce de composition destinée à imiter la pierre de Solenhofen. En 1819, Senefelder s'occupa de mettre en ordre ses divers procédés, et il les publia sous le titre de *l'Art de la lithographie*.

Ces deux objets l'amenèrent à Paris, où il se rendit en janvier 1819 avec M. Knecht, et où ils imprimèrent les planches qui devaient accompagner son ouvrage. Senefelder voulut aussi introduire ses *pierres factices;* après bien des essais de fabrication, et après avoir quitté Paris à plusieurs reprises, il y revint une troisième fois en 1820, et ce fut alors qu'il substitua des feuilles de zinc au carton trop fragile sur lequel il étendait la couche qui représentait la pierre. Malgré ce changement, il ne réussit point et il céda son établissement à M. Knecht, qui le continua sous la raison Senefelder et Comp.

Ayant échoué à Paris, Senefelder essaya de former des lithographies à Strasbourg et à Vienne, mais les procédés de son art étaient alors si répandus, qu'on pouvait se passer de son secours. Voyant toutes ses offres repoussées, il se retira en Bavière où il vécut, de 1825 à 1834 (époque de sa mort), du revenu de sa place d'inspecteur de la lithographie au bureau du cadastre. Pendant ce temps il fit une dernière invention qui consista à multiplier les tableaux à l'huile par l'impression, invention qu'il appela *impression à la mosaïque,* et qui est nommée actuellement lithographie polychrome. Il composa à cet effet une certaine quantité de petits cylindres de toutes couleurs, et dont la base était une matière grasse. Il les juxtaposa verticalement les unes à côté des autres, à la manière d'une mosaïque; lorsque tout le tableau fut réunit et serré dans une forme, il en humecta la surface avec de la lessive caustique, qui en dissolvait une légère portion, et y appliqua une toile ou un papier. Il pouvait tirer ainsi un nombre d'exemplaires qui dépendait de la matière colorante que pouvait céder l'épaisseur de la mosaïque. Il se proposait de publier son procédé dès qu'il l'aurait porté à un certain degré de perfection, mais la mort l'en a empêché.

A peine l'art nouveau de la lithographie était-il inventé, au commencement de notre siècle, qu'il se répandit partout. En peu de temps un grand nombre d'établissements lithographiques furent créés dans tous les pays de l'Europe, et de toutes parts on demandait des ouvriers de Munich pour ces ateliers; souvent même les entrepreneurs venaient dans cette ville pour faire leurs études dans l'art lithographique.

Senefelder lui-même contribua à la propagation de son art, directement d'abord, indirectement aussi par son caractère expansif et mobile, par son inconstance dans ses entreprises, et son inhabileté dans les affaires commerciales. Ses nombreux associés et ses frères mêmes n'y contribuèrent pas moins.

Un jeune étudiant de Strasbourg, nommé Niedermayer, lié d'amitié avec les frères de Senefelder, et ayant souvent visité leurs ateliers à Munich, fit des tentatives pour monter une lithographie à Ratisbonne. M. Pleyel, éditeur de musique, l'appela à Paris en 1800 et fit quelques essais d'impression tant en dessin qu'en musique, mais le transport des pierres de Solenhofen à Paris étant trop onéreux, il ne fut pas donné suite à ces essais. Dès lors Niedermayer se mit à courir le monde pour y vendre ce qu'il devait à la confiance des frères Senefelder. N'ayant pu réussir à Vienne, il se rendit à Munich pendant l'absence de Senefelder, et vendit ses procédés à la Direction de l'école gratuite de dessin. Mais les directeurs ayant bientôt reconnu l'incapacité de Niedermayer dans cet art, prirent des arrangements en 1804 avec Thiébaud et George Senefelder, qui leur livrèrent tous les procédés lithographiques connus alors, moyennant une pension annuelle.

La direction de la nouvelle imprimerie fut confiée à M. Mitterer, professeur de dessin. A partir de cette époque, la lithographie reçut une nouvelle impulsion, et on la vit s'occuper principalement des arts du dessin, auxquels elle est éminemment propre. Comme on attribuait à Mitterer l'invention de la manière du crayon, cet habile artiste déclara que l'idée première de dessiner sur pierre au moyen d'une matière grasse solide, ainsi que tous les autres procédés lithographiques, était le fruit des laborieuses recherches de l'ingénieux Senefelder, que son rôle à lui s'était borné à perfectionner ce procédé, et à exécuter les premiers travaux importants dus à l'emploi du crayon lithographique. Puissamment secondé par MM. Steiner et Weichselbaum, attachés à l'école, M. Mitterer fit faire de rapides progrès à cet art, qui lui doit un grand nombre de perfectionnements.

Les chefs de l'école se réunissaient souvent pour se concerter entre eux sur de nouvelles expériences à faire. Ils se trouvaient pour cela dans une position très-favorable: l'école possédait un laboratoire de chimie et un atelier de mécanicien qui furent d'un puissant secours dans ces recherches. C'est dans une de ces conférences qu'ils donnèrent le nom de *lithographie* à l'art qu'avait inventé Senefelder, appelé jusqu'alors impression sur pierre, ou impression chimique.

M. Mitterer remplaça en 1805 la presse-gibet de Senefelder par une autre de son invention, appelée *presse à moulinet*. Cette presse, qui n'a subi que quelques légères modifications, est encore en usage aujourd'hui.

Grâce à tant d'éléments favorables, l'établissement dirigé par M. Mitterer réussit parfaitement, et on en vit sortir une grande quantité d'études de dessin et d'autres objets d'art.

Un nommé Strohofer, qui avait été apprenti d'un des frères de Senefelder, voulut en 1806 fonder une lithographie à Munich; empêché par le privilége de l'inventeur, il se rendit à Stuttgard, où il communiqua cet art à M. le baron de Cotta, qui fonda de suite un établissement lithographique, dont il confia la direction à M. Rapp. Cette imprimerie fut, après celles de Munich, celle où la lithographie fut pratiquée avec le plus de succès. On s'y occupait principalement de la gravure sur pierre et on lui doit le premier traité de lithographie qui ait paru; il fut publié en

1810 sous le titre de : *Le secret de l'impression sur pierre*, etc., Tubingen. La première production lithographique de cet établissement fut une édition de luxe d'une chanson célèbre de Schiller, publiée en 1807, gr. in-folio ; le titre et le texte étaient gravés au burin sur pierre ; deux airs, musique et paroles, écrits à la plume, et une scène de la tragédie de Wallenstein, dessinée au crayon par M. Seele. A cette époque il s'établissait encore d'autres lithographies à Munich : celle de M. Siedler ; celle pour les travaux administratifs, dirigée par Thiébaud Senefelder ; deux autres sous les ordres de M. Hemle et Roth ; une pour l'établissement royal des pauvres, et celle de M. Dietrich, employé au trésor.

Enfin, d'autres villes de l'Allemagne, Berlin, Manheim, Carlsruhe, Heidelberg, etc., eurent des imprimeries lithographiques avant 1817.

MM. Aruz et Comp. à Dusseldorf publièrent des cartes géographiques des objets d'histoire naturelle en 1818.

M. Dall'Armi, de Munich, dès 1818 fit connaître la lithographie à Milan, à Rome, à Venise.

En 1801, un an après la tentative manquée de Senefelder et de Philippe André, cet art fut introduit définitivement en Angleterre par Volwieler. Il a publié en 1807 un spécimen *of polyautography*. En 1818, M. Akermann formait un établissement lithographique à Londres. Mais cet art n'y fit des progrès réels qu'en 1821, lorsque M. Hullmandel y créa un établissement, à son retour de Paris, où il avait recueilli ses connaissances en lithographie chez M. Engelmann. Ce dernier communiqua aussi ses procédés à M. Madrazo, peintre du roi d'Espagne, qui avait l'intention de fonder, en 1825, une imprimerie lithographique à Madrid, pour publier un ouvrage sur les galeries de tableaux de la couronne.

La lithographie ne fut introduite aux Etats-Unis d'Amérique qu'en 1828, par M. Barnett, qui fonda une imprimerie à New-York, sous la raison sociale de Barnett et Doolittle. La lithographie a été portée en Chine par le missionnaire Impert (Jobard).

Nous avons déjà remarqué que les premières tentatives faites pour introduire la lithographie en France furent celles de la maison Pleyel et de Niedermayer en 1800. Cet essai n'eut pas de suite. Deux années après, M. André d'Offenbach et Senefelder établirent une lithographie à Paris, et publièrent de la musique et quelques dessins d'animaux du Jardin des Plantes. Quoique M. André ne réussit qu'imparfaitement dans cette entreprise, il peut néanmoins être regardé comme le premier qui ait introduit les procédés lithographiques en France; aussi a-t-il reçu comme tel une médaille d'argent de la Société d'encouragement (1).

Peu satisfait de ces résultats médiocres, M. André quitta Paris en 1806, après avoir vendu ses procédés à MM. Choron, Baltard et quelques autres artistes. M. Choron s'occupa de l'impression de la musique. M. Whit publia en 1808 un recueil de tableaux de mécanique appliquée et d'éléments généraux de machines, dessiné sur pierre. M. Guyot Desmarais, peintre de Paris, produisit en 1809 12 planches lithographiées, représentant divers animaux. D'autres personnes s'occupèrent encore de lithographie à Paris; en particulier M. Denon, directeur des musées impériaux, le général Lejeune et M. Lomet depuis 1808; M. Marcel de Serres en 1809 et 1810; M. Duplat en 1811; M. le comte de Lasteyrie en 1812 et 1814. Ce dernier avait même fait des voyages à Munich pour y étudier la lithographie, et avait engagé des ouvriers pour fonder une imprimerie dans la capitale de la France. Mais, malgré toutes ces tentatives, il n'existait aucun établissement lithographique à Paris, en 1814, et M. Marcel de Serres pouvait alors très-bien dire « que toutes les gravures lithographiques obtenues jusqu'alors à Paris ne pouvaient « être considérées que comme des essais plus ou moins imparfaits. Nous pouvons même ajouter que cet art, quoique connu « de quelques artistes habiles, n'y a jamais été pratiqué par des « hommes qui aient apprécié toutes les ressources de ce genre « de gravure (2). »

Celui qui, après M. le comte de Lasteyrie, a le plus fait pour l'avancement de la lithographie, qui a le plus contribué au développement de tous ses genres et de ses procédés divers, et qui

(1) Bulletin, LVII, 1809, et octobre 1816. — Brevets publiés, t. IV, p. 94.
(2) Essai sur les arts, etc. de l'empire d'Autriche, 1814.

lui a assigné la place qu'il mérite d'occuper dans les arts, c'est sans contredit M. G. Engelmann de Mulhouse.

M. Engelmann reçut les premières notions de la lithographie par l'entremise d'un de ses amis, M. Ed. Kœchlin, notions qui le mirent à même de faire quelques expériences pendant l'hiver de 1813 à 1814. En 1814 il fit un voyage à Munich pour y étudier les ouvrages lithographiques de MM. Strixner et Pilloty, et il obtint la communication des procédés de M. Stuntz. Revenu à Mulhouse, il y établit une imprimerie et, en octobre 1815, il pouvait déjà présenter une collection de ses produits lithographiques à la Société d'encouragement de Paris. Le rapport fait sur ces objets par M. de Lasteyrie, qui s'occupait lui-même de cet art, fut très-favorable à M. Engelmann, et se termine par ces paroles: « Vous êtes le premier en France qui ait approché aussi près de la perfection en ce genre. » L'année après, M. Engelmann adressa à l'Académie des beaux-arts de l'Institut de France un certain nombre de lithographies au crayon, dessinées par MM. Regnault, Girodet, Carle Vernet et Mongin. En juin de cette même année (1816) il fonda, conjointement avec son beau-frère M. Pierre Thierry, une imprimerie lithographique à Paris. Les premières publications de cette Société furent un Cosaque à cheval par Vernet, une Tête d'étude de Regnault, et le Chien de l'aveugle par Mongin. Ces premières estampes furent bientôt suivies d'une série de publications, telles que *le Cours complet d'études de dessin*, etc. Parmi les artistes français de cette époque, qui ont le plus contribué aux progrès de cet art par le fini de leur dessin, il faut principalement citer MM. Isabey, Robert de Sèvres et le baron Athalin.

M. le comte de Lasteyrie avait fondé en 1817 une lithographie à Paris, et publié un recueil de différents genres d'impressions lithographiques. C'est lui qui a fait le plus pour la propagation de cet art en France, en formant des élèves, tels que MM. Vilain, Langlumé, Motte, Brégéant, Paulmier, etc. M. Knecht, qui avait continué la lithographie de Senefelder à Paris, publiait entre autres, en 1820, un ouvrage important, *la Flore du Brésil.* Dans cette même année parut le premier volume du Voyage pittoresque et romantique dans l'ancienne France, par MM. Nodier, Taylor et Cailleux. Cet ouvrage, imprimé chez Didot aîné, est orné de planches lithographiques, et se compose de 40 volumes.

On vit paraître en 1822 la Galerie des peintres et dessins de peintres de toutes les écoles, dessinée sur pierre par Isabey, Hesse, etc.; les Vues pittoresques de la Vendée par J.-B. Méliaud; — en 1825, la Galerie des peintres et l'Iconographie des contemporains dessinées par Maugaisse, Grévedon; — en 1829, les Monuments des arts du dessin chez les peuples anciens et modernes, publiés par Vivant Denon, imprimés par Firmin Didot, et ornés de 315 planches dessinées par Franquinet, Bosio, Vigneron, Brunet, Boilly, Heim, Muret, Moitte, Louis Bouteiller et Denon.

Enfin la lithographie avait alors pris à Paris un tel accroissement, qu'on comptait en 1828, dans le seul département de la Seine, 24 établissements lithographiques, avec 180 presses, employant en matières premières pour 395,640 fr., outre 1,565,640 fr. de capital et de frais généraux. Ces établissements occupaient jusqu'à 420 personnes (950,200 fr.), produisant pour 2 millions 45 mille fr. de dessins de tous genres, d'écritures et d'autographies, somme qui peut être portée dans le commerce pour 3 millions 540 mille fr.

Ainsi la lithographie faisait des progrès rapides; mais, chose curieuse, tandis qu'elle arrivait dès 1830 en France et en Angleterre à un si haut point de perfection, elle était demeurée à peu près stationnaire en Allemagne. Une nouvelle impulsion devait venir du dehors; et l'on vit à leur tour les artistes allemands, entre autres MM. Bodmer et Hanfstengel, aller à Paris, pour se familiariser avec la manière remarquable des meilleurs artistes français, et pour faire connaître à leur pays toutes les améliorations qu'avait reçues à l'étranger un art dont un de leurs compatriotes avait doté le monde.

Les Pays-Bas, au contraire, qui avaient reçu la lithographie en 1817 par M. J.-B.-A.-M. Jobard, à Bruxelles, virent bientôt prospérer cet art, grâce aux travaux intelligents et persévérants de cet homme distingué. Un des frères de Senefelder avait communiqué des procédés très-imparfaits à plusieurs personnes de Bruxelles, savoir à M. le duc d'Aremberg, le savant bibliothécaire Marchal, à l'ingénieur Craen, et à Benjamin Mary, qui ne purent en retirer absolument aucune utilité. M. Jobard, sans avoir eu un enseignement spécial de la lithographie, se sentant une vocation bien décidée pour cet art, donna sa démission de géomètre du cadastre de Mæstricht, et commença sa carrière lithographique en 1817 avec un capital de 32 fr.

« Suivant l'axiome *qui veut peut,* il est parvenu en 14 ans à élever son capital de fondation à la somme de deux millions. » Les Annales d'histoire naturelle publiées par M. Drapiez, Van Mons et Bory de Saint-Vincent, dont M. Jobard avait dessiné et imprimé les planches, furent la première publication régulière due à la lithographie belge; elle fut suivie du Voyage pittoresque, de la Vie de Napoléon; — les Voyages de Dupin dans la Grande-Bretagne, et plusieurs belles cartes de Corse et de l'île d'Elbe par Collon, sont ce qu'on peut livrer de mieux en gravure sur pierre. C'est à M. Jobard, que les principaux lithographes de la Belgique doivent leur instruction dans cet art; tels sont MM. Vanderhært, Madou, Kreins, Sturm, Vanhemelryk, Collon, Labergé, Maureau, Kierdorff, Desguerrois, Benoît, Gérard, Ropall et Labarière, etc.

La Société d'encouragement de Paris ayant ouvert, en 1828, un concours entre les lithographes de tous pays pour récompenser ceux qui avaient fait faire les progrès les plus réels à leur art, M. Jobard remporta la grande médaille d'or [1].

La lithographie a continué jusqu'à présent sa marche progressive, et elle est devenue une rivale formidable pour ses sœurs aînées, la gravure en relief et la gravure en creux, dont elle imite parfaitement tous les genres et toutes les manières.

PROCÉDÉS ET GENRES DIVERS. Nous avons déjà dit sur quoi reposent les procédés de la lithographie, et nous connaissons les principaux points de son histoire, examinons maintenant les divers genres de cet art, et ajoutons encore quelques mots sur sa théorie.

(1) Rapport sur l'Exposition française de 1839, par M. Jobard.

Voici comment M. Engelmann définit l'action du crayon et de l'encre lithographiques, ainsi que de la gomme et de l'acide sur la pierre (1). « Ces deux premiers corps, le crayon et l'encre, ont pour base essentielle du savon ordinaire, et des substances grasses. Après les avoir appliqués sur la pierre, on acidule légèrement. L'acide s'empare de la soude du savon, et forme ainsi de l'hydrochlorate de soude (2) soluble, qui disparaît par le lavage même.

« Les acides gras seuls, insolubles dans l'eau et dans l'acide faible, restent sur la pierre. Alors ils agissent chimiquement sur le carbonate de chaux, le décomposent, et forment un véritable savon calcaire, insoluble à l'essence de térébenthine et à l'alcool. Aussi le dessin jouit de toutes les propriétés de ce savon. Il se forme, quand on dessine directement avec des acides gras; quand on passe sur l'encre ou le crayon, de la gomme, qui décompose le savon comme un acide, en isolant les acides gras; ou bien encore, lorsqu'on passe de l'hydrochlorate neutre de chaux sur le dessin; l'effet produit est le même que si on avait employé de l'acide.

« Un dessin ne peut tenir que sur du carbonate de chaux, ou sur un métal capable de former un savon avec le crayon ou l'encre lithographique. Mais dans ce dernier cas, à cause de la solubilité du nouveau savon métallique dans l'essence, il faut bien se garder de frotter la planche avec ce liquide; le dessin serait enlevé.

« Un acide, marquant 8 à 10° à l'aréomètre, pouvant décomposer le savon calcaire, enlève aussi le dessin fait sur une pierre. Dans ce cas, une partie de l'acide carbonique qui se dégage se combine avec les acides gras devenus libres, et forme avec eux une matière d'un blanc mat, lorsqu'on mouille la pierre; mais qui n'attire plus le noir d'impression.

« Les alcalis assez forts pour décomposer le savon de chaux enlèvent aussi le dessin. Un mélange d'acide faible et d'essence, pouvant décomposer le savon calcaire et dissoudre les

(1) Traité de lithographie, pages 105 à 117.

(2) Si on se sert d'acide hydrochlorique. Si on prend de l'acide nitrique, il se forme du nitrate de soude, également soluble.

acides gras, détruit aussi le dessin. Le dessin, comme le savon de chaux, perd la propriété d'attirer les corps gras, lorsque, par un long contact avec l'air, quand il n'a pas été recouvert d'une couche d'encre de conservation (voyez plus loin), il s'est combiné avec une partie de l'acide carbonique de l'atmosphère. Les traces faites avec des résines qui ne sont pas saponifiables (qui ne peuvent pas former de savon, comme font les corps gras), disparaissent lorsqu'on les lave à l'essence de térébenthine.

« De tous les sels de chaux, le carbonate est le plus facilement décomposable. Voilà pourquoi on obtient de bons résultats avec la pierre lithographique ordinaire, tandis que celles qui sont d'une composition chimique différente, même lorsqu'elles ont la chaux pour base, comme le sulfate de chaux, se refusent à ce genre de travail.

« La gomme, ayant beaucoup de tendance à se combiner avec différents sels, et notamment avec ceux de chaux, forme alors avec eux un composé insoluble dans l'eau. C'est ce composé qui recouvre la surface de la pierre, et qui, n'ayant point d'affinité pour les corps gras, surtout lorsque la pierre est humectée, s'oppose à la fixation de l'encre d'impression.

« Quant à l'action de l'acide qu'on emploie avant le gommage, ou en même temps, ce qui revient au même, elle se borne à décaper la pierre, c'est-à-dire à la débarrasser de tous les corps gras qui s'opposeraient au contact immédiat de la gomme et de la pierre, et par conséquent à leur combinaison. »

Ces détails théoriques ressortiront encore davantage dans la description qui va suivre des procédés des différents genres.

Gravure sur pierre. Pour substituer à l'impression typographique, trop coûteuse, un moyen plus simple, Senefelder inventa en 1795 *la gravure chimique sur pierre.* C'est là le premier et le plus ancien genre de la lithographie.

Il y a trois genres de gravure sur pierre, savoir celui qui est équivalent à la gravure au burin sur cuivre, le genre à l'eau-forte, et la gravure en relief. Tous les trois diffèrent dans les procédés.

Pour le premier genre, on polit d'abord la pierre à la pierre ponce, on l'acidule pour bien la décaper, et on la couvre d'une légère couche de noir de fumée broyé avec de l'eau très-peu gommée. On étend cette couche aussi mince que possible avec un pinceau, et on l'égalise au moyen d'un blaireau. Quelques lithographes remplacent le noir par une couleur verte ou de la poudre de sanguine. On fait le décalque en noir sur les pierres passées en rouge, ou en rouge sur celles qui sont noircies ou vertes, et on trace ensuite le dessin avec des pointes d'acier semblables à celles dont se servent les graveurs sur cuivre.

Mais, au lieu de creuser comme au burin ou avec la pointe sèche, il suffit de traverser la gomme et de mettre à nu la pierre, afin qu'elle puisse retenir la graisse à ces endroits.

Quand le tracé est fini, on graisse la pierre avec la couleur lithographique, qui s'y fixe en formant, avec elle, un savon métallique insoluble.

Ici, comme dans tous les autres genres de lithographie, il faut avoir grand soin, pendant qu'on dessine, de ne pas humecter la pierre par la condensation de l'haleine, car la gomme se dissoudrait alors, coulerait dans les tailles, et empêcherait la graisse de s'y fixer. Pour appuyer la main, on se sert d'un morceau de drap épais et bien feutré.

Lorsqu'on a des traits bien fins à tracer, on peut employer la pointe de diamant enchâssée dans une tige de fer, ou retenue dans une pince, comme celle qu'ont imaginée MM. Neubert frères. C'est à M. Dondorf, à Francfort-sur-Main, qu'on doit l'usage du diamant dans la gravure sur pierre. En 1839, M. Alex. Zakozewski, Polonais, à Paris, employait la pointe de diamant à la gravure de la topographie sur pierre.

Pour corriger les parties qui sont mal faites, on enlève les traits au moyen du grattoir ou de la pierre-ponce, et on passe ensuite de la gomme et de l'acide. MM. Knecht et Girardet ont découvert en 1830 que l'acide phosphorique enlève parfaitement le dessin, et n'attaque point le grain de la pierre, mais il faut que la pierre soit préalablement mise à l'encre grasse. La gravure sur pierre offre l'avantage de pouvoir ajouter de nouvelles parties à celles qui sont déjà gravées et imprimées; il suffit pour cela de recouvrir la pierre d'une légère couche de gomme.

On peut se servir du pantographe pour décalquer et pour tracer directement son dessin sur la pierre, en y adaptant une pointe d'acier au lieu d'un crayon. La machine à graver dont nous avons déjà parlé à propos de la gravure sur métal, est aussi avantageusement et fréquemment employée dans la gravure sur pierre. En y adaptant la pointe de diamant, cet instrument produit des teintes aussi fines et aussi égales que dans la gravure sur acier. M. Engelmann recommande, lorsqu'il s'agit d'arrêter les lignes au contour d'un dessin, de couvrir les places qui doivent rester blanches d'une couche épaisse de gomme colorée de vermillon et mélangée de fiel de bœuf.

On peut aussi faire à la machine des dessins blancs sur un fond de couleur, surtout en guilloché. A cet effet on couvre la pierre d'un vernis gras et résineux, composé de 100 parties d'asphalte à cassure brillante, 30 de cire vierge, 25 de mastic en larmes, 25 de gomme élastique, 25 de savon, 500 d'essence de térébenthine et 60 d'essence de lavande.

Ce vernis se pose à l'aide d'un pinceau et, lorsqu'il est sec, on procède à la gravure; celle-ci terminée, on acidule assez fortement.

Pour le tirage des épreuves des pierres gravées, on encre avec le rouleau, ou l'on fait pénétrer la couleur dans les traits au moyen d'un chiffon ou d'une brosse.

La gravure à l'eau-forte sur pierre s'exécute de la même manière que sur cuivre, seulement il faut aciduler et gommer très-légèrement la pierre avant d'y poser le vernis des graveurs sur cuivre. Pour cette dernière opération, il faut chauffer la pierre avec beaucoup de précaution dans un four de boulanger. Le mordant se compose d'une partie d'acide nitrique sur 40 d'eau. On laisse mordre suffisamment, on graisse ensuite, et on tire les épreuves comme d'habitude.

On peut citer les cartes géographiques exécutées pour le dépôt de la guerre d'après le procédé de la gravure sur pierre par MM. Desmadril, Bouffard et Avril, comme de véritables chefs-d'œuvre topographiques, et comme pouvant lutter avantageusement avec la gravure sur cuivre et sur acier. La carte du canton de Saint-Gall en 16 feuilles, de M. Ziegler, gravée sur pierre chez MM. Wurster, à Winterthour, est réellement magnifique.

Dessin à la plume et au pinceau. La gravure sur pierre a été et est encore fréquemment employée pour toutes sortes de dessins, mais on lui préfère souvent le dessin à la plume.

Le genre du dessin à la plume sur pierre est un des plus répandus, mais il offre des difficultés que la pratique seule peut surmonter. Senefelder s'était déjà servi de la plume en 1796. Depuis cette époque on a beaucoup perfectionné ce genre.

Pour le dessin à l'encre, les pierres doivent être polies à la pierre ponce, et graissées légèrement pour que l'encre ne s'étende point. Mais ce graissage doit être bien égal, et offrir le moins de résistance possible à l'acidulation. A cet effet, on fait dissoudre dans l'eau du savon blanc de Marseille (il est important que ce soit du savon à l'huile, le savon de suif résisterait trop à l'acide). On en met un peu sur la pierre et on l'étend en le frottant avec la main sur toute la surface; on essuie ensuite avec un linge; on y jette quelques gouttes d'eau de pluie, et on essuie de nouveau. On continue ainsi jusqu'à ce que la pierre repousse bien l'eau sur tous les points; puis on y verse un peu d'essence de térébenthine et on enlève, en frottant avec un linge, tout l'excès de graisse qui pourrait encore s'y trouver. La pierre séchée ensuite pendant quelques instants est bien préparée, et on peut commencer le travail.

La fabrication de la plume pour l'usage du lithographe est très-importante. Les plumes d'oie ne peuvent pas se tailler assez fines, s'émoussent trop vite, et seraient attaquées par l'alcali de l'encre; on les a donc remplacées par des plumes d'acier. Pendant longtemps on les fabriquait de ressorts de montre, qu'on faisait ronger par l'acide nitrique pour les réduire à l'épaisseur d'un papier à écrire. Mais depuis 1830 environ on fabrique à Genève des lames d'acier qui sont assez minces pour en façonner directement des plumes sans aucune autre préparation. Ces lames d'acier se coupent en bandes de la largeur d'environ deux lignes sur une longueur d'un pouce, et on leur donne la courbure convenable en les frappant à plat dans le sens de leur longueur avec un marteau arrondi sur un morceau de bois un peu creusé, jusqu'à ce qu'elles forment une portion de cylindre; on les fixe ensuite dans un manche en roseau ou un porte-plume, et on les taille avec de petits ciseaux bien trempés; enfin on les ébarbe en passant la pointe légèrement sur une pierre à aiguiser. L'habitude apprendra à les tailler convenablement.

L'encre dont on se sert pour le dessin sur pierre se compose, suivant la recette de M. Desmadryll aîné, de 40 parties de cire vierge pure, 10 de mastic en larmes, 28 de gomme laque, et 9 de noir de fumée.

Avec la recette suivante, également de M. Desmadryll, on obtient une encre qui coule bien et permet de faire des traits déliés, parce qu'elle ne sèche pas autant que la précédente; mais aussi elle s'efface plus facilement. C'est un mélange de 16 parties de suif, 10 de cire, 16 de savon, 14 de gomme laque et 5 de noir de fumée. La composition de l'encre de M. Lemercier, qui lui a valu un prix en 1833, est la suivante : 2 parties de cire jaune, 1 $^1/_2$ de suif, 6 $^1/_2$ de savon blanc de Marseille, 3 de gomme laque et 1 $^1/_2$ de noir de fumée.

Après avoir fondu et brûlé convenablement toutes ces matières ensemble, on en forme des bâtons que l'on fait dissoudre pour l'usage, en en frottant d'abord à sec un godet, jusqu'à ce que le fond en soit couvert, ensuite en y ajoutant de l'eau de pluie, jusqu'à ce que l'encre ait le degré d'épaisseur qu'on désire. L'encre a deux conditions à remplir : d'abord elle doit pénétrer la pierre jusqu'à une certaine profondeur, et y former avec la chaux un savon métallique insoluble, capable d'attirer l'encre d'impression; puis elle doit résister à l'action de l'acide qu'on passe sur la pierre pour la préparer au tirage.

Il faut, pour dessiner ou pour écrire, que cette encre soit assez liquide pour permettre à la plume de faire les traits les plus délicats; ces traits peuvent être aussi fins qu'il est possible de les faire, pourvu qu'ils soient noirs et suffisamment fournis d'encre. Ce sont là les conditions principales du dessin à la plume sur pierre, et c'est là aussi le secret du dessinateur lithographe. La plume d'acier est un instrument fort difficile à manier, et ce n'est qu'après un long exercice qu'on se familiarise avec son usage; mais cet usage une fois acquis, on avance vite, et on peut produire des ouvrages qui imitent parfaitement la gravure. Le dessin à la plume est alors généralement préféré à la gravure, parce qu'il permet d'obtenir des résultats plus purs, que le tirage s'en fait vite, et que, pratiqué avec les précautions convenables, il fournit un nombre d'épreuves considérable. On l'emploie généralement pour les écritures de tous genres, pour les travaux courants du commerce et des bureaux; et aussi pour la reproduction d'objets d'art; mais, pour les dessins qui demandent une très-grande finesse, la gravure est préférable, surtout lorsqu'il s'agit d'exécuter des détails de dessins topographiques.

Enfin, on a souvent allié *la gravure à la plume*, et cette combinaison a eu sa première application dans les ateliers de MM. Engelmann. On l'emploie pour les lettres de change et autres objets de ce genre; l'écriture étant faite à la plume et le fond gravé. On s'en sert également dans des dessins artistiques, comme, par exemple, dans les paysages dont les arbres et tous les détails de végétation et les terrains sont faits à la plume, et les ciels, les lointains et les accessoires d'architecture gravés à la machine.

Les personnes qui n'ont pas une grande habitude de manier la plume lui substituent souvent *le pinceau*, avec lequel le travail paraît plus facile. A cet effet on se sert d'une encre plus visqueuse, dont voici la composition : 6 parties de cire, 6 de savon, 3 de suif et 2 de noir de fumée. On la laisse moins longtemps brûler que l'autre. L'encre tend toujours à écarter les poils du pinceau et à empêcher la formation d'une pointe; pour parer à cet inconvénient, on prend un pinceau de martre bien effilé, et on en coupe les poils extérieurs de manière à n'en laisser au milieu qu'une petite mèche très-fine et pointue. Cependant le pinceau ne fournit pas l'encre aussi bien que la plume, et il faut par conséquent avoir soin que les traits soient noirs et bien nourris. Le travail au pinceau n'est pas aussi ferme que le travail à la plume, surtout pour l'écriture, aussi préfère-t-on cette dernière ; mais le pinceau est avantageusement employé dans d'autres genres dont nous parlerons plus loin.

Imitation des gravures sur bois. On a essayé aussi d'imiter en lithographie la manière des gravures sur bois, c'est-à-dire *la gravure en relief.* A cet effet la pierre est couverte du même vernis qui sert à la gravure sur pierre à la machine ; lorsqu'il est sec, on y creuse avec une pointe d'acier émoussée toutes les parties qui doivent rester blanches. C'est un travail plus facile que la gravure sur bois, et cette méthode offre l'avantage de n'avoir pas à enlever les grandes parties blanches, car on peut ne couvrir de vernis que les places où il y a de la gravure à exécuter.

On est libre de faire aussi à la plume une partie du dessin, et de terminer à la pointe les détails des autres, qu'on a préalablement couvertes de vernis au pinceau. Si une pierre exécutée de cette façon doit être imprimée à la presse lithographique, on n'a besoin de l'aciduler que comme une pierre dessinée à la plume, aucun relief n'étant nécessaire dans ce cas. Mais, si on veut imprimer ces pierres à la presse typographique, ou les utiliser pour en relever des clichés, il faut aciduler plus fortement pour obtenir un relief passable. On se sert à cet effet d'un mélange d'acide nitrique ou muriatique et d'eau, qu'on laisse mordre plus ou moins de temps, suivant le relief qu'on veut obtenir.

Ce procédé a été imaginé en 1810 par M. Duplat, graveur sur bois de Paris. Une édition des Fables de La Fontaine, publiée en 1811 par M. Auguste Renouard, et les Lettres à Emilie sur la Mythologie, publiées en 1812 par le même éditeur, sont ornées de planches exécutées par M. Duplat au moyen de ce procédé.

M. Girardet a inventé en 1828 une autre méthode pour arriver au même résultat. Il dessine à la plume sur la pierre des lettres, des cartes géographiques, ou tout autre objet, avec un vernis de sa composition, qui adhère si fortement à la pierre, qu'il peut supporter sans se détacher l'action d'un acide assez fort. Ce vernis se compose de deux parties de cire vierge, demi de poix noire, demi de poix de Bourgogne, auxquelles on ajoute peu à peu deux parties de poix grecque ou d'asphalte réduit en poudre. On en fait de petites boules qu'on dissout au feu dans de l'essence de lavande au fur et à mesure du besoin.

Lorsque le dessin à la plume est achevé, on fait mordre la pierre avec de l'acide nitrique étendu d'eau. Au bout de quelques minutes la liqueur ayant été retirée et la pierre lavée, on la laisse sécher et on passe le rouleau imprégné du même vernis, de manière à bien garnir les caractères ou les traits du dessin, et on acidule une seconde fois pendant trois à quatre minutes. Par cette seconde application, le vernis, qui adhère fortement aux traits, forme un relief assez considérable pour que l'on puisse tirer des épreuves avec la presse typographique. Les traits excessivement déliés peuvent acquérir par ce moyen un relief de plus d'une demi-ligne sans rien perdre de leur pureté.

On peut aussi écrire ou dessiner sur papier autographique (voyez plus loin) et faire le transport sur pierre, et donner ensuite aux traits une saillie qui permette de mouler le tout, et de le clicher avec la plus grande facilité. En 1841, M. Tissier[1] a employé ce procédé avec avantage, et lui a donné le nom de *lithostéréotypie*.

Dessin au crayon. Le genre le plus important, qui offre les plus nombreuses applications, qui représente le mieux la lithographie comme un art, et qui par la facilité de son exécution, offre les plus grands avantages pour la reproduction des objets d'art, c'est *le dessin au crayon*. Les pierres destinées au dessin au crayon doivent être grenées; c'est-à-dire que la surface, au lieu d'en être lisse comme pour la gravure et le dessin à la plume, doit être rude, pour râper le crayon et pour représenter le grené du papier. Il est important que le grain soit égal, qu'il soit aigu

(1) L'Écho du monde savant, 6 mars 1841.

et mordant, et que les aspérités qui le forment ne soient ni trop grosses, ni trop fines. Cependant le grain doit être plus ou moins fin suivant la nature du dessin qu'on a en vue.

Lorsqu'on veut donner le grain à une pierre, on la place sur la table à polir: on la saupoudre de sablon, qu'on fait passer par un tamis, et on y verse un peu d'eau. On pose par-dessus une petite pierre de six à huit pouces, qu'on y frotte en décrivant continuellement de petits cercles qui se croisent en tous sens. L'opération doit être faite légèrement, bien également sur toute la pierre, et sans appuyer. On ajoutera du sablon à plusieurs reprises, pour que les deux pierres ne viennent pas en contact. Lorsqu'on croit avoir assez frotté, on lave la pierre lithographique à grande eau, en ayant bien soin d'enlever jusqu'à la dernière trace du limon formé pendant le grainage.

C'est là la méthode, généralement suivie, de MM. Engelmann. On a essayé aussi de produire un grain sur pierre au moyen d'instruments. MM. François et Benoît, mécaniciens à Troyes, ont établi en 1835 une machine pour le grenage des pierres, mais elle a été abandonnée.

Le crayon lithographique se compose de 32 parties de cire, 24 de savon blanc de Marseille, 4 de suif, 1 de sel de nitre, 7 d'eau, et 7 de noir de fumée (Engelmann), on fond et brûle convenablement le tout, et on coule dans un moule en cuivre fait de deux parties cannelées, pour en former des bâtons semblables aux crayons ordinaires. Ainsi le crayon lithographique se compose d'une partie savonneuse propre à former avec la pierre un savon calcaire, d'une substance compacte, qui lui donne du liant et le rend assez ferme pour qu'il puisse être taillé d'une grande finesse, et résister à la pression de la main; et d'une partie colorante qui ne sert qu'à faire juger au dessinateur de l'effet de son travail. Par conséquent le crayon déposé sur la pierre doit y laisser pénétrer une partie de la graisse qui le compose, afin de former avec elle un savon calcaire présentant une grande fixité, et capable d'attirer l'encre d'impression lorsque la partie restant à sa surface a été enlevée; il doit en outre garantir son point de contact de l'influence de l'acide qu'on a l'habitude d'y passer avant l'impression.

Le dessin sur pierre n'est pas plus difficile que sur papier, mais il est nécessaire que le dessinateur mette une attention particulière à faire un travail ferme et bien adhérent à la pierre; il attaquera hardiment les parties vigoureuses en premier lieu, et il fondra et harmonisera les demi-teintes après, par un travail plus léger. Plus, la pointe du crayon est déliée, plus elle pénètre dans les parties les moins saillantes du grain, pour déposer sur chacune d'elles une portion égale de crayon gras. Plus encore le travail est franchement et régulièrement exécuté, plus on a soin d'appuyer également sur chaque trait, pour obtenir un ton uni, plus aussi on peut compter sur un résultat satisfaisant. En général les demi-teintes légères perdent un peu de leur intensité par les opérations du tirage, et se reproduisent plus claires sur l'épreuve qu'elles n'étaient sur la pierre; il est donc convenable de les tenir un peu plus fermes qu'on ne veut les obtenir sur le papier. Pour enlever les lumières vives dans un dessin au crayon on se sert du grattoir ou de la pointe sèche, mais il faut tenir ces instruments toujours bien tranchants, afin qu'ils enlèvent une petite portion de la pierre en même temps que le crayon. En divisant, avec une pointe très-fine, en plusieurs parties les points dont se composent les traits faits au crayon, on obtient des teintes très-fines dans les demi-teintes. On peut aussi renforcer à la plume ou au pinceau, avec de l'encre lithographique, les parties vigoureuses d'un dessin.

Si l'on veut effacer une partie d'un dessin au crayon, pour y faire des corrections, ou pour dessiner autre chose à la même place, on a plusieurs moyens. Avec le grattoir on détruit le grain de la pierre, et on ne s'en sert que pour les places qui doivent rester blanches; mais si on pique vivement et perpendiculairement avec la pointe d'un crayon les parties chargées de travail, le noir qui est sur la pierre adhère à la pointe du crayon, qui l'arrache. Cette méthode est bonne pour effacer les parties qui doivent être redessinées, parce qu'il reste toujours une légère trace graisseuse sur la pierre. On peut aussi éclaircir au moyen d'une plume d'acier, en promenant ses pointes flexibles en tout sens. Lorsque la place à enlever est grande, on peut se servir d'une molette en pierre lithographique et de sable, qu'on frotte jusqu'à ce que le crayon soit entièrement effacé. L'essence de térébenthine enlève très-bien avant l'acidulation, mais il faut que la partie à effacer soit isolée, et avoir soin de bien laver après. M. Engelmann recommande encore un autre moyen : il met pendant quelque temps un mélange d'acide hydrochlorique faible et d'essence de térébenthine en contact avec une pierre lithographique, ce qui enlève le dessin. On peut épaissir ce mélange avec un peu de terre de pipe réduite en poudre très-fine, pour l'empêcher de couler, on le pose avec une plume ou un pinceau, on laisse sécher, on lave à l'eau, et le dessin a disparu.

MM. Chevalier et Langlumé ont inventé en 1828 un autre procédé pour effacer un dessin, même après le tirage. Il consiste en une lessive caustique concentrée, composée de trois parties d'eau sur une de potasse caustique, que l'on laisse séjourner pendant deux à trois heures, afin de la laisser bien pénétrer dans les pores de la pierre, et de convertir le savon calcaire insoluble en savon alcalin soluble. Ensuite on lave la pierre à grande eau. La partie couverte de cette lessive est entièrement nettoyée et devient propre à recevoir un nouveau dessin. Mais la lessive a l'inconvénient de couler et de s'étendre au delà des parties à effacer. M. Hanhart, élève de M. Engelmann, usant de la propriété qu'a la gomme d'arrêter cette extension, propose, avant de passer la lessive sur la partie du dessin qu'on veut enlever, de la circonscrire par une couche de gomme assez épaisse qu'on laisse sécher ; on y passe ensuite la lessive, en ayant soin qu'elle ne coule pas, mais que la place soit seulement mouillée.

Depuis que Senefelder inventa le dessin au crayon sur pierre, en 1796, ce genre de lithographie a été considérablement perfectionné et a pris une extension extraordinaire. Sans parler de l'immense quantité de feuilles isolées de toutes dimensions, de reproductions des peintures anciennes et modernes, de la statuaire et de l'architecture, de dessins d'inventions, de modèles de dessins, de dessins de tous genres destinés aux publications scientifiques, artistiques et industrielles, que la lithographie a répandus dans tous les pays; parmi des milliers d'œuvres collectifs en lithographie, nous n'en citerons que quelques-uns : Tels sont le Recueil de lithographies, d'après des tableaux des galeries royales de Munich; 200 feuilles publiées de 1822 à 1830, et dessinées par Piloty, Strixner et Flachenecker. — Caprices des peintres de Sèvres par Constans, Paris, 1823. — La Galerie de Saint-Bruno, par Langlumé, Paris. — Les Cathédrales de France, par Chapuy, Paris, 1823. — La Galerie du duc de Leuchtenberg, lithographiée en 1830 par A. Borum, Hohe, Leiter, etc. — La Galerie de Dresde, publiée en 1833 par Wunder, et dessinée par des lithographes de Dresde et de Paris, parmi lesquels M. Léon Noël. — Une seconde publication de la Galerie de Dresde, publiée en 1855 par Weigel, imprimée par Pohl et lithographiée par Hanfstängel, Fr. Hohe, Valentin Schertle, K. Straub, F. Pecht, etc.—Une collection de vues des résidences royales en Espagne, de l'Escurial, d'Aranjuez et de St-Yldefonse, publiée à Madrid en 1832, et lithographiée par J. Brambilla et Asselineau. — La Pinacothèque de Munich, de 1834 à 1837. — Les peintures de l'école allemande de MM. Boisserée, lithographiées en 1834 par Strixner. — Souvenirs de Grenade et de l'Alhambra par M. Girault de Prangey, publié à Paris en 1836. — La collection magnifique de lithographies d'après des tableaux des peintres modernes, publiée à Paris, sous le titre : *Les Artistes contemporains*, dans laquelle figurent la plupart des noms d'artistes français, qui se sont le plus distingués dans le dessin lithographique depuis dix ans. Tels que MM. Mouilleron, François, Anastasi, Delaforge, Lemoine, Laroche, Fischer, Loutrel, Rewbel, Siroux, Lamy, Le Roux, Laurens, Dufourmontel, Farjans, Soulange-Tessier, Cuisinier, J. Didier, Therry, et surtout Colette, Sudre, Léon Noël, J.-H. Flandrin, etc., etc.

On a cherché aussi à imiter les **dessins estompés** *en lithographie.* En frottant fortement avec un chiffon de laine les dessins au crayon lorsqu'ils sont près d'être terminés, quelques dessinateurs ont estompé le crayon et chargé les intervalles restés blancs dans les grains du travail; de sorte que celui-ci en devient plus doux et plus harmonieux. Toute la pierre se trouvant couverte d'une teinte plus ou moins foncée, suivant la manière dont on a frotté, il faut enlever au grattoir les lumières vives, et retoucher les vigueurs, qui ont été en partie enlevées par le frottement. D'autres artistes ont même essayé de faire dans leurs dessins des tons estompés, en se servant d'une espèce d'estompe en laine qu'ils frottaient d'abord sur un papier avec du crayon lithographique, et en terminant ensuite ces dessins au crayon et au grattoir. Ce dernier procédé n'a rien produit de satisfaisant. La première méthode a eu plus de succès, parce que le travail principal est fait au crayon, et que la teinte estompée n'en remplit que les intervalles; de sorte qu'elle se produit plus ferme au tirage. M. Devéria a obtenu par ce frottement des effets très-piquants.

Outre la gravure en creux et celle en relief, on imite aussi par la lithographie les autres genres de gravure sur métal. Le dessin au crayon sur pierre que nous venons de décrire remplace avantageusement le genre sablé et la gravure au pointillé, destinés tous deux à imiter les dessins au crayon sur papier. On reproduit encore sur pierre l'aqua-tinta, le camaïeu, la manière noire et la gravure en couleur, genres dont nous allons parler successivement.

Lavis lithographique. Comme il l'avait fait pour presque tous les genres de la lithographie, Senefelder a inventé aussi les premiers principes du *lavis lithographique;* à d'autres était réservé de le perfectionner. Senefelder, dans son traité de 1819, avait indiqué plusieurs procédés d'aqua-tinta sur pierre; mais ils furent abandonnés, ainsi que ceux de plusieurs autres personnes, parce qu'ils ne donnaient pas un résultat satisfaisant. M. Engelmann indique, dans son *Manuel du dessinateur lithographe* de 1822, une méthode du lavis qui a eu plus de succès et que nous allons décrire.

Pour le lavis, on prépare la pierre comme pour le dessin au crayon, c'est-à-dire qu'on lui donne un grain et qu'on décalque son dessin un peu fortement. Si le trait doit se reproduire sur l'épreuve, il faut se servir d'encre lithographique délayée à l'essence de térébenthine; si on se servait de l'encre dissoute dans de l'eau, elle serait enlevée par les lavages de la pierre. Ce trait doit être fait avec peu d'encre et au pinceau, pour présenter le moins de relief possible.

Le premier tracé étant terminé, on couvre la marge du dessin et toutes les parties qui doivent rester blanches avec de la *réserve* ou couleur gommeuse, composée de gomme, qui est imperméable aux corps gras, de vermillon pour la colorer, et de fiel de bœuf pour lui donner plus de coulant et l'empêcher de se retirer sur les parties déjà graissées. On l'applique au pinceau en couche assez nourrie, mais sans trop d'épaisseur.

Pour obtenir des teintes composées d'un grain très-fin et égal, on se sert de tampons de peau de différentes grandeurs. La peau, fortement tendue sur le tampon, ne pouvant atteindre le fond de la pierre entre les petites aspérités du grain, elle ne dépose l'encre qu'à leur sommet, et, à mesure qu'on augmente l'épaisseur de la couche d'encre sur le tampon, ces aspérités s'y enfoncent davantage, se chargent de plus de couleur et permettent ainsi d'obtenir une vigueur progressive. On peut aussi faire des tampons avec la matière élastique dont on fait les rouleaux des typographes.

Comme on le voit, M. Engelmann a substitué au lavis avec le pinceau et l'encre à l'eau, un tamponnage qui s'opère de la manière suivante : Après avoir versé sur une pierre quelques gouttes d'un mélange de quantités égales d'essence de térébenthine et de lavande, on y frotte le bâton d'encre jusqu'à ce qu'on obtienne une dissolution de la consistance d'un sirop. On en charge alors très-légèrement l'un des tampons que l'on appuie contre un autre à plusieurs reprises, et en tout sens, jusqu'à ce que l'encre y soit également déposée. On essuie le tampon ainsi chargé sur un coin de la pierre à encre pour qu'il ne laisse qu'une marque légère lorsqu'on veut faire les premiers tons sur la pierre préparée comme nous l'avons dit plus haut.

Lorsqu'on a produit ainsi les tons les plus légers du dessin, on les couvre de réserve. Dès qu'elle est sèche, on continue le tamponnage pour arriver au second ton ; on couvre de nouveau, et on continue ainsi à monter progressivement les tons, jusqu'au degré de vigueur qu'on désire obtenir. Après cela on plonge la pierre dans l'eau, on l'y laisse pendant quelques minutes, jusqu'à ce que la réserve soit dissoute; puis avec une éponge on essuie, d'abord légèrement, ensuite plus fortement, pour enlever la réserve et l'encre qui la couvre. Lorsque celles-ci ont complétement disparu, on rince l'éponge et on relave de nouveau la pierre avec soin, afin de n'y laisser aucun vestige de gomme. Du moment où la pierre est sèche, on peut recouvrir de réserve les parties qui sont à leur ton, et retamponner celles qui demandent plus de force. Il est possible de revenir sur son dessin autant de fois qu'on le juge utile, de passer des glacis sur certaines parties, d'ajouter des détails, enfin de faire toutes les retouches nécessaires. Après avoir fait du tampon l'usage que l'on a voulu, on a la faculté de se servir du crayon lithographique ou de la plume, et on peut dégager les lumières au grattoir, pour terminer son dessin.

M. Gaillot, dans un ouvrage publié par Senefelder et Comp. (Paris 1824), sous le titre « Aqua-tinta lithographique, » indique un moyen ingénieux pour faire des parties fines et légères au pinceau même, et de manière qu'elles se détachent en vigueur sur le fond. L'auteur propose de composer une couleur résineuse, en mêlant du noir de fumée, du blanc de céruse et de la térébenthine de Venise, et en délayant ces substances à l'essence de térébenthine. On peint avec cette couleur sur la pierre toutes les parties qu'on veut obtenir d'un ton plus ou moins vigoureux sur un fond clair, en ayant soin que les traits qu'on forme soient bien noirs et chargés de couleur. Lorsque celle-ci est sèche, on passe la réserve sur toute la pierre, et quand la réserve est sèche à son tour, on y répand un peu d'essence de térébenthine qu'on frotte légèrement sur la pierre, en se servant d'un morceau d'étoffe de laine. La couleur résineuse se dissoudra, emportera avec elle la réserve qui la recouvrait, et mettra la pierre à découvert. Lorsque celle-ci aura été bien nettoyée, on commencera l'opération du tamponnage comme on l'a décrit précédemment. Il est nécessaire, en employant cette méthode, de commencer un dessin par les parties vigoureuses; car, si on l'employait après un premier travail, celui-ci pourrait être endommagé par le lavage à l'essence.

En réunissant les deux procédés, on pourrait produire des planches qui auraient une grande ressemblance avec le lavis. On nomme aussi la méthode de M. Engelmann la *Lithographie au tampon.*

Au lieu de tamponner les teintes, M. Jobard de Bruxelles (1828) les produit par le frottement d'une pincée de laine garnie de noir, en la frottant sur une pierre déjà chargée d'une légère couche d'encre de la composition suivante : 1 partie de cire, 2 de saindoux, 3 de sperma ceti et 1 de savon ; on y mêle avec la molette le plus possible de noir calciné, car ce noir doit être en excès plutôt qu'en quantité insuffisante ; sans cela le travail paraîtrait roux et à l'impression il deviendrait plus noir qu'on ne voudrait. M. Jobard couvre de réserve et opère du reste comme M. Engelmann. La préparation est la même que celle du crayon, mais moins forte.

La collection des Souvenirs pittoresques du général Bacler d'Albe, à qui M. Engelmann avait communiqué ses procédés, offre le premier exemple de ce genre de lithographie ; 150 planches de cet ouvrage sont exécutées avec un succès remarquable au moyen du lavis lithographique. Les Vues pittoresques de la Vendée (1822) ont été faites dans le même genre par M. J.-B. Méliand de Paris. MM. Rénoud, Pâris, Faure, de Paris, ont également publié, à cette époque, des planches au lavis.

Ce genre de lithographie avait été abandonné pendant longtemps; M. Charles Hanké l'a repris de nouveau en 1842. Son procédé, qui ressemble beaucoup à celui de M. Jobard, consiste à étendre sur une palette l'encre composée de 1 partie de cire, 2 de saindoux, 3 de blanc de baleine, 2 de savon, et de noir de fumée; on la délaie avec de l'eau distillée, en la frottant avec le doigt. Pour poser les tons, on doit s'appliquer à étendre la couleur dans le même sens, et non en allant et en venant; on ne doit prendre dans le pinceau que la quantité d'encre nécessaire pour mouiller légèrement la surface de la pierre, car, si on applique l'encre en grande quantité, elle tarde trop à sécher, et on n'obtient pas des tons fins et unis. Le tracé du trait se fait avec un pinceau fin sur un décalque à la sanguine. Avec un crayon de même nature que l'encre, mais dans lequel on a remplacé le savon par la gomme laque, on peut faire son esquisse sans qu'elle s'efface au lavis. Après cela on commence par un ton général, bien léger et bien uni. On ne doit point repasser sur les tons déjà mis avant qu'ils soient bien secs. Ces précautions ne sont indispensables que pour les premiers tons; on travaille ensuite plus librement. Lorsqu'on est parvenu à l'effet désiré, et que les tons sont bien secs, on passe légèrement sur le dessin, et sans frotter, un linge ou un morceau de flanelle pour enlever la poussière. Le dessin terminé, on le prépare comme un dessin au crayon et on le laisse pendant deux heures au moins sous la gomme; on enlève à l'essence avant de tirer une épreuve; mais on ne doit encrer, principalement lorsqu'il y a des teintes fixes, qu'après avoir frotté avec un morceau de laine imbibé d'huile de lin (1).

M. Jobard a publié un procédé d'**aqua-tinta par transport** (2) qui s'opère de la manière suivante : Enduisez un carton de Bristol d'une composition grasse, de manière à ce qu'il n'offre qu'une surface noire bien unie et d'une égale épaisseur; dessinez avec de petites spatules de bois dur ou des estompes, et découvrez les blancs purs avec la pointe de votre canif. Votre dessin achevé, humectez légèrement le papier et transportez-le d'un coup de presse sur la pierre polie. Si l'opération est bien conduite, ce dessin s'imprimera tel qu'il était sur le papier. Ce moyen est excellent pour forcer les artistes qui ne veulent pas mettre la main à la pierre à faire de la lithographie sans qu'ils s'en doutent. On rend le transport plus complet en passant à l'avance quelques couches d'eau gommée sur le carton de Bristol.

Le même (3) nous apprend qu'un amateur très-habile, le lieutenant-colonel Wittert, de Liége, a imaginé de faire des dessins à plusieurs teintes plates de différents tons, sur une même pierre. Ainsi il prenait, sur un dessin au lavis ou une

(1) L'Écho du monde savant, 1er sept. 1842.
(2) Jobard, rapport. 1839.
(3) Jobard, rapport. 1839.

gravure, les quatre ou cinq tons principaux qui suffisent sur les papiers à tenture pour exprimer la rondeur des formes; il les disposait sur la même pierre quand le dessin était petit, ou sur plusieurs pierres quand il était grand; il remplissait d'encre l'intérieur des contours et préparait le tout à l'acide, comme à l'ordinaire; après avoir enlevé l'encre à l'essence de térébenthine, il encrait chacune de ces teintes avec un rouleau chargé des encres préparées d'avance au ton désiré. Au moyen de points de repère, il obtenait, par la superposition de toutes ses teintes, des estampes qui semblaient faites à l'encre de Chine ou à la sépia.

La manière noire a été exécutée sur pierre par des moyens différents. M. d'Orschwiller, dans un recueil de vues intérieures, a produit des planches remarquables, et dans lesquelles il y a une grande vigueur. Le grain a une telle finesse, qu'il ressemble à une teinte au lavis fait au pinceau. Tout ce qui est coloré est parfaitement rendu dans ces dessins; les ciels et autres teintes claires seules présentent un aspect un peu dépouillé.

M. d'Orschwiller a imaginé un moyen fort ingénieux de produire des demi-teintes et des lumières sur des dessins foncés, dessinés sur pierre. Il consiste à tendre par-dessus le dessin un papier à calquer, sur lequel on trace soit avec une pointe émoussée, soit avec un crayon dur, les détails qu'on veut enlever en clair sur les parties foncées. Par cette opération, le papier s'applique fortement sur le crayon, s'y attache et l'enlève avec lui lorsqu'on l'ôte. Si une seule opération ne suffit pas pour obtenir les teintes claires, on la répète. Ce travail n'altère en rien le grain de la pierre, et l'on redessine sans inconvénient sur les places ainsi enlevées.

M. Tudot a publié en 1831 un procédé de manière noire: il consiste à couvrir d'abord de crayon, en formant des hachures en tous sens, la partie de la pierre destinée au dessin. Quand la surface est noircie, on prend un ébauchoir de sculpteur, on pose l'extrémité plate sur un bord de la pierre, puis, tenant cet instrument penché sur la partie noircie et appuyant fortement, on le conduit d'un bord de la pierre au bord opposé. On fait cette opération dans divers sens, de manière à faire entrer le crayon dans le fond des intervalles du grain. C'est ce que M. Tudot appelle faire le *frottis*.

On fait ensuite le décalque à la sanguine, et on commence à enlever les lumières au moyen de l'*égrainoir*. Pour faire des égrainoirs on prend du fil d'acier dit *corde de Nuremberg n° 12*, on en fait entrer un certain nombre dans un tuyau de fer blanc d'une grosseur et d'une longueur convenables, on laisse dépasser les fils de 8 à 10 millimètres; on aiguise le faisceau sur une pierre du Levant, en lui donnant une forme conique; ou bien, au moyen d'un marteau, on aplatit le bout du tube, et on aiguise les fils en biseau. Pour se servir de cet instrument, on le tient penché dans la main, et on le pousse en avant afin d'enlever le crayon; on l'essuie de temps en temps, et on ébauche ainsi son dessin. Lorsqu'il ne reste plus sur la pierre que le noir nécessaire, on s'occupe d'unir les teintes et de les modeler davantage, en se servant d'égrainoirs plus petits et plus fins. Pour faire les détails minutieux et achever d'égaliser les teintes, on se sert d'une plume d'acier un peu dure et non fendue. Pour tracer nettement les parties qui se détachent en clair sur une teinte foncée, on se sert de pointes carrées de buis ou d'ivoire. On réussit encore à dessiner en blanc sur une teinte claire, en traçant avec une plume trempée dans l'eau pure les traits qu'on veut détacher en clair. Au moment où l'eau a suffisamment amolli le crayon, on l'essuie légèrement avec un linge. Enfin on termine en enlevant au grattoir les lumières les plus vives.

Rien n'empêche de retoucher ces dessins au crayon, ou de les terminer en donnant à l'encre des touches vigoureuses. Le crayon employé dans ce procédé pour faire le fond, doit être sec et friable, afin que l'égrainoir puisse l'enlever facilement. Il convient de le composer de la manière suivante: 29 parties de cire jaune, 9 de savon de cire à la soude, 18 de savon de suif à la soude, 1 de sel de nitre, dissous dans 7 parties d'eau; on y ajoute 7 parties de noir de fumée calciné.

Le genre de manière noire, dit *lithographie au grattoir*, inventé en 1820 par M. Plumier, se traite de la manière suivante: On peut préparer la pierre de deux manières, ou on la polit à la ponce comme pour la gravure, ou on la frotte avec du sable comme pour le genre crayon, suivant le dessin qu'on veut exécuter. Ensuite on la lave avec une partie d'acide nitrique affaiblie par 20 parties d'eau. On lui donne une couche de colle de Flandre, ou de colle d'amidon très-légère, et on la couvre de sanguine pulvérisée ou de noir de fumée. Là-dessus on travaille son dessin au moyen du grattoir et des pointes, sans creuser la pierre. Le résultat sera un dessin blanc sur un fond de couleur. Alors on couvre entièrement le dessin avec du vernis adhérent, de la consistance d'une gelée; il doit être composé de 5 onces de cire blanche pure, 5 de savon blanc de suif, 5 de laque en tablettes, 2 de mastic en larmes, et 4 d'huile fine; on le délaie avec de l'huile fine.

Après le tirage le dessin sera noir, de blanc qu'il était sur la pierre.

Plusieurs artistes ont fait des essais fort heureux dans la manière noire sur pierre, mais chacun a suivi une méthode différente. Ces procédés sont pour la plupart inconnus. M. Zép. Gingembre entre autres a fait, en 1831 et 1832, des dessins de chevaux d'une finesse de grain remarquable, et d'un moelleux de mezzo-tinto. M. Calame, de Genève, a produit depuis 1841 des paysages d'un effet charmant, en réunissant différents genres lithographiques, tels que le travail au crayon, au pinceau, à la plume et au grattoir. En 1851, M. Adolphe Menzel, peintre de Berlin, a publié un cahier d'essais très-variés, exécutés d'une manière fort distinguée au moyen du pinceau et du grattoir.

Nous pouvons joindre ici deux autres genres de lithographie, qui ont quelque rapport avec la manière noire.

C'est d'abord une méthode de faire **des fonds pointillés** en teinte plate et égale. Ce travail ressemble absolument à celui des relieurs lorsqu'ils veulent moucheter les tranches de leurs livres. Il s'opère en plongeant une petite brosse à dents, un peu dure, dans l'encre lithographique, en la tenant au-dessous de la pierre, les soies en l'air, et en y passant à plusieurs reprises une petite règle pour la décharger de l'encre qu'elle contient, on obtiendra des éclaboussures très-fines et passablement égales. Il faut avoir soin de couvrir les parties qui doivent rester blanches, avec de la gomme, ou avec de la réserve. En couvrant ainsi les parties assez pointillées, et en continuant à charger les autres, on produira plusieurs teintes. Pour donner une forme à de grandes masses, on peut aussi découper simplement un patron en papier, qu'on pose sur la pierre, et qu'on y fixe par quelques petits poids. On peut même employer successivement plusieurs patrons de formes et de grandeurs différentes, pour produire des teintes de forces variées.

L'autre genre en question a pur but de produire des **fonds noirs avec dessin en blanc.** Pour cela, il suffit de dessiner sur pierre des figures, des ornements ou d'autres objets avec une couleur gommeuse telle que la réserve. On couvre de même les marges de la pierre, et on y passe le rouleau à la couleur grasse, jusqu'à ce que la pierre en soit entièrement couverte. On la mouille alors, et on continue à y passer le rouleau avec rapidité, afin d'arracher l'encre qui couvre le dessin à mesure que la réserve se dissout. On laisse sécher la couleur grasse, et ensuite on acidule la planche comme un dessin à l'encre(1).

Le *dessin blanc sur noir,* selon M. Jobard, s'exécute comme suit : Couvrez une pierre polie, non préparée, d'une couche mince et égale d'encre lithographique ou de vernis mou, et tracez les blancs à la pointe sèche. Cela va très-vite, en ce qu'il n'y a ni crayon à tailler, ni burin à aiguiser, et que la lame d'un canif peut suffire à tout. Préparez la pierre à l'acide gommé, un peu plus fort qu'à l'ordinaire, et vous tirerez des milliers d'épreuves d'une pierre de ce genre. M. Casimir Périer, visitant l'atelier de M. Jobard au moment où ce dernier venait de faire cette découverte, dessina en quelques heures, et pour son coup d'essai, une scène de marché qui

(1) Engelmann, 308-310.

fut tirée et vendue à un grand nombre d'exemplaires. Le seul artiste qui ait fait des chefs-d'œuvre dans ce genre lithographique est M. Girardet; ses Batailles d'Alexandre resteront pour glorifier l'artiste.

Dessins rehaussés. La lithographie, dans les premiers temps de son existence, ne produisait pas les teintes fines et légères aussi facilement qu'aujourd'hui. Pour suppléer à ce défaut, Senefelder imagina de se servir de plusieurs pierres, dont l'une recevait le dessin et les ombres en noir, et la seconde une teinte claire et unie dans laquelle étaient réservées les lumières les plus vives. Quelquefois aussi c'étaient seulement les parties vigoureuses du dessin qu'on chargeait d'une teinte colorée, ressemblant à des touches à l'encre de Chine, tandis que les masses lumineuses restaient blanches. Souvent on réunissait ces deux moyens, et on produisait des impressions à trois pierres et à beaucoup d'effet. Le dessin au crayon, celui à la plume et celui au pinceau servaient également; mais l'essentiel pour l'impression est le repérage. Ce genre, qu'on pourrait nommer le **camaïeu lithographique**, a été surtout employé pour imiter les dessins rehaussés de blanc. Senefelder avait employé ce moyen, et publia en 1813 plusieurs essais; M. Villain l'imita avec bonheur en 1820. Depuis plusieurs années les lithographies teintées étaient abandonnées, lorsqu'il est venu à l'idée de quelques lithographes anglais de ressusciter ce genre. Dès lors on s'en est beaucoup servi.

Il y a différentes manières de préparer les pierres pour ces teintes. M. Engelmann va nous les indiquer. Dans tous les cas on commence comme de coutume par faire un dessin au crayon, en laissant les lumières plus larges. On fait ensuite de cette première pierre une contre-épreuve, sur une pierre grenée; on les tire de préférence sur une feuille de papier sec, pour qu'elle reste exactement de la même dimension que la pierre originale. On passe ensuite de l'essence de térébenthine sur la pierre qui doit recevoir la contre-épreuve, on y pose l'épreuve sens dessus dessous, et on la passe sous le râteau.

Si on veut colorer seulement quelques parties du dessin, et y donner des touches vigoureuses, on les peint sur la contre-épreuve avec de l'encre lithographique. Si on veut couvrir tout le dessin d'un ton uni, en n'y réservant que les lumières les plus vives, on peint ces lumières avec de la réserve sur la pierre qui a reçu la contre-épreuve. Lorsque ce travail est sec, on y passe le rouleau à la couleur grasse, afin de noircir toute la pierre; on laisse sécher la couleur grasse pendant un jour, et on examine si toutes les touches sont bien reproduites. S'il manque quelque chose, on reprend au grattoir, ou bien on couvre à l'encre les parties qui sont dépouillées par accident. On acidule ensuite la pierre très-fortement, afin de donner un creux notable aux touches blanches. Le papier s'y enfonce par la pression du râteau, et les lumières paraissent alors en relief, comme si elles avaient été posées avec du blanc au pinceau.

Dans l'application que les Anglais ont faite des planches teintées, ils ne se sont pas contentés de rehausser leurs dessins par des lumières vives et coupées nettes; ils les ont en même temps dégradées et amenées par de douces transitions, du ton le plus vigoureux de la teinte jusqu'au blanc. C'est le procédé qu'employait M. Hullmandel de Londres, et que M. Letronne a importé en France. M. Engelmann propose deux moyens pour arriver à cet effet. Le premier consiste à faire d'abord une contre-épreuve sur une pierre grenée de grain un peu fort. Au moyen d'un crayon, on y dessine les teintes dégradées, en appuyant très-fortement, et en se rappelant que le noir pur ne rendra au tirage que la teinte claire qu'on emploie pour l'impression de ces planches, et qu'une demi-teinte sera par conséquent la moitié de ce ton. Lorsque les tons dégradés sont faits au crayon, on couvre avec de l'encre toute la partie de la pierre qui doit produire au tirage un ton uni. On acidule cette pierre comme une pierre au crayon. Le grené du crayon, peu apparent, puisqu'on ne l'imprime qu'avec une couleur très-claire, produit des tons lavés.

Le second moyen est destiné à produire des épreuves qui rendent l'effet de dessins rehaussés au crayon blanc, avec toute la liberté qu'un artiste mettrait à y tracer avec le crayon même. On compose à cet effet un vernis mou et gluant de 7 parties de cire vierge, 2 de mastic, 1 d'asphalte, 2 de colophane, et 4 de suif; on divise toutes les substances en petits morceaux, et on les met dans une bouteille avec 50 parties d'essence de térébenthine. On expose cette bouteille à une douce chaleur jusqu'à ce que le tout soit dissous. On prend alors une pierre grenée à gros grain, et on la couvre de ce vernis, auquel on peut ajouter un peu de noir pour le colorer davantage. On emploie pour cela une brosse ou un pinceau dont se servent les peintres à l'huile, et on égalise la teinte, soit en la tamponnant avec un tampon de taffetas, soit en y passant légèrement un blaireau. et on la laisse sécher pendant deux ou trois jours.

On tire une épreuve de la pierre noire primitive sur une feuille de papier sec, en la chargeant autant que possible. On prend ensuite une feuille de papier, de couleur pas trop foncée, on l'humecte avec de l'essence de térébenthine. et on la pose sur cette épreuve. On place ensuite l'une et l'autre sur la pierre, et on les fait passer sous le râteau, en les pressant fortement, afin d'obtenir une contre-épreuve très-nette. On tend la contre-épreuve ainsi obtenue sur la pierre couverte de vernis, en la fixant sur les bords. Alors on dessine sur cette épreuve, avec un crayon blanc dur, les lumières qu'on désire et qui sont très-visibles, puisque la contre-épreuve est tirée sur du papier de couleur. Suivant qu'on appuie plus ou moins fortement ces touches, on attache plus ou moins le revers de la feuille au vernis appliqué sur la pierre. Lorsqu'on a fini le dessin, on enlève la feuille, qui détache avec elle les parties du vernis sur lesquelles elle a été appuyée par le crayon, on met ces places à nu en formant un grené, produit tant par les aspérités du papier que par le grain de la pierre, et qui ressemblera parfaitement à des touches faites au crayon blanc. Si on veut obtenir des lumières vives, on les enlève au grattoir. On acidule ensuite les pierres comme les dessins à la plume. Les Anglais MM. Harding, Robert, Prout, Lewis, Hanfield, Vivian se sont principalement distingués dans ce genre de dessins rehaussés. Le Voyage en Orient, imprimé par Ch. Letronne en 1839, pour le compte de la librairie Didot, atteint à la supériorité des artistes anglais.

En 1848 environ, on a introduit en lithographie un genre qu'on appelle **dessin aux deux crayons,** c'est-à-dire, dessin qui ressemble à celui qui est fait avec le crayon noir et le crayon blanc sur du papier teinté. Ce genre n'est autre chose que celui des dessins rehaussés obtenu par un nouveau procédé, dont l'invention est attribuée à M. Julien de Paris. Le voici : On étend sur une pierre grenée une couche de vernis composé de 4 onces d'asphalte pur, dissous dans l'essence de térébenthine rectifiée, et auquel on ajoute un peu de térébenthine de Venise; si on le veut plus dur, on ajoute du copal. Sur ce vernis on transporte la contre-épreuve de la pierre dessinée en noir. Pour les lumières les plus vives, on enlève le vernis avec un couteau ou un grattoir ; pour les lumières moins claires et moins tranchées on le fait au moyen de l'os de sèche, dont on se sert comme d'un crayon, en faisant des hachures qui découvrent plus ou moins le grain de la pierre. Pour l'air ou les ciels dans le paysage, on emploie avec avantage l'os de sèche en poudre, que l'on frotte à l'aide du doigt sur le vernis de la pierre. Ensuite on acidule la pierre comme toujours.

La lithographie offrait trop de facilités et des avantages trop nombreux, pour ne pas passer bientôt du genre camaïeu, des dessins rehaussés et des dessins à deux crayons, à l'impression en plusieurs couleurs, ou, comme on l'appelle aujourd'hui, à la Chromolithographie.

Chromolithographie. (Du grec chróma, couleur.) Senefelder avait déjà fait avant 1819 des essais pour reproduire des dessins coloriés, ou des gravures imprimées en couleur ou enluminées, en prédisant à ce genre un avenir brillant. Il ne s'est pas trompé.

Son procédé consistait à se servir de plusieurs pierres. Sur la première il dessinait les parties les plus foncées, celles qui le sont moins sur la seconde, et ainsi de suite, jusqu'à ce que tout le dessin fût achevé ; à cet effet il se servait de la plume ou du crayon, ou encore du pinceau. Pour l'impression il choisissait la couleur convenable à chaque pierre, et il faisait passer les ombres claires à travers les foncées. Plus tard Senefelder inventa encore une autre méthode, qu'il nomma *à la mosaïque*, et dont nous avons parlé à la page 274.

Déjà en 1819 le colonel Raucourt, de Charleville, donnait à ce sujet quelques indications (Toulon 1819) théoriques, de nature à conduire à de bons résultats dans ce genre d'impression.

M. Malapeau à Paris, en 1823, inventa une méthode de peindre sur pierre avec des couleurs à l'huile, et d'imprimer ensuite ces peintures sur toile. Il a exécuté dans ce genre la Madone de San Sista de Raphaël; le portrait de Louis XVIII d'après Gérard; un Rendez-vous de chasse, et quelques tableaux d'Horace Vernet, tels que l'Aumônier du soldat, la Pelisse, le Chien du régiment et le Cheval du trompette. Cependant ces *lithochromies*, quoique retouchées, n'atteignirent point les plus faibles copies de tableaux.

Ce fut principalement depuis 1830 que les pensées et les travaux des lithographes se dirigèrent vers les moyens de reproduire non-seulement les dessins à l'aquarelle, mais aussi les tableaux à l'huile, enfin toutes sortes de dessins multicolores.

Vers 1831 M. Hildebrand, à Berlin, voua tous ses soins à la recherche de procédés propres à imprimer en couleurs. Grâce à son adresse, il parvint à produire de fort beaux ouvrages, notamment une collection des armoiries des divers États, et plusieurs planches d'ornements, qui font partie de la belle collection que le gouvernement prussien faisait exécuter pour l'usage des écoles d'arts et métiers. Dans toutes ces lithographies les couleurs sont appliquées avec un art et une précision d'autant plus admirables, que M. Hildebrand a dû souvent imprimer dix, douze et jusqu'à quinze pierres pour une même épreuve. Cet habile lithographe emploie autant de planches qu'il y a de nuances à produire ; il ne se sert d'aucun moyen mécanique, et son procédé est entièrement fondé sur l'adresse des mains.

M. Storch, aussi de Berlin, a produit également des chromolithographies très-belles. C'est alors aussi que parurent ces magnifiques ouvrages de M. W. Zahn: les Ornements de toutes les époques, et les plus remarquables peintures et ornements de Pompéi, d'Herculanum et de Stabiæ (Berlin, 1832 à 1855); — les Ornements arabes et de l'Italie ancienne, de M. F.-M. Hessemer (Berlin 1837); — des Ornements pour décoration, par C. Bœtticher (Berlin 1834), etc., etc. En Angleterre aussi on avait fait des essais heureux. M. Owen Jones publiait un fort bel ouvrage sur l'Alhambra, exécuté par l'impression à teintes plates de diverses couleurs. En Belgique, le lieutenant colonel Wittert, de Liége, avait exécuté des fleurs d'une rare perfection en couleurs.

MM. Engelmann et Graft à Paris avaient, de leur côté, fait depuis plusieurs années des essais de lithographies en couleur, lorsqu'en 1837 leurs efforts furent couronnés de succès, et ce fut alors que M. Godfroy Engelmann prit un brevet pour le procédé nouveau qu'il venait d'inventer; il donna le nom de *chromolithographie* à cet art, à l'aide duquel tout artiste qui sait manier le crayon lithographique, et qui a le sentiment des couleurs, peut à volonté produire, en couleurs variées, ce que jusqu'alors on n'avait pu rendre qu'en noir. Au moyen d'une combinaison nouvelle des couleurs, il peut avec facilité dégrader les teintes, fondre les nuances les unes dans les autres, et enfin obtenir tous les effets d'un dessin en couleur, quel qu'il soit. Diverses pierres venant successivement apporter les teintes particulières qu'elles sont destinées à fournir, le procédé ne peut réaliser les effets désirés que par un repérage exact; celui auquel M. Engelmann est parvenu par un moyen extrêmement simple, qui offre de grands avantages, et permettra d'exécuter des dessins très-délicats. Les épreuves n'exigent aucune retouche. Le tirage est sans difficulté, susceptible de procurer des épreuves toujours comparables à elles-mêmes, et c'est par plusieurs milliers qu'il peut être fait.

A l'Exposition de Paris de 1837 il y avait de nombreux produits de M. Engelmann, parmi lesquels on remarquait surtout la vue d'un moulin, au pied des Pyrénées. Ce petit tableau reproduisait avec une merveilleuse fidélité les tons brillants et frais de l'aquarelle qui avait servi de modèle. En 1838, plusieurs artistes de Paris, MM. Grenier, Villeneuve, Viennot, Fechner et d'autres faisaient d'importantes applications de la chromolithographie; M. Hittorf produisait de beaux ornements; on publiait des vues suisses, des imitations d'anciens vélins, des cartes de visites, etc., etc. Dès lors un grand nombre de dessinateurs de Paris se sont emparés de ce genre et l'ont pratiqué avec succès; entre autres MM. Formentie, Ricard, Chico, Jacquet, Dopter, Rigo, Basset, Kæppelin, mais surtout M. Lemercier, qui y a apporté des perfectionnements notables, en diminuant le nombre des pierres par un modelé plus parfait, qui permettait d'obtenir plusieurs nuances sur une seule pierre.

En Allemagne on ne discontinuait pas de perfectionner les procédés déjà employés de la lithographie en couleur, et on en inventait d'autres. Ainsi M. Jacques Liepmann, peintre de Berlin, après un travail de dix ans, avait trouvé au commencement de 1839 un moyen de reproduire les tableaux à l'huile, avec une grande perfection. Ce qui est surtout remarquable dans ce procédé, c'est la fidélité avec laquelle les moindres nuances du coloris sont reproduites. Le premier travail produit par Liepmann est la copie du célèbre portrait de Rembrandt du musée royal de Berlin. On ne sait rien de positif sur le procédé de Liepmann. Voici comment on suppose qu'il procéda: Il commencerait par copier le tableau qu'il a en vue, par une espèce de mosaïque; mais, au lieu de se servir pour cela de petits morceaux d'émail ou de verre, Liepmann ferait usage de petits prismes en pâte ferme, faits avec des couleurs à l'huile, quelque chose comme un crayon gras. Une fois le tableau ainsi composé en mosaïque, il appliquerait à sa surface une feuille de papier imprégnée d'huile; une légère pression au moyen d'un cylindre ferait adhérer au papier une quantité suffisante de la couleur, pour que l'image s'y reproduise et pour que l'on puisse y donner le dernier fini en fondant les nuances au blaireau. Si c'est ainsi que procède Liepmann, il n'aurait que l'honneur d'avoir mis à exécution l'idée de Senefelder (voyez page 247), et d'avoir le premier livré de bonnes épreuves.

On suppose aussi que le procédé de Liepmann a quelque

rapport avec celui que le Dr F.-A.-W. Netto, de Leipzig avait inventé en 1841. M. Netto avait alors copié des tableaux de Flinck au moyen de patrons de feuilles minces de zinc, et représentant chacune une nuance de couleur. Ces patrons, aux bords dentelés, sont placés, l'un après l'autre, sur un carton enduit d'un vernis d'huiles de lin et d'œillet, et retenu par un cadre. On imprime la couleur à l'aide d'un rouleau élastique, qu'on passe sur la partie découpée; on fait de même pour toutes les nuances, et on fond ensuite les couleurs au moyen d'un pinceau imbibé d'huile. Les traits fins dans les cheveux ou ailleurs s'impriment avec des formes en bois ou en métal fusible (Technologiste, 1841).

En 1849, le *Journal de la Société des Arts* d'Ecosse contenait le procédé suivant, que MM. G. Schenk et Ghemar avaient inventé pour imiter par la lithographie les peintures à l'huile. La pierre, chauffée et grenée, est enduite d'une couleur composée d'encre lithographique ou de crayon, d'un peu de cire et de vernis de copal, laquelle est étendue sur toute la surface au moyen d'un chiffon de flanelle, en le frottant jusqu'à ce que la pierre ait pris une teinte brune grisâtre. Sur ce fond on décalque son dessin et on dessine alors les parties les plus foncées avec de l'encre ou du crayon gras; les parties moins foncées avec du crayon plus dur; et aux places qu'occupent les lumières, on enlève le vernis, plus ou moins entièrement, au moyen du grattoir. Les parties foncées peuvent aussi se faire ou se renforcer au moyen d'un chiffon de flanelle. Ce genre de travail supporte un fort mordant et une forte couche de couleur. En employant comme base les trois couleurs fondamentales, savoir le bleu, le rouge et le jaune, le peintre Hundertpfund, d'Augsbourg, a établi de bons principes pour l'exécution de la polychromie lithographique. M. Schreiner, lithographe, de Munich, en suivant ce système et en employant jusqu'à 13 pierres, a réussi à imiter une tête du Christ de Raphaël, qu'on dit remarquable sous le rapport de la dégradation des tons.

Enfin, on est arrivé à une perfection extraordinaire dans la chromolithographie, et on imite admirablement les aquarelles, les sépias et toutes sortes de peintures. Ce sont de véritables *fac-simile*, et c'est aussi le nom qu'on leur donne.

Pour rendre la ressemblance avec l'original encore plus identique, lorsqu'il s'agit d'imiter des aquarelles, on imprime au papier le grené du papier torche au moyen d'une planche saupoudrée de sable; et pour la copie des tableaux à l'huile l'impression se fait sur toile. Les *fac-simile* imitant le dessin au crayon sur papier présentent à s'y méprendre les touches hardies, et la teinte grisâtre propre à ce genre. C'est surtout M. Desjardins, de Paris, dont nous avons déjà parlé, qui excelle dans ces copies.

Cependant il faut bien dire qu'on ne se tient pas aux avantages qu'offrent les procédés lithographiques, mais qu'on profite également de ceux que fournissent la chalcographie et la xylographie, pour atteindre une imitation parfaite. Grâce à ce concours, on est arrivé de nos jours, dans les arts graphiques, à un point de perfection qui ne souffre pas la comparaison avec ce qui a été fait antérieurement (1). L'Allemagne et l'Angleterre rivalisent avec la France, dans le genre de la lithographie en couleur, et il serait difficile d'établir une différence entre ces pays.

On doit joindre à la chromolithographie l'**impression dorée,** qui en fait presque partie, et qui avait été essayée déjà par Senefelder. Pour ce genre d'impression, on emploie ou l'or métallique en poudre, connue sous le nom de bronze, ou l'or en feuille; la base de cet or faux est le cuivre, et la couleur en est variée: elle est blanche, jaune pâle, jaune d'or, jaune orange, verte et rouge.

Pour faire des impressions dorées en poudre, on tire les épreuves avec l'encre ordinaire; pour les faire avec l'or en feuille, on imprime avec une encre composée de 2 parties de vernis moyen, 1 de cire vierge et 1 de térébenthine de Venise, encre à laquelle on mêle la couleur qui approche le plus de celle de l'or. Dans les deux cas, on passe aussitôt après le tirage la poudre ou la feuille d'or, et, après l'avoir laissée sécher, on ôte au moyen d'un petit paquet de coton l'or qui ne

(1) Voir ce qui a été dit sur ce sujet pages 115 à 123, 172 et 232 à 238.

s'est pas attaché. Plus le papier sur lequel on fait ces impressions dorées est lisse, plus elles sont brillantes : tels sont le papier glacé, le papier à titre de fabrique allemande et le carton porcelaine.

L'emploi de la chromolithographie et de l'impression dorée est général et s'étend à une foule d'objets d'industrie, de commerce et de fantaisie. Le nombre des ouvrages typographiques qui en sont décorés est considérable ; nous en connaissons déjà quelques-uns, en voici encore quelques autres très-remarquables : Souvenirs de Grenade et de l'Alhambra, par Girault de Prangey ; Paris, 1836, fol. — Le Moyen âge et la Renaissance. — Specimen of ornamental Art, selected from the best models of the classicale epochs, by L. Gruner, qui contient 80 feuilles en lithochromie magnifiquement exécutées en partie à Londres et en partie chez M. Winkelmann et fils, et sous la direction de M. Storch, à Berlin ; London, 1850, gr. fol. — Nouveaux modèles pour des broderies faites avec du lacet, par A. Schrœdter ; Francfort-sur-le-Mein, chez Carl Jugel, 1851. — Les Antiquités du Bosphore Cimérien, conservées au Musée Impérial de l'Ermitage, à St-Pétersbourg, publiées par ordre de S. M. l'Empereur, et sous la direction de M. de Gilles, cons. d'Etat ; Saint-Pétersbourg, impr. de l'Académie impériale des sciences, 3 vol. in-fol. 1854, 86 planches. Cet ouvrage, entièrement exécuté par des artistes russes, est un chef-d'œuvre typographique et lithographique, et offre une preuve magnifique de la perfection à laquelle sont arrivés ces arts en Russie. Les dessins exécutés par MM. Rob. Picard et Solneffi sont pour la plupart gravés au trait sur cuivre par MM. C. Afanassief, D. Androwyskii et Tcheskii. Le titre et beaucoup de planches, représentant des vases peints, des objets en bronze, en or, en céramique et en bois, sont exécutés en chromolithographie, rehaussés d'or, par MM. Sometschkin et A. Munster, et imprimées par M. d'Hardingue. Ces planches sont faites avec une grande habileté et avec un soin extrême (1). — L'imitation de Jésus-Christ, nouvelle édition de 1856, publiée par Curmer,

(1) L'ouvrage n'a été tiré qu'en un petit nombre d'exemplaires, dont la Bibl. publ. de Genève en possède un, qu'elle doit à l'obligeance de M. de Gilles, qui est Genevois.

in-4° jésus, accompagnée des plus beaux spécimens des manuscrits du moyen âge, du VIIIe au XVIIe siècle, et imprimée en couleur et en or par Lemercier; ce livre est un chef-d'œuvre de chromolithographie.

On se sert également de la lithochromie pour colorer les cartes géographiques, M. Deremesnil, de l'imprimerie impériale de Paris, a publié en 1843 la carte géologique de la France, coloriée par impression lithographique. Cette carte, qui a 57 centimètres de large sur 52 de haut, comprend 23 couleurs, outre le tracé en noir. Cette impression polychrome est parfaite. En Allemagne et en Suisse on produit également de très-belles cartes géographiques et physiques de tout genre, en couleur.

Sous le nom d'**impression mosaïque**, M. Jobard (1) décrit un procédé qui n'a point de rapport avec la lithographie, mais que celle-ci imite maintenant parfaitement. On voit depuis nombre d'années une foule de jolis dessins en couleur, dit-il, établis sur des feuilles couvertes d'un treillis de petits carrés, destinés à servir de modèles aux dames qui brodent avec de la laine ou de la soie, des bouquets, des oiseaux et des sujets. Le bas prix auquel ces dessins, que l'on croirait coloriés à la main, sont livrés au public, nous a mis sur la voie du mécanisme qui sert à les imprimer. Nous allons le décrire : Tout l'outillage d'un imprimeur mosaïste consiste en une seule forme, composée d'une agrégation de petits tubes creux d'environ un millimètre de base et deux ou trois centimètres de hauteur. Ces tubes, étirés et cirés à l'extérieur, sont serrés dans une forme, à l'instar des caractères d'imprimerie, de manière à rendre ces interstices imperméables à l'air. On emplit de couleurs épaisses les différentes divisions du dessin que l'on veut représenter; cela fait, on recouvre le dessin de la forme d'une feuille de parchemin qui ne touche pas les tubes, mais dont les bords sont hermétiquement fixés autour de la forme.

Dès qu'on soulève le parchemin à l'aide d'un petit onglet

(1) Jobard, rapport 1836, p. 304.

collé au centre de la feuille, il se fait un vide qui appelle la couleur vers le haut des tubes et l'empêche de tomber pendant qu'on retire la feuille imprimée. Un petit coup frappé sur le parchemin suffit pour chasser les gouttes contenues dans les tubes et les faire tomber sur le papier.

Après avoir passé en revue les différents genres de l'art lithographique, il nous reste à parler d'une application qui est particulièrement propre à cet art, et qu'aucune des autres manières d'imprimer dont nous avons parlé jusqu'à présent ne peut offrir à ce degré. Cette application c'est l'**autographie** (du grec autos, soi-même, et graphô, j'écris), ou le procédé par lequel on multiplie par l'impression une écriture ou un dessin original, d'abord fait sur papier avec une encre graisseuse. Ce procédé offre deux grands avantages, celui de donner un fac-simile parfaitement exact, et celui d'être d'une promptitude extraordinaire.

Les principes chimiques de l'autographie sont les mêmes que ceux de la lithographie en général, mais, au lieu de dessiner directement sur la pierre, on dessine sur du papier, dont on applique ensuite la face dessinée sur la pierre; en le pressant fortement, tous les traits qui s'y trouvent y adhèrent, et laissent pénétrer dans la pierre une partie de leur graisse, qui s'y fixe à l'état d'un savon calcaire, et produit au tirage le même effet que si les traces y avaient été faites directement. L'autographie est un des procédés les plus délicats et les plus difficiles de la lithographie, et la moindre négligence peut faire manquer la réussite.

Depuis Senefelder on a beaucoup cherché à perfectionner et à simplifier ce procédé. Presque chaque lithographe a sa méthode particulière, et cependant toutes ces méthodes ne diffèrent que dans quelques détails. Nous emprunterons à M. Engelmann les meilleurs moyens d'opérer. Avant tout, il faut du papier autographique: c'est un papier ordinaire couvert d'une légère couche de matière gommeuse, qui a pour but d'en isoler entièrement l'écriture ou le dessin fait avec une encre grasse, de manière que celle-ci se transporte tout entière sur la pierre. Pour que les contre-épreuves réussissent bien, il faut que cette couche ne se ramollisse que légèrement par l'humidité, qu'elle ne se dissolve pas avant que le transport sur pierre en soit fait, et que le papier adhère assez à la pierre pour supporter plusieurs fois le passage du râteau, sans qu'il se dérange. Voici la composition de cet enduit: 4 onces d'amidon, 1 de gomme adragante, 2 de colle forte, 1 de blanc d'Espagne en poudre très-fine, $^1/_2$ de gomme gutte pour colorer, et 4 litres d'eau. Lorsque ces matières sont convenablement dissoutes et mélangées, on passe cette colle dans un linge, et on en étend deux couches bien égales, et aussi minces que possible sur du papier à lettres, au moyen d'une éponge fine. M. Cruzel a inventé en 1830 une autre méthode, savoir trois couches légères de gélatine de pieds de mouton, un d'empois blanc, et une de gomme-gutte. On met la première couche avec une éponge trempée dans de la dissolution de gélatine chaude, bien également sur toute la feuille; on attend que chaque couche soit sèche pour mettre la suivante. On applique ensuite de la même manière la couche d'empois, et enfin la couche de gomme-gutte.

Plus le papier autographique est lisse, plus il est facile d'y tracer des traits à l'encre; on fera donc bien pour cela de le passer à la presse lithographique.

Après le papier, il faut l'encre. Toute encre lithographique peut à la rigueur servir à cet usage; cependant on doit donner la préférence à celle qui coule le mieux, et qui permet de faire les traits les plus déliés. A cet effet, M. Engelmann a imaginé la composition suivante: 16 parties de gomme laque, 10 de cire vierge, 8 de savon, 6 de sang-de-dragon, 5 de suif. Si on veut dissoudre la totalité de l'encre, on y ajoute 150 à 200 parties d'eau pure bouillante; mais, lorsqu'on ne veut en dissoudre qu'une partie, on prend 1 partie d'encre sur 8 d'eau pure, qu'on fait bouillir jusqu'à réduction d'un quart. M. Cruzel compose son encre autographique de 8 grammes de cire vierge, 2 de savon blanc, 2 de gomme laque, 3 cuillerées à bouche de noir de fumée. M. Mantoux a aussi composé une bonne encre: elle comprend 3 parties de gomme copal, 5 de cire, 5 de suif de mouton épuré, 4 de savon, 5 de gomme laque, 5 de mastic en larmes, $^1/_2$ de soufre. On délaie cette encre en en faisant bouillir 1 partie dans 10 d'eau, jusqu'à ce que la liqueur prenne une couleur jaune pâle. On peut ajouter un peu de carmin, ou d'encre de Chine, pour la rendre plus foncée.

Lorsque l'encre et le papier sont prêts, on peut faire son décalque sur le papier autographique de la manière ordinaire, ou dessiner directement au crayon de graphite; pour l'écriture on peut tirer des lignes pour écrire droit et effacer les fautes avec de la poudre de sandaraque, en l'essuyant toutefois le mieux possible. Ces différentes opérations n'empêchent pas la réussite. Pendant qu'on écrit ou qu'on dessine sur le papier autographique, il faut avoir soin de ne pas le toucher avec des doigts gras; à cet effet on se munira d'un garde-main. S'il y a une faute à corriger, on effacera en lavant à l'essence de térébenthine, qui dissout l'encre sans altérer la couche gommeuse du papier; mais il faut ensuite bien laver la place.

Pour faire le transport du dessin sur la pierre, on pose d'abord la copie du côté déssiné sur quelques feuilles de papier, et on humecte légèrement avec une éponge trempée dans un mélange d'eau et d'acide muriatique, marquant 1 $^1/_2$ degré à l'aréomètre. Le papier étant ensuite posé sur une pierre tendre, préalablement poncée et bien essuyée, on le recouvre d'une douzaine de feuilles de papier de soie, pour rendre la pression moins vive; on commence par une pression faible, qu'on augmente successivement, en répétant cette opération six à huit fois. On mouille ensuite le papier avec la même eau acidulée, et on la laisse quelques minutes; on enlève alors la feuille qui ne doit plus contenir aucune trace de dessin, si l'opération a bien réussi. Après cela on acidule la pierre, si c'est nécessaire, on y passe la gomme, et on procède à l'encrage pour tirer des épreuves.

Le procédé qu'a inventé en 1836 M. Bautz, d'Augsbourg, diffère des précédents, en ce qu'on y emploie du papier *non préparé*, c'est-à-dire qui n'a pas été enduit de la couche gommeuse. On prend à cet effet du papier à écrire lisse et mince, ou du papier à calquer, et l'on y trace le dessin, ou l'écriture, on le calque avec l'encre autographique, qui est composée de 3 parties de gomme laque, 1 de cire, 6 de suif, 5 de mastic, 4 de savon, 1 de noir de fumée. Pour l'usage, on dissout cette encre dans l'eau pure. Lorsque ce travail est terminé, on humecte le papier par derrière avec un mélange d'une partie d'acide nitrique, et 3 d'eau jusqu'à ce que le dessin soit visible à l'envers, et que l'encollage du papier soit détruit; on lave ensuite pour enlever tout l'acide, on applique la feuille sur la pierre légèrement chauffée, et on passe sous le râteau avec une forte pression. Aussitôt le papier enlevé, on laisse sécher la pierre, et on peut terminer son dessin au crayon. Ce moyen est surtout utile pour l'exécution au crayon de dessins d'architecture, d'ornements, de machines, et d'autres qui doivent avoir un contour net et fin, car il est très-difficile de faire un trait fin à l'encre sur une pierre grenée.

L'autographie a rendu de grands services dans l'industrie, le commerce et les arts. Plusieurs ouvrages complets ont été autographiés; tels sont les suivants: Théorie lithographique par M. Houbloup, Paris 1818; — Mémoire sur la lithographie de MM. Chevalier et Langlumé, Paris 1828; — Manuel pratique des lithographes par Jules Desportes, Paris 1834. — Et qui ne connaît pas l'Histoire de M. Jabot, les Aventures de M. Vieux-bois, de Festus et de tous leurs collègues, si spirituellement écrites, dessinées et autographiées par M. Rodolphe Töpffer de Genève?

Un autre genre de transport, décrit sous le nom de **lithographie par enlèvement** par M. Jobard (1), consiste à recouvrir une pierre grenée d'une couche mince d'encre ramollie par une plus grande proportion de stéarine que l'encre ordinaire; d'appliquer sur cette couche une feuille de papier-coquille très-mince, et à remettre cette pierre à un artiste pour y tracer un dessin à la mine de plomb; tous les traits qu'il fera sur le recto de la feuille se reproduiront sur le verso aux dé-

(1) Rapport, 1839, p. 305.

peus de l'encre de la pierre. On transportera ce dessin gras sur une autre pierre que l'on traitera comme un dessin au crayon

Diagraphie. M. Jobard [1], l'ingénieux et infatigable chercheur, trouva en 1827 une méthode lithographique pour calquer à la plume sur du taffetas ciré; les dessins les plus compliqués sont rendus avec non moins de pureté que de facilité. Il a reproduit par ce procédé l'œuvre de Flaxmann, dont chaque planche ne coûtait pas deux heures de travail. Voici en quoi consiste sa méthode: Choissisez un carré de taffetas ciré bien uni; faites coudre une tresse de fil autour de votre carré; passez un lacet dans cette tresse pour tendre également ce taffetas au centre d'un cadre formé d'un fil de fer gros comme un tuyau de plume à écrire. Placez ce taffetas sur le dessin à copier, et suivez les traits avec une plume lithographique de Perry, et de l'encre lithographique amenée à la consistance d'un lait épais. Avant de dessiner, vous aurez soin de passer une couche d'essence de térébenthine ou d'eau de savon sur votre taffetas que vous essuierez bien, avec du papier joseph ou avec un linge. Votre calque terminé, renversez le taffetas sur une pierre polie et donnez un ou deux coups de presse. Le taffetas adhérera fortement à la pierre, ce qui empêche le dessin de se doubler; détachez lentement le taffetas, vous n'y trouverez plus trace de votre dessin qui est resté tout entier sur la pierre. C'est alors que vous pouvez tracer un cadre, ou faire des retouches, avant l'acidulation. Pour empêcher au taffetas de faire des plis, quand il est posé sur la pierre, il faut le saupoudrer de stéatite en poudre, puis y placer une maculature également saupoudrée, et avoir soin de frotter le cuir du tympan avec de la poudre de savon pour le faire glisser facilement. Par ce moyen le transport se fait à merveille. Le procédé diagraphe s'applique avantageusement à la reproduction des manuscrits des langues encore privées de types mobiles; M. Jobard avait le projet de faire de cette manière une contrefaçon du Coran, qui n'eut pas de suite. M. Engelmann, à qui il avait parlé de son intention se

(1) Jobard, rapport, 1839, p. 306.

mit à l'œuvre ; mais comme il s'était servi d'un Coran hétérodoxe, que lui avait prêté l'amiral Sidney Smith, sa spéculation échoua et ne fut plus reprise depuis.

Les lithographes, en considérant les résultats heureux qu'on obtient de l'autographie, devaient bientôt penser à tirer parti des avantages qu'offrent les principes chimiques de la lithographie, pour multiplier leurs épreuves par des **reports** ou **contre-épreuves.** Ils y ont réussi en tirant sur papier une épreuve avec une encre grasse, puis la posant du côté de la face imprimée sur la pierre neuve, pour lui communiquer cette encre grasse, et mettre cette pierre en état de pouvoir attirer l'encre d'impression lorsqu'on y passe le rouleau. La multiplication des planches par le moyen des contre-épreuves offre des avantages immenses sous le rapport de l'économie et du temps. En effet, il suffit de faire sur pierre un seul dessin, de le reporter ensuite sur une grande pierre, autant de fois que la place le permet pour pouvoir en tirer d'un seul coup 10, 20, 50, etc. ; et, si cette pierre vient à s'user, elle est refaite à l'instant par une nouvelle série de contre-épreuves de la pierre matrice, qu'il suffit de conserver seule. Le papier que l'on emploie à cet usage est ou un papier non collé, ou, mieux encore, le papier de Chine, qu'on couvre du même enduit que le papier autographique. L'encre d'impression n'est pas bonne pour les reports. On fera mieux de composer celle-ci de 1 partie de cire, 1 de suif, 1 de savon noir, 12 de vernis moyen, 6 de térébenthine de Venise, en y mêlant la quantité de noir de fumée convenable. Les opérations du report doivent se faire avec beaucoup de précaution, et avec une grande propreté. On peut obtenir ainsi des contre-épreuves non-seulement du dessin à la plume, mais aussi de la gravure et des pierres dessinées au crayon.

En employant les mêmes moyens, on peut transporter sur pierre aussi des épreuves *fraîches typographiques.* Il suffit pour cela de faire tirer une épreuve bien pure avec l'encre et sur le papier à contre-épreuve, et de la transporter sur pierre, en la traitant comme les contre-épreuves lithographiques.

En 1827, MM. Firmin Didot et Motte avaient pris un brevet pour un procédé destiné à imprimer simultanément des dessins lithographiques et des caractères typographiques.

En 1828, une société s'était formée entre MM. Laget, Haugk, Billard, Panckoucke et Mantoux pour le transport sur pierre de textes imprimés, dans le but d'employer ce procédé à la publication d'un journal, mais rien ne se fit. M. Gudin, peintre de marine, associé avec MM. de Bremond et Wachsmuth, en 1838, forma le projet de la publication d'un journal quotidien, orné de dessins des plus habiles artistes de Paris.

M. Haubloup est un des premiers qui aient exploité la réunion du texte typographique transporté sur pierre, et du dessin lithographique à la plume à côté. Son Album d'histoire naturelle, Muséum pittoresque, a été tiré à un très-grand nombre d'exemplaires (Exposition de 1839).

Quand M. Champollion proposa à M. Jobard de publier sa Grammaire égyptienne, qu'aucun imprimeur n'osait entreprendre à cause des signes nombreux qui devaient se trouver intercalés dans le texte, il lui conseillait de faire composer la partie typographique avec des blancs réservés à l'endroit des signes et de transporter sur pierre le texte auquel il ajouterait lui-même les signes hiéroglyphiques. M. Motte fut du même avis et il imprima fort bien la grammaire de M. Champollion (1).

M. Jobard (2) communique encore le procédé de transport d'un inconnu : Sur un morceau de papier gélatine translucide (inventé en 1823 par Quénédey, et fabriqué en partie de colle de poisson et en partie de colle de Flandre, roulée sur une glace enduite à l'avance de fiel de bœuf), tracez avec la pointe sèche les contours du dessin à calquer, puis encrez-le à la manière de la taille-douce, l'encre restera dans les tailles et vous pourrez transporter ce dessin d'un coup de presse sur la pierre.

On a aussi employé le procédé des reports pour transporter sur pierre des *épreuves tirées sur des planches de cuivre gravées*. M. Engelmann est le premier qui ait fait des essais dans ce genre. M. Legros d'Anisi faisait les premiers reports par le même procédé que pour imprimer ses assiettes (voyez pag. 262), et M. Engelmann traitait ces contre-épreuves par les procédés lithographiques. Il se présenta bientôt une occasion d'utiliser ce

(1) Jobard, rap. 306-312.
(2) Rap. 319.

nouveau moyen de multiplication. M. Touquet avait fabriqué en 1821 des *tabatières* dites *à la Charte*, qui devinrent à la mode. Leur débit dépassa les prévisions du fabricant, et bientôt les planches de cuivre qui servaient à leur décoration furent usées. Plusieurs semaines étaient nécessaires pour en graver de nouvelles; pendant ce temps la mode pouvait en passer, et M. Touquet manquait une vente assurée. Dans cet embarras il s'adressa à MM. Engelmann, qui, en un jour, firent transporter sur pierre plusieurs douzaines de contre-épreuves. Le lendemain le tirage commença, et permit à M. Touquet de satisfaire le public et de vendre en peu de temps plus de cent mille tabatières. Pour transporter l'épreuve sur une tabatière ou un écran, on humecte le derrière du papier avec la langue et on l'applique sur le bois verni ou non, la gravure s'y attache en appuyant seulement avec la paume de la main; un léger surcroît d'humidité fait détacher le papier: quelques couches de vernis copal à l'essence ou à l'esprit, et le tour est fait. Liége et Spa fabriquent de la sorte des millions de jolies tabatières de platane qui se répandent sur toute la terre en concurrence avec les tabatières d'Ecosse et d'Allemagne. Les transports sur faïence et porcelaine se font de la même manière, mais il faut, au lieu de noir de fumée, un oxyde métallique susceptible de se vitrifier (Jobard, Rapport, 1839).

Cette branche de la lithographie a pris un grand développement par son application à l'industrie et aux arts.

On ne s'est pas contenté des résultats avantageux qu'offrent les reports lithographiques d'épreuves fraîchement tirées; de tout temps les lithographes se sont préoccupés de réaliser aussi le transport sur pierre de vieux livres et de vieilles estampes pour être réimprimés. On a appelé ces genres **litho-typographie**, et **litho-chalcographie**.

Senefelder avait en 1809 déjà livré des planches qui reproduisaient par le transport sur pierre des épreuves typographiques tant anciennes que fraîches, des gravures sur bois de l'ouvrage anglais The religious Emblems, et des tailles-douces anciennes. Tous ces transports avaient très-bien réussi. Pour cela, Senefelder nous dit qu'il faut faire un mélange de craie fine et d'amidon, qu'on éclaircit avec de l'eau, et qu'on passe partout sur la page imprimée. Ensuite on trempe un petit morceau de toile dans une couleur faite avec du cinabre, du vernis très-faible et du suif; on en frotte le papier jusqu'à ce que toutes les lettres aient pris la couleur; on jette de l'eau propre par-dessus le tout, et on passe sur le papier une balle recouverte de drap fin et bourrée de crin pour enlever le superflu de la couleur qui se trouve sur les lettres. Il faut continuer à passer la balle jusqu'à ce que les lettres paraissent rougeâtres; puis on verse souvent de l'eau propre sur ce papier qu'on met entre deux maculatures pour lui faire perdre son excès d'humidité. On suit alors le procédé de transport ordinaire.

On réussit mieux pour le transport avec une ancienne feuille du XVIe ou du XVIIe siècle qu'avec une feuille qui ne date que de 20 à 30 ans, parce qu'on employait de meilleur vernis et qu'on imprimait plus noir. Par conséquent, c'est du vernis plus ou moins bon, qui sert à imprimer les livres, que dépend le succès de l'opération. En 1834 il avait paru à l'Exposition de Paris des pages de vieux livres reproduites par la lithographie. MM. Delarue, Chevalier, Jules Desportes, Kæppelin, Letronne, D'Aiguebelle, et d'autres se sont distingués dans les reports lithographiques anciens et modernes. M. Chatenet à Angoulême, en 1839, avait très-bien réussi par le transport des anciennes impressions; il avait exposé des feuilles d'Elzevir, de Scanderbeg, qui étaient parfaitement venues. M. Jacotier, à Paris, n'avait que médiocrement réussi dans le transport d'une gravure du XVIIe siècle, un Callot et un Albert Durer. Mais ce sont surtout MM. Paul et Auguste Dupont frères qui ont donné à cet art une grande extension.

M. Auguste Dupont, en 1839, avait réussi à transporter directement sur la pierre de vieilles gravures et de vieux imprimés, et à les reproduire par des tirages inépuisables. Il livra en 1841, en spécimen de l'impression lithographique, un petit volume in-8°, de 1635, intitulé « Histoire de l'incomparable administration de Romieu, grand ministre d'Estat en Provence, lorsqu'elle estait en soveraineté. » Il fit suivre ce livre de deux volumes formant ensemble près de 600 pages d'un ouvrage intitulé « l'Estat et l'Eglise de Perigord depuis le christianisme, par le R. P. Jean Dupuy, recollet à Périgueux; imprimé par Pierre et Jean Dalvy, 1629. » Ces livres se sont trouvés ainsi régénérés, sans que les exemplaires qui avaient servi à la reproduction en aient souffert. M. Dupont a aussi reproduit des écritures originairement tracées avec des encres corrosives ou des encres communes; elles consistent en un plan manuscrit de 1773, du vieux Périgueux, pris dans un ouvrage qui est à la bibliothèque de cette ville; en une lettre du roi Louis-Philippe, et en une lettre du cardinal Maury, manuscrit remontant à 1801.

M. Paul Dupont [1], dans un état des ouvrages reproduits dans son imprimerie par la litho-typographie, depuis le 10 juillet 1839 jusqu'au 22 février 1844, porte le nombre des exemplaires des feuilles à 43,752.

MM. Dupont ont produit encore un nombre considérable de fac-simile pour l'Histoire de l'impression et de son application à la gravure, aux caractères mobiles et à la lithographie, par M. Léon de Laborde.

M. Paul Dupont avait en 1847 reproduit un volume in-folio de 199 pages, qui est le fac-simile exact du tome XIII de la collection *Rerum Gallicarum et Franciscarum Scriptores*, publiée par les Bénédictins et continuée par l'Institut. Ce treizième volume, détruit pendant la révolution, rendait incomplet un grand nombre d'exemplaires de cette collection aussi rare que précieuse. M. Dupont a complété ainsi un grand nombre d'autres ouvrages. Il a aussi composé une encre dont on se sert pour imprimer, de chaque ouvrage dont on veut conserver l'empreinte, une ou deux feuilles types, qui peuvent être transportées sur pierre par une simple pression à quelque époque que ce soit, et fournir de nouveaux tirages qui s'exécutent immédiatement.

M. C. Frémont [2] lithographe de Beaumont-sur-Oise, décrit une méthode de transport de vieilles impressions, qui paraît un perfectionnement de celle de Senefelder; la voici : Imbibez de gomme arabique la feuille à réencrer, posez-la sur un marbre,

(1) Bulletin de la société d'encouragement 29 mai, 1844.
(2) Technologiste, vol. II, 1841.

versez dessus de la soude caustique, de 12 à 15 degrés, laissez cet alcali 15 à 20 minutes en essayant de temps en temps sur un mot si le corps gras commence à revivre. Aussitôt qu'on verra que la soude a assez agi sur les caractères, jetez de l'eau sur la feuille pour enlever l'alcali. Versez-y de l'essence de térébenthine, laquelle se fixera sur les caractères. Laissez séjourner l'essence pendant un quart d'heure, tenez cependant la feuille constamment humide.

Préparez une encre composée de $^1/_2$ partie de cire vierge, $^1/_2$ de suif, 1 de vernis faible, $^1/_4$ de térébenthine, $^1/_2$ de vermillon; garnissez de cette encre un petit cylindre ou un tampon couvert de drap fin, et cherchez à encrer doucement les caractères. Lorsqu'on verra que l'encre rouge est fixée sur les caractères, on mettra la feuille entre des maculatures, et on ne la transportera que très-peu humide sur la pierre. Pour le clichage, M. Frémont prescrit le procédé suivant : Prenez de bon et véritable papier de Chine; épluchez-le soigneusement; passez-y une couche légère et unie de colle d'amidon mêlée à de la gomme arabique en égale proportion. Faites tirer sur cette feuille une bonne épreuve de taille-douce ou de typographie avec une encre de conservation, composée de 2 parties de cire blanche, 1 de gomme laque, 2 de résine épurée (colophane), 1 de suif épuré, 1 d'huile verte, $^1/_2$ de térébenthine de Venise. Conservez cette feuille en évitant la poussière et les accidents. Lorsque, après plusieurs années, vous voudriez la reproduire, chauffez-la au soleil ou à une douce chaleur factice. Prenez une pierre qui sera également restée quelques minutes au soleil, transportez, et vous obtiendrez un bon résultat.

Le procédé découvert en 1840 par M. Rosel de Munich, et d'après lequel on peut obtenir des épreuves lithographiques de la même manière qu'on obtient celle de la typographie, ne nous est point connu.

En 1843, MM. Papillon frères, de Verviers (Aisne), inventèrent une méthode pour imprimer la musique par le procédé typo-lithographique.

Sous le nom d'**Homœographie,** M. Edouard Boyer, chimiste de Nismes, a ajouté en 1844 une nouvelle découverte aux précédentes, découverte dont nous n'avons pas non plus le secret.

Enfin nous parlerons ici d'une invention intéressante, quoiqu'elle rentre mieux dans les applications de la photographie; nous en ignorons le procédé : c'est la **litho-typographie optique**, ainsi appelée par son inventeur, M. Robert Hüser, d'Arnsberg en Westphalie. Ce procédé a pour but de transporter sur la pierre lithographique, convenablement préparée, tout dessin, toute écriture, gravure, peinture, impression typographique, sans endommager l'original. Le report se fait en relief, dans une heure ou en quelques minutes, suivant la grandeur de l'objet, sur pierre grenée ou polie.

On peut y faire toutes les corrections qu'on veut. L'impression s'opère comme à la lithographie, et on peut en tirer autant d'épreuves qu'on désire. En 1846, M. Hüser subit un examen, et il fit en présence du ministère d'État de Berlin six épreuves, de nature et d'objets tout différents. Il réussit au point qu'il reçut une prime de deux mille écus, mais sous condition d'établir un atelier à Berlin. Les affaires politiques de 1848 l'en empêchèrent, et l'Etat ne s'en mêla plus. Dans le journal des Archives pour l'Allemagne de M. F.-F. Friedmann, de 1853 (1), on a publié un spécimen du procédé de Hüser, qui est parfait.

Cependant on n'est point encore parvenu à reproduire par le transport lithographique des impressions typographiques ou des estampes anciennes d'une manière tout à fait irréprochable, malgré les recherches laborieuses et les procédés ingénieux qu'on a inventés en grand nombre jusqu'à nos jours. Cette victoire était réservée à un autre art graphique, dont nous parlerons bientôt.

On voit souvent des images de saints ou des cartes d'adresse imprimées en or ou en argent sur des feuilles transparentes et diversement colorées. Ces feuilles, composées de gélatine, ont été fabriquées particulièrement à Paris; ils le sont maintenant

(1) Vol. II, p. 215-217. Gotha et nouvelle Gazette de Prusse, n° 133, 12 juin 1851.

aussi en Allemagne, par MM. Zach et Lipowsky. Pour les former, il faut une planche de verre à glace bien taillée, que l'on polit avec du rouge à polir, et l'on frotte avec de la magnésie. Sur les lames de verre ainsi préparées, on verse et étend très-également une couche de gélatine, et lorsqu'elle s'est figée, on y imprime délicatement les dessins. La gélatine se prépare de la manière suivante : Après avoir trempé 5 livres de colle ordinaire dans l'eau pendant 24 heures, et avoir changé l'eau plusieurs fois, on presse la colle, et on la cuit dans un bain d'eau jusqu'à la consistance de l'huile. On y ajoute une demi-once d'acide oxalique, dissout dans l'eau, pour blanchir la colle, $^1/_{16}$ d'esprit-de-vin et $^1/_2$ once de sucre candi décoloré, pour maintenir la flexibilité de la gélatine. Suivant la coloration qu'on désire lui donner, on introduit dans cette solution un mélange d'indigo et de carmin, pour obtenir une couleur bleue ; un extrait de safran pour la jaune ; un mélange de bleu et de jaune pour la verte, ou de rouge et de bleu pour la violette. La couleur rouge provient d'une dissolution de carmin dans l'esprit de sel ammoniac (1).

Lithophanie. Les images connues sous ce nom, et inventées en 1827 en France, consistent en reproductions de dessins divers sur des lames de porcelaine tendre, et qui, regardées vers le jour ou la lumière, reparaissent en ombre et en lumière, ressemblant parfaitement aux dessins faits à l'encre de Chine. On exécute ces images par un procédé plastique, et nullement par un dessin, et voici comment : on recouvre une plaque de verre d'une couche égale de cire d'un quart de pouce d'épaisseur, sur laquelle on modèle le sujet qu'on veut reproduire, au moyen d'ébauchoirs de sculpteur ; de manière que les parties les plus ombrées soient représentées par la couche de cire la plus épaisse, tandis qu'on diminue par dégradation jusqu'aux parties les plus claires, qui sont alors représentées par une couche très-mince, ou par le verre seulement ; la transparence du verre et de la cire permet de juger de

(1) Kunst- und Gewerbebl. für das Kœnigr. Bayern. 1855, p. 329.

l'effet. De ce modelage on prend un moule en plâtre, lequel sert à former les épreuves en biscuit (porcelaine tendre). On a essayé de faire ces images en gutta-percha et en couleur. Les lithophanies servent généralement comme écrans ou abat-jours.

Les objets connus en Allemagne sous le nom de *Steinbilder*, qu'on fabriquait à Munich il y a quelques années (1), et qui consistent en une sorte de transport de lithographies ou de gravures, sur des plaques minces de pierre calcaire, au moyen d'un procédé chimique, sont peut-être encore une espèce de lithophanie.

Pour clore ce qui rentre dans les applications de l'impression chimique, nous devons dire quelques mots *sur l'emploi d'autres substances que la pierre calcaire* pour recevoir le dessin. On avait cherché dès les premiers temps de l'invention de la lithographie à remplacer les pierres de Solenhofen par des matières moins chères et d'un transport plus facile. Les essais qu'on a faits sur d'autres pierres que le calcaire de Solenhofen ont été infructueux, quoiqu'on ait trouvé dans plusieurs localités de l'Europe des qualités de calcaire qui permettent sous quelques rapports de remplacer celui de Bavière.

Un dessin au crayon exécuté en 1817 par M. Verdet, *sur ardoise*, avait bien donné des épreuves, mais elles restaient bien inférieures aux produits de la lithographie.

Après bien des recherches, Senefelder avait trouvé, en 1818, la composition d'une pierre factice, qu'il appelait *papier-pierre*, laquelle devait remplacer la pierre lithographique naturelle, et dont il se promettait beaucoup. Mais il n'a jamais publié d'une manière précise sa méthode de fabrication. D'autres, qui l'ont suivi dans ses recherches, n'ont pas été plus heureux.

Zincographie. Senefelder avait observé, à cette même époque, que tous les métaux sont susceptibles de retenir les traces graisseuses, et de pouvoir être disposés à repousser l'encre d'impression lorsque sur les parties bien dégraissées on applique des

(1) Le ministère d'État de commerce de Munich, sous la date du 30 décembre 1854, déclara comme industrie libre la fabrication de ces images.

acides, de la gomme, de la décoction de noix de galle, etc. Il n'avait fait que peu d'essais sur du fer et notamment sur du zinc, et en 1823 il avait exposé à Paris de petites presses, sur lesquelles il tirait des épreuves de planches d'étain.

Les observations de Senefelder dont nous venons de parler, quoique infructueuses au commencement, ont eu cependant pour suite de faire naître une nouvelle branche d'impression chimique, qu'on a nommée *zincographie*.

M. Joseph Trentsensky, inventeur d'une presse lithographique, à Vienne, reçut en 1822 une patente pour avoir remplacé les pierres lithographiques par des planches de zinc. Voici son procédé : il polit la planche avec de la pierre ponce, et y trace son dessin avec de l'encre ou du crayon lithographique. Après 24 heures il acidule avec de l'acide nitrique ou sulfurique très-étendu, passe à la gomme et encre comme dans la lithographie. Son encre se compose de 9 parties de cire, $4^1/_2$ de savon, 2 de gomme laque, $1^1/_2$ de sandaraque et 1 de noir de fumée. Le crayon est formé de 4 parties de cire, 2 de suif, 5 de savon, et 1 de noir de fumée. M. Garnen en Angleterre a procédé par une méthode semblable. En 1829 M. Breugnot, de Paris, fit des essais pour imprimer au moyen de planches de zinc de grandes cartes, qu'il appelait géoramas, et en 1834 il obtint une médaille et prit un brevet pour cette invention. A cette époque on s'occupait en Allemagne, surtout à la lithographie royale de Berlin, de l'impression avec des planches de zinc, sur lesquelles on transportait par les procédés autographiques des écritures, des plans topographiques et d'autres dessins. M. Knecht (1), l'associé de Senefelder à Paris, avait déjà en 1822 composé des planches de zinc enduites pour la lithographie, mais elles éclataient trop facilement à l'action de la presse. En 1840 il est parvenu à éviter ce défaut. Il a combiné une poudre pierreuse qui, délayée à l'eau alcaline, devient pâte, et s'adapte tellement bien au zinc, qu'on peut rouler la planche sans qu'elle éclate ou gerce. Dans l'espace de quelques heures on applique trois à quatre couches de cette poudre sur la planche métallique; on polit avec du pa-

(1) Technologiste, vol. I, 1840, 356.

pier verre N° 0, ensuite avec un linge, et on a un marbre dur et blanc, propre à remplacer la pierre lithographique. Avant de transporter le dessin, on polit la planche avec du papier de soie; l'opération du reste est la même que celle sur pierre. La préparation chimique est un composé de 15 grammes de tannin ou de noix de galle pulvérisée, 30 de gomme arabique, 100 d'eau acidulée par l'acide nitrique marquant 5°; on fait infuser 24 heures et on filtre. Après avoir laissé séjourner pendant quelques minutes cette liqueur sur la planche, on l'enlève à l'eau, et on encre.

M. Knecht s'est préoccupé aussi depuis 1831 d'un procédé pour tracer, transporter et imprimer sur métal. Voici ce qu'il publiait en 1840 sur ce sujet: A l'exception du fer et du bronze, tous les autres métaux ont plus ou moins d'affinités chimiques pour recevoir ou repousser les corps gras. L'étain est trop tendre, les caractères s'élargissent; la planche s'altère facilement. Le zinc serait le plus convenable par la modicité de son prix et par l'étendue des dimensions sous lesquelles il est facile de l'obtenir; mais le zinc du commerce est trop aigre. Il faudrait pouvoir obtenir des fabricants du zinc allié à du bismuth, du laiton ou de l'étain; alors ce métal pourrait offrir de grandes ressources pour l'impression chimique. Le cuivre jaune (laiton) est solide et donne un tirage pur et brillant.

Voici la méthode de se servir d'une planche de laiton, qui du reste est la même pour tous les autres métaux. Lorsque la planche est bien polie et frottée avec de la craie et une feuille de papier de soie, on dessine à la plume ou au pinceau, en se servant d'encre composée de 4 parties de cire, 5 de gomme laque, 3 de suif, 2 de mastic, 2 de savon, 1 de noir de fumée, $^1/_2$ de térébenthine de Venise. Le dessin achevé, on chauffe la planche à un feu tempéré; on trempe ensuite un blaireau dans une préparation de 8 parties de gomme arabique, 2 de noix de galle, 1 d'eau-forte, 4 d'acide phosphorique et 30 d'eau; puis on le passe plusieurs fois sur la planche. Après quelques instants on enlève l'acide, en jetant de l'eau, et on essuie avec précaution. Lorsque la planche n'est plus que faiblement humide, on peut procéder au tirage.

M. Kæppelin, possesseur du brevet de M. Carenac, à qui M. Breugnot l'avait cédé, a publié en 1843 des impressions qu'il appelait zincographes, et qui rivalisent avantageusement avec la lithographie. C'est surtout pour des objets de grandes dimensions, tels que cartes géographiques, devants de cheminée, etc., que ce procédé paraît le plus utile. M. Kæppelin a tiré d'un seul jet, avec une planche de zinc, une carte de 4 pieds sur six. M. Rouget, de Lisle, substituait en 1843 le zinc à la pierre, surtout pour les dessins et les impressions à l'usage de la tapisserie.

Par le procédé appelé la **Panéiconographie,** inventé en 1850 par M. Gillot, à Paris, on reproduit toute gravure lithographique, autographique, ou typographique; tout dessin au crayon ou à l'estompe; toute gravure exécutée soit à l'eau-forte, soit au burin.

Lorsque, sur une plaque de zinc, un report à l'encre lithographique d'une gravure ou d'un dessin est opéré, on encre avec un rouleau ce report, puis, au moyen d'un tampon en ouate, on le saupoudre de colophane réduite en poudre impalpable, laquelle adhère aux parties grasses et les solidifie. On place ensuite la plaque au fond d'une caisse remplie d'eau acidulée de 5 jusqu'à 12°, et, après une demi-heure d'un mouvement de bascule donné à la boîte, le relief est obtenu si c'est un dessin au crayon. Si le dessin offre un travail en tailles plus espacées, on retire la plaque de temps en temps pour l'encrer fortement à l'encre lithographique, et, après avoir de nouveau enduit de colophane cet encrage, on réitère l'opération dans la boîte remplie d'eau acidulée. Cette opération est répétée jusqu'à ce qu'on ait obtenu les creux nécessaires. Les grandes parties blanches sont enlevées à la scie à repercer. On imprime sous la presse typographique.

Dans les derniers mois de l'année 1844, on se préoccupait d'un nouveau procédé chimique de reproduction et de multiplication, connu depuis sous le nom d'**impression anastatique.** Suivant le professeur Faraday, qui en 1845 avait donné quelques explications sur ce procédé à l'Institution royale de Londres, la théorie de l'impression anastatique repose sur certaines propriétés des matières employées. Ainsi, par exemple, l'eau attire l'eau, l'huile attire l'huile, tandis que l'une de ces substances repousse l'autre. L'huile humecte les métaux plus facilement que l'eau; l'eau gommée les humecte encore mieux, et le meilleur moyen de les mouiller est une dissolution d'acide phosphorique étendue d'eau. Aux qualités de ces substances il faut joindre le principe fondamental du procédé, c'est-à-dire la facilité avec laquelle le noir d'une épreuve fraîche peut être transporté sur une surface plane. Ainsi, une feuille fraîchement imprimée, posée sur une feuille de papier blanc, et soumise à une forte pression, y déposera son impression très-nettement.

D'après ce qui précède, on s'explique en quoi consiste le procédé de l'impression anastatique: c'est un transport chimique, reposant sur l'attraction et la répulsion, et semblable pour le procédé au report lithographique. En conséquence, le papier imprimé, soit en typographie, soit en taille-douce, doit être humecté par l'acide nitrique affaibli, et ensuite fortement pressé sur une planche de zinc très-lisse. L'acide absorbé par le papier attaque le métal, en même temps que l'encre graisseuse se transporte sur la planche qui l'attire, et à laquelle elle adhère. La planche ainsi préparée reçoit alors une couche de dissolution de gomme et d'acide phosphorique, qui se combine avec les parties acidulées de la planche, et les humecte. Il en résulte que lorsqu'on y passe un rouleau chargé d'encre d'impression, celle-ci ne se pose que sur l'encre transportée sur la planche, tandis qu'elle est repoussée aux endroits humectés par l'acide et la gomme. Cette opération terminée, on peut tirer des épreuves de la même manière que par les procédés lithographiques. Pour le transport de vieilles estampes ou de vieux livres, M. Faraday remarque qu'il faut les placer quelque temps dans une dissolution d'alcali, et après dans l'acide tartrique jusqu'à ce que le papier en soit bien pénétré. Les cristaux de tartre qui se forment repoussent l'huile, et rendent la feuille imprimée apte à recevoir un encrage au rouleau, qui fait revivre le noir de l'impression sans s'attacher aux parties blanches du papier. Après cette opération délicate, qu'il faut pratiquer avec tout le soin possible, on lave bien la feuille pour faire disparaître complétement le tartrate, et l'on procède comme nous l'avons indiqué, en commençant par un bain dans l'acide nitrique.

On attribue à M. Baldermus, de Berlin, l'invention de l'impression anastatique. Au commencement du mois d'octobre 1844, on reproduisit au moyen de ce procédé, dans un atelier de Berlin, quatre pages d'impression, contenant 3 gravures sur bois du journal anglais l'Athenæum, appartenant au numéro publié à Londres le 25 septembre. Cette copie était un fac-simile tellement parfait qu'on ne pouvait la distinguer de l'original. Une copie d'une feuille du journal l'Illustration avait été obtenue en moins d'un quart d'heure. Au fait, s'il s'agit de la copie d'une feuille fraîchement imprimée, il suffit de 7 à 8 minutes, employées à l'absorbtion de l'acide étendu, et du temps nécessaire pour placer une feuille de papier sur une lame de zinc, et tirer l'épreuve. Le 25 novembre de la même année, on obtint par le même moyen une copie d'un manuscrit arabe du XIIIe siècle, et la reproduction d'une page d'un livre de 1483. Ces copies n'avaient altéré en rien les originaux.

L'imprimeur Joseph Words, à Londres, pratiqua l'impression anastatique depuis le mois de février 1845; mais il ne reproduisait que des objets de petite dimension.

Depuis 1850, la catégorie des impressions chimiques a été enrichie d'une invention nouvelle, dont on tire un grand avantage. Il s'agit de la **chimitypie,** dont l'origine paraît appartenir à l'imprimerie impériale de Vienne (Autriche). Ce procédé consiste à recouvrir une planche de zinc d'une couche de vernis de graveur, sur lequel on trace son dessin, que l'on fait mordre ensuite avec de l'eau-forte affaiblie. Après, on enlève le vernis, en lavant d'abord les creux avec de l'huile d'olive, ensuite avec de l'eau, et on essuie pour qu'il ne reste plus la moindre trace d'acide. Alors on met sur la planche de zinc de la limaille de métal fusible, et on chauffe au moyen d'une lampe à esprit-de-vin, jusqu'à ce que ce métal ait rempli toutes les parties gravées. Lorsque la plaque s'est refroidie, on gratte tout le métal fusible qui se trouve sur la surface de la planche, en ne laissant que celui qui est dans les creux. Cela fait, la planche de zinc incrustée de métal fusible est soumise à l'action d'une faible dissolution d'acide muriatique; et, puisque l'un de ces métaux est négatif, et l'autre positif, le zinc seul est attaqué par l'acide, le métal fusible résiste à son action corrosive, et reste en relief. On a donc transformé une planche gravée primitivement en creux en une planche en relief, qui peut servir à l'impression sous la presse typographique, et remplacer avantageusement les gravures sur bois.

La lithographie était, dans l'ordre chronologique, le premier des arts graphiques de notre siècle dont les procédés ont pour base fondamentale une action chimique; nous avons dû commencer par elle. Nous l'avons fait suivre de plusieurs autres procédés, tels que le transport sur zinc, l'impression anastatique, la chimitypie, procédés opérant principalement sur des planches métalliques, et plus ou moins semblables aux opérations lithographiques.

Nous allons maintenant voir la chimie jouer un rôle encore plus grand dans le domaine des arts, liée intimement aux arts graphiques, d'abord pour reproduire, puis pour multiplier, et représentée dans une série d'opérations et de procédés nouveaux des plus remarquables. Dès l'année 1839 commence une nouvelle époque, mémorable pour les sciences et les arts en général; importante au plus haut degré, en particulier pour les arts graphiques.

Les conquêtes précieuses faites en grand nombre depuis cinquante ans dans le domaine des sciences physiques et chimiques, principalement dans le magnétisme, l'électricité, la photologie, l'optique, la métallurgie et la mécanique, ont singulièrement augmenté et étendu le champ des connaissances humaines et enrichi le manuel de l'opérateur. L'application diverse des sciences, leur liaison, toujours plus intime avec les arts et les industries, le développement et le perfectionnement réciproques qui en découlent provoquèrent une foule d'opérations nouvelles, de procédés merveilleux et tout à fait inconnus jusqu'alors. Les plus remarquables parmi ceux-là, et qui entrent aussi directement dans notre cadre, sont la galvanoplastie et la photographie.

Ces deux arts nouveaux ont été découverts presque en même temps, et chacun d'eux par plusieurs personnes à la fois. A cette occassion nous pouvons bien dire avec le savant Moigno: « Il se passe dans le monde intellectuel des phénomènes semblables à ceux que l'on remarque dans le monde physique. A certaines époques, une grande idée envahit tout à coup un certain nombre d'esprits placés ordinairement à de grandes distances; obscure d'abord et peu avide, cette idée bientôt se développe et grandit, et on la voit éclore tout à coup sur plusieurs points à la fois. »

GALVANOPLASTIE.

GALVANISME. Aloïsio Galvani, de Bologne, en suspendant par hasard au balcon de sa fenêtre des grenouilles qu'il venait de disséquer découvrit, en 1789, l'existence de l'électricité dynamique ou en mouvement, et préluda ainsi à l'une des plus belles découvertes des temps modernes, celle de la pile électrique. Sa première pensée fut d'admettre dans les corps vivants la préexistence d'un fluide particulier, auquel il donna le nom de fluide *galvanique.*

Alessandro Volta, de Côme, après avoir, en 1777, inventé l'électrophore et l'électroscope, inventa en 1801 la pile électrique, qui reçut le nom de *pile voltaïque.*

Volta [1], sans partager l'opinion de Galvani, admira beaucoup sa découverte; mais en l'étudiant il s'aperçut qu'un détail d'expérimentation avait été omis dans les déductions théoriques de Galvani, et il prétendit que ce détail à lui seul pouvait expliquer la création de l'électricité produite. Ce détail était l'inter-

[1] Les détails suivants sont tirés de l'Exposé des applicaions de l'électricité, par M. Th. Du Moncel, Paris, 1853, vol. Ier.

vention de deux métaux différents unis par le contact. Sa théorie prévalut surtout quand, pour prouver la vérité de son hypothèse, il imagina sa pile.

Pour expliquer la production de l'électricité par le contact de métaux différents, Volta admettait l'existence d'une certaine *force électromotrice* qui devait se développer au moment de ce contact, et qui agissait comme le frottement en décomposant les fluides électriques des métaux, de telle manière que l'un se chargeait d'électricité positive et l'autre d'électricité négative. Il observa de plus, et c'est là véritablement la partie essentielle de la découverte, qu'en empilant, couple par couple, dans le même ordre, un certain nombre de disques métalliques de différente nature, par exemple, 50 disques de cuivre et 50 disques de zinc, et en séparant chaque couple par une rondelle de drap humide, on accumulait sur les deux disques extrêmes tous les effets électriques de chaque couple en particulier. Il conclut naturellement que, plus cette pile ainsi formée aurait d'*éléments* ou de couples, plus grande serait la charge électrique qu'il obtiendrait, et qu'en réunissant ces deux éléments extrêmes, auxquels il donna le nom de *pôles*, par un conducteur métallique, on devait obtenir une décharge électrique incessante, puisque la cause qui développait la force électromotrice était permanente.

Ce fut ainsi que, sans s'en douter, dans l'origine et dans le but de soutenir son hypothèse contre la théorie de Galvani, Volta dota le monde d'une des plus remarquables découvertes de la science moderne.

A l'époque de la découverte de la pile de Volta, la chimie venait de sortir du domaine de l'alchimie, et commençait à former une science importante, par suite des magnifiques travaux de Lavoisier, de Fourcroy et de Davy.

Bientôt (en 1800) l'eau fut décomposée par l'action du courant voltaïque, par MM. Carlisle et Nicholson. On reconnut ensuite l'influence différente exercée par les deux pôles de la pile par rapport aux acides et aux alcalis; mais ce ne fut que quand Davy décomposa la potasse, qu'on jugea de la puissance de cet élément extraordinaire. Dès lors on ne douta plus d'aucune décomposition chimique, et les découvertes successives du principe métallique des bases salifiables, regardées jusque-là comme des corps simples, justifièrent pleinement cette prévision. Une seule de ces bases avait échappé à Davy, c'était l'ammoniaque. Mais en 1808 Seebeck, de Berlin, trouva également son principe simple, auquel il donna le nom d'ammonium, quoique ce principe simple fût lui-même, comme le cyanogène, un principe composé.

Plus tard, les différentes et nombreuses découvertes faites par MM. Faraday, Becquerel, de la Rive, Schœnbein, firent des réactions électro-chimiques une des sciences les plus fertiles en application, utile surtout pour la galvanoplastie.

Depuis la pile à colonne de Volta, qui fut le point de départ de toutes les découvertes dans l'électricité dynamique, on a fait bien des espèces de piles. La pile à auges, la pile de Wollaston, la pile à hélices et la pile sèche de Zamboni, en furent les premières modifications. Mais les perfectionnements les plus importants n'y ont été apportés que quand on a pu constater l'influence des réactions chimiques dans la production de l'électricité.

Dès lors, abandonnant la théorie de Volta, on fit des piles à deux liquides, et ces piles si énergiques, si constantes dans leur action, furent substituées avec infiniment d'avantage à leurs aînées dans toutes les expériences et les applications qu'on pouvait en faire. Ces sortes de piles sont assez nombreuses et ont des propriétés différentes. Ainsi celles de Bunsen produisent beaucoup d'électricité, mais elles sont dispendieuses, tandis que celles de Daniell, qui sont fort économiques, ont le grand mérite, quand il ne s'agit que de très-petits effets, d'être d'une régularité parfaite, et d'agir quelquefois des semaines entières.

Premiers indices de la galvanoplastie. Lorsque M. Daniell faisait les premières expériences avec la pile à effets constants qu'il avait imaginée, il remarqua, en enlevant un fragment de cuivre qui s'était déposé au pôle négatif, que les éraillures de l'électrode ou conducteur platine s'étaient fidèlement empreintes sur le cuivre.

Une observation du même genre avait été faite par M. de la Rive peu de temps après la découverte de cette pile. Après avoir décrit une forme particulière de la pile de Daniell, à laquelle il donna la préférence, M. de la Rive ajoute : « La plaque de cuivre est également recouverte d'une couche de cuivre à l'état métallique, qui y est incessamment déposée par molécules, et telle est la perfection de la feuille de métal ainsi formée, que, lorsqu'elle est enlevée, elle offre une copie fidèle de chaque éraillure de la plaque métallique sur laquelle elle reparaît. »

En considérant que la galvanoplastie est l'art en vertu duquel on dépose sur un moule en creux ou en relief, formant l'électrode ou le conducteur négatif d'un appareil voltaïque, un métal dont les parties s'agrégent ensemble et prennent l'empreinte de la surface du moule, les faits que nous venons de citer constituent l'origine de la galvanoplastie. Mais malheureusement ces observations ne semblent pas alors avoir attiré l'attention qu'elles méritaient; et ce qui paraîtra encore plus singulier, c'est que ni l'un ni l'autre de ces savants, quoique leurs titres scientifiques les rendissent éminemment propres à mettre ces faits en application, n'y songèrent point.

DÉCOUVERTE DE LA GALVANOPLASTIE. Ce n'est que dix ans plus tard que le fait qui sert de base à la galvanoplastie, a été signalé d'une manière bien positive, et cela par deux savants, placés aux deux extrémités de l'Europe, M. Thomas Spencer, en Angleterre, et M. le professeur Jacobi, en Russie, qui découvrirent, chacun de son côté, cet art nouveau [1].

M. Thomas Spencer, jeune physicien de Liverpool, s'occupait, dans le mois de septembre 1837, à répéter les belles expériences de M. Becquerel sur la formation artificielle des

(1) Voyez surtout : Exposit. et hist. des principales découvertes scientifiques modernes, par M. Louis Figuier, Dr. Paris, 1851. — Éléments d'Électro-Chimie, par M. Becquerel, Paris, 1843. — Archives de l'Électricité, par M. de la Rive, Genève et Paris, 1842, t. II. — Manuel de Galvanoplastie de M. Smée; trad. en français, Paris, 1843, etc.

espèces minérales à l'aide d'un courant électrique; il se servait à cet effet du petit appareil de M. Becquerel pour produire un courant électrique faible et continu, et dans lequel le seul couple voltaïque est formé par un disque de cuivre uni par un fil métallique à un disque de zinc. L'élément cuivre plonge dans une dissolution de sulfate de cuivre, l'élément zinc dans une dissolution de sel marin; les deux dissolutions placées dans des vases de terre sont séparées l'une de l'autre par un diaphragme ou une cloison poreuse de plâtre.

Le fil conducteur de cuivre qui réunit les deux métaux est verni avec de la cire à cacheter; or le hasard voulut qu'en recouvrant ce fil de cire, M. Spencer en fit tomber sur le disque de cuivre quelques gouttes qui y restèrent attachées. De manière que, lorsque l'appareil fut mis en action, le cuivre réduit, en se déposant sur l'élément négatif, vint s'arrêter sur les bords des petites gouttes de cire tombées sur la plaque. Le métal précipité avait d'ailleurs toutes les qualités du cuivre pur de fusion.

« Je compris aussitôt, dit M. Spencer, qu'il était en mon « pouvoir de guider à mon gré le dépôt de cuivre et de le cou- « ler en quelque sorte dans les lignes creusées avec une pointe « sur la plaque de cuivre vernie. »

Une plaque de cuivre fut recouverte à chaud d'une couche de vernis, composé de cire jaune, de résine et d'ocre rouge; avec une pointe métallique M. Spencer traça dans le vernis des lettres en mettant à nu le cuivre, comme dans la gravure à l'eau-forte, et il soumit la plaque ainsi préparée à l'action d'un courant voltaïque. A l'instant où le circuit fut fermé, le cuivre, provenant de la décomposition de ce dernier, vint remplir les sillons tracés sur le vernis et forma des caractères en relief. Dès l'année 1838, des épreuves obtenues avec cette planche à relief, imprimées sous la presse typographique, furent distribuées dans le public.

Plus tard, en suivant le cours de ses expériences, M. Spencer fit une autre observation plus importante encore. Ayant besoin d'une plaque de cuivre pour former un de ces petits couples voltaïques, et ne trouvant point sous la main de disque de cuivre, il prit une pièce de monnaie et une rondelle de zinc, qu'il réunit avec un fil métallique. Ce couple fut disposé comme à l'ordinaire et le dépôt commença à s'effectuer. Mais comme, après quelques heures écoulées, l'expérience ne marchait pas suivant son désir, il démonta son appareil et se mit à arracher par morceaux le cuivre réduit qui recouvrait l'élément négatif. Il ne fut pas alors peu surpris de voir tous les accidents et tous les détails de la pièce de monnaie reproduits sur ces fragments de cuivre avec une fidélité extraordinaire. « Je résolus alors, dit M. Spencer, de répéter cette même expérience en faisant usage d'une médaille de cuivre dont le relief serait considérable. J'en formai, comme auparavant, un couple voltaïque ; j'y fis déposer une croûte de cuivre d'un millimètre d'épaisseur environ, puis je détachai avec soin, mais non sans quelque peine, le dépôt formé. J'examinai le résultat à la loupe, et je vis tous les détails de la médaille reproduits avec une merveilleuse fidélité sur la contre-épreuve voltaïque. » M. Spencer ne s'est pas borné à mouler en creux des monnaies, des médailles, il s'est servi encore des moules pour obtenir des contre-épreuves qui fussent des fac-simile de toutes ces pièces. De semblables pièces circulaient, à ce qu'il paraît, à Liverpool dans les premiers mois de 1838.

Pendant que M. Spencer découvrait ainsi en Angleterre la galvanoplastie, M. le professeur Jacobi, de Saint-Pétersbourg, parvenait par une autre voie à des résultats semblables. Ce fut à Dorpat, en février 1837, que M. Jacobi trouva imprimées sur une feuille métallique quelques traces microscopiques de cuivre du dessin le plus régulier, et c'est en recherchant le mode de formation de ces empreintes et en essayant de les reproduire, qu'il découvrit le fait capital de la plasticité du cuivre obtenu par la pile. Il soumit à l'action de courants électriques d'une faible intensité des plaques de cuivre sur lesquelles il avait fait graver des lettres et des figures, et il réussit bientôt, par des dépôts de cuivre occasionnés par la décomposition du sulfate de cuivre, à obtenir en relief l'empreinte exacte du dessin gravé en creux sur l'original. Une planche de ce genre fut présentée à l'Académie des Sciences de Saint-Pétersbourg, le 5 octobre 1838 (17 oct. nouveau style).

Dans l'*Athenæum* (1) il est dit positivement que M. Jacobi avait trouvé un procédé galvanique pour convertir en relief les lignes les plus délicates gravées sur une planche de cuivre. Dans une lettre de M. Jacobi adressée à M. Faraday, de Saint-Pétersbourg, sous la date du 21 juin 1839 (2 juillet), et publiée au mois d'octobre de la même année dans le *Philosophical Magazine*, se trouve le passage suivant: « Il y a déjà quelque « temps qu'en poursuivant mes recherches sur l'électro-magné- « tisme, je fus conduit, par un hasard heureux, à une décou- « verte importante: c'est que l'on pouvait, à l'aide d'un courant « voltaïque, obtenir des épreuves en relief de planches de cui- « vre gravées, et qu'une contre-épreuve de ces mêmes épreu- « ves en relief pouvait également être obtenue à l'aide du « même procédé. Nous possédons donc un moyen de multiplier « à l'infini les exemplaires d'une planche de cuivre gravée. »

C'est dans cette même année 1839, que M. Jacobi fit la découverte du système des anodes ou des électrodes solubles. Lorsque M. Jacobi commença à opérer, l'objet à copier faisait lui-même partie de la pile galvanique, il formait l'élément négatif et plongeait dans la dissolution de sulfate de cuivre; mais la dissolution s'épuisait peu à peu, et il était nécessaire de l'entretenir au degré de saturation, en lui fournissant de nouveaux cristaux de sel au fur et à mesure de leur réduction. Or, M. Jacobi trouva que si l'on attache le moule au pôle négatif, et que l'on dispose au pôle positif une lame du même métal qui est en dissolution dans le bain, cette lame, qui porte alors le nom d'anode ou d'électrode soluble, entre elle-même en dissolution dans le bain en quantité à peu près égale à celle qui se dépose sur le moule. L'oxygène, mis en liberté par la décomposition de l'eau, se porte au pôle positif de la pile; là il rencontre le métal et l'oxyde, c'est-à-dire le fait passer à l'état d'un composé susceptible de se dissoudre dans l'acide libre existant dans la liqueur, et par cette action continue, à mesure qu'il se fait au pôle négatif un dépôt métallique aux dépens de la dissolution saline, le cuivre attaché au pôle positif se dissout dans le liquide à peu près dans la même proportion.

(1) N° 601, p. 334, mai, 1839.

La découverte des électrodes solubles a exercé une influence très-grande sur les progrès de la galvanoplastie. Elle a permis en effet de séparer le couple voltaïque qui engendre le courant de l'appareil dans lequel s'effectue l'empreinte. Le procédé de galvanoplastie est devenu par là beaucoup plus simple, le succès plus assuré, et le temps dans lequel les résultats peuvent être obtenus infiniment plus court (Figuier).

C'est aussi M. Jacobi qui a donné le nom de **Galvanoplastie** à cet art nouveau.

En 1839 cependant, et jusqu'à la publication de la lettre de M. Jacobi adressée à M. Faraday, et bien que M. Spencer et M. Jacobi eussent déjà fait circuler dans le public soit des médailles appelées alors électrotypes ou voltaïtypes, soit des reproductions de planches gravées, à cette époque, disons-nous, les moyens d'exécution n'étaient pas encore bien répandus. Mais aussitôt qu'on eut connaissance de cette découverte, un grand nombre de personnes cherchèrent à en connaître les procédés, à les modifier, à les perfectionner, et en faire de nouvelles applications.

M. Spencer, ainsi que M. Jacobi, n'opéraient que sur le cuivre, et il fallait trouver des moyens de réduction pour les autres métaux. C'est ce que l'on fit. Voici, selon M. Becquerel, les diverses combinaisons métalliques qu'on emploie maintenant en galvanoplastie :

Les dissolutions d'*or* dont on fait usage sont celles de son oxyde dans la potasse ou la soude, ou simplement leur carbonate ; le double cyanure d'or et le potassium, et enfin le chlorure d'or. On prend pour électrode positif, un fil fin de platine ou d'or. — Les dissolutions du *platine* sont les mêmes que celles de l'or ; un fil du même métal sert d'électrode. — Outre le cyanure d'*argent*, on fait encore usage du nitrate, du sulfate, de l'acétate, de l'hydro-sulfate et de la dissolution ammoniacale. On emploie pour électrode positif le platine et l'argent ; le moule ou l'électrode négatif peut être d'or, de platine, de charbon, d'argent, ou d'une substance plastique recouverte d'un de ces métaux. — Sels de *nickel* : le nitrate n'exige qu'un faible courant. — Le sulfate, le chlorure, le nitrate et l'acétate de *cuivre* sont les combinaisons employées, mais surtout le premier, en raison de son prix peu élevé. M. Smée compose sa dissolution de 500 gr. de nitrate de cuivre et d'un litre d'eau *acidulée* avec 16 gr. d'acide nitrique. L'électrode doit être en cuivre et de la même dimension que le moule. Quant au moule, il peut être fait de plombagine, de charbon, d'or, d'argent, de palladium, de nickel, et même de cuivre.

Les sels de *fer* ont une grande tendance à être peroxydés; dans cet état ils ne peuvent être réduits par le courant voltaïque ; il faut donc employer le proto-sulfate de fer (Smée). — Le sulfate de *zinc* est celui qu'on emploie ordinairement. Le *plomb* est un métal difficile à manipuler. L'acétate très-étendu, acidulé avec de l'acide acétique ou une petite quantité d'acide nitrique, est le sel que recommande M. Becquerel. — L'*étain* présente autant de difficultés à réduire en lame que le plomb; on se sert de la dissolution d'étain dans l'eau régale, acidulée par l'acide acétique; il suffit d'un seul couple avec un électrode positif en étain, si l'on expérimente. A ces combinaisons métalliques que nous venons d'énumérer, il faut ajouter 8 espèces différentes de métaux nouveaux qui paraissent former des dépôts galvaniques précieux et qui pourront être très-utiles pour la fabrication de l'orfévrerie massive; ce sont tous des métaux fins, que nous devons aux travaux persévérants de M. Chaudron-Junot: voici leurs noms : le chrôme, le tungstène, le molybdène, le titane, l'urane, le silicium, le magnésium et l'aluminium.

SUBSTANCES DONT ON FORME LES MOULES. Les substances dont on compose les moules sont de nature très-diverse: il y a des substances conductrices et d'autres qui ne le sont point.

Substances conductrices. Parmi ces premières, en omettant les moules en or, en argent ou en platine, qui ne sont pas d'un usage ordinaire, vu leur prix trop élevé, nous remarquerons le plomb pur. M. Spencer avait déjà pris des empreintes de médailles, de caractères typographiques et des planches de cuivre gravées, sur des lames de plomb soumises à une forte pression. Mais, comme le plomb pur est difficile à se procurer, on fera bien de se servir du plomb réduit à l'état métallique par le courant galvanique; on obtient de cette manière un métal très-pur, se prêtant facilement à la pression.

Cependant tous les objets à reproduire par la galvanoplastie ne supportent pas une pression aussi forte que celle qu'exige un moule pris en plomb, de sorte qu'on substitue de préférence des alliages de ce métal. Ces alliages sont généralement connus sous le nom de *métaux fusibles*, parce qu'ils fondent à une basse température; ils se prêtent plus ou moins facilement au moulage, suivant leur composition. L'alliage qui sert à la fabrication des caractères d'imprimerie, et qui se compose de 10 kilogrammes de plomb sur deux d'antimoine, est le moins fusible et assez difficile à manier. — Le pewter ou soudure des plombiers, composé de 80 parties d'étain et de 20 de plomb; — l'alliage connu sous le nom de métal de Rose, qui fond à 98° C.; — le métal fusible de Newton; — la composition de C.-J. Jordan, de 8 parties de bismuth, 5 de plomb et 3 d'étain; — le métal du Dr Bœttger, composé de 8 parties de plomb, 8 de bismuth et 3 d'étain, qui fond à 86° R. (108° C.); — et, enfin, le métal fusible inventé en 1806 par Darcet, mélangé de 8 parties de bismuth, 5 de plomb et 3 d'étain, ou bien de 8 de bismuth, 5 de plomb et 3 de zinc, fondant à 92° C., sont les alliages employés dans le moulage. Tous ces alliages ont plus ou moins les mêmes qualités et sont soumis aux mêmes manipulations, que M. Darcet nous décrit parfaitement : On fond le métal dans une cuiller ou poche de fer mince au-dessus d'une lampe, en la maintenant quelque temps en fusion; puis on le verse dans une boîte de carton ou de papier, en quantité suffisante pour former une couche de 2 à 3 lignes, suivant le relief de l'objet à clicher. Si cet objet offre une grande surface, il faut verser le métal en fusion sur une planche de métal munie d'un rebord et chauffée légèrement. Après avoir ôté, au moyen d'une baguette de fer rougi, l'oxyde qui s'est formé à la surface du métal, et lorsque le métal a pris la consistance d'un état pâteux, alors l'objet à clicher, légèrement chauffé s'il le permet, sera fortement comprimé dessus, ou au moyen de la main, ou à l'aide d'une petite presse en bois à balancier. Il faut, pour cette opération, une certaine dextérité et quelque expérience pour bien rencontrer le degré de température et de pression voulu. De cette manière on peut mouler avec une grande perfection, en relief ou en creux, des objets de métal, de bois, de plâtre et même de soufre et de cire à cacheter, pourvu qu'ils n'aient pas un relief trop élevé.

Substances non conductrices. Parmi les substances non conductrices nous désignerons comme propres à en former des moules : la *cire à cacheter*, ou cire d'Espagne. Le Dr Ure, recommande pour sa composition 4 parties de gomme lague, 1 de térébenthine, et 3 parties de matière colorante.

L'emploi de la *cire vierge* est très-facile. Après avoir chauffé légèrement l'objet à mouler, on l'entoure d'un rebord en papier ou en carton, et on enduit sa surface d'une légère couche d'huile d'olive; c'est là-dessus qu'on verse ensuite la cire fondue préalablement dans un vase de terre. Du même genre sont encore : la *stéarine;* — une composition de parties égales de cire jaune et de résine, — ou bien de cire et de blanc de céruse; — ou enfin un mélange de 1 $^3/_8$ onces de blanc de baleine, de 1 $^3/_4$ once de cire et d'une quantité égale de graisse de mouton. Toutes ces compositions sont employées de la même manière et avec autant de succès que la cire vierge. On se sert également de la *gélatine* au moulage. M. de la Motte nous apprend qu'en général la gélatine qui, une fois renflée, occupe le plus de volume, est la plus propre à cet usage. Les gélatines de Bouxwiller, de Guise ou de Rouen sont, sous ce rapport, les meilleures à employer. La gélatine est mise pendant douze heures en contact avec la proportion d'eau voulue, proportion qui varie entre 30 et 80 centimètres cubes pour 30 grammes de matière, puis soumise au bain-marie à une chaleur au-dessous de 100 degrés pour en opérer la dissolution. Après quoi on ajoute en mélasse un dixième du poids de la gélatine. On a remplacé avec grand avantage la mélasse par la *glycérine*, substance oléagineuse qui se mêle intimement à l'eau et qui est susceptible de modifier la gélatine de manière à lui enlever totalement sa *contraction*. Dans ce cas, on ajoute à 30 grammes de gélatine renflée par l'eau froide et chauffée au bain-marie, 5 à 10 centimètres cubes de glycérine. Ce mélange opéré, on coule la matière sur le modèle préparé, c'est-à-dire entouré de papier ou de carton et chauffé légèrement à l'étuve. Pour éviter le ramollissement des moules en gélatine, qui a lieu par un séjour prolongé dans un bain aqueux, on trempe le moule pendant quelque temps dans une solution tannique légèrement alcoolisée.

Le *caoutchouc* et la *gutta-percha* sont aussi employés pour former des moules, surtout la dernière substance.

Il n'y a que quelques années que ces deux matières sont d'un usage général en Europe. Vers le milieu du siècle dernier, le caoutchouc a été nommé dans un travail sur cette substance par La Contamine, mais il n'a été connu réellement que vers 1790. Le 24 février 1839, M. Hayward prit en Amérique le premier brevet pour la fabrication du caoutchouc. Le second brevet a été pris par M. Haucock, en Angleterre, le 21 novembre 1843; enfin le 8 janvier 1844, M. Goodyear, Américain, demeurant en France, prit un brevet pour la préparation du caoutchouc, réunissant toutes les conditions. On peut dissoudre le caoutchouc de différentes manières : dans du sulfure de carbone ou carbure de soufre; dans de l'huile de naphte distillée, blanche; dans du pétrole, ou huile de pierre chaude; dans de l'essence de térébenthine.

Montgoméri acheta en 1822 quelques objets fabriqués par des Malais en gutta-percha, et les envoya en 1842 seulement en Angleterre. En 1843, José d'Alméride apporta une certaine quantité de cette substance en Angleterre, et c'est dès ce moment qu'elle fut connue. La France ignorait complétement la gutta-percha jusqu'en 1845. Depuis ce moment le commerce de cette matière est devenu considérable; en 1848 Singapore exporta en Europe 1,303,656 kilogrammes de gutta-percha, qui représentent 2 millions de francs. Pour ramollir la gutta-percha on la plonge dans un vase contenant de l'eau portée à l'ébullition: la matière ne tarde pas à se ramollir; on la malaxe dans tous les sens, et lorsqu'elle est bonne à travailler, le moule et la plaque de métal étant huilés et chauffés à l'étuve, on applique la matière plastique, que l'on comprime progressivement, afin de permettre à l'air de s'échapper, et de forcer la matière à pénétrer dans toutes les parties du moule ; puis on la laisse refroidir sous presse. Lorsqu'on opère à sec et à chaud, on chauffe un plateau à un feu doux, et lorsque le modèle, placé dessus, est arrivé à la chaleur de 100 degrés, on l'huile ainsi que la plaque et on place la gutta-percha, en l'entourant d'un cercle métallique comme on doit le faire pour l'opération humide ci-dessus décrite.

La *colle de poisson* convenablement ramollie fournit aussi des empreintes d'une grande délicatesse. Pour les objets dont le relief est fouillé, on se sert de moules élastiques, qui sont composés de 12 parties de colle et de 3 parties de mélasse. M. Henri Beaumont Leeson fait ses moules élastiques de la manière suivante :

On applique au pinceau sur l'objet à reproduire 4 ou 5 couches d'une solution de colle ayant à peu près la consistance de la mélasse, puis on entoure l'objet d'un cercle de métal, ou d'une bande de carton, et on ajoute assez de colle pour que le moule ait une certaine consistance lorsqu'il sera sec. On augmentera la solidité du moule, en ajoutant à la colle un solution de caoutchouc, d'une autre gomme ou d'une substance résineuse. Si l'on veut qu'il ait à peu près la consistance d'un morceau de peau, il faut ajouter une solution de tanin.

Le *soufre* fondu dans un vase de terre sur un feu doux, et versé sur l'objet huilé qu'on veut reproduire, forme également un très-beau moule; mais cette matière présente un inconvénient grave; le métal précipité n'est pas plutôt en contact avec le soufre, qu'il se combine avec lui pour former un sulfure, et le dénature tellement qu'il devient méconnaissable. Le seul moyen d'y remédier consiste à revêtir le soufre d'une légère couche de vernis, tel que le white-hard ou le mastic. Cependant, et malgré ce vernis, les empreintes en soufre ne répondent pas à l'attente des opérateurs.

Le *plâtre*, au contraire, et surtout le plâtre de Paris, est excellent pour former des moules. On l'emploie récemment cuit, ou on le chauffe sur le feu jusqu'à ce que les gaz se soient dégagés. Après l'avoir mêlé avec de l'eau, de manière à lui donner la consistance d'une crême, on le gâche, et on en verse une petite quantité sur l'original entouré d'un rebord et huilé, en frottant toutes les parties perpendiculairement avec un pinceau en soie de cochon, pour ôter les bulles d'air. On ajoute ensuite une autre quantité de plâtre pour donner à l'empreinte une épaisseur suffisante. Lorsque le plâtre est sec, il acquiert une grande dureté, mais aussi il a une grande affinité pour l'eau, et en absorbe passablement. Pour obvier à cet inconvénient, on enduit les moules en plâtre d'une substance grasse, telle que le suif, la stéarine, le blanc de baleine, la cire vierge, la cire et la colophane, l'huile de lin, le vernis au mastic, le vernis blanc et plusieurs autres. On applique ces substances, ou chauffées ou bouillantes, sur les moules également chauffés, et l'on prend garde de ne pas former épaisseur sur le moule.

La nouvelle matière plastique récemment inventée par M. Sorel pourra aussi servir avantageusement pour former des moules. « Elle consiste, dit M. Sorel, en un oxychlorure basique de zinc. On l'obtient en délayant de l'oxyde de zinc dans du chlorure liquide de la même base, ou dans un autre chlorure isomorphe au chlorure de zinc, par exemple, du protochlorure de fer, de manganèse, de nickel, de cobalt, etc. On peut même remplacer ces chlorures par de l'acide chlorhydrique simple. Ce ciment est d'autant plus dur que le chlorure est plus concentré, et l'oxyde de zinc plus lourd; j'emploie des résidus lavés provenant de la fabrication du blanc de zinc, ou bien je calcine à la chaleur rouge du blanc de zinc ordinaire. J'emploie du chlorure de zinc, marquant 50 à 60 degrés à l'aréomètre de Beaumé; si on dépassait cette densité le ciment serait un peu hydrométrique; et pour que le ciment prenne moins vite, je fais dissoudre dans le chlorure environ 3 pour cent de borax ou de sel ammoniaque, ou bien je calcine l'oxyde après l'avoir délayé avec de l'eau contenant une petite quantité de borax. Le mastic ou ciment obtenu par la combinaison des substances ci-dessus, peut être coulé dans des moules comme du plâtre; il est aussi dur que du marbre; le froid, l'humidité et même l'eau bouillante sont sans action sur lui; il résiste à 300 degrés de chaleur sans se désagréger, et les acides les plus énergiques ne l'attaquent que très-lentement. Et, à toutes ces qualités, il faut ajouter le bon marché. »

Métallisation des moules. Nous avons dit que tout corps conducteur peut être employé à former un moule propre à la galvanoplastie, mais, s'il n'est pas conducteur comme les substances que nous venons d'énumérer, on lui donne cette faculté en recouvrant sa surface d'une couche métallique infiniment mince. Les corps conducteurs propres à cet usage sont les métaux tels que les poudres de bronze; le cuivre réduit et porphyrisé; l'argent; le mélange de zinc et de cuivre porphyrisé; l'oxyde de cuivre; le chlorure d'argent; l'azotate d'argent en dissolution, réduit directement, soit par la lumière, soit par l'hydrogène; ou les vapeurs phosphoreuses, le charbon bien recuit, et la plombagine.

Cette dernière substance avait été introduite dès l'origine de la galvanoplastie, en 1840, par M. Murrey, en Angleterre, ensuite par M. Boquillon en France, et bientôt aussi par MM. Spencer et Jacobi; l'introduction de cette substance dans les opérations galvanoplastiques, permit d'effectuer les dépôts métalliques à la surface de presque tous les corps indifféremment, et exerçait ainsi une influence très-grande sur le développement et les applications plus étendues de la galvanoplastie. La *plombagine*, nommée aussi graphite ou mine de plomb, composée de fer et de carbone (de là son nom technique, carbure de fer), est encore aujourd'hui la substance la plus généralement employée pour donner la conductibilité aux moules non conducteurs. Elle offre le triple avantage d'être simple, certaine et économique.

Voici comment on opère généralement la métallisation: Le moule sera lavé, soit avec de l'alcool, soit à l'éther, pour ôter les parties grasses de la surface, on versera ensuite de l'ammoniaque, qu'on laissera évaporer; après quoi on applique, à l'aide d'un blaireau, la plombagine lavée, soit à sec, soit délayée dans l'eau; on laissera sécher et on brossera avec un autre blaireau doux et sec jusqu'à ce que le moule soit bien brillant. Quant aux moules dont la composition est formée de corps gras, on versera simplement dessus de l'ammoniaque, qui dans ce cas n'agira que pour mouiller la surface du moule et faire adhérer la poudre métallique.

Pour revêtir les matières animales, végétales et minérales, d'une couche de métal très-mince, destinée à les rendre conductibles, M. Spencer recommande l'opération suivante : L'objet à copier doit être frotté avec une petite quantité d'une dissolution d'un sel d'or, d'argent ou de platine, et dans cet état on doit l'exposer à la vapeur du phosphore, obtenue par l'évaporation d'une solution éthérée ou alcoolique de ce dernier ; alors un dépôt métallique en couche très-mince aura lieu à la surface de l'objet, qui deviendra ainsi bon conducteur.

Pour métalliser les moules à haut relief on se sert de sels métalliques (des sels de plomb, de mercure, d'argent, d'or ou de platine). On verse sur toutes les parties du moule de l'ammoniaque qu'on laisse évaporer, puis à l'aide d'un pinceau on l'imprègne d'azotate d'argent qu'on laisse sécher, et on expose à la chaleur ou à la lumière. La solution d'azotate d'argent est composée de 10 grammes de sel pour 100 centimètres cubes d'eau. Si le moule est en cire ou en matières résineuses, il faut composer la solution de 10 parties d'eau distillée, 8 azotate d'argent et 4 gomme arabique.

M. le professeur Osann [1] a trouvé un moyen nouveau pour métalliser les moules en plâtre : il plonge le moule, à plusieurs reprises, dans une dissolution concentrée d'oxyde de cuivre sulfaté, jusqu'à ce qu'il soit bien pénétré d'acide. Après l'avoir laissé sécher, on pend le moule au moyen d'un fil dans un verre, au fond duquel on a déposé quelques morceaux de phosphore sur lequel on verse de la potasse qui doit le couvrir complétement. Après l'avoir fermé hermétiquement au moyen d'un bouchon et de la cire, on introduit dans le vase deux tuyaux de verre à travers le bouchon ; l'un plonge dans un autre vase contenant de l'eau, et l'autre dans un vase bouché qui contient quelques

(1) Journal für praktische Chimie, 1855, nº 20.

morceaux de zinc, sur lesquels on verse de l'acide sulfurique, à l'aide d'un entonnoir de verre qui traverse le bouchon de ce troisième vase. Il se forme ainsi du gaz hydrogène qui se répand dans le vase contenant le moule. On chauffe ce vase avec une lampe à esprit-de-vin jusqu'à ce qu'il se forme des bulles de gaz hydrogène phosphoré à la surface du liquide; le gaz hydrogène décompose le sulfate de cuivre dont est pénétré le moule, et celui-ci devient noir.

Alors on éteint la lampe en laissant refroidir le verre, pour éviter la formation d'eau sur le moule; après le refroidissement, on peut de nouveau réchauffer pour répéter la même opération; au bout de trois fois le moule est parfaitement pénétré de phosphate de cuivre. C'est dans cet état qu'on plonge le moule dans le bain galvanique et on opère comme d'habitude. Le dépôt se fait plus facilement parce qu'il n'y a pas d'enduit d'huile ou de graisse sur le moule.

M. Lockey a essayé avec succès, pour les moules, un mélange de plombagine, de cire et de stéarine, qui ne gâte nullement le bronze des médailles. Les proportions sont des parties égales de stéarine et de cire, avec environ $^1/_2$ partie de plombagine.

M. E. Mayo recommande un mélange de cire blanche et de blanc de plomb très-fin pour le même usage.

Appareils. Nous n'entreprendrons pas la description des différentes piles voltaïques employées dans les opérations galvanoplastiques, nous renvoyons à cet effet aux ouvrages spéciaux qui traitent de ce sujet.

De toutes les piles, celles qui résument les qualités requises en galvanoplastie, à savoir une réduction prompte et abondante du cuivre dans le moins de temps donné, ainsi que l'économie, ce sont les piles basées sur le système de Smée, piles marchant à un seul liquide, produisant de grandes quantités d'électricité et réduisant beaucoup de cuivre. Celle dont l'efficacité est supérieure est celle de Walker.

Selon M. Becquerel, en galvanoplastie, on peut à volonté employer l'appareil simple ou l'appareil composé. « Les effets pro« duits dans les deux cas sont à peu près les mêmes; néanmoins

« le dernier appareil doit avoir la préférence, à cause de l'em-« ploi de l'électrode du même métal que celui qui est dissous, « et que nous appellerons électrode soluble; l'appareil, qui varie « suivant que la surface a des saillies ou des dépressions sen-« sibles, est composé d'une caisse rectangulaire en matière peu « susceptible d'être attaqué par les dissolutions, laquelle est par-« tagée en deux compartiments par une cloison perméable au « liquide, appelée diaphragme. Si celui-ci est en plâtre, il est « facilement attaqué par les dissolutions acides; néanmoins il « peut durer plusieurs mois; seulement il ne faut pas lui donner « trop d'épaisseur, afin de diminuer le moins possible l'inten-« sité du courant. Le diaphragme doit être mince, et d'autant « plus que le plâtre est gâché plus serré.

« Le premier compartiment contient une dissolution faite à « froid de sulfate de cuivre ou d'un autre sel, pour qu'il n'y ait « pas de cristaux, et dans laquelle plonge le moule à quelques « centimètres du diaphragme. Dans le deuxième compartiment « se trouve de l'eau légèrement acidulée, en contact avec une « lame de zinc d'une surface à peu près égale à celle du moule. « La lame est placée à un centimètre, un centimètre et demi des « parois; on établit ensuite la conductibilité métallique entre les « moules métalliques et le zinc.

« L'eau acidulée peut être remplacée par une solution de « sulfate de soude ou de sel marin, mais l'eau acidulée vaut mieux: « parce qu'on évite l'encroûtement sur la surface du zinc, lequel « ne tarde pas à s'opposer à l'action du liquide sur le zinc. Pour « que la dissolution de sulfate de cuivre soit au même degré de « saturation, on place au-dessus un panier rempli de cristaux de « sulfate; un sac de toile remplit le même effet. Pour éviter la « cristallisation, on maintient la température de 40 à 70°. Mal-« gré cela, la saturation est toujours plus grande au fond que « dans le haut, ce qui exige que l'on retourne le moule de temps « en temps: il faut le faire rapidement pour éviter l'oxydation. « Un autre inconvénient est l'épaisseur inégale du dépôt, tou-« jours plus abondant à l'extrémité opposée du point d'attache « qu'à ce point même. Pour y parer, il faut placer plusieurs con-« ducteurs suffisamment longs aux deux extrémités du moule,

« en ayant soin de relever derrière ceux qui sont fixés au bord « inférieur. Pour obtenir un dépôt régulier, à part la formation « d'un bourrelet sur les bords, on peut se servir de l'appareil « suivant, formé d'une caisse rectangulaire ou cylindrique dans « laquelle on en met une autre de même forme, dont le fond est « un diaphragme maintenu convenablement aux parois de la « caisse; à 7 ou 8 centimètres du fond se trouve le moule placé « horizontalement sur un support. Le vase, à fond perméable, « est rempli d'eau acidulée dans laquelle plonge une lame de « zinc horizontale, ayant à peu près les mêmes dimensions que « celles du moule. On ferme ensuite le circuit. Au moyen de « cette disposition, le cuivre recouvre d'une manière uniforme « le moule. Quand on juge que le dépôt a acquis assez d'épais- « seur, on lave les pièces à grande eau et on les sèche avec du « papier buvard.

« Au lieu d'un appareil simple disposé comme nous venons « de le dire, on peut réunir plusieurs appareils simples ensem- « ble, de manière à former une pile, en faisant communiquer « l'électrode négatif de l'un avec le zinc de l'autre, et ainsi de « suite, jusqu'à ce que le circuit soit fermé.

« Si l'on compare le mode d'action des appareils simples à « celui des appareils composés, on est disposé à donner la pré- « férence à ces derniers, en raison de l'avantage que l'on a d'a- « voir toujours une dissolution métallique au même degré de sa- « turation. Mais d'un autre côté, les appareils simples ont pour « eux une grande simplicité, ce qui permet d'opérer sans l'em- « ploi de couples voltaïques à courant constant. »

Après avoir fait connaître les métaux réductibles par la pile, les moyens de former les moules, leur métallisation, les appareils et les règles générales de la galvanoplastie, passons aux applications.

APPLICATIONS DE LA GALVANOPLASTIE.

Dès que la galvanoplastie eut été lancée dans le domaine public, un grand nombre de savants et d'industriels de tous les pays s'en occupèrent, et tous leurs efforts eurent pour but d'en modifier les opérations, de perfectionner les procédés, afin d'étendre et de varier les applications dont cet art nouveau est susceptible.

M. Spencer, dans l'application électro-chimique des métaux et des oxydes sur d'autres métaux, avait constaté le fait suivant: D'un côté, on dépose un métal sur un autre, auquel il adhère assez fortement pour que l'on ne puisse l'en séparer par des moyens mécaniques autres que la lime; et de l'autre côté, on dépose également un métal sur un autre; mais cette fois il ne doit plus y avoir adhérence entre les deux métaux, car sans cela on ne pourrait séparer du moule le métal déposé. Ce fait important divise l'électro-chimie en deux branches: la dorure, l'argenture, etc., et la galvanoplastie proprement dite.

La première catégorie d'opérations a pour but de donner aux métaux ordinaires une apparence de métaux fins, de garantir les métaux oxydables de toute altération, de procurer une apparence métallique et une plus grande solidité aux objets formés d'une matière fragile, telle que poterie, verrerie, porcelaine, plâtre; et de revêtir les métaux des couleurs les plus brillantes pour les embellir.

La seconde catégorie d'opérations sert à reproduire et à multiplier en relief ou en creux des objets gravés ou moulés, ou de graver directement des planches propres au tirage.

Ceci établi, examinons successivement tous ces divers genres d'applications; nous ne le ferons que sommairement touchant la première catégorie, pour nous arrêter davantage à la seconde.

Dépôts métalliques adhérents. Brugnatelli, élève et collaborateur de Volta, paraît être le premier qui ait observé que l'on peut dorer au moyen de la pile. Effectivement on lit dans le journal de chimie et de physique de Van Mons, de 1803, une lettre de Brugnatelli, dont voici le passage y relatif: « J'ai der-
« nièrement doré d'une manière parfaite deux grandes médail-
« les d'argent, en les faisant communiquer, à l'aide d'un fil d'a-
« cier avec le pôle négatif d'une pile voltaïque, et en les tenant
« l'une après l'autre plongées dans l'ammoniure d'or nouvelle-
« ment fait et bien saturé. »

Mais ces essais n'eurent alors point de suite.

En fouillant dans l'histoire, on prétend même que les Egyptiens avaient eu connaissance de l'électro-métallurgie, et qu'ils avaient doré et argenté le cuivre, et fait des revêtements métalliques sur des objets de terre et de verre, au moyen de l'électricité; c'est ainsi du moins qu'on s'explique les couches minces d'or et de cuivre que l'on trouve sur des vases et d'autres objets semblables, revêtements métalliques parfaitement cohérents et sans trace de soudure.

M. de la Rive est le premier sans aucun doute qui (au commencement de l'année 1840) ait réalisé l'idée d'appliquer l'or sur les métaux en faisant usage des appareils simples de M. Becquerel (1). M. de la Rive a rendu un immense service aux arts et aux industries, surtout aux industriels, en substituant à la méthode dangereuse et nuisible du dorage au mercure, son procédé de dorage électro-chimique.

Aussitôt que le public eut connaissance du procédé de dorure dont M. de la Rive venait de doter l'industrie, de toutes parts on se mit à l'œuvre pour le rendre pratique. M. Elkington et M. Ruolz y ont successivement introduit des modifications, et l'ont étendu au dorage sur le platine, l'argent, le cuivre rouge, le laiton, le bronze. Pour dorer l'acier, le fer et l'étain, il fallait appliquer préalablement sur la surface une pellicule mince cuivreuse. M. Sturgeon parvint à dorer des ressorts de montre, des aiguilles de boussole et autres objets en acier, sans avoir besoin de les cuivrer préalablement. M. Bœttger perfectionna aussi la méthode de M. de la Rive. Enfin, dans l'espace de trois ans, l'art de la dorure électro-chimique avait fait des progrès rapides, grâces aux travaux de MM. Becquerel, Dumas, Jobard, Darcet, Spencer, Steinheil, Elsner, Fehling, Græger, Selmi, Hæule, Philipp, Hossauer, Desbordeaux, Mourey, Jervreinoff, Walcker et d'autres.

On est arrivé ainsi à appliquer la dorure électro-chimique aux ouvrages de cuivre, de laiton, d'argent, de maillechort, d'acier et de fer. On est parvenu aussi à dorer des feuilles et des fleurs

(1) Éléments d'Électro-Chimie.

de plantes diverses. La dorure est employée dans l'horlogerie, la bijouterie et l'orfévrerie. Le coutelier et l'armurier s'en servent pour décorer leurs instruments et leurs armes; le fabricant de tabatières en papier mâché l'emploie pour ses charnières. On a trouvé le moyen de dorer des tissus, des blondes et les dentelles les plus fines, en conservant leur forme et leur souplesse.

Enfin nous avons appliqué la dorure électro-chimique de M. de la Rive d'une manière spéciale à la gravure à l'eau-forte. Au lieu du vernis de graveur ordinaire, nous nous sommes servi d'une couche d'or très-mince déposée sur la planche de cuivre par la pile voltaïque. Cette couche d'or n'offrait pas plus de résistance que le vernis pour le travail à la pointe, et elle était cependant assez forte pour résister au mordant. Le portrait du statuaire Chaponnière, que nous avons gravé de cette manière, et qui a été présenté à l'Académie des sciences, le 30 nov. 1840, par M. de la Rive, a parfaitement réussi (1). Nous avons essayé aussi de graver des planches de cuivre platinées par M. Melly, de Genève, mais sans succès.

L'argenture s'applique sur l'or, le platine, l'étain, le fer, l'acier et particulièrement sur le cuivre dans la fabrication du plaqué. Cette dernière application a été faite avec succès par M. Belfield Lefévre. MM. Drayton et Power, ainsi que M. Delamotte, pratiquent l'argenture électro-chimique en grand et avec succès. Le platine, le palladium, le nickel, le cobalt se déposent sur le cuivre et d'autres métaux. On effectue avec avantage dans les arts des revêtements de métaux avec l'étain, le plomb et le zinc. M. Bernard met en usage les procédés que M. de Ruolz a inventé pour la formation électro-chimique du laiton, en fabriquant des objets en fer cuivré, tels que clous, fils, pièces de constructions et d'ornements. La compagnie de Coaldbrookdale en Angleterre s'occupe de la production des mêmes objets.

M. de Ruolz obtient par la pile un dépôt de bronze, au moyen

(1) M. Jobard, de Bruxelles, réclame, dans l'Écho du monde savant du 2 décembre 1840, la priorité de cette invention. Nous ferons observer que nous n'avons pas prétendu à l'invention de ce procédé, mais que nous l'avons appliqué le premier, et sans avoir eu connaissance de l'idée de M. Jobard. H. H.

d'une dissolution de cuivre et de zinc dans des proportions convenables pour le former (1).

Le cuivre ne s'applique pas seulement sur la tôle, la fonte et d'autres métaux, mais encore sur des substances non conductrices, en les recouvrant préalablement de plombagine. On cuivre ainsi des fruits, des légumes, des grains, des feuilles; des vases en terre, en verre et en porcelaine ; des objets de vannerie. M. Stiegelmayer, sculpteur bavarois, en 1843, et M. Homaletsch, de Vienne, en 1845, ont tous les deux recouvert des statues colossales d'une couche de cuivre, qui rend avec la plus rigoureuse exactitude les détails les plus délicats. M. Stiegelmayer a aussi employé son procédé pour de petits objets, tels que des fleurs, des plantes et même des insectes. De ce genre sont encore les fleurs et les plantes naturelles recouvertes de cuivre argenté ou doré par la pile qu'un artiste de Paris, M. Gervaisot, avait exposé en 1855.

Mais l'emploi le plus étendu des procédés de revêtement de cuivre au moyen de la pile, est pratiqué dans l'usine électro-métallurgique de M. Oudry, où l'on s'occupe principalement à revêtir économiquement de cuivre, le bois, les métaux et toutes sortes de surfaces, entre autres les grandes pièces de machines. Pour remplacer les cuves de bois qui servent à contenir les dissolutions, et qui ne peuvent dépasser une certaine grandeur sans se rompre, M. Oudry a pris le parti de creuser dans le sol des fosses pour recevoir des moules de toute dimension. M. Oudry avait présenté à l'Exposition de 1855 un modèle de bâtiment dont la coque avait été revêtue, à l'extérieur, d'une couche de cuivre.

M. Becquerel a imaginé une application très-ingénieuse de l'électro-chimie, en revêtant les divers métaux des couleurs les plus brillantes. A cet effet on se sert d'une dissolution d'oxyde de plomb dans laquelle se trouve un vase poreux avec une plaque de platine et de l'acide nitrique; la plaque de platine est mise en rapport avec le pôle négatif et l'objet à colorer avec le pôle positif: lorsque le circuit est fermé, il se forme des dépôts d'o-

(1) Voyez la recette du Dr Heeren, et Mechanic Magazine.

xyde de plomb extrêmement fins qui produisent les couleurs. L'or et le platine se colore le mieux. Le fer, le cuivre ou d'autres métaux qui s'oxydent facilement sont dorés préalablement. Comme la plupart des couleurs produites sont transparentes, leur coloris est modifié par la couleur du métal à colorer. Sur l'or on peut produire un bleu pur, mais toujours un peu verdâtre, tandis que sur le platine on obtient le plus beau bleu. Sur cuivre les couleurs sont toujours rougeâtres, et sur le fer et l'acier toutes les couleurs sont plus foncées. L'adhérence est telle qu'on peut polir avec du rouge. Ce procédé a trouvé son emploi dans mainte industrie; entre autres pour les aiguilles de montre, telles qu'on les fait dans les ateliers de MM. Lequin et Comp. à Genève.

M. Brockelsby a réussi à imiter de la même manière les couleurs de la nacre de perle.

Dépôt métallique non adhérent. *La galvanoplastie proprement dite* a pour but la reproduction des objets reliefs ou creux ou de les graver directement. MM. Spencer et Jacobi ont commencé par reproduire des monnaies et des médailles. Depuis on a beaucoup perfectionné les procédés, et l'on obtient maintenant des reproductions parfaites, et de toutes dimensions et de tous reliefs, de monnaies, de médailles, de camées, de pierres gravées, de sceaux, de cachets et de timbres, enfin de tout ce qui entre dans le domaine de la glyptique.

Si les objets à reproduire sont conductibles, on opère directement sur les pièces originales qui représentent l'électrode négatif; on obtient ainsi l'image en creux, que l'on met de nouveau en expérience pour l'avoir en relief. Si les objets ne sont pas conducteurs, il faut, ou les enduire d'une couche métallique, ou en prendre un moule comme nous l'avons déjà indiqué.

Une des belles applications de la galvanoplastie est celle de la reproduction des bas-reliefs, de bustes, de statues, de tous les objets de l'art de la sculpture et du fondeur.

Pour les objets de peu d'étendue on procède comme ci-dessus; s'il s'agit d'un objet en ronde bosse de petite dimension, tel qu'une statuette, un vase, etc., etc. : après avoir préparé avec la plombagine l'intérieur de toutes les pièces du moule, on les assemble et les soude avec du plâtre, on établit les communications avec l'appareil voltaïque et on procède au dépôt métallique.

Quand l'original a des dimensions telles qu'il faille employer des vases d'une grande capacité, on emploie le moyen suivant : On joint les différentes pièces du moule ensemble avec de la cire ou du plâtre rendu imperméable, de manière à former une capicité propre à recevoir la dissolution. On se sert d'une forte batterie et d'une dissolution un peu étendue. On en agit ainsi parce que le volume de la batterie n'est pas proportionné à l'étendue de la surface de l'original. Le morceau de cuivre qui forme l'électrode positif doit avoir la plus grande étendue possible, et être placé très-près du moule en plâtre, afin de diminuer la résistance du courant au passage. L'épaisseur à donner au cuivre dépend de la grandeur du sujet.

On peut obtenir une ronde bosse d'une seule pièce; mais, s'il est en parties séparées, on les soude, non pas comme à l'ordinaire, mais par les procédés électro-chimiques. Dans le premier cas, et pour faciliter le dépôt, on se sert de plusieurs conducteurs; c'est ce mode, employé depuis longtemps, que M. Lenoir vient de perfectionner récemment, en introduisant dans le creux du moule un faisceau de fils de platine servant de conducteur; ces fils suivent intérieurement la forme du moule sans y toucher nulle part, et y déposent uniformément le métal du bain.

C'est de ces différentes manières que la galvanoplastie a produit des objets de sculpture et de la statuaire très-considérables. Nous remarquerons, entre beaucoup d'autres, le buste du roi de Prusse, qui, avec la colonne de son piédestal, a une hauteur de quatre pieds. La statue colossale du Christ, d'après la sculpture de Thorwaldsen, la tête antique de Junon avec le buste restauré par le sculpteur Rauch, et les battants de la porte de l'église de Wittemberg, avec les 95 thèses de Luther; toutes ces galvanoplasties sortent des ateliers du baron de Hackewitz à Berlin. M. F.-L. Mœring, de la même ville, a fait, en 1851, un magnifique haut-relief en argent mat, représentant la Charité, modelé par M. Tieck. M. de Kress, à Offenbach-sur-le-Main, a exécuté en 1851 les statues de Gutenberg, de Fust et de Schœffer, dont chacune avait la hauteur de 10 pieds et 6 pouces, et dont les modèles sont dus à M. von der Launitz, de Francfort-sur-le-Main. M. de Kress a fait encore, par les procédés galvanoplastiques, la statue en grandeur naturelle du comte de Leiningen, d'après une sculpture du XIVe siècle; et un Page du temps de Rubens, également grandeur de nature; cette statue offrait cela de particulier qu'elle était ornée de différentes couleurs obtenues par la pile : de manière que les chairs avaient un ton rougeâtre, l'armure la couleur du fer, et la cotte de maille et les autres ornements étaient dorés; ce page tenait d'une main un flambeau, duquel devait sortir une flamme de gaz pour éclairer l'escalier de la villa Brentano à Francfort, à laquelle il était destiné.

Pour l'Exposition de Paris de 1855, M. Kress a produit des galvanoplasties remarquables : entre autres un bas-relief représentant *la Danse des Willis*, sujet emprunté au tableau de M. Aug. Gendron. Il était composé de plus de trente figures en haut-relief. Cette plaque, ainsi que les paysages suisses, moulés sur des sculptures en bois, présente des effets de lumière tout à fait inconnus jusqu'ici dans les reproductions métalliques. Ces effets, éminemment pittoresques, sont dus à un bronzage particulier, qui consiste, croyons-nous, à aviver les parties frappées par la lumière, au moyen d'une gratte-bosse ou avec de la poudre de ponce. Ainsi les crêtes des glaciers, les côtés éclairés des chalets et des châteaux, les reflets de la lumière et de la lune dans les rivières et les lacs, présentent ces effets. Les ciels offrent un aspect différent; les nuages, un peu plus brillants que le reste, ressortent sur un fond mat dû à un travail de grenage à l'aqua-tinta. L'effet de ces nuances est charmant.

MM. Soyer et Igné de Paris avaient produit, il y a quelques années, le buste d'Hercule jeune, haut d'un pied et demi, et ils offraient d'exécuter par les procédés galvanoplastiques *l'Eléphant de la Bastille* pour le prix de 200,000 fr., au lieu de 600,000 qu'il en coûterait en fonte ordinaire. On voyait encore en 1846 le modèle en plâtre de cet éléphant, qui avait 15 mètres de haut, il fut remplacé par la colonne de Juillet.

L'Exposition universelle de 1855 était riche en ouvrages galvanoplastiques : M. Gueyton, de Paris, avait produit en cuivre argenté le beau bas-relief *du Calvaire* de Justin, un buste de l'Impératrice en une seule pièce, et plusieurs autres objets très-estimés. MM. Possey, Feuquière, Lionnel, Lefèvre, Zier, y figuraient d'une manière distinguée; le dernier par une reproduction de la Colonne Vendôme. M. Beaure montrait une belle collection de médailles antiques.

MM. Elkington et Mason, de Birmingham, à qui l'on doit les fontaines de grande dimension obtenues par les procédés galvanoplastiques, qui ornent maintenant le palais de Seydenham, ont exposé des bustes de grandeur naturelle, des statues en cuivre galvanique, et des plateaux, des coffrets, etc. argentés par la pile.

On y voyait encore des bas-reliefs de grande dimension atteignant presque la ronde bosse, à sept et huit personnages, des statuettes de près de 2 pieds de hauteur, d'une grande perfection, sortant des ateliers spéciaux de galvanoplastie de l'Imprimerie de Vienne; et le service remarquable en plaqué d'argent exécuté pour l'empereur des Français par M. Christofle, de Paris. A propos de ces derniers objets, M. L. Figuier fait une réflexion très-juste, que nous ne pouvons pas manquer de citer ici; il dit : « Bien des personnes voient avec regret s'introduire dans les œuvres d'orfévrerie le plaqué galvanique, pour y remplacer l'argent massif, qui jouissait depuis des siècles de la propriété exclusive de fournir sa matière précieuse aux inspirations de l'artiste. Mais il est facile de reconnaître que la substitution du plaqué galvanique à l'argent pur ne saurait offrir que des avantages aux progrès et à l'avenir de la sculpture.

« N'étant plus arrêté par le prix excessif de la matière première à employer, l'artiste qui confiera à l'électro-chimie la reproduction de ses modèles, pourra donner libre carrière à son imagination, et il aura ainsi les moyens de créer des chefs-d'œuvre dont l'idée même n'aurait pu être conçue il y a peu d'années. Il est à remarquer qu'aucune des grandes pièces d'orfévrerie sculptée, exécutée pendant les deux derniers siècles, et qui ont fait l'admiration des cours de Louis XIV et de

Louis XV, n'est parvenue jusqu'à nous. Dans les moments difficiles de nos révolutions, la perfection d'un objet d'art a rarement trouvé grâce devant la nécessité d'en réaliser la valeur pécuniaire; nos hôtels de monnaie ont transformé en informes lingots les plus belles créations des artistes des siècles passés. Au contraire, de toutes les œuvres sculpturales exécutées en bronze, et qui datent de la même époque, aucune ne s'est perdue, grâce à cette heureuse circonstance que la matière première en était sans valeur. Pour la conservation des chefs-d'œuvre artistiques de notre âge, il est donc à désirer que l'emploi du plaqué galvanique prenne faveur. »

Tous ces objets galvanoplastiques, dont il a été question, peuvent être obtenus en différents métaux; le cuivre est cependant le plus généralement employé. Les pièces en argent métallique de toute épaisseur, obtenues en décomposant, par le courant électrique, un bain de cyanure d'argent, se répandent de plus en plus, et offrent de nouvelles ressources à l'orfévrerie.

Parmi les travaux les plus remarquables en ce genre est surtout le bas-relief offert par la ville de Berlin au prince de Prusse, à l'occasion de son mariage. Cette pièce, due à M. Wollgold, de Berlin, grande de 5 pieds de longeur sur 3 et demi de large, se compose de plusieurs figures en haut-relief de 5 pouces de hauteur; elle est d'une exécution parfaite. Outre des coupes, des coffrets et des gobelets, de MM. Elkington et Mason et de M. Wallgold, il faut citer encore une très-belle coupe de chasse, due à M. Gueyton, un vase sculpté pour l'empereur d'Autriche, et un bouclier en argent oxydé, du général O'Donnell, sortis des ateliers de M. Schuch de Vienne.

Lorsque les objets galvaniques sont en or ou en argent, la couleur du métal, même en la conservant mate ou polie, est assez belle en elle-même et se conserve bien. L'étain et le cuivre peuvent être dorés, argentés ou platinés; la couleur du cuivre réduit par la pile, quoique fort belle, ne convient cependant pas à tous les objets; on préfère généralement lui donner la couleur de bronze, qui présente une plus jolie apparence.

Le bronzage s'opère de différentes manières. L'une d'elles consiste à frotter la médaille avec de la mine de plomb, immédiatement après l'avoir retirée de la dissolution, puis on la met sur le feu et on la chauffe légèrement; on doit ensuite la brosser avec un pinceau rude, en la mouillant un peu pour enlever l'excédant de mine. Une très-faible solution d'hydrochlorate d'ammoniaque ou de sulfate de potasse donne au cuivre une fort belle couleur de bronze. — On recouvre l'objet à bronzer avec de l'oxyde de fer, on le place dans une moufle, et dans cet état on le soumet à l'action de la chaleur. Lorsqu'on le retire du feu, il suffit de brosser. — Ou encore, humectez la surface avec de l'esprit-de-vin, et, lorsque l'objet est presque sec, saupoudrez-le d'un mélange de craie rouge et de plombagine, et enlevez le surplus avec un blaireau; mieux vaut de broyer 5 parties de sanguine et 8 de mine de plomb, avec l'esprit-de-vin, d'appliquer ce mélange au pinceau, de laisser séjourner pendant 24 heures, et de brosser ensuite.

La bijouterie, l'orfévrerie, la quincaillerie et d'autres industries de ce genre ont tiré de nombreux avantages des procédés galvanoplastiques pour la fabrication d'objets en or, en argent, en cuivre, en maillechort, en étain, tels que des tabatières, des étuis, des porte-monnaie, des boîtes d'allumettes, des porte-cigares, des vases, des coupes, des coffrets, et une foule d'autres objets. M. A. Rouseleur, dans ses Manipulations hydroplastiques (Paris, 1855), nous fait connaître quelques applications intéressantes: « En champ-levant à jour, dit-il, une plaque de cuivre et l'appliquant bien à plat sur une seconde feuille métallique pour la soumettre à un bain d'or ou d'argent, on pourra remplir du dépôt de ces métaux les vides faits dans la plaque et donner lieu ainsi à une espèce de mosaïque. »

C'est par un moyen analogue que, collant à l'aide d'un vernis mince des pierres précieuses ou autres objets sur une plaque métallique, et soumettant le tout à l'action du bain après l'avoir métallisé, il sera possible d'*enchatonner* artificiellement les corps qu'on veut faire concourir à la formation d'un objet d'art.

En creusant au burin une plaque d'ivoire ou de nacre, la mettant au bain après l'avoir métallisé, la laissant se recouvrir entièrement et polissant ensuite jusqu'à découvrir les surfaces en saillie, on produira des incrustations qui n'auront pas nécessité le reperçage.

On fait également, au moyen de la pile, des moules en cuivre pour les fondeurs, et des moules-*mères* pour les faïenciers. Le dentiste a profité de ces procédés pour les empreintes de la mâchoire; le chirurgien et l'orthopédiste s'en sont servis pour reproduire les membres auxquels il fallait adapter des pièces de pression. Le naturaliste en profite pour reproduire des cristaux ou d'autres formations. M. Stiegelmayer a reproduit des fleurs, des plantes et même des insectes avec une grande fidélité. M. T.-B. Jordan a copié des objets d'histoire naturelle et en particulier des fossiles.

Dans la célèbre imprimerie impériale de Vienne, dirigée avec tant de talent par M. le conseiller Auer, on en a tiré partie pour obtenir les reproductions en relief du corps humain, des différentes espèces d'animaux et des plantes destinées à l'instruction des aveugles. Enfin, il n'y a pas de branche d'art, ou des sciences, ou de l'industrie, qui ne puisse mettre à profit les procédés de l'électro-chimie.

GALVANOPLASTIE APPLIQUÉE A L'ART DE LA GRAVURE. Cependant l'application de la galvanoplastie qui nous intéresse plus particulièrement, c'est celle qui se lie directement aux arts graphiques de reproduction, c'est-à-dire qui servent à multiplier les exemplaires par l'impression, et qui est connue sous les noms d'électrotypie, de galvanographie et de gravure galvanique.

La dénomination d'*électrotypie* nous servira pour désigner la reproduction d'objets déjà gravés soit en creux soit en relief; tandis que, sous le nom d'*électrographie*, nous entendrons les opérations qui ont pour but de produire directement des planches gravées par l'action du courant électrique.

Électrotypie. MM. Spencer et Jacobi, en découvrant les principes de la galvanoplastie, avaient obtenu des planches de cuivre avec des lettres en relief; ces procédés ont donné naissance à des genres différents de reproduction.

M. Spencer, en traçant avec une pointe des caractères sur une planche de cuivre verni, mettait le cuivre à nu et permettait au courant électrique de déposer le cuivre réduit dans les lignes creusées. Ce dépôt adhérait à la planche, mais il était inégal suivant la rapidité de l'action. M. Spencer l'égalisait ensuite en le frottant avec de la pierre ponce et de l'eau; il obtenait ainsi une planche-relief propre à l'impression sous la presse typographique.

Procédant d'une autre manière, il produisait une planche du même genre, mais solide et également en relief. M. Spencer prenait une planche de cuivre en creux, ou une planche de bois gravée en taille d'épargne, ou des caractères d'imprimerie; il les posait sur une lame de plomb et les soumettait à une forte pression, pour se procurer des empreintes en relief ou en creux, suivant le genre de gravure de l'orignal. En se servant de ces formes en plomb comme d'électrode négatif, il obtenait des reproductions identiques des planches originales. M. Jacobi opérait de la même manière et arrivait au même résultat.

L'identité parfaite des empreintes obtenues par le procédé galvanoplastique, qui reproduit les lignes les plus délicates, celles-là même qui ne sont visibles qu'au microscope, a fait penser que ce procédé serait précieux pour la reproduction des planches gravées en cuivre et en acier, afin de conserver les planches originales, quelquefois d'un très-grand prix. Si les copies sont usées, on peut facilement faire une nouvelle empreinte.

Pour faire une copie d'une planche en cuivre gravée, on procède de différentes manières. Le dessin gravé étant en creux, il faut commencer par obtenir une copie, ou un moule en relief. Si cette copie doit être en cuivre, il faut surtout empêcher l'adhérence entre l'original et le dépôt. On peut, comme MM. Jacobi et Spencer, frotter la surface à chaud avec de la cire ou un autre corps gras et l'essuyer jusqu'à ce qu'il n'en reste qu'une pellicule très-mince; ou bien, comme M. Bocquillon, recevoir dessus la fumée blanche d'un corps résineux, après avoir déposé une couche d'or ou d'argent. On risque cependant toujours que, si mince qu'elle soit, cette couche ne remplisse plus ou moins les traits fins.

M. Smée conseille de placer la plaque dans un lieu frais pendant vingt-quatre heures, afin d'augmenter la couche d'air à la surface, ce qui suffit pour empêcher l'adhérence. Cependant tous ces procédés laissent beaucoup à désirer. Le procédé imaginé par M. Mathiot[1], des États-Unis, paraît préférable; le voici : Le peu de solubilité de l'iode dans l'eau, son poids atomique ou équivalent considérable, et ses propriétés inoffensives engagèrent M. Mathiot à l'essayer. Une planche de cuivre bien nettoyée fut exposée à la vapeur d'iode et électrotypée : le dépôt se sépara facilement du moule. On recommença une centaine de fois cette expérience, toujours avec succès.

Mais, en nettoyant de grandes planches pour recevoir la couche d'iode, on remarqua que, tandis qu'une partie de la plaque était très-nette, l'autre restait terne et voilée, et qu'alors on ne pouvait obtenir une action uniforme de l'iode. Cette remarque conduisit à argenter la plaque avant de l'ioder, ce qui facilita le nettoyage et rendit apparente l'action de l'iode. Une plaque argentée fut lavée avec une dissolution alcoolique d'iode et électrotypée; la planche électrotypique se sépara du moule encore plus facilement qu'auparavant; l'iodure d'argent réussissait mieux à prévenir l'adhérence que l'iodure de cuivre.

Mais on s'aperçut bientôt qu'une planche préparée par un temps couvert ne se séparait pas aussi facilement que quand le ciel était serein; qu'une plaque iodée et exposée au soleil se séparait avec une très-grande aisance, tandis que, lorsqu'elle était iodée par un temps pluvieux et placée dans une chambre obscure avant de la mettre dans le bain, le dépôt adhérait si fortement au moule, qu'il fallait, pour le détacher, employer les anciens moyens, chauffer et frapper les deux planches.

Le procédé d'ioder et d'exposer à la lumière a été jusqu'à présent employé pour un très-grand nombre de planches soigneusement gravées; il n'a jamais présenté la moindre difficulté pour séparer le dépôt du moule, quand il a eu atteint l'épaisseur désirée. On serait peut-être tenté de croire que l'iode agit seulement par son interposition entre les deux plaques; mais la quantité d'iode appliquée sur une plaque doit être regardée comme insuffisante à produire la séparation par une action pu-

(1) Rapport de M. Mathiot sur les opérations électrotypiques faites par lui dans le bureau hydrogr. des États-Unis — Cosmos, journal, etc. vol. III, 1853.

rement mécanique. La quantité de cire étendue sur une plaque de cuivre suivant la méthode indiquée, et qui ne suffit pas à empêcher l'adhérence, est dix mille fois plus considérable que la quantité d'iode suffisante à la rendre pleinement impossible.

Pour préparer ses plus grandes planches de 10 pieds carrés de surface, M. Mathiot emploie la dissolution d'un grain d'iode (0gr,065) dans 20,000 grains d'alcool concentré; si un grain de cette dissolution suffit pour mouiller un pied carré, il n'y aura qu'un vingt-millième de grain d'iode sur la plaque; mais, comme l'iode s'évapore rapidement avec l'alcool, cette quantité se réduira probablement à un cent-millième de grain.

Si nous admettons que les rayons solaires décomposent l'iodure d'argent et laissent l'iodure en vapeur sur la plaque, l'épaisseur ne sera qu'un quarante-quatre-millionième de pouce, quantité tout à fait inappréciable au point de vue mécanique. Pour prouver combien peu la délicatesse des traits de la plaque est diminuée par l'emploi de ce moyen chimique de prévenir l'adhérence, M. Mathiot nous apprend qu'une planche gravée a été sept fois électrotypée en relief et en creux successivement, sans que l'examen le plus attentif ait pu faire apercevoir la moindre différence entre la dernière reproduction et l'original.

Les grandes cartes des côtes d'Amérique ont été reproduites par ces procédés électrotypiques.

Celui à qui ces opérations ne seraient pas familières fera mieux de faire un moule au moyen des substances que nous avons indiquées plus haut. Là encore s'offrent des difficultés impossibles souvent à éviter. Lorsque la planche gravée a subi des retouches avec le brunissoir ou le marteau, il se forme des dessous et des rebarbes, qui empêchent le moule de se séparer de l'original ou qui le déchirent. Un autre inconvénient se présente, c'est le rétrécissement de presque toutes les substances dont on forme les moules, inconvénient très-sensible pour les cartes topographiques, et pour tout ce qui demande une grande précision. Les meilleurs moules en ce sens sont ceux qui sont faits en gutta-percha de la manière que nous avons indiquée.

M. le duc de Leuchtenberg a inventé un procédé particulier de reproduction. Au lieu d'encrer la planche originale qu'il veut copier avec l'encre d'imprimerie ordinaire, il se sert d'un mélange de résine de Damare, de rouge de fer et d'huile de térébenthine, avec lequel il fait tirer une épreuve sur du papier très-mince. Cette épreuve encore fraîche est appliquée sur une planche de cuivre ou d'argent poli, de sorte que le dessin touche la plaque, et après sa dessication, il enlève le papier au moyen de l'eau, pour ne laisser que le dessin marqué à l'encre sur la surface du cuivre. En reproduisant cette planche par le procédé électrotypique, il obtient une planche en creux propre au tirage sous la presse en taille-douce.

L'établissement galvano-artistique de M. Theyer, de Vienne, a livré des reproductions de planches en cuivre gravées en tous genres : à l'eau-forte, au burin, à l'aqua-tinta, et de toutes dimensions. La plus grande planche qu'il ait produite en 1845, avait 38 pouces de haut sur 21 de large, et représentait Job, d'après Wæchter.

M. Zier, à Paris, a reproduit avec bonheur plusieurs belles planches de Calamatta. M. Hulot a fait ces derniers temps des reproductions galvaniques des planches gravées par M. Henriquet Dupont, d'après Raphaël, et une image de la lune gravée pour le Traité d'astronomie de M. Delaunay. Mais aussi en 1841 déjà, M. E. Palmer, en Angleterre, avait reproduit des planches gravées par Brunet. M. Felsing, de Darmstadt, de compagnie avec M. Bœttger, de Francfort, avait livré la planche de Crucifixion, d'après Crespi (12 ½ pouces de haut sur 9 ½ de large); et M. Amsler, de Munich, a fait la reproduction de dessins d'après Schwanthaler.

Les procédés électro-chimiques fournissent également des planches de cuivre unies pour les gravures, et qui sont très-estimées et d'un bon usage. A l'Exposition de 1855 on voyait des planches lisses de la dimension de 5 pieds ½ de long sur 2 ½ de large, produites par l'Imprimerie impériale de Vienne. Et on mentionne même des planches unies et sans fautes de 4 klafter (4 toises) de longueur sur un demi de largeur, et d'une ligne d'épaisseur.

La reproduction électrotypique des planches d'acier gravées offre de grandes difficultés : le sulfate de cuivre attaque l'acier et en altère la gravure; le sulfate ammoniacal, qui n'a point d'action sur l'acier, serait excellent, mais il est difficile d'en précipiter le cuivre au moyen de la pile. M. Smée a proposé de mouler les planches d'acier et d'agir ensuite sur le moule, ou d'employer un anode d'argent ayant presque les mêmes dimensions que la plaque d'acier. M. Walker préfère obtenir d'abord une épreuve en argent, et une contre-épreuve en cuivre. Mais les tentatives qu'on a faites jusqu'à présent n'ont point donné de résultats satisfaisants.

De la même manière, et au moyen des mêmes opérations par lesquelles on obtient des planches gravées en creux, on reproduit aussi celles qui sont gravées en relief ou en taille d'épargne, qu'elles soient en métal, en bois ou en cliché. Déjà en 1840, M. Buckland a employé ces procédés à la reproduction de planches stéréotypes pour l'imprimerie, et c'est à cette même époque que M. Bocquillon présenta à l'Académie des sciences ses épreuves de matrices électrotypées en cuivre pour la typographie. A la suite des événements politiques de 1848, l'émission d'un grand nombre de billets de cent francs fut jugée indispensable. La Banque en confia l'exécution à MM. Firmin Didot frères, qui durent les exécuter en toute hâte. Ils appliquèrent avec succès la galvanoplastie pour reproduire promptement en cuivre certaines parties des anciens billets dont la gravure aurait exigé plusieurs mois. M. Hulot, habile artiste, à la fois mécanicien et chimiste, attaché à l'hôtel des monnaies à Paris, parvint à obtenir par l'électrotypie la reproduction des diverses parties des anciens billets de banque, et à en reconstituer plusieurs exemplaires en métal plus dur que le cuivre. C'est sur ces planches qu'ont été imprimés en 1851, à la Banque de France, les billets de cent francs.

Ce procédé, déjà mis en pratique en Angleterre, en Allemagne et en France, pour la reproduction des matrices des caractères, a été perfectionné par M. Hulot. A l'Exposition de 1849, cet habile artiste a montré reproduits sur une seule planche, en métal beaucoup plus dur que le cuivre, trois cents figures offrant la répétition d'une tête gravée originairement en acier ; en sorte que d'un seul coup de presse typographique on imprime ces trois cents figures servant de *Timbres-postes*.

En 1851 on voyait à l'Exposition de Londres, et en 1855 à celle de Paris, des tableaux typographiques électrotypés en cuivre, ayant chacun 4 mètres carrés de surface et représentant les types orientaux de l'Imprimerie impériale de Vienne. Ces planches ont une grande durée, et supportent le tirage de plusieurs millions d'exemplaires. M. Coblentz, à Paris, a substitué au stéréotypage ordinaire le stéréotypage galvanoplastique.

En 1855, M. Plon, de Paris, a exécuté des caractères cypriotes, dont les matrices ont été obtenues par la galvanoplastie sur des poinçons en bois, faits pour la Numismatique et les Inscriptions cypriotes de M. de Luynes.

M. Smée décrit un procédé particulier pour faire des clichés galvaniques. On recouvre de cire un peu molle et noire toute la forme de l'imprimerie, on râcle le superflu jusqu'au niveau de l'œil de la lettre avec une règle de bois, puis on imprime une douzaine de maculatures qui emportent la cire superfine des espaces et de l'œil des lettres. Quand la maculature se relève blanche, c'est qu'elle ne touche plus à la cire, et que l'opération est achevée. On place alors cette forme dans l'appareil galvanoplastique, après l'avoir plombaginée; le cuivre se dépose et l'on obtient en creux une planche qui servira plus tard à reproduire une planche de métal d'imprimerie, laquelle étant clouée sur un cylindre de bois pourra fournir vingt mille exemplaires par jour par la rotation continue.

L'électrotypie sert également à reproduire et à multiplier en cuivre *les gravures sur bois*, les vignettes et les ornements divers qui sont employés dans l'imprimerie; on conserve ainsi les planches originales, qui sont ordinairement d'un prix assez élevé. Comme le bois est trop absorbant pour être placé dans le bain, on se sert avec avantage de moules en gutta-percha, ou, si les bois le permettent, on les chauffe et on les enduit d'huile, ou de cire, ou mieux encore de sperma ceti, pour pouvoir les métalliser après.

Les clichés galvanoplastiques présentés à l'Exposition de 1855 par M. Michel, de Paris, sont ce qu'il y a de mieux dans ce genre; le journal *l'Illustration*, le *Magasin pittoresque*, lui ont confié la reproduction de leurs bois, et les tirages remarquables qu'on a admiré dans l'exposition de M. Best ont été opérés sur ces clichés.

M. Michel procède avec une grande habileté et très-vite, quelle que soit la dimension des bois, quelque difficultés qu'ils présentent; en 24 heures il a reproduit des planches d'une dimension égale à celle de deux pages réunies de *l'Illustration*. M. Michel ne s'est point borné seulement au clichage des vignettes; le premier il a appliqué son procédé électrotypique aux pages de texte. Il fut le premier aussi qui fit usage du bitume pour le clichage des vignettes; mais reconnaissant bientôt les inconvénients que présente l'emploi de cette matière et qu'elle ne pouvait plus servir dès qu'il s'agissait de texte, il se tourna vers la galvanoplastie et le moulage à la gutta-percha.

Le cliché obtenu est à $^1/_{1000}$ près de la même dimension que le modèle, — c'est le chiffre du retrait de la gutta-percha.

L'imprimerie impériale de France et M. Boudreaux, avaient aussi exposés de très-beaux clichés.

M. Henri Cole, Anglais, a donné au stéréotypage électrotypique une application fort heureuse dans la restauration de bois gravés par Albert Durer et faisant partie d'une œuvre de cet artiste, *La Petite Passion*. Ces bois avaient été endommagés par les vers et certaines parties avaient disparu. Les vides ainsi formés furent soigneusement bouchés au moyen d'un mastic, et sur les clichés en cuivre obtenus par les procédés ordinaires; il devint dès lors facile à un graveur de rétablir les tailles effacées (1).

Pour donner plus de solidité aux clichés métalliques très-minces, obtenus par l'électrotypie, on se servira avec avantage des copeaux d'étain, faits au moyen du tour, mélangé d'un peu de plomb; après avoir bien décapé la pièce, ces matières fondent très-vite et très-également.

Les procédés électrotypiques ont donné naissance aussi à plusieurs méthodes de reproductions pour remplacer les gravures

(1) Madinier, Notes sur les principaux produits exposés de l'Imprimerie. Paris. 1855.

sur bois, pour pouvoir les livrer plus vite, avec moins de peine et à meilleur compte. Dans cette vue on a suivi plus ou moins les procédés que MM. Spencer et Jacobi avaient employés pour obtenir des planches-reliefs.

M. Frédéric de Kobell a pris en 1841 un brevet pour le procédé suivant: On enduit une planche de cuivre argentée d'une couche épaisse d'un vernis, composé de cire et de résine, ou simplement de vernis de graveur, en le rendant conducteur au moyen du graphite. Sur ce vernis on trace ou on grave profondément le sujet, l'ornement ou les lettres que l'on veut reproduire, avec une pointe en acier ou en ivoire. On rehausse ensuite les places du vernis qui n'ont point reçu de dessin avec un vernis épais à l'huile, à la cire ou à l'asphalte, que l'on applique sur ces parties à l'aide d'un pinceau, et on saupoudre avec de la plombagine. On soumet alors à l'action du courant électrique pour opérer le dépôt, et on obtient ainsi une planche-relief qui peut servir au lieu de gravure sur bois.

M. Edward Palmer [1] à Londres, en 1844, et M. Volkmar Ahner à Leipzig, en 1846, ont inventé, chacun de son côté, le procédé électrotypique connu sous le nom de **Glyphographie** (du grec glypho, je creuse).

Ce procédé consiste à recouvrir une planche de cuivre d'un vernis noir de graveur, sur lequel on pose une seconde couche de vernis de couleur blanche, ayant la consistance de la cire. Le décalquage du dessin sur cette couche blanche s'opère sans peine; les traits faits avec un crayon tendre sur le papier s'y marquent parfaitement. On creuse ensuite dans ce vernis les hachures du dessin au moyen de pointes tranchantes et inclinées vers leur bout pour obtenir des creusures perpendiculaires et un peu évasées en haut. Les parties qui représentent les lumières doivent être rehaussées en y appliquant du vernis un peu épais. Après ces opérations, on métallise avec de la plombagine, et on place la planche dans l'appareil voltaïque pour être électrotypée. On

(1) Glyphography or engraved drawing for printing at the type after the manne of woodcuts, etc., by Ed. Palmer, London, 1844. — Die Buchdruckzeichnung, Leipzig, 1846; Glyphograf. Institut,

a obtenu de cette manière des planches très-belles, et d'un prix très-bas.

M. Walcker propose, au lieu de deux vernis superposés, de noircir la planche de cuivre au moyen du sulfure de potassium, et de ne vernir là-dessus qu'une seule fois. On peut encore faire un moule de plâtre d'une planche ainsi gravée, approfondir les parties des lumières, huiler le plâtre, en tirer une empreinte, et en prendre une contre-épreuve. MM. Firmin Didot frères, indiquent encore une autre modification. Lorsque le graveur a fait mordre à l'eau-forte son dessin sur une planche de zinc, au lieu d'enlever le vernis dont il avait d'abord couvert cette planche, c'est sur ce vernis même qu'il étend successivement avec un rouleau de légères couches d'encre siccative, qui, sans entrer dans les tailles, ne se déposent que sur le vernis primitif. Au moyen de ces couches superposées, les creux de la gravure acquièrent une grande profondeur, la planche est alors électrotypée, comme on l'a déjà indiqué.

M. Beslay vient d'inventer un procédé qui a beaucoup de rapport avec les précédents (1). **L'autotypographie,** c'est ainsi que l'inventeur l'a nommé, consiste à enduire une planche de verre avec le vernis employé ordinairement pour la gravure et mélangé d'un produit qui le rende un peu conducteur, et à dessiner à la pointe le sujet que l'on veut reproduire, en prenant soin à creuser et à enlever le vernis jusqu'à la surface du verre. Cette plaque est ensuite immergée dans le bain électrotypique, et le cuivre conduit et déposé dans le tracé donne un dessin en relief qui réunit toutes les qualités de la planche en usage pour l'impression typographique. On peut, en outre, augmenter à volonté, par les procédés galvanoplastiques, les reliefs de cette planche. On obtient donc des planches gravées en relief reproduisant exactement le dessin original.

En 1853, le docteur Fergusson Branson (2), de Scheffield, tout en cherchant à découvrir une substance qui puisse se tailler plus facilement que le bois, et qui ait cependant assez de

(1) Lumière, n° 42, 18 octobre 1856.
(2) Journal of the Society of Arts; London, 1843.

consistance pour permettre d'en prendre un moule, rencontra une matière qui lui promettait quelques avantages. C'est le *savon,* probablement le savon anglais dur, fait de résine, *turbentine-soap*. Un dessin au crayon se décalque très-bien sur le savon lorsqu'on frotte le revers de la feuille; on creuse ensuite les traits avec très-peu de profondeur au moyen de pointes en acier ou en ivoire. Lorsque le tracé est terminé, on fait un moule, ou avec du plâtre, ou en gutta-percha chauffée, même avec de la cire à cacheter, sans endommager le savon. Si l'on reproduit le moule en cuivre par la pile galvanique, on obtient une planche en creux, si l'on reproduit celle-là on en obtient une en relief; de manière qu'on peut s'en servir pour faire des épreuves sous la presse en taille-douce, ou sous la presse typographique. On peut aussi très-bien graver de cette manière des camées. Ces gravures peuvent servir pour l'impression sur papier en noir, sur cuir pour les relieurs, et dans d'autres arts. On a reproduit avec succès, au moyen de ce genre de gravure, le *Highland piper* de sir E. Landseer; une gravure à l'eau-forte de Rembrandt, et plusieurs genres de vignettes.

M. Ranftl (1), habile peintre de Vienne, peu de temps avant sa mort, en 1854, inventa un nouveau procédé pour remplacer avantageusement la gravure sur bois. Le principe de ce procédé consiste à tracer sur une planche métallique préparée à cet effet, un dessin quelconque avec une plume d'acier, en se servant d'une encre particulière. Cette planche est ensuite reproduite par les moyens électrotypiques, et sert à l'impression sous la presse typographique. Le premier essai fut une carte géographique, qui réussit assez bien, et dont la planche a pu supporter le tirage de plus de 1500 exemplaires. Les essais subséquents, exécutés dans les ateliers de l'Imprimerie impériale de Vienne, avec la coopération du prote, M. Prey, n'eurent pas moins de succès. C'étaient des vignettes de genres divers, une chute d'eau, et quelques sujets.

Le procédé inventé en 1846 par M. P.-C. Schœler (2), de Co-

(1) Faust, polygrafisch illustriste Zeitschrift, etc. Wien, 1er Jahrg. 1854, n° 10.

(2) Rapport fait à la Classe des Beaux-Arts de l'Académie des sciences de Bruxelles, par M. Buschmann. — Technologiste, journal, etc. Mai, 1847.

penhague, appelé par lui la Stylographie, est destiné à produire le résultat contraire des procédés précédents, c'est-à-dire, à produire des planches en creux, imitant parfaitement les dessins à la plume, et les gravures à l'eau-forte.

La **Stylographie** (du grec stylos, style, pointe à tracer) se pratique de la manière suivante : Un mélange de copal, de stéarine, de laque et de noir de Francfort est versé à l'état de fusion dans un moule à surfaces intérieures parfaitement polies, qui lui donne, lorsque le refroidissement lui a rendu la consistance nécessaire, la forme d'une planche à graver, d'une certaine épaisseur et d'une couleur noire.

Le côté de cette planche de composition destiné à recevoir les traits du dessin, est ensuite revêtu d'une couche mince et adhérente de poudre d'argent, qui lui donne l'aspect d'une feuille de papier blanc uni. La planche ainsi préparée est remise à l'artiste ; celui-ci, au moyen de pointes de diverses épaisseurs, trace son dessin sur la face argentée. Il est évident que chaque trait entamant cette couche noire et blanche met à nu les parties noires correspondantes de la composition, et produit ainsi un dessin noir sur un fond blanc, absolument semblable à celui que trace une plume sur le papier.

Les pointes, ou styles en métal, employées par l'artiste ont fait plus que d'enlever la pellicule argentée, leur tranchant a pénétré aussi dans la composition elle-même, et y a laissé de petits sillons dont la largeur et la profondeur sont proportionnelles à la dimension des pointes et à la force employée. La planche gravée de cette manière est ensuite légèrement métallisée et recouverte d'un dépôt de cuivre dans un appareil galvanoplastique; on obtient ainsi une planche en relief. Une seconde opération semblable faite sur cette épreuve en relief donne enfin une planche de cuivre, dont les traits creusés sont identiques à ceux que l'artiste a tracés primitivement, et il ne reste plus qu'à imprimer sous la presse en taille-douce.

Le plus remarquable des procédés électrotypiques est sans contredit celui qui a été inventé en 1840 par M. Frédéric de

Kobell[1], de Munich, et auquel il a donné le nom de **galvanographie.**

Ce procédé se prête merveilleusement à la reproduction de tous les genres de gravure. L'aqua-tinta, la manière noire, la gravure à la roulette, le genre crayon, toutes ces gravures sont imitées avec un égal succès et d'une manière très-simple.

Tandis que, dit M. de Kobell, par le procédé ordinaire de la gravure, la figure s'exécute en creux dans une plaque de cuivre, c'est précisément l'inverse qui a lieu par la galvanographie, c'est-à-dire que l'on met la plaque de cuivre et qu'on la travaille par-dessus l'image, après quoi elle peut servir à donner des épreuves. A cet effet, il faut dessiner l'image ou la peindre au lavis (d'une seule couleur) sur une plaque de cuivre argentée. On a reconnu que les couleurs à l'encaustique (préparées avec une dissolution de cire dans de l'huile de térébenthine ou dans du baume copahu) présentent pour cet emploi des avantages particuliers, parce qu'elles sont mates après la dessiccation, c'est-à-dire qu'elles ont un certain grené, qui est une condition fondamentale pour la fixité de la couleur et par conséquent pour la réussite de l'empreinte, dans le cas où la peinture est faite au pinceau large et non au trait.

Il y a une autre couleur qui offre aussi une grande solidité : elle est composée avec du crayon lithographique (de l'espèce le plus dur) pulvérisé et délayé dans de l'eau distillée. Cette couleur, qui sèche très-rapidement, est plus facile à manier qu'une couleur à l'huile. Insoluble dans la dissolution de sulfate de cuivre, elle ne laisse pas le cuivre s'étendre par-dessous. On peut, pour commencer, donner à la plaque un très-léger ton de couleur à l'encaustique, puis on y porte la couleur lithographique avec un pinceau fin et en traits pas trop déliés. La peinture en est très-facile, et l'on peut obtenir ainsi des portraits d'une belle exécution; tels sont ceux que MM. Rottmann jeune, et P. Wronski ont peints et électrotypés. On peut, au lieu de noir de fumée, mélanger avec le crayon lithographique du rouge de fer, ou du brun de Cassel, ce qui donne encore plus

(1) Galvanographie, von Fr. von Kobell, München, Cotta, 1842.

de grené à la couleur. Après l'opération, on peut ajouter à l'eau-forte des détails sur la plaque. On peut aussi se servir de la craie lithographique sous forme de crayon à dessiner, pourvu qu'on ait soin de donner auparavant le grené à la plaque, car on ne peut dessiner avec un crayon de cette espèce sur une plaque de métal unie. Ce grené s'obtient en fondant sur la plaque ce qu'on appelle un grain d'aqua-tinta, après quoi on dessine par-dessus avec le crayon. On produit aisément les clairs en enlevant le grené. Des dessins de ce genre ont beaucoup de moelleux. On peut donner un semblable grené en faisant usage de l'eau-forte, comme dans l'aqua-tinta, au lieu de la résine; on prend ensuite par voie galvanique l'empreinte en relief de la plaque, et il suffit de donner à ce relief une très-faible épaisseur, ce qui permet de l'obtenir en 24 heures pour de petites plaques. C'est sur ce relief ainsi grené, et qui a été ensuite argenté, qu'on dessine ou qu'on peint. Dans les paysages, l'air et les autres détails pouvant se produire aisément au moyen de deux teintes à l'aqua-tinta, il y a de l'avantage à les faire par ce procédé et à graver légèrement les contours, on achève ensuite de peindre l'image sur le relief. C'est d'après cette méthode qu'ont été faites, par M. Rottmann jeune, quatre vues assez grandes de Munich.

Cependant le grené obtenu au moyen de fines roulettes de Paris est bien supérieur, et a un prix particulier pour certains objets. On grave d'abord légèrement le contour de l'objet, puis on laisse de côté le fond à l'eau-forte, et on donne sur toute l'image un ton léger avec la roulette. Pour faire cette opération d'une manière bien égale, on fixe la roulette dans un tire-ligne. On peut aussi employer la roulette pour le fond de la gravure et donner le ton à l'eau-forte. Les ombres peuvent se faire également avec des tons plus forts. Ensuite on fait tirer des épreuves pour examiner le ton, on prend le relief galvanique de la plaque et on achève l'image à l'aide du crayon lithographique ou avec le pinceau, puis on exécute la plaque destinée à l'impression par-dessus. Il est aisé avec la pointe ou le grattoir du graveur d'enlever quelques points trop sombres de la couleur, ou de faire d'autres corrections à cette image. Des plaques semblables fournissent des empreintes dont l'effet présente une agréable réunion de l'aqua-tinta et de la roulette.

Quand la plaque galvanographique est achevée, quelle qu'en soit d'ailleurs la nature, il y a de l'avantage à y passer la roulette. Si cette opération est faite avec soin, l'image n'en souffre nullement, elle gagne au contraire en harmonie et en grené.

Tous les détails qui précèdent concernent la manière d'exécuter le dessin, dont on doit prendre ensuite l'empreinte en creux par les moyens électrotypiques, afin de pouvoir la multiplier par l'impression dans la presse en taille-douce.

De nombreuses applications, aussi belles qu'heureuses, ont été faites en divers endroits, aussitôt que cet art nouveau eut été connu du public.

Outre les produits cités plus haut, nous mentionnerons les planches de MM. Schœninger, Freymann et Grosjean, de Munich. Ce sont entre autres : un Ecce homo, d'après le tableau original qui fait partie de la collection du chanoine Speth; le Fumeur, d'après Ochterveld; un Christ sur la croix, d'après le Tintoret (planche de très-grande dimension); le portrait de la princesse Hildegarde; une Madonna della Sedia et la Sainte Catherine, d'après Raphaël. Cette dernière planche surtout offre une preuve de ce que pourra produire cet art nouveau. Les deux genres de gravure, celui aux hachures et le lavis, sont liés et fondus ensemble d'une manière moelleuse et délicate, avec une grande richesse de tons et un modèle parfait. A Vienne aussi on a fait des galvanographies dignes d'éloges, particulièrement celles qui sont sorties des ateliers de MM. Theyer et Waidle; elles sont presque toutes faites seulement au lavis. Ce procédé est assurément le côté le plus original de la galvanographie et présente des avantages particuliers pour le paysage, les animaux, les fleurs, etc. Les planches les plus remarquables sont : la Chienne et ses petits, de A. Wengler, d'après l'original de Ranftl; Porte latérale de l'église de Sainte-Etienne, à Vienne, par Griesser; un paysage, par J. Waltmann; un dessin d'architecture, par P. Lang; des fleurs, par un artiste inconnu; et une bonne esquisse de cheval, due à l'archiduc Etienne.

En Russie, M. le duc de Leuchtenberg a fait des essais de galvanographie très-bien réussis.

Plus tard, en 1854, M. Ranftl et d'autres ont exécuté de très-belles galvanographies dans les ateliers spéciaux de l'Imprimerie impériale de Vienne.

Électrographie. Tous ces procédés, toutes ces opérations dont nous nous sommes occupé jusqu'ici, s'exécutent au pôle négatif de la pile. C'est là, comme on l'a vu, que se forment les dépôts métalliques. Mais, dit M. L. Figuier, il se passe au pôle positif une autre action chimique dont M. Smée à su tirer parti. Dans la composition électro-chimique d'un sel, en même temps que le métal se réduit au pôle négatif de la pile, l'oxygène et l'acide se rendent au pôle positif, et si l'on dispose à ce pôle une lame métallique, celle-ci se trouve peu à peu attaquée et dissoute par l'action réunie de l'oxygène et de l'acide devenus libres. Ce fait, sur lequel M. Jacobi a fondé l'emploi des anodes, a servi à M. Smée à obtenir ce curieux résultat, le moyen de graver directement par le courant galvanique une planche de cuivre. Voici comment il opérait : La planche métallique, recouverte de cire ou de vernis de graveur sur ses deux faces, reçoit comme à l'ordinaire le dessin exécuté avec une pointe par la main de l'artiste. Cette planche est alors placée dans une dissolution de sulfate de cuivre en communication avec le pôle positif d'une pile; le circuit est complété en mettant en rapport avec le pôle négatif une plaque de même dimension que la planche à graver. La décomposition ne tarde pas à s'effectuer; l'oxygène et l'acide sulfurique se portent sur la planche et dissolvent le cuivre dans les points qui ont été marqués.

M. Smée obtenait ainsi une planche gravée en creux, propre à l'impression sous la presse en taille-douce.

C'est ce procédé que nous appelons l'**électrographie,** ou gravure exécutée par le courant électrique.

M. Spencer s'est également occupé de ce nouveau mode de gravure, et il fait remonter ses premiers essais à 1840. Il a réussi à graver, non-seulement sur cuivre, mais aussi sur acier. Il a cherché à faire l'application de ce procédé à tous les genres de gravure, et en particulier à celle des rouleaux pour l'impression des étoffes, ainsi qu'à celle des plaques qui servent à la décoration des grès et des faïences. Suivant M. Spencer et M. Wilson, la plaque métallique, fixée à l'un des conducteurs, est immergée dans une dissolution de sel commun ou dans toute autre dissolution d'un sel alcalin; à l'autre conducteur on fixe une seconde plaque d'acier (catode).

M. Walker désigne encore une autre méthode de gravure électrographique : On fait tirer une bonne épreuve d'une planche déjà gravée, et on l'applique aussitôt sur une plaque de cuivre, préalablement trempée dans l'acide nitrique étendu. La plaque et l'épreuve sont alors soumises à l'action de la presse, qui détermine le transport de l'encre de l'épreuve sur la planche de cuivre. On dore légèrement cette planche au moyen de la pile (l'or ne s'attache pas sur les parties revêtues d'encre grasse, mais seulement sur le cuivre); on lave avec l'essence de térébenthine, qui dissout l'encre grasse et met à nu le cuivre dans tous les points que recouvrait cette encre. Il suffit ensuite de placer la planche ainsi préparée dans le sulfate de cuivre, en guise d'anode, pour obtenir une gravure parfaite.

Il est également facile de produire un dessin en relief au lieu d'un creux; il suffira de former le dessin lui-même avec une substance isolante comme le vernis ou le crayon gras, par exemple, pour que toutes les portions découvertes et qui entourent le dessin se creusent et laissent ainsi une image en relief. On pourra aussi dessiner d'abord au crayon gras ou au vernis isolant, dorer fortement les parties non réservées, enlever ensuite le crayon ou le vernis, et faire mordre au bain électrique les parties dans lesquelles le cuivre est à découvert; on obtiendra ainsi un creux assez net.

On emploie d'ordinaire un bain analogue au métal qu'il s'agit de graver; c'est ainsi que les bains de sulfate de cuivre sont employés pour la gravure de ce métal, les bains de sulfate de zinc pour la gravure sur zinc. On peut néanmoins graver sur cuivre et sur zinc en faisant fonctionner la pile sur des bains composés seulement d'eau légèrement acidulée par des acides azotique, chlorydrique, sulfurique ou acétique (1).

(1) Manipulations hydroplastiques par M. Alfred Rouseleur; Paris, 1855.

MM. Henriot et Gaiffe, graveurs de Paris, ont trouvé un nouveau moyen de gravure galvanique appliquée à la gravure des cylindres qui servent à l'impression des étoffes. Ce moyen est si simple, et d'une si grande infaillibilité, que l'ouvrier le moins habile peut réserver des blancs et refouiller les mats sur soubassement avec une perfection d'autant plus admirable que, sans jamais rien laisser à désirer, ce nouveau système de gravure est extrêmement économique. M. Edouard Becquerel, au nom de la Société d'encouragement, a examiné ce procédé et en a paru satisfait (1).

M. le Dr G.-W. Osann, de Wurzbourg (2), en suivant le principe de M. Smée, sans le connaître, a profité du courant hydro-électrique pour s'en servir comme d'un mordant sur des planches de cuivre ou d'étain, afin d'obtenir des dessins en creux ou en relief suivant la manière dont il appliquait son vernis. Il propose le nom de **galvanocaustique** pour désigner ce procédé.

M. L. Dumont (3), graveur de Paris, a pris un brevet le 8 juillet 1854, pour un procédé qu'il a inventé en 1852, et qu'il appelle **zincographie galvanique.** Il consiste à reporter sur zinc les dessins lithographiques faits sur papier, ou ceux des planches gravées en taille-douce. On peut aussi dessiner directement sur une planche de zinc grenée avec le crayon lithographique ordinaire, ou avec un crayon insoluble inventé par M. Dumont, et qui résiste à l'action de l'acide. Le dessin fini, on prépare le zinc avec une dissolution de noix de galle et de gomme arabique, comme cela se fait d'habitude dans le procédé lithographique sur zinc; on encre le dessin comme pour tirer des épreuves; on saupoudre la planche d'un mélange de résine, de bitume de Judée et de poix de Bourgogne, dont on chasse ensuite l'excédant de poudre, et on chauffe légèrement le dessous de la planche afin de faire fondre la poudre qui la

(1) Moniteur industriel, 20 avril 1856, n° 2051.
(2) Die Anwendung des hydro-electrischen Stromes als Actzmittel, von Dr. G. W. Osann, Würzb. 1843.
(3) Lumière, n° 48, 1855, et 3, 1856.

couvre, laquelle se mêle avec l'encre lithographique et forme alors un vernis.

Après cette opération, M. Dumont expose sa planche à l'action de la pile galvanique, et il la fait mordre; il obtient ainsi une gravure en relief, propre au tirage sous la presse typographique. Par ce moyen, il a reproduit des gravures en taille-douce, des dessins à la plume, des lithographies au crayon et à la plume, et des lithographies de M. Lemercier; ces reproductions en relief lui ont valu une médaille de 2e classe à l'Exposition universelle de Paris en 1855.

Le procédé inventé par M. G. Devincenzi (1), et communiqué le 16 novembre 1855, à l'Académie des sciences, diffère un peu de celui de M. L. Dumont; mais, du reste, il produit les mêmes résultats. Voici, d'après le rapport de M. Becquerel, en quoi il consiste : On prend une planche de zinc ordinaire, dont la surface a été grené préalablement avec du sable tamisé, et l'on dessine dessus avec un crayon ou de l'encre lithographique; on la passe ensuite dans une décoction légère de noix de galle, puis à l'eau de gomme, afin de prédisposer les portions de zinc qui ne sont pas recouvertes du dessin à ne pas prendre le vernis dont il sera parlé ci-après. On lave avec de l'eau, puis on enlève le crayon ou l'encre avec de l'essence de térébenthine, comme on le fait dans la préparation lithographique. Ces opérations faites, on humecte la planche et on y applique avec un rouleau un vernis composé d'asphalte, d'huile de lin lithargiée et de térébenthine, auquel on ajoute ensuite de l'essence de lavande. Le vernis s'attache uniquement aux parties recouvertes de crayon ou d'encre. On laisse sécher pendant 12 à 15 heures; on passe sur la planche une brosse trempée dans une très-faible dissolution d'acide sulfurique pour décaper la surface non recouverte de vernis, et on la plonge ensuite dans une dissolution de sulfate de cuivre marquant 15 degrés, en même temps qu'une planche de cuivre de même dimension est placée parallèlement à 5 millimètres de distance et mise en communication avec l'autre au moyen d'une baguette

(1) Comptes rendus, n° 27. 1855.

de cuivre. La partie du zinc non recouverte de vernis est attaquée chimiquement par la dissolution de sulfate de cuivre, et électro-chimiquement par l'action ou couple voltaïque, tandis que la dissolution n'a aucune action sur le vernis. On retire de minute en minute la planche de zinc pour enlever le cuivre déposé, et au bout de 4 à 8 minutes on aura obtenu une planche gravée, dont le relief est suffisant pour le tirage typographique d'un très-grand nombre d'épreuves.

M. Devincenzi a reproduit de cette manière, en présence des membres de l'Académie, le portrait du Pérugin d'après Raphaël, dessiné avec soin par M. Chatillon sur une planche de zinc grenée. Toutes les épreuves obtenues par le tirage de M. Plon ont été la reproduction parfaite du dessin. M. Devincenzi a fait tirer de cette planche 800 épreuves; avec d'autres planches il a imprimé trois mille épreuves, les dernières étaient aussi belles que les premières.

Le Dr Pring a publié en 1843 un procédé de gravure électrographique tout à fait particulier. Une plaque d'acier poli ou d'un autre métal est mise en communication avec l'extrémité positive d'une série de 4 à 5 couples, au moyen d'une bonne bobine de pile de cuivre revêtue de soie. Un autre fil, protégé par un tube de verre, ou de tout autre corps isolant, *est tenu dans la main et sert de burin pour tracer le dessin.* L'action d'une machine électro-magnétique peut être utilisée dans ce cas. On varie l'expérience en faisant communiquer la plaque avec l'extrémité négative de l'appareil. Des fils de diverses natures peuvent être employés, et on ne se sert d'aucune dissolution. On peut dire que c'est là un véritable dessin électrographique, dans lequel le courant électrique fait le service du burin.

Nous devons ajouter ici un moyen de corriger les fautes de gravure, qui aurait pu trouver sa place dans le chapitre traitant de la gravure en creux, mais qui, par la nature de son procédé, fait partie plutôt de la galvanoplastie. En gravure, comme en tout travail fait à la main, les fautes sont inévitables, l'essentiel est de pouvoir les corriger: c'est ce qui se fait pour les gravures de tous genres en faisant disparaître la faute de la place où elle se trouve, et à graver de nouveau. A cet effet on a recours d'abord au repoussage, en se servant d'un compas d'épaisseur à pointes recourbées pour marquer derrière le cuivre les points correspondants que l'on doit repousser ensuite au marteau pour remettre au niveau de la surface les endroits qui ont été râclés à l'aide du grattoir. Ce travail fait on regrave de nouveau. Ce procédé, quoique généralement employé, offre des inconvénients auxquels on a cherché à remédier par la galvanoplastie.

C'est à M. George, graveur au Dépôt de la guerre à Paris, qu'est dû le perfectionnement de ce procédé; M. le maréchal Vaillant a fait à l'Académie des sciences (1) un rapport détaillé sur ce sujet; nous en reproduisons l'essentiel: « Aussitôt, dit-il, qu'un atelier eut été établi au Dépôt de la guerre pour reproduire les planches de la Carte de France à l'aide des procédés galvanoplastiques, on eut la pensée d'appliquer ces procédés aux corrections. Comme il existe, entre la feuille-mère et la feuille reproduite, une feuille intermédiaire, une sorte de contre-épreuve moulée en relief sur la première et sur laquelle se moule en creux la seconde, il était simple d'enlever, sur cette intermédiaire, à l'aide d'un grattoir, tout ce qui ne devait pas reparaître dans la feuille reproduite ; on obtenait ainsi, sur cette dernière, après l'opération, une surface plane au lieu des parties gravées et remplacées. C'était déjà un progrès ; mais cette méthode avait aussi ses inconvénients. D'abord la reproduction totale d'une feuille était nécessaire pour chaque correction nouvelle, et les planches pour une même feuille pouvaient se multiplier ainsi indéfiniment. Secondement, la reproduction totale exige un mois au moins de travail et coûte encore 300 fr. Enfin, l'opérateur n'est jamais entièrement libre d'inquiétudes, tant seraient graves les conséquences d'un accident qui, en déterminant l'adhérence des surfaces entraînerait la perte immédiate d'une planche représentant 20,000 fr. de dépense et douze ans de travail.

« En présence de ces difficultés, M. George eut l'heureuse idée d'arriver aux corrections sans intermédiaire en déposant du métal dans les tailles, de se faire un auxiliaire de l'adhérence si re-

(1) Comptes rendus, t. XLIII, p. 20.

douté dans la reproduction totale, et de réduire ainsi le cercle de l'opération au strict nécessaire en espace, en temps et en frais. Voici comment il a réglé ses opérations: 1° Les parties à corriger sont recouvertes d'une légère couche de vernis ordinaire qui s'étend de quelques centimètres au delà de leur pourtour. 2° Le vernis étant sec, on creuse, à l'échoppe, les parties à modifier. Ces parties peuvent être plus ou moins grandes; il importe que, pendant ce travail, l'outil soit toujours parfaitement propre et qu'il n'entraîne avec lui aucune parcelle de vernis; car tout corps étranger, et surtout les substances grasses, nuisent à l'adhérence du dépôt. 3° Sur la planche ainsi préparée on construit, avec de la cire à modeler, une sorte de cuvette entourant, sans le couvrir, l'espace qui a reçu le vernis, assez grande pour recevoir une certaine quantité de sulfate de cuivre en dissolution, et un petit élément galvanique. La planche est posée elle-même horizontalement sur 4 ou 5 supports isolants. 4° L'élément galvanique est contenu dans un cylindre en terre poreuse de $0^m,06$ diamètre sur $0^m,10$ à $0^m,12$ de haut. Ce cylindre, placé sur une sorte de trépied en bois, haut de $0^m,01$, établi au fond de la cuvette et plongeant ainsi par sa base dans le sulfate de cuivre, reçoit de l'eau aiguisée d'acide sulfurique dans laquelle plonge une lame de zinc un peu plus large et un peu plus haute que le cylindre; à la partie supérieure de cette lame est soudée un conducteur composé de deux fils de cuivre de $0^m,002$ environ de diamètre, tordus en corde et assez longs pour aller s'épanouir sur la planche gravée en passant par-dessus le cylindre poreux et les bords de la cuvette.

« Pour que l'action ait lieu, il faut que l'extrémité du conducteur et la place où elle se pose, soient exactement décapées. Il est utile que l'opération marche d'abord très-doucement, 20 à 24 heures suffisent largement pour avoir un dépôt convenable. Quand on le juge assez avancé, on enlève l'élément galvanique, ainsi que la dissolution de cuivre et l'auge elle-même. Voici ce qui se présente alors: la surface qui avait été dénudée par l'échoppe est complétement recouverte de métal; le contour est marqué par un petit bourrelet en dehors duquel se prolonge le dépôt avec l'apparence de boursoufflures irrégulières.

Sur la partie dénudée l'adhérence est complète ; le bourrelet et les boursoufflures intérieures, séparées du cuivre de la planche par le vernis, n'adhèrent pas et ne gâtent même pas les traits qu'ils recouvrent.

« A l'aide d'un grattoir ordinaire de graveur, le métal déposé est mis de niveau avec le reste de la planche, les bourrelets ont disparu, et une surface nette et plane remplace les parties de gravure à corriger. Ainsi les corrections sont limitées à l'espace défectueux ; les faux traits sont remplacés par du métal rapporté sans choc, sans altération générale de la planche et parfaitement adhérent. Le burin n'a rien à reprendre dans ce qui était primitivement bon. Le temps et la dépense sont réduits au minimum, et les corrections de toute espèce sont désormais des opérations aussi sûres que faciles, dans tous les genres de gravure. »

Une application très-curieuse de l'électro-chimie à la télégraphie électrique, a été publiée dans le courant de l'été 1855 par plusieurs journaux [1]. M. d'Arbaud, de Blonzac, Français, annonçait avoir trouvé le moyen de transmettre sur toute une ligne télégraphique à l'aide d'un seul fil, et au moyen d'un appareil fort simple, des écritures autographes, un dessin quelconque, plan et figures, un morceau de musique, etc. Il ajoutait que ces documents expédiés se reproduisent eux-mêmes au lieu d'arrivée, soit sur plaque métallique, soit sur pierre lithographique, et qu'on peut tirer le nombre voulu d'exemplaires. M. d'Arbaud, de Blonzac, donne à son invention le nom de l'électrographie.

M. Perez, de Nice, annonçait de son côté avoir découvert à peu près le même procédé.

Cependant, M. Giovanni Caselli, de Florence, réclame contre M. Perez la priorité de l'invention, la sienne remontant, dit-il, à quatre mois. Il ajoute que le mécanisme de M. Perez a besoin de plusieurs fils électriques, tandis que son télégraphe *pantographique* n'en emploie qu'un seul, et pourrait s'adapter sans aucun changement à toutes les lignes télégraphiques terrestres

(1) La Lumière, journal photogr. par Ernest Lacan, Paris, 18 août 1855, n° 33. — L'Ami des Sciences, journ. par Victor Meunier. Paris, 9 septembre 1855, n° 36.

et sous-marines actuellement existantes. Quelques minutes suffiraient, avec le procédé de M. Caselli, pour transmettre de l'un à l'autre bout du monde une page entière de manuscrit ou d'impression, un dessin quelconque, et même des discours sténographiés, au moyen de lignes coloriées, sur un papier blanc ordinaire.

Les essais plus ou moins heureux qui ont été tentés par MM. Grove, Fizeau, Chevalier, Beuvière, Berres, Poitevin, Baldus et d'autres, pour appliquer les procédés de l'électro-chimie à la gravure des images photographiques, trouveront leur place dans les articles concernant la daguerréotypie et la photographie.

Pour terminer convenablement la description des principales applications de la galvanoplastie qui précèdent, nous y en joindrons encore une très-remarquable, et qui a été imaginée il n'y a pas quatre ans; nous voulons parler de l'autographie galvanoplastique.

AUTOGRAPHIE GALVANOPLASTIQUE. L'invention de cet art nouveau est due à M. le conseiller de régence, Aloys Auer, directeur de l'Imprimerie impériale de Vienne, et à M. André Worring, prote, attaché à cet établissement. D'après une déclaration de ce dernier, la première idée en revient à M. Auer, tandis que c'est lui, André Worring, qui en a le premier trouvé l'exécution technique. Ces Messieurs se sont posé le problème difficile que voici: Comment obtiendra-t-on, dans le moindre temps, à très-peu de frais, une planche métallique, propre à l'impression, et dont le dessin soit identique, sous tous les rapports, à l'original, sans aucune coopération, ni d'un dessinateur, ni d'un graveur?

MM. Auer et Worring ont résolu le problème en inventant l'autographie galvanoplastique, ou l'art de reproduire par eux-mêmes des objets organiques ou inorganiques, et de transformer ces empreintes ou copies, au moyen de la galvanoplastie, en planches métalliques destinées à les multiplier par l'impression en couleur. M. Auer a appelé son invention **impression naturelle** *(Naturselbstdruck)*; en latin on la désigne sous le nom de **physiotypia.**

On sait que l'essentiel de toute reproduction, c'est d'un côté un procédé facile et bon marché, et de l'autre une copie fidèle et exacte. Ces deux conditions sont réunies dans l'autographie galvanoplastique; et en effet, quelle reproduction, quelle copie sera plus parfaite que celle qui est faite par l'objet même.

Autographie mécanique. L'idée de se servir des plantes elles-mêmes, à la place de planches gravées, pour en faire des copies sur papier, propres à remplacer les dessins et les gravures, est déjà très-ancienne. Les procédés en sont décrits et employés dans les ouvrages du XVIe siècle; on avait alors déjà des collections de copies de plantes faites par elles-mêmes, servant pour l'étude de la botanique. On en fait mention entre autres dans le livre sur les Arts d'Alexis Pedemontanus au commencement du XVIe siècle. Le Danois Welkenstein enseignait à faire des copies de plantes en 1660. Jérôme Cardanus, dans son Opera Lugduni de 1663 (10 vol. in-fol., vol. III, p. 581), parle du procédé de la manière suivante: «En enduisant les plantes fraîches d'une couleur composée de vert de gris et de charbon pulvérisé, et en les pressant sur une feuille de papier, on obtiendra une belle copie de la plante» (Vt vestigium quasi ichnographiæ remaneat). Dans le Journal des voyages de Manconys (Lyon, 1665, 4°, vol. II, p. 450) il en est fait mention aussi. Jean Daniel Geyer (Thargelus, Apollini sacer siss. 3 de Dictamus. Francof. 1687, p. VItina) entre dans beaucoup de détails; il recommande l'encre typographique et la balle de l'imprimeur, qui furent dès lors généralement adoptées. En Amérique même, comme nous l'apprend Linnée, il y avait en 1707 un nommé Hessel qui faisait de ces copies de plantes.

C'était surtout dans le XVIIIe siècle que ce genre de reproduction devient d'une utilité réelle.

Le typographe Funke, secondé par le professeur Kniphof, établissait à Erfurt en 1728 une imprimerie spéciale pour la copie des plantes, et publiait un ouvrage composé de 1200 planches. Plus tard, en 1758, l'imprimeur Trampe de Halle, étendait encore davantage cette industrie, et il publiait, sous les auspices du conseiller Buchner et du botaniste Ludwig, un ouvrage de botanique en 12 centuries, c'est-à-dire en 12 séries composées chacune de 100 feuilles grand in-folio (J.-H. Kniphofii Botanica in originali seu herbarium, etc. elegantissima ectypa exhibentur, etc., Halæ, Magdeburg, 1758 — 64). En 1741 fut publié le Specimen floræ Berolinensis, chez l'imprimeur de la cour, Henning de Berlin. Et de 1760 à 1764, Trampe publiait un recueil de plantes coloriées, contenant deux cents plantes médicinales sous le titre : Ectypa vegetabilium — ad naturæ similitudinem expressa, fol.

L'Anglais Kirnhals et l'Allemand Seutter avaient déjà, l'un en 1728, et l'autre à Augsburg en 1734, exécuté des ouvrages ornés de plantes en couleur.

On publiait également des traités et des procédés de cet art. Dans la Gazette Salutaire de 1763, n° 2, se trouve une « recette pour copier toutes sortes de plantes sur papier. »

F.-E. Bruckmann et Kniphof avaient publié des « Sendschreiben Kräuter nach dem Leben abzudrucken. » Les « Observations sur la physique et l'hist. nat. » de Bozier (t. II, p. 146, 1771) contient aussi un procédé. En 1788—1796 furent publiées les « Ectypa plant. Ratisbonensium » et « Ectipa plant. selectarum » de Hoppe. Enfin ces publications se succédèrent en grand nombre et furent continuées jusque dans le XIXe siècle; par Pritzel et Graumüller en 1809 et Oppe en 1814 (Graminées).

Il n'y a pas vingt ans qu'un individu parcourait la Suisse en enseignant ce procédé dans les pensionnats et les écoles. Il avait toutes les nuances de couleur à l'huile préparées d'avance; au moyen d'une balle il les déposait sur la plante, en rapport avec les couleurs naturelles de celle-ci, et, après l'avoir placée sur une feuille de papier, il soumettait le tout à une pression convenable pour en obtenir une copie enluminée assez propre.

Autographie chimique. A cette méthode mécanique on substitua dans la suite des procédés chimiques, dont voici l'un. On enduit un bon papier à dessin d'une solution d'acétate de cuivre étendue d'eau, on laisse sécher, on humecte ensuite le papier par-dessous et on le place sur quelques feuilles de papier buvard; puis on pose dessus une feuille de plante, préalablement enduite de cyanure de potassium jaune mêlé d'eau, dans les proportions de 1 de cyanure sur 8 d'eau. Le tout produit une empreinte de couleur jaunâtre ou rousse, teinte propre à recevoir toutes sortes de colorations.

Le procédé qui a donné un assez bon résultat est celui de Félix Abate, de Naples. Il l'appelle thermographie ou art d'imprimer par la chaleur. Pour cela il mouille légèrement avec un acide étendu d'eau ou un alcali la surface des sections de bois dont il veut faire des fac-simile, et en prend ensuite l'empreinte sur du papier, du calicot, ou du bois blanc. D'abord cette impression est tout à fait invisible; mais en l'exposant pendant quelques instants à une forte chaleur, elle apparaît dans un ton plus ou moins foncé, suivant la force de l'acide ou de l'alcali. On produit de cette manière toutes les nuances de brun, depuis les plus légères jusqu'aux plus foncées. Pour quelques bois qui ont une couleur particulière, il faut colorer, soit avant, soit après l'impression, selon la légèrete des ombres du bois.

Cependant la lithographie ayant été inventée, cet art nouveau rivalisa avec la gravure en taille-douce et avec la gravure sur bois de nouveau mise en vogue; toutes tendirent à la diminution du prix des planches, et elles furent substituées simultanément à l'ancienne méthode de copier les plantes par elles-mêmes. Celle-ci ne fut plus regardée dès lors que comme un amusement de la jeunesse.

Autographie galvanoplastique. Enfin un nouveau procédé fut encore mis en pratique. Plus exact que les précédents, il reproduisait les moindres détails avec la plus grande fidélité et donnait même le relief: c'était la galvanoplastie. Ce procédé fut d'abord employé dans la plupart des arts et des industries, pour la sculpture, la fonte et la gravure, comme nous l'avons montré plus haut. Il offrait toutes les conditions que l'on pouvait désirer pour obtenir une copie parfaite.

MM. Auer et Worring profitèrent de cette qualité pour mettre leur idée en œuvre; voici à quelle occasion.

En 1852 on montrait à Vienne des impressions de dentelles, obtenues à Londres au moyen de la presse lithographique. Ces échantillons étaient très-bien faits, et plaisaient généralement; mais l'exécution en était coûteuse et laissait bien à désirer. M. Auer, à qui la Chambre de commerce avait demandé de pareilles épreuves, pensa de suite qu'il serait plus avantageux de reproduire ces dentelles par le procédé galvanoplastique plutôt que par la lithographie, et de se passer de dessinateur et de graveur.

Après avoir conféré avec plusieurs de ses protes sur le moyen d'exécuter son dessein, et après plusieurs essais, M. Worring eut l'heureuse idée de substituer les moules de plomb aux moules en gutta-percha que M. Auer avait d'abord proposés. Dès lors le procédé était trouvé, la réussite parfaite (1). Voici l'opération : on enduit l'objet à copier d'un mélange de térébenthine de Venise et d'esprit-de-vin, pour le fixer et l'étendre sur une planche de cuivre ou d'acier bien unie et polie; là-dessus on place une lame de plomb pur et décapé, et on soumet le tout à la presse d'imprimeur en taille-douce, d'une force de pression d'environ 800 à 1000 quintaux, suivant le relief et la solidité de l'objet. On obtient de cette manière une planche avec l'empreinte de l'objet en creux, qui pourrait servir déjà à l'impression, si le plomb n'était pas une matière trop tendre pour supporter le tirage d'un certain nombre d'exemplaires. Pour se procurer une planche plus solide, on prend en plâtre ou en une autre substance convenable une contre-épreuve de cette plaque de plomb, contre-épreuve sur laquelle se trouve naturellement l'objet en relief. Après avoir métallisé cette planche, on l'expose au courant voltaïque, on fait déposer la couche de cuivre jusqu'à une certaine épaisseur, comme dans les opérations électrotypiques; de cette manière on produit une planche en creux, qui remplace celle en plomb, et qui peut immédiatement servir au tirage des épreuves sous la presse en taille-

(1) Nous devons à l'obligeante communication de M. Auer lui-même quelques-uns des détails du procédé; les autres sont tirés des publications qu'il a bien voulu nous envoyer : Die Entdeckung des Naturselbstdrucks, etc. von A. Auer. Wien, 1853. — Voyez aussi Sitzungsberichte der K. K. Oestr. Academie der Wissenschaften, Bd. IX, Jahrg. 1852, Ve Heft, p. 868 ff.

douce. On peut obtenir le même résultat en faisant un moule primitif en métal fusible, au lieu de plomb. Si l'objet ne supporte pas la pression, ou si le relief en est trop élevé, on aura recours aux moules faits de stéarine ou de gutta-percha; et comme cette dernière substance a souvent l'inconvénient de s'attacher à l'objet, on lui substituera avec avantage une composition de gomme laque et de goudron, laquelle fournit d'excellents moules. On peut obtenir encore plus directement une planche en creux, lorsqu'on métallise l'objet à copier même, et qu'on le soumet, avec la planche sur laquelle il est fixé à l'action galvanoplastique, pour en produire une planche en creux.

Veut-on se procurer au contraire une planche en relief, propre à être imprimée sous la presse typographique, alors on ne fait que deux opérations au lieu de trois, c'est-à-dire qu'on ne produit qu'une planche en relief du moule en creux primitif. Pour l'imprimer, on pose la couleur sur l'objet, au moyen du rouleau à encrer, au lieu de la frotter dans les profondeurs, comme cela se pratique pour les planches en creux. Faisons observer ici qu'il faut être très-habile pour bien encrer ces planches en creux, lorsqu'il s'agit de les imprimer en plusieurs couleurs; il faut savoir imiter, nuancer et fondre parfaitement les diverses couleurs de l'original.

C'est par ce procédé que MM. Auer et Worring ont reproduit, avec une exactitude et une vérité frappantes, des objets de toute natur, des dentelles, des ouvrages au crochet, des broderies, des silhouettes découpées en papier, des sections de différentes espèces de bois, des feuilles d'arbres, des plantes entières, des fossiles, et même des animaux. Tous ces objets sont reproduits avec leurs couleurs et leur relief naturel, ou en noir. Le premier ouvrage avec des planches faites en autographie galvanoplastique fut publié à Vienne en 1853, et contient les cryptogames de la vallée d'Arpasch en Transylvanie, par M. le chevalier de Heufler. — M. de Ettinghausen a publié en 1854 un traité sur les nervures des papilionacées, qui est également orné de planches exécutées par le même procédé. En avril 1856 on a publié la première partie de la Physiotypia plantarum austriacarum de M. de Ettinghausen, ouvrage qui doit se composer de 5 volumes in-folio et d'un atlas de 500 planches.

Minéralotypie et Minéralographie. En même temps que M. Auer faisait la découverte de l'autographie galvanoplastique, M. le professeur Leydolt, de Vienne, essayait de reproduire des minéraux par un procédé analogue. Il a également réussi, surtout pour les minéraux contenant du quartz, grâce à la coopération de l'Imprimerie impériale de Vienne.

M. Leydolt fait mordre les pierres à surface plane au moyen d'un acide, probablement avec l'acide fluorique ou fluate de chaux, employé ou à état liquide, ou en vapeur, de manière que les parties corrodées de la pierre forment les creux, tandis que les parties non attaquées restaient en relief. On aurait donc pu se servir des pierres ainsi préparées, à la place d'une planche gravée ou d'une tablette de bois gravée, pour en tirer des épreuves, quand la forme et la force de la pierre auraient permis cette opération.

Mais il a préféré faire un moule en plomb ou en gutta-percha, et le transformer en planche métallique par le moyen de la galvanoplastie. C'est ainsi qu'on reproduit différentes sortes de minéraux, surtout ceux qui sont attaquables aux acides, tels que les agates, des granits et d'autres. Ce procédé a été nommé minéralotypie et minéralographie, suivant que les planches sont en relief ou en creux.

Nous ajouterons encore un procédé très-ingénieux, imaginé en 1854 par M. Prey, prote dans l'Imprimerie impériale de Vienne[1]; il consiste à transformer les dessins faits sur papier en planches d'impression. Les principes de ce procédé sont ceux-ci: On dessine d'abord sur un papier préparé à cet effet, avec un crayon qui produit les mêmes effets que le crayon ordinaire; on transporte ce dessin sur une planche de cuivre, et on traite ensuite par la galvanoplastie, pour former la planche qui doit servir au tirage des épreuves sur papier. On peut imprimer en

(1) Faust, poligrafisch-illustriste Zeitschrift, Wien, 1854, n° 10.

noir ou en plusieurs couleurs, et les épreuves imitent parfaitement les dessins au crayon faits sur papier blanc, ou les dessins à deux teintes, ou enfin les dessins légèrement coloriés. Ce procédé est très-précieux pour les artistes, vu que le dessin sur le papier préparé est aussi facile et aussi grené que sur le papier ordinaire, et on a de plus le grand avantage de pouvoir multiplier à l'infini les dessins originaux, et de faire toutes les corrections et retouches nécessaires. MM. Breyer, galvanographe, Van der Nüll, professeur, le conseiller Sprenger, et Rauftl, peintre, ont fait les premiers essais dans ce genre; la réussite était parfaite.

Toutes les opérations électro-chimiques de l'autographie galvanoplastique s'accomplissent au pôle négatif, et par conséquent font partie de l'électrotypie.

Nous ne devons pas oublier de remarquer que, dès que la découverte de M. Auer fut connue (1), on est venu lui contester la priorité de l'invention, en faisant observer qu'il y a plus de 20 ans qu'un graveur de Copenhague, Pierre Kyle, qui est mort depuis avait fait une invention pareille. Voilà sur quoi se base cette prétention: Un particulier avait déposé, le 28 mai 1853, dans le cabinet royal des estampes de Copenhague, un manuscrit de Kyle contenant la description de son procédé et 46 planches d'épreuves. Cet ouvrage avait le titre suivant : « Description, avec 46 planches, du procédé pour copier des produits de la nature et de l'art, de formes planes, par Pierre Kyle ; Copenhague le 1er mai 1833.» Ce n'est donc que 20 ans après que ce manuscrit avait été écrit, qu'on a eu connaissance de ce procédé. Quant à celui-ci, voici en quoi il consiste, selon la traduction que M. Auer en a fait publier: « Pierre Kyle, pour faire les copies, plaçait les objets à reproduire sur une planche de fer étamé, de l'epaisseur d'une demi-ligne; l'étamage avait pour but de retenir les objets toujours à la même place pendant l'opération. Sur cette planche et les objets il posait une autre planche en cuivre bien amolli, et de l'épaisseur d'une demiligne, et il soumettait le tout à la pression de deux rouleaux d'a-

(1) Eigenthums-Streit bei neuen Entdeckungen, etc., von A. Auer; Wien, 1853.

cier d'un laminoir, pour imprimer l'objet dans la planche de cuivre : il obtenait ainsi une planche en creux. Une contre-épreuve de celle-ci faite de la même manière, mais sur un métal plus mou, du zinc, de l'étain ou du plomb, lui procurait une planche en relief. On a lieu de douter que des feuilles d'arbre, des plumes, et même des dentelles, offrissent assez de résistance pour supporter une pression telle qu'il fallait pour les imprimer dans du cuivre, si bien amolli qu'il fût, sans se défigurer. L'impression de ces objets sur le fer présente encore plus de difficultés, et Kyle avoue qu'il n'a pas réussi, et qu'il lui fallait retoucher à la pointe sèche. Kyle dit avoir reproduit par son procédé des feuilles d'arbres, des tissus, des écailles de poisson et des plumes d'oiseaux, et les avoir imprimés sur du papier avec de l'encre d'imprimeur. »

Sans même avoir vu ces épreuves sur papier, on peut supposer qu'elles étaient très-faibles et imparfaites, et il est facile de juger qu'il n'y a aucun rapport entre le procédé de Kyle et celui de M. Auer.

Emploi du magnétisme à la gravure. On n'a pas employé seulement l'électricité dans l'art de la gravure, mais aussi le magnétisme.

En 1840, M. W. Jones[1] a imaginé le procédée suivant: On se procure une planche d'acier qu'on noircit comme à l'ordinaire, puis on y trace, au moyen d'une pointe énergiquement aimantée, mais dont le bout est plutôt en peu arrondi que trop aigu, le dessin qu'on veut graver. Il faut faire attention de tenir la pointe un peu inclinée, d'appuyer fermement sur la planche et de se placer de telle sorte que cette pointe soit à très-peu près dans le plan du méridien magnétique.

La planche ainsi gravée et magnétisée étant nettoyée soigneusement et séchée, on répand à sa surface du fer en poudre fine (la limaille de fer bien fine et pure, qu'on lave plusieurs fois avec de l'alcool très-rectifiée). Cette poudre, en inclinant la planche, glisse le long de son plan, excepté dans tous les traits où a passé

(1) Le Technologiste, t. I, 1840, p. 285.

la pointe et où elle adhère fortement. Ayant ainsi obtenu des contours sensibles, on imprime au moyen d'une presse lithographique.

Le papier d'impression doit recevoir une préparation pour que le fer métallique puisse s'y combiner. On produit une belle impression bleue en imprégnant le papier avec une solution de prussiate de potasse, et une impression noire en le mouillant avec une infusion faible de noix de galle. Les épreuves ont besoin d'être exposées à l'air pendant quelque temps avant d'acquérir tout leur éclat, et le fer doit être dans le plus grand état de division possible pour que les combinaisons chimiques puissent s'opérer promptement. Ce genre de gravure est intermédiaire entre la lithographie et le mezzotinto.

Nous terminerons ici notre notice sur la galvanoplastie. Sans prétendre avoir épuisé le sujet, nous croyons en avoir assez dit pour que l'on puisse se faire une idée de combien d'éléments et de moyens elle dispose, et quel champ vaste et fertile elle offre pour des applications aux arts et aux industries.

Nous devons nous occuper maintenant de la photographie. De l'électricité passons à la lumière, cette autre force de la nature dont la sagacité de l'esprit humain a su tirer un si beau profit pour les arts.

Sous ce point de vue la lumière a de l'analogie avec l'électricité. Le courant voltaïque, l'étincelle électrique façonne ou grave les formes que l'homme lui prescrit; le rayon lumineux fait plus encore, il dessine, il peint tout ce que l'homme voit, et même les choses qu'il n'aperçoit pas à l'œil nu. Quelles merveilles nous offrent déjà ces deux arts à peine nés, et combien sont encore cachées?

Nous adopterons la théorie photographique de M. Guillotte, ingénieur, et nous appellerons *héliographie* (du grec hélios, soleil) l'art de fixer une image quelconque sur une surface impressionable ou réductible.

Nous choisirons encore ce mot pour désigner l'ensemble des opérations photographiques, en l'honneur de l'inventeur de cet art, Nicéphore Niepce, qui avait le premier adopté ce nom. Encore une autre cause nous détermine à conserver le nom d'héliographie, c'est que réellement toutes les opérations de Nicéphore Niepce, et même celles de Daguerre, avaient été faites au moyen des rayons solaires.

Cet art se subdivise en deux branches, que nous appellerons : 1° daguerréotypie, et 2° photographie, noms consacrés par l'usage.

1° La daguerréotypie sera spécialement l'art de fixer une image quelconque sur une plaque de cuivre argentée.

2° La photographie (phôs, phôtos, lumière) l'art de fixer une image quelconque sur une substance quelconque, autre que le cuivre argenté, quelle que soit la manière d'en préparer la surface.

Ces deux arts ont plus d'un rapprochement; mais le plus saillant, c'est qu'ils sont fondés tous les deux sur cette propriété des sels d'argent d'être réduits plus ou moins facilement par la lumière.

HÉLIOGRAPHIE

Héliographie. La lithographie venait d'être découverte, et à peine cette précieuse invention de Senefelder était-elle connue et répandue, qu'elle fixait toute l'attention des artistes et des industriels. Partout on cherchait dans les carrières, on fouillait le sol pour y découvrir des pierres calcaires propres aux procédés lithographiques.

Joseph-Nicéphore Niepce, propriétaire à Châlon-sur-Saône, qui s'occupait dans ses loisirs d'agriculture et de mécanique, tenta aussi quelques essais lithographiques, et il choisit une qualité de pierres dont on se sert pour couvrir la route de Lyon (1). Ses expériences n'ayant point réussi, il imagina de substituer aux pierres un métal poli; il essaya de tirer des épreuves sur une planche d'étain avec des crayons lithographiques, et c'est dans le cours de ces recherches qu'il conçut l'idée d'obtenir sur des plaques métalliques la représentation des objets extérieurs

(1) Bulletin de la Société d'encouragement, etc. vol. XVI, 1817, pages 189 et 209.

par la seule action de la lumière : Joseph-Nicéphore Niepce avait découvert l'héliographie.

C'est à l'année 1813 que remontent ses essais, et il fit ses premières découvertes en 1814.

Nous ne pouvons mieux faire que d'emprunter à l'excellent ouvrage sur les découvertes scientifiques de M. Louis Figuier (1) les détails de ce procédé héliographique.

« Niepce s'appliqua d'abord à reproduire des gravures; il vernissait une estampe sur le *verso* pour la rendre transparente, et il l'appliquait ensuite du côté *recto* sur une planche d'étain vernie d'une couche de bitume de Judée. Les parties noires de la gravure arrêtaient les rayons lumineux; au contraire, les parties transparentes ou qui ne représentaient aucun trait de burin les laissaient passer librement. Les rayons lumineux, traversant les parties diaphanes du papier, allaient blanchir la couche de bitume de Judée appliquée sur la lame métallique, et l'on obtenait ainsi une reproduction fidèle du dessin, dans laquelle les clairs et les ombres conservaient leur situation naturelle. En plongeant ensuite la lame métallique dans l'essence de lavande, les portions du bitume non impressionnées par la lumière étaient dissoutes, et l'image se trouvait ainsi mise à l'abri de l'action ultérieure de la lumière. »

Le but que Niepce se proposait était la multiplication par la gravure, et il y réussit assez bien. En attaquant ses planches par un acide faible, il creusait le métal en respectant les traits abrités par l'enduit résineux, qui remplaçait le vernis du graveur. Il formait ainsi des planches à l'usage des graveurs. Mais n'ayant pas assez de connaissances pratiques dans l'art de la gravure (2), il cherchait le secours d'un artiste qui pût le secon-

(1) Exposit. hist. des principales découvertes scientifiques modernes par Louis Figuier, Dr. ès sciences. Paris, 1851, t. I, p. 31.

(2) Observons en passant que si Nicéphore Niepce, et c'est aussi son propre aveu, eût su quelques-unes des manipulations employées dans les arts et l'industrie, il aurait pu arriver plus facilement peut-être au but de ses recherches. Cela nous suggère la réflexion suivante : Ne serait-il pas convenable d'introduire les étudiants, même tous les jeunes gens des écoles et des pensionnats, dans les ateliers où l'on pratique l'art et l'industrie, guidés par un maître intelligent, pour les initier de bonne heure à tous les genres de main-d'œuvre. On en retirerait, j'en suis certain, de grands

der dans cette entreprise. M. Lemaître, excellent graveur de Paris, accepta obligeamment cette tâche, et en 1826 il reçut par l'entremise de M. de Champmartin, beau-frère de Joseph Niepce, deux petites planches de cuivre que ce dernier avait vernies et préparées à la gravure à l'eau-forte (1). Cet essai ne réussit point.

Après avoir lui-même essayé de graver, Niepce envoya en janvier 1827 cinq planches d'étain à Paris, pour les soumettre au jugement de M. Lemaître (2). Niepce avait choisi l'étain, parce que ce métal lui paraissait préférable au cuivre, à cause de sa blancheur; la plus grande ce ces planches était une copie héliographique d'une gravure représentant la Vierge, l'Enfant Jésus et saint Joseph. Les quatres autres plus petites étaient de doubles copies d'un portrait et d'un paysage. Ces planches n'étaient pas vernies, mais gravées faiblement à l'acide acétique allongé de vinaigre de bois, surtout celles qui représentaient le paysage. Ces gravures héliographiques, suivant l'avis de M. Lemaître, n'avaient pas trop mal réussies (3); les contours et tous les détails, même les travaux fins, étaient reproduits avec exactitude, mais ce qui leur manquait encore, c'était l'effet et la véritable valeur de chaque teinte: le ciel de l'un des paysages offrait une teinte qui paraissait le résultat de la gravure à l'aqua-tinta; dans le portrait toutes les tailles étaient bien marquées, surtout celles des demi-teintes; les tailles des ombres étaient confondues, et celles des fonds arrondies, au lieu d'être de *vive-arête*; cependant les épreuves sur papier, tirées de ces planches avec

avantages. D'abord les jeunes gens n'ignoreront plus aucun de ces travaux; car les traités ne suffisent pas, il faut examiner et voir pour comparer et juger; ce serait ensuite un moyen de plus pour développer l'intelligence de la jeunesse; et puis, les parents auraient plus de facilité dans le choix d'une vocation à donner à leurs enfants. Je ne sais pas ce qui se passe sous ce rapport dans les autres pays, mais dans quelques parties de la Suisse, notamment à Bâle et à Zurich, on a l'habitude de conduire de temps en temps les écoliers dans les ateliers pour leur montrer toutes les manipulations. C'est un exemple à suivre plus généralement. H. H.

(1) Voyez Correspondance entre Joseph-Nicéphore Niepce, à Châlons, et M. Lemaître, graveur à Paris, dans le journal La Lumière, 1851, n° 1 à 9. — Lettre du 22 janvier 1827.

(2) Lettre du 2 fév. 1827.

(3) Lettres du 7 févr., des 5 et 17 mars 1827.

beaucoup de soin et sous les yeux de M. Lemaître, donnèrent un résultat assez satisfaisant.

Niepce attribuait les défectuosités de ces planches à la fragilité du vernis appliqué en couche trop mince, à la divergence des rayons lumineux, et à la résistance plus ou moins grande qu'ils éprouvent dans leur transmission; il supposait que cet inconvénient n'existerait plus, s'il lui était possible de remplacer par l'emploi du *mégascope* les procédés dont il se servait pour la copie des gravures; alors, et dans la supposition de la réussite la plus favorable, le résultat de l'opération serait tel qu'on pourrait se passer de l'art de la gravure, et qu'alors l'office de la main se réduirait à verser l'acide sur la planche, qui se trouverait attaquée et creusée dans le rapport de *dégradation des teintes* (1). « S'il en était autrement, dit-il, je devrais désespérer de fixer l'image des objets représentés dans la chambre noire, qu'on peut regarder comme le beau idéal du *lavis*, étant tous composés de nuances extrêmement délicates. Cependant mon procédé est susceptible de les retenir et de les exprimer avec une grande fidélité. »

Niepce ne se faisait point illusion sur la réussite de ces gravures, et il sentait effectivement quelle serait la témérité de l'entreprise comparée à l'insuffisance de ses moyens, dépourvu qu'il était des ressources en bons conseils, et surtout de connaissances pratiques dans la gravure. Mais, pensa-t-il, s'il fallait renoncer à l'avantage de multiplier les épreuves par le moyen de la gravure, on aurait du moins celui de se procurer une copie exacte et inaltérable de la nature par ce même procédé. Niepce se proposait alors *de graver des points de vue d'après nature à l'aide de la chambre noire perfectionnée*. Les expériences de ce genre, faites précédemment et depuis 1824 déjà, lui faisaient augurer un heureux résultat (2). Voici comment il procédait: Sur une planche de plaqué ou cuivre argenté il appliquait une couche de bitume de Judée; la planche ainsi recouverte était placée dans la chambre noire et l'on faisait tomber à sa surface l'image transmise par la lentille de l'instru-

(1) Lettre du 16 févr. 1827.
(2) Lettre du 2 févr. 1827.

ment. Au bout d'un temps assez long la lumière avait agi sur la surface sensible. En plongeant alors la planche dans un mélange composé de 9 parties de pétrole contre une d'essence de lavande, les parties de l'enduit bitumineux que la lumière avait frappées restaient intactes, les autres se dissolvaient rapidement.. On obtenait donc ainsi un dessin dans lequel les clairs correspondaient aux clairs et les ombres aux ombres; les clairs étaient formés par l'enduit blanchâtre de bitume, les ombres par les parties polies et dénudées du métal; les demi-teintes, par les portions du vernis sur lesquelles le dissolvant avait partiellement agi. Ces dessins métalliques étaient donc directes, mais n'avaient qu'une médiocre vigueur.

Niepce essaya de les renforcer en exposant la planche à l'évaporation spontanée de l'iode ou aux vapeurs émanées du sulfure de potasse, dans la vue de produire un fond noir, sur lequel les traits se détacheraient avec plus de fermeté; mais il ne réussit qu'incomplétement.

Quoique le problème photographique fût résolu dans son principe, ce procédé avait un inconvénient capital, c'était le temps considérable qu'il exigeait pour l'impression lumineuse. Le bitume de Judée est une substance qui ne s'impressionne qu'avec une lenteur extrême; il ne fallait pas moins de 10 heures d'exposition pour produire un dessin, et le modèle subissait naturellement des changements d'éclairage pendant ce laps de temps (1). Pendant quelque temps Niepce fut interrompu dans ses travaux par un voyage qu'il fut forcé de faire en Angleterre, où il avait un frère dangereusement malade; il y fit bientôt la connaissance d'un membre de la Société royale de Londres, M. Francis Bauer, à qui il apprit qu'il avait fait l'importante et intéressante découverte de fixer d'une manière permanente l'image de tout objet par l'action spontanée de la lumière, et il lui montra plusieurs spécimens très-intéressants, tant d'images fixées sur des planches d'étain poli, que des impressions faites sur le papier d'après ces planches préparées

(1) M. L. Figuier déjà cité; voyez aussi: Considérations sur la photographie au point de vue abstrait, présentées à l'Académie des Sciences, le 28 août, 1854, par M. E. Chevreul.

par son procédé chimique. Niepce désirait que sa découverte fût connue de la Société royale de Londres, et il écrivit à cet effet un mémoire daté du 8 décembre 1827, qu'il remit à quelques-uns des membres les plus influents de cette Société, en y joignant plusieurs spécimens de ses produits. Mais comme Niepce ne voulut pas expliquer son secret, le mémoire et tous les spécimens lui furent rendus, après avoir été exposés et examinés pendant plusieurs semaines, et le sujet ne fut plus jamais présenté à la Société (1).

Avant de quitter l'Angleterre, Niepce fit hommage à M. Francis Bauer de plusieurs spécimens de son art nouvellement découvert; l'un d'eux fut sa première expérience heureuse pour fixer l'image de la nature; une autre planche préparée avec ce qu'il appelait le procédé chimique pour agir sur une planche de cuivre, comme une gravure à l'eau-forte, et pour prendre des impressions de la même planche (2).

Revenu dans sa patrie, Niepce reprit ses travaux avec une nouvelle ardeur, mais il renonça à la copie des gravures, et se borna à celle des points de vue pris avec la chambre obscure perfectionnée de Wollaston. Les verres périscopiques lui procuraient des résultats bien supérieurs à ceux qu'il avait obtenus jusqu'alors avec des objectifs ordinaires, et même avec le prisme ménisque de V. Chevalier. Son unique but désormais devait être de copier la nature avec la plus grande fidélité, et ce fut à cela qu'il s'attacha exclusivement; « car, dit-il, ce n'est que lorsque j'y serai parvenu (si toutefois il n'y a pas trop de témérité de ma part dans cette supposition), que je pourrai m'occuper sérieusement des différents modes d'application dont mon procédé peut être susceptible (3)..... »

Nous avons déjà dit comment Niepce procédait pour arriver à ce résultat et nous avons signalé les inconvénients.

Niepce ne l'ignorait point; mais il attribuait à l'action trop

(1) Lettre adressée le 27 fév. 1839 au rédacteur de la Gazette de littérature de Londres, par M. Francis Bauer, F. R. S. membre de la Société royale de Londres. — Lumière, 1851, n° 1.

(2) Lettre de M. Bauer, déjà citée.

(3) Correspondance entre Niepce et Lemaître, lettre du 20 août 1828.

prolongée de la lumière l'une des défectuosités les plus choquantes de ses planches : « Malheureusement, écrivait-il en 1828 à M. Lemaître, il ne m'est pas possible de l'éviter avec un appareil dans lequel les devants sont si peu éclairés, qu'il faut un temps considérable pour qu'ils puissent s'empreindre, même légèrement; de là ces disparates et cette confusion produites par le changement de direction, tantôt oblique et tantôt opposée, des rayons solaires. Pour parvenir à un succès décisif, il est indispensable que l'effet ait lieu le plus promptement possible; or, il faudrait pour cela une chambre noire aussi parfaite que celle de M. Daguerre..... Je me suis donc empressé de répondre à ses offres obligeantes de service, en lui proposant de coopérer avec moi au perfectionnement de mes procédés héliographiques et de s'associer aux avantages qui résulteraient d'une complète réussite (1). »

Louis-Mandé Daguerre (2), dont il est question dans cette lettre de Niepce, était un peintre habile à Paris, qui avait surtout fondé sa réputation par l'invention du *Diorama*, et que ses études si spéciales sur le jeu et les combinaisons de la lumière avaient également amené à entreprendre de fixer les images de la chambre obscure. Toutefois, malgré des recherches persévérantes, il est certain qu'il n'avait encore rien trouvé lorsqu'il apprit par hasard que M. Niepce avait résolu ce difficile problème.

En 1826 déjà Daguerre s'était adressé à Niepce pour lui annoncer que depuis fort longtemps il s'occupait du même objet que lui; il demandait à ce dernier s'il avait été plus heureux que lui dans ses résultats, et s'il croyait la chose possible (3). Une année après, Daguerre écrivait de nouveau, avançant qu'il avait déjà obtenu des résultats très-étonnants, cependant il doutait de la possibilité d'être entièrement satisfait des ombres par ce procédé de gravure de Niepce, *ce qui lui faisait tenter des recherches dans une autre application, tenant plutôt à la perfection qu'à la multiplicité* (4).

(1) Lettre du 25 octobre 1829.

(2) Louis-Jacques-Mandé Daguerre, né à Cormeil-en-Parisis, le 18 novembre 1787, mourut à Brie le 10 avril 1851.

(3) Lettre du 2 févr. 1827.

(4) Lettre du 2 févr. 1827.

Un peu plus tard, en avril 1827, Niepce reçut de Daguerre un petit dessin élégamment encadré, fait à la sépia et terminé à l'aide de son procédé. Ce dessin, qui représentait un intérieur, produisait beaucoup d'effet, mais il était difficile de déterminer ce qui était uniquement le résultat de l'application du procédé, puisque le pinceau y était intervenu. Ce genre de dessin fut appelé par Daguerre, qui en était l'auteur, *dessin-fumée*, et se vendait chez Alphonse Giroux à Paris (1).

Niepce, pensant qu'une prévenance en vaut une autre, et voulant répondre au désir que Daguerre avait témoigné (2), lui envoya une planche d'étain représentant la Sainte Famille, légèrement gravée d'après les procédés héliographiques, en l'invitant en même temps (s'il n'y a pas indiscrétion de sa part) à lui faire connaître le résultat de ses expériences à l'aide de la chambre noire perfectionnée, et en lui offrant la réciprocité (3).

Daguerre n'envoyait rien; sa critique paraissait impartiale, mais sévère, ce qui décida Niepce à renoncer à la gravure, et à se livrer à une autre application qui n'exigeât pas l'emploi des acides, c'est-à-dire à la copie héliographique seule (4).

Lorsqu'en 1827 Niepce, venant d'Angleterre, passa à Paris, il y vit Daguerre, mais aucun produit de ses recherches. Celui-ci lui témoigna alors, et même encore après son retour, le désir réitéré de connaître le résultat de ses nouvelles recherches héliographiques. Niepce lui adressa donc en octobre 1829 encore un essai, mais sur argent plaqué, d'un point de vue d'après nature, pris dans la chambre noire (5).

Ces divers rapports et communications, et surtout de la part de Daguerre l'assurance, quoique sans effet, d'avoir découvert de son côté un procédé pour la fixation des images de la chambre noire, procédé *tout différent de celui de Niepce, et qui avait même sur lui un degré de supériorité*, séduisirent Niepce et eurent pour suite une association provoquée par Daguerre et désirée par

(1) Lettre du 3 avril 1827.
(2) Lettre du 4 juin 1827.
(3) Lettre du 4 juin 1827.
(4) Lettre du 24 juillet 1827.
(5) Lettre du 4 octobre 1829.

Niepce dans l'intérêt de sa découverte. Ce traité fut conclu entre eux à Châlons, le 14 décembre 1829, et Niepce communiqua ensuite à son associé tous les faits relatifs à ses procédés héliographiques.

Daguerre, en perfectionnant le procédé, remplaça le bitume de Judée par la résine que l'on obtient en distillant l'essence de lavande, matière qui jouit d'une certaine sensibilité lumineuse. Avant de laver la plaque dans une huile essentielle, il l'exposait à l'action de la vapeur fournie par cette essence à la température ordinaire. Cette modification du procédé Niepce ne diminua que faiblement la durée de l'exposition dans la chambre noire; 7 à 8 heures étaient encore nécessaires pour obtenir une vue.

Le hasard amena les inventeurs à substituer aux substances résineuses l'iode, qui donne aux plaques d'argent une sensibilité exquise. Ce fut le premier pas vers l'entière solution d'un problème qui avait déjà coûté vingt ans de recherches assidues.

Mais il n'était pas réservé à l'inventeur de voir s'accomplir le triomphe définitif de son invention. Niepce, alors âgé de 68 ans, mourut pauvre et ignoré à Châlons, le 5 juillet 1833 (1).

Cinq ans après la mort de Niepce, Daguerre avait combiné et formulé la méthode admirable qui immortalisera son nom.

Ainsi donc Joseph-Nicéphore Niepce est l'inventeur de l'héliographie sur des planches métalliques, et Louis-Mandé Daguerre a perfectionné les procédés de Niepce, et imaginé dans son ensemble la méthode générale actuellement en usage.

Avant de parler de la daguerréotypie, on nous permettra de mentionner **les recherches faites antérieurement et postérieurement à cette découverte**, et de dire quelques mots sur l'instrument principal employé dans cet art, **la chambre obscure.**

On prétend qu'on connaissait déjà dans le XIIIe siècle, du temps de Roger Bacon, la chambre obscure, et qu'en 1540, Erasme Reinhold de Saalfeld s'en était servi pour observer une éclipse de

(1) Il était né le 7 mars 1765. Voyez M. Figuier, déjà cité, et la Biographie de Nicéphore Niepce par M. Francis Wey : Lumière, 1851, p. 86.

soleil. Trois savants italiens, un bénédictin du nom de Gapnutio, Léonard de Vinci, le doyen des peintres de la renaissance, et un physicien napolitain, Jean-Baptiste Porta, avaient également reconnu, chacun de son côté, qu'en perçant un petit trou dans le volet de la fenêtre d'une chambre bien close, tous les objets extérieurs dont les rayons peuvent atteindre le trou vont se peindre sur le mur de la chambre qui lui fait face, avec des dimensions réduites ou agrandies, selon les distances, avec des formes et des situations relatives, exactes, mais renversées, enfin avec les couleurs naturelles. Porta découvrit bientôt que le trou n'a nullement besoin d'être petit, qu'il peut avoir une largeur quelconque, pourvu qu'on lui adapte une lentille.

Les images produites par l'intermédiaire du trou ont peu d'intensité; les autres brillent d'un éclat proportionnel à l'étendue superficielle de la lentille qui les engendre.

Les premières ne sont jamais exempts de confusion; les images des lentilles, au contraire, quand on les reçoit exactement au foyer, ont des contours d'une grande netteté. Cette netteté est devenue vraiment étonnante depuis qu'aux lentilles simples, composées d'une seule espèce de verre et possédant dès lors autant de foyers distincts qu'il y a de couleurs différentes dans la lumière blanche, on a pu substituer des lentilles achromatiques qui réunissent tous les rayons possibles en un seul foyer, depuis surtout que l'on a adopté la forme périscopique, inventée par Wollaston.

Porta fit construire des chambres noires portatives. Chacune d'elles était composée d'un tuyau plus ou moins long, armé d'une lentille; l'écran blanchâtre, en papier ou en carton, sur lequel les images allaient se peindre, occupait le foyer. Le physicien napolitain destinait ses petits appareils aux personnes qui ne savent pas dessiner. Pour obtenir des vues parfaitement exactes, il proposait de suivre avec la pointe d'un crayon les contours de l'image focale.

« Il n'est personne, dit M. Arago (1), qui, après avoir remarqué la netteté de contours, la vérité de formes et de couleurs, la dé-

(1) Rapport de M. Arago fait à l'Académie des sciences, le 3 juillet 1839.

gradation exacte de teintes qu'offrent les images engendrées par cet instrument, n'ait vivement regretté qu'elles ne se conservassent pas d'elles-mêmes, et n'ait appelé de ses vœux la découverte d'un moyen efficace de les fixer sur l'écran focal. »

Nous ne pouvons que succinctement mentionner les travaux qui furent faits pour la réalisation de ce problème, en citant seulement les recherches qui ont un rapport direct à la photographie.

Les alchimistes réussirent jadis à unir l'argent à l'acide extrait du sel marin : le produit de la combinaison était un sel blanc, qu'ils appelèrent *lune* ou *argent corné*, et qui n'était que du chlorure d'argent. Ce sel jouit de la propriété remarquable de noircir à la lumière d'autant plus vite que les rayons qui les frappent sont plus vifs.

Cette propriété du chlorure d'argent, découverte en 1565, cette action bien constatée de la lumière laissant sur un fond préparé une coloration véritable, sont les premiers éléments de la photographie (1).

On doit à Scheele, vers le milieu du XVIIIe siècle, la découverte et l'analyse des rayons chimiques. En 1802, Ritter en Allemagne et Wollaston en Angleterre, reprirent chacun de son côté l'étude du spectre solaire à l'aide du chlorure d'argent. C'est à Wedgewood, comme nous le verrons plus loin, qu'appartient la pensée de la photographie. Nous avons montré que les premiers succès dignes de fixer l'attention furent obtenus par Nicéphore Niepce, et que Daguerre a résolu de la manière la plus parfaite le problème merveilleux de la fixation des images formées au foyer des lentilles.

Les travaux de M. Moser, de Kœnigsberg, sur le procédé de la vision, sur les effets de la lumière sur tous les corps, et ses célèbres images ont fait faire un pas de géant à la science et ouvert un nouveau et vaste champ aux recherches scientifiques.

Quelques conclusions du célèbre professeur montreront l'importance de ces études.

« Toute surface touchée par un corps quelconque acquiert la faculté de reproduire l'image de ce corps par la condensation

(1) Répertoire d'optique moderne, par l'abbé Moigno, Paris, 1850, t. II, p. 693-694.

d'une vapeur quelconque, avec adhésion ou combinaison chimique.

« La lumière agit sur toutes les substances, et l'on peut mettre son action en évidence à l'aide d'une vapeur quelconque qui adhère à la substance ou exerce sur elle une action chimique. La découverte de Daguerre est un cas très-particulier de cette proposition générale.

« Le contact, l'action des vapeurs et la lumière produisent, quoique à différents degrés suivant les circonstances, les mêmes effets sur toutes les substances, en modifiant leur affinité pour les vapeurs, ou en leur donnant la faculté de les condenser. Aux trois grandes causes de formation d'images que nous avions d'abord énumérées: le contact, l'action des vapeurs, l'influence de la lumière, il faut en joindre une quatrième plus universellement agissante, le rayonnement propre de tous les corps de la nature.

« Deux corps quelconques mis en présence et suffisamment rapprochés impriment l'un sur l'autre leur image, etc., etc. »

Aux travaux de M. Moser se lient ceux de MM. Waidle et Fizeau; — les reproductions en creux, telles que cachets, planches gravées sur cuivre, cuivre plaqué et laiton, au moyen de la chaleur, ou images thermographiques de M. Knorr à Kasan, et de M. Hunt en Angleterre, 1842; — les images hydrographiques obtenues par le souffle de l'haleine, par M. Bertot; — les images produites par MM. Morer, Manon, Kursten; — les images atmo-électriques et électrographiques de M. Pierre Riess, de Berlin, en 1845; — et enfin les recherches remarquables sur la théorie de la formation des images daguerriennes par M. Dumas, par MM. Choiselet, Ratel, Fyfe, Arago, Gaudin, Claudet et d'autres.

DAGUERRÉOTPYIE

Le public eut connaissance pour la première fois de la découverte de Niepce et de Daguerre par le rapport officiel qu'en fit M. Arago dans la séance de l'Académie des sciences du 7 janvier 1839. — Le 19 août 1839 il put communiquer les procédés de Daguerre.

Procédés, etc. Les images daguerriennes se forment à la surface d'une lame de plaqué ou cuivre recouvert d'argent (1). On expose pendant quelques minutes une lame de plaqué aux vapeurs spontanément dégagées par l'iode à la température ordinaire; elle se recouvre d'une légère couche d'iodure d'argent, et le mince voile, ainsi formé, présente une surface éminemment sensible à l'impression des rayons lumineux. La plaque iodée est placée alors au foyer de la chambre noire, et l'on fait arriver à sa surface l'image formée par la lentille de l'instrument. La lumière a la propriété de décomposer l'iodure d'argent; par conséquent, les parties vivement éclairées de l'image décomposent, en ces points, l'iodure d'argent; les parties obscures restent, au contraire, sans action; enfin les espaces correspondant aux demi-teintes se rapprochent davantage des ombres ou des clairs. Quand on la retire de la chambre obscure, la plaque ne représente encore aucune empreinte visible; elle conserve uniformément sa teinte jaune d'or. Pour faire apparaître l'image, une autre opération est nécessaire: la plaque doit être exposée à la vapeur du mercure. On la pose donc dans une petite boîte, et l'on chauffe légèrement du mercure liquide qui se trouve dans un réservoir à la partie inférieure de la boîte; les vapeurs du mercure se dégagent bientôt et viennent se condenser sur le métal; mais le mercure ne se dépose pas uniformément sur toute la surface métallique, et c'est précisément cette condensation inégale qui donne naissance au dessin photographique. En effet, les gouttelettes de mercure viennent se condenser uniquement *sur les parties que la lumière a frappées*, c'est-à-dire, sur les portions de l'iodure d'argent que les rayons lumineux ont chimiquement décomposées; les parties restées dans l'ombre ne se recouvrent pas de mercure. Le même effet se produit pour les demi-teintes. Il résulte de là que les parties éclairées sont accusées sur la plaque par un vernis brillant de mercure, et les ombres par la surface même de l'argent non impressionnée. Pour les personnes, ajoute M. Figuier, qui as-

(1) Figuier déjà cité; L'Echo du monde savant, 9 janvier 1839, p. 402, 16 janvier, p. 404, 13 févr. p. 412, etc.

sistent pour la première fois à cette curieuse partie des opérations photographiques, c'est là un spectacle étrange et véritablement merveilleux. Sur cette plaque, qui ne présente aucun trait, aucun dessin, aucun aspect visible, on voit tout à coup se dégager une image d'une perfection sans pareille, comme si quelque divin artiste la traçait de son invisible pinceau.

Cependant tout n'est pas fini; la plaque est encore imprégnée d'iodure d'argent, et si on l'abandonnait à elle-même en cet état, l'iodure continuant à noircir sous l'influence de la lumière ambiante, tout le dessin serait détruit. Il faut donc débarrasser la plaque de cet iodure. On y parvient en la plongeant dans une dissolution d'un sel (l'hyposulfite de soude) qui a la propriété de dissoudre l'iodure d'argent. Après ce lavage, l'épreuve peut être exposée sans aucun risque à l'action de la lumière la plus intense. On voit en définitive que dans les épreuves daguerriennes l'image est formée par un mince voile de mercure déposé sur une surface d'argent. Les reflets brillants du mercure représentant les clairs, les ombres sont produites par le bruni de l'argent; l'opposition, la réflexion inégale de la teinte de ces deux métaux suffisent pour produire les effets du dessin.

Suivant M. Chevreul (1), l'image daguerrienne correspond aux dessins des étoffes de soie composées de l'*armure satin* et de l'*armure taffetas*. Lorsque l'œil n'est pas placé de manière à voir le satin en clair, l'image du taffetas lui apparaît en clair sur un fond foncé; c'est l'inverse, s'il reçoit la lumière réfléchie spéculairement sur le satin.

Donc les opérations pour les plaques daguerriennes se résument en 7 points:

1° Décaper et polir la plaque.

2° Ioder cette plaque bien également.

3° La soumettre à l'action des substances accélératrices, pour augmenter la sensibilité de la couche d'iodure d'argent. — Substances accélératrices diverses: Iode simple, 8 à 10 minutes; chlorure d'iode inventé par Claudet, 10 à 50 secondes; eau bromée de M. Fizeau, liqueur invariable inventée par Thierry, 2 à 20

(1) Considérations sur la photographie, etc. présentées à l'Académie, le 28 août 1854, par M. E. Chevreul.

secondes; bromure d'iode à effets constants, de M. de Vallicourt, la liqueur hongroise, la liqueur allemande ou de Reiser, bromure d'iode de Gáudin, 5 à 20 secondes; les eaux bromées de Mittleton, de Brébisson, de Foucault et le chlorure de souffre des frères Nattier sont les plus puissantes substances.

4° Exposer la plaque à l'action de la lumière, la mise au point; — l'objet doit toujours être parallèle au plan du modèle.

5° Faire paraître l'image en exposant la plaque aux vapeurs de mercure.

6° Laver la plaque impressionnée avec de l'eau saturée de sel marin ou mieux avec une dissolution faible d'hyposulfite de soude.

7° Fixer l'image au moyen de chlorure d'or, pour faire disparaître le miroitage.

Tel est l'ensemble des opérations dans le procédé imaginé par Daguerre. Daguerre a eu le mérite d'avoir substitué (de 1835 à 1837) l'iodure d'argent au bitume de Judée. Cependant Niepce lui avait déjà indiqué l'action de l'iode sur l'argent, et l'emploi qu'il en faisait pour renforcer les ombres des images produites sur le bitume. L'emploi de l'iodure d'argent, beaucoup plus sensible que ne l'est le bitume de Judée, rendait l'impression de l'image de 60 à 80 fois plus rapide que dans le procédé de Niepce.

En recevant des Chambres une récompense nationale, Daguerre s'était engagé à rendre publiques toutes ses nouvelles conquêtes. Il avait déclaré qu'il serait impossible de représenter la nature vivante; mais la publicité donnée à son procédé le mettait entre les mains de tous, et le public le rendit simple, facile et tellement prompt qu'on l'appliqua presque exclusivement au portrait. En perfectionnant les procédés, on chercha d'abord à diminuer la durée de l'exposition de la plaque métallique dans la chambre obscure, et ce fut surtout M. Ch. Chevalier qui arriva à la reduire à 2 ou 3 minutes, par l'emploi d'un double objectif achromatique, pour doubler la puissance de l'instrument.

Cependant ce perfectionnement ne fut complété que lorsque M. A. Claudet, artiste français à Londres, en 1841, eut découvert des substances accélératrices qui, appliquées sur une plaque iodée, communiquent à l'iode la propriété de s'impressionner en très-peu de temps. On a pu ainsi obtenir des épreuves irréprochables dans une demi-seconde et même dans un quart de seconde. M. Claudet a fait le premier l'application successive de l'iode et du chlorure d'iode sur les plaques daguerriennes [1].

Après la découverte des substances accélératrices, le perfectionnement le plus important qu'ait reçu la daguerréotypie consiste dans la *fixation des épreuves* et dans l'absence du miroitement métallique que présentaient les images daguerriennes. M. Fizeau présenta à l'Académie des sciences, en 1840, des procédés qui faisaient disparaître tous ces inconvénients à la fois, et qui consistent à recouvrir l'épreuve daguerrienne d'une légère couche d'or, obtenue par une dissolution de chlorure d'or mêlée à de l'hyposulfite de soude légèrement chauffée. Ce dorage bannit presque entièrement le miroitage et communique à l'épreuve une grande solidité, c'est-à-dire une résistance complète au frottement et à toutes les actions extérieures.

Gravure des daguerréotypes. L'idée de multiplier les images daguerriennes, soit par la gravure, soit par tout autre moyen, a toujours préoccupé un grand nombre de personnes.

Le but que s'était proposé Nicéphore Niepce, en faisant ses recherches héliographiques, fut principalement la gravure; il désirait créer une branche nouvelle dans les arts graphiques, servant à multiplier par l'impression; il cherchait à livrer des planches métalliques sur lesquelles la lumière seule produirait le dessin, qu'il suffirait ensuite d'attaquer par un acide, pour le creuser et rendre les planches propres au tirage d'épreuves sur papier. Il avait réussi aussi bien qu'il était possible avec un procédé photographique encore imparfait, et avec des connaissances insuffisantes dans la gravure. Plus tard il abandonna la gravure, et ne s'appliqua, ainsi que Daguerre et la plupart de leurs successeurs, qu'au perfectionnement des procédés héliographiques.

M. le docteur Donné [2] est le premier qui ait de nouveau (en 1840) essayé de transformer les plaques daguerriennes en plan-

(1) Lumière, 1854, n° 27.

(2) Académie des sciences; séances du 16 septembre 1839, et du 6 avril 1840.

ches à l'usage des graveurs. Il reconnut que l'eau-forte étendue de 4 parties d'eau attaque les parties noires de l'image daguerrienne sans altérer les parties blanches, ou, en d'autres termes, dissout l'argent de la plaque sans toucher au mercure. Lorsqu'on laisse réagir l'eau-forte quelques minutes, et qu'on juge la morsure suffisante, on lave la plaque à grande eau, et l'on enlève la marge de vernis de graveur dont on l'a entourée. La planche daguerrienne ainsi gravée en creux peut être immédiatement encrée, et servir à l'impression sous la presse en taille-douce. Mais l'argent pur est un métal trop mou pour suffire à un grand tirage; après quarante épreuves la planche est épuisée. La gravure était d'ailleurs fort imparfaite.

Déjà en novembre 1840, le docteur Krasner avait tenté de reproduire les épreuves daguerriennes au moyen de la galvanoplastie.

M. le docteur Berres, à Vienne (Autriche) (1), avait également découvert un procédé qui devait rendre les plaques daguerriennes susceptibles de remplacer dans tous les cas les gravures sur cuivre ou acier, et de fournir des copies aussi nombreuses que les planches gravées ordinaires. La méthode du docteur Berres peut se diviser en deux procédés: celui de fixer le dessin, et celui de changer ce dessin une fois fixé d'une manière permanente en une gravure sur la plaque, et il se base sur les considérations suivantes: 1° Avec les plaques de cuivre dont on se sert à présent dans le daguerréotype, on peut fixer l'image d'une manière permanente, mais il est impossible de s'en servir pour en imprimer des copies ou d'en faire des gravures. 2° Pour la gravure de l'épreuve duguerrienne, il est nécessaire que l'image ait une certaine intensité sur la plaque d'argent pur. 3° La gravure de l'épreuve daguerrienne se produit sans l'influence de l'acide nitrique, et pour fixer d'une manière permanente cette épreuve, il faut *un pouvoir galvanique;* car, pour changer une de ces épreuves en une *gravure métallique* aussi profonde que dans les procédés ordinaires, les moyens chimi-

(1) Voyez l'annonce du docteur Berres dans la Gazette de Vienne du 18 avril 1840, et L'Écho du monde savant, 20 juin 1840.

ques ordinaires employés dans l'art du graveur sont insuffisants.

M. W.-B. Grove de Londres, en 1841 [1], est parvenu à graver les images daguerriennes au moyen d'un simple courant électrique. «Ce procédé, au moyen duquel la nature seul accomplit tout le travail,» consiste à faire que l'image daguerrienne soit l'anode d'une combinaison voltaïque dans une solution qui, par elle-même, n'attaquera pas l'argent ou le mercure, mais dont l'anion, lorsqu'elle aura été électrolysée, attaquera ces métaux inégalement. Ainsi M. Grove s'est servi de la planche daguerrienne comme anode attachée au pôle positif de la pile, et plongée dans un acide faible, l'acide hydrochlorique étendu d'eau, qui attaque le mercure et respecte l'argent. Lorsque la plaque ainsi traitée a été enlevée de l'acide, on la rince à l'eau distillée; et si l'argent est bien homogène, le dessin original aura pris une belle couleur de terre de Sienne, produite par des molécules de l'oxychlorure qui s'est formé. On place alors l'épreuve sur un plat contenant une solution très-faible d'ammoniaque, et on frotte doucement la surface avec du coton bien doux, jusqu'à ce que le dépôt soit dissous. Aussitôt que cela est effectué, on enlève la plaque, on la plonge dans de l'eau distillée, et on la sèche avec soin. L'opération est alors terminée, et l'on a obtenu une gravure parfaite du dessin original. Quand on imprime avec cette plaque, on obtient une épreuve *positive*, c'est-à-dire dont les lumières et les ombres sont disposées comme dans la nature.

Sous ce rapport, cette épreuve est plus correcte que l'image daguerrienne, car elle n'est pas renversée. Les caractères d'imprimerie sont dans leur position normale, ainsi que la droite et la gauche de la figure, lorsqu'on opère sur un portrait. Toutefois, la gravure des épreuves daguerriennes offre une difficulté insurmontable. Si les plaques sont gravées assez profondément pour donner une bonne épreuve, quelques-unes des lignes les plus délicates de l'original se confondront nécessairement, et la beauté principale de ces admirables dessins sera détruite. Mais si, au contraire, on n'a continué l'opération que pendant le temps

(1) Proceedings of the electrical Society; vol. I, p. 94; 17 août 1841.

nécessaire pour produire la gravure exacte de l'épreuve, ce qu'on peut faire du reste avec la plus grande perfection, le nettoyage que l'imprimeur lui fait subir suffit pour en détruire la beauté, et l'on n'obtient qu'une épreuve très-imparfaite, les molécules de l'encre d'imprimeur étant plus grossières que la profondeur du trait gravé.

L'avantage le plus important de ce procédé, c'est d'offrir le moyen de multiplier indéfiniment les images daguerriennes par la galvanoplastie. Une image daguerrienne ordinaire, quand on la soumet au procédé galvanoplastique, laisse une bien faible impression, et, en la traitant ainsi, elle est entièrement détruite. L'impression ne peut donc pas être continuée longtemps sur cette plaque, tandis qu'une plaque gravée, comme il vient d'être dit, à l'anode voltaïque, admet le tirage d'un grand nombre d'épreuves. C'est un nouvel art, dit M. Grove, dans lequel, au lieu d'une plaque dessinée par un artiste, et gravée au burin par un graveur habile, on a une plaque dessinée par la lumière, et gravée par l'électricité.

M. A. Fizeau (1er mars 1841) avait mis sous les yeux de l'Académie des sciences[1] des épreuves sur papier obtenues par l'application des procédés de l'impression en taille-douce à une plaque daguerriènne, gravée par des agents chimiques, sans le concours d'aucun travail d'artiste. Dès le mois de juillet 1842 il avait montré à plusieurs personnes, et déposé dans quelques collections des épreuves résultant de ses premiers essais.

Le problème consiste à traiter les images daguerriennes par un agent qui creuse les parties noires sans altérer les parties blanches du dessin; en d'autres termes, qui attaque l'argent en présence du mercure, sans altérer ce dernier. Voici comment il procède : Lorsqu'on soumet une image daguerrienne dont la surface est bien pure à l'action d'un mélange d'acide nitrique, d'acide nitreux et d'acide chlorhydrique (ces deux derniers pouvant être remplacés par du nitrate de potasse et du sel marin), surtout à chaud, alors les parties blanches ne sont pas altérées, tandis que les parties noires sont attaquées avec

(1) Séance du 13 févr. 1843.

formation de chlorure d'argent adhérent, dont la couche insoluble arrête bientôt l'action de l'acide. Une dissolution d'ammoniaque, employée alors, entraîne cette couche de chlorure d'argent et permet de soumettre de nouveau la planche à l'action du même acide, et augmenter la profondeur des parties noires.

En opérant ainsi en plusieurs fois, on parvient à transformer la planche daguerrienne en une planche gravée d'une grande perfection, mais généralement de peu de profondeur; de sorte que les épreuves imprimées sur papier n'ont pas la vigueur convenable. A cette première opération il est donc nécessaire d'en ajouter une seconde qui permet de creuser plus profondément encore les parties noires de l'image. Cette seconde opération consiste à dorer les parties saillantes, ou les blancs de la planche gravée, et à laisser l'argent à nu dans les creux, ce qui permet d'en augmenter la profondeur par l'action d'un simple dissolvant de l'argent. Pour obtenir ce résultat, la planche gravée peu profonde est graissée avec une huile siccative, de l'huile de lin, puis essuyée à la manière des imprimeurs en taille-douce; de cette manière, l'huile reste dans les creux seulement, et y forme un vernis qui ne tarde pas à sécher.

Dorant alors la planche par les procédés électro-chimiques, on voit l'or se déposer sur toute la surface de la planche, excepté dans les parties creuses protégées par le vernis d'huile de lin. Après ce dorage, l'huile est enlevée avec de la potasse caustique. Il résulte de là que la planche gravée a toutes ses parties saillantes protégées par une couche d'or, que ses parties creuses au contraire présentent l'argent à nu. Il est dès lors facile, en traitant la planche par l'acide nitrique, d'attaquer ces parties creuses seulement, et d'en augmenter à volonté la profondeur. Avant ce traitement par l'acide nitrique, la planche dorée est couverte par ce que les graveurs appellent un grain de résine, ce qui produit, dans le métal attaqué, ces nombreuses inégalités que l'on appelle grain de la gravure.

Il résulte de ces deux opérations principales que la planche daguerrienne est transformée en une planche gravée, tout à fait semblable aux planches gravées à l'aqua-tinta, et dès lors pouvant comme elles fournir par l'impression un nombre considérable d'épreuves Cependant, l'argent étant un métal peu dur, le nombre des épreuves serait encore assez limité, si un moyen très-simple ne permettait pas de soustraire la planche photographique à l'usure déterminée par le travail de l'impression. En effet, pour atteindre ce but, il suffit, avant de livrer la planche à l'imprimeur, d'en cuivrer la surface par les procédés électro-chimiques. De cette manière, il est évident que la couche de cuivre supporte seule l'usure de l'impression. Lorsque cette couche est altérée d'une manière notable, il est facile, à l'aide d'un acide faible, de la dissoudre en totalité sans altérer l'argent sur lequel elle repose; dès lors la planche peut être cuivrée de nouveau, et se trouver ainsi dans le même état que si elle n'avait pas supporté le travail de l'impression. M. Fizeau a obtenu de cette manière des gravures offrant beaucoup de qualités.

Le procédé de M. Fizeau, breveté, est la propriété de M. Lerebours. M. Hurlimann [1], graveur distingué, l'a mis en œuvre avec une habileté étonnante, il a réglé les opérations avec beaucoup de bonheur, et par de légères modifications il a rendu le succès plus certain.

En 1852, M. Beuvière avait remarqué que si, au lieu de laver la plaque daguerrienne avec l'hyposulfate de soude, on la place dans un bain de sulfate de cuivre, en la faisant communiquer avec le pôle d'une pile voltaïque, les parties modifiées par la lumière, c'est-à-dire les noirs se recouvraient d'une couche de cuivre métallique, tandis que les parties non modifiées restaient absolument intactes; ce qui revient à dire que l'iodure et le bromure d'argent, une fois altérés par la lumière, deviennent conducteurs de l'électricité, tandis qu'auparavant ils ne l'étaient nullement. On a donc ainsi une plaque sur laquelle les noirs sont dessinés par une couche mince de cuivre, tandis que les blancs conservent leur couleur d'argent. Pour graver cette plaque ainsi préparée, M. Beuvière emploie le procédé de M. Poitevin (voyez plus haut), c'est-à-dire qu'après avoir oxydé le cuivre et amalgamé la plaque, il la soumet à l'action

(1) Répertoire d'optique moderne par M. l'abbé Moigno. Paris, 1848, vol. II, p. 743.

d'un acide, qui dissout l'oxyde de cuivre sans attaquer l'amalgame d'argent.

M. Charles Chevalier a fait, en 1841 (1), une curieuse application de la galvanoplastie pour multiplier ses épreuves daguerriennes. Si, mettant à profit les procédés de la galvanoplastie, l'on soumet à l'action d'un faible courant électrique une dissolution de sulfate de cuivre où est plongée une image daguerrienne, le cuivre provenant de la décomposition du sel se dépose peu à peu sur toute la plaque, et, se moulant sur les faibles inégalités de la surface, il donne naissance au bout d'un certain temps (24 heures environ), à une planche de cuivre sur laquelle le dessin photographique se trouve reproduit avec un parfaite exactitude. La fidélité de cette reproduction est telle, qu'on croirait, au premier abord, que l'on a sous les yeux une épreuve photogénée obtenue sur une plaque de cuivre; peut-être même l'effet est-il plus harmonieux; d'ailleurs l'épreuve est redressée. Ce qu'il y a de remarquable, si l'opération est conduite avec soin, c'est que la plaque daguerrienne originale qui a servi de type à ce moulage, n'est point altérée et peut servir à de nouvelles expériences. L'appareil galvanique dont s'est servi M. Charles Chevalier pour la copie des plaques daguerriennes avait été construit par M. Tito Puliti, de Florence, d'après quelques indications de M. Jacobi de St-Pétersbourg; et MM. Richoux et de Kramer avaient secondé M. Chevalier dans ces expériences.

M. le docteur Heller, de Vienne (2), était parvenu, en 1842, à transformer les plaques daguerriennes en gravures par une méthode nouvelle de son invention. En traitant les images daguerriennes par les procédés ordinaires de la galvanoplastie, mais dans un appareil particulier, il obtient une planche de cuivre parfaitement unie et polie, mais qui offre ceci de remarquable, c'est qu'elle ne porte aucune trace visible de l'image photogénique, et qui a également disparu sur la plaque argentée; l'image s'étant complétement alliée à la plaque de cui-

(1) L'Artiste, 7 février 1841. — Traité de la Galvanoplastie, par M. Smée : Manuel Roret, Paris, 1843, p. 310.

(2) Handbuch der Galvanoplastik von Dr. Chr. H. Schmidt, Leipz. 1847, p. 205.

vre. Pour dégager, et faire apparaître l'image sur la plaque de cuivre, M. Heller emploie l'iode; il obtient ainsi une image parfaite, qui est transformée alors, au bout de quelques minutes, en une planche gravée, propre au tirage d'épreuves.

On a également essayé de transporter les images daguerriennes sur pierre lithographique, pour les multiplier par l'impression.

M. Boscawen-Ibbetson, de Londres(1), avait publié en 1840 des échantillons très-satisfaisants d'une nouvelle application du daguerréotype: ce sont des coquilles, des objets d'histoire naturelle grossis au microscope, des portraits tracés sur les planches daguerréotypes par les procédés de l'auteur et avec les appareils de l'institut polytechnique de Londres, et dont les dessins ont été transportés sur pierre, ce qui a permis d'en tirer des épreuves fort nettes. Les détails du procédé ne nous sont point connus.

En 1842, un lithographe de Rome, M. Rondoni(2), venait aussi d'appliquer *à la pierre lithographique le procédé photographique de Daguerre.* Au moyen d'une préparation particulière qu'il avait découverte, il est parvenu non-seulement à fixer sur la pierre les images photographiques, mais encore à pouvoir en tirer des épreuves par les moyens ordinaires de son art. Les premiers essais ont été faits sur une étoile (la nébuleuse d'Orion) reçue dans le champ d'un télescope et transportée sur la pierre. Quelques-unes des épreuves ont été envoyées à Paris, à M. Arago, qui les a trouvées fort satisfaisantes.

Ce que le docteur J.-W. Draper, de New-York, apelle *Tithonotypes* (3), ce sont des copies ou empreintes faites pour multiplier les images daguerriennes suivant la méthode inventée par lui en 1842. Sir David Brewster a été le premier à faire voir que les couleurs de la nacre de perle pouvaient être imprimées et reproduites sur des surfaces ou matières molles. M. Draper présume, en conséquence, que tous les procédés propres à re-

(1) L'Écho du monde savant, 23 septembre 1840.

(2) L'Echo du monde savant, 28 avril 1842.

(3) Répertoire d'optique, etc. vol. III, p. 945. — L'Echo, etc. n° 24, 2me semestre. 1843.

produire le chatoiement de la nacre de perle, reproduiront également les images daguerriennes, ce qui ouvre de nouvelles voies aux arts photographiques.

Pour mettre ce procédé à exécution, l'opérateur doit manipuler comme suit: L'image daguerrienne qu'on se propose de copier est d'abord recouverte d'une légère couche d'or par le moyen ordinaire, en ayant soin toutefois que cette couche ne soit ni trop épaisse ni trop mince; si elle était trop épaisse, la copie qui en résulterait serait détériorée, et il y aurait plus de difficulté à effectuer la séparation de la couche gélatineuse; si elle était trop mince, la plaque elle-même éprouverait quelque dommage, en ce que l'image y serait enlevée. On prépare ensuite une solution claire d'ichthyocolle (colle de poisson), qui doit avoir une consistance telle, qu'une goutte versée sur une plaque métallique froide s'y prendra promptement en masse. Le succès du procédé dépend en grande partie de la bonne préparation de cette solution. Il y a dans le commerce une substance qu'on appelle ichthyocolle des tonneliers, qui paraît être la meilleure pour cet objet. La plaque est posée horizontalement, avec la surface imprimée en haut, sur un support convenable, dans le courant d'air chaud qui s'élève d'un poêle; on verse dessus la solution d'ichthyocolle jusqu'à ce qu'il y en ait une couche d'environ 4 millimètres; on laisse alors sécher avec lenteur, de manière que la dessiccation ne soit complète qu'en 2 ou 3 heures. Quand on a parfaitement réussi, et lorsque la dessiccation est complète, la couche d'ichthyocolle, alors transformée par le durcissement en un tithonotype, se détache, et en l'examinant, soit par la lumière réfléchie, soit par la lumière transmise, on trouve qu'elle porte une copie détaillée de l'original.

Application de la Daguerréotypie. Dès que l'invention de Nicéphore Niepce eut été perfectionnée et rendue praticable par Daguerre, et que cet art merveilleux fut connu par le public, on en chercha diverses applications.

Déjà Niepce, au commencement de ses expériences, avait appliqué à la copie des gravures ses procédés encore imparfaits; et plus tard, lorsqu'il fut arrivé à mieux faire, il copia des vues. A mesure que les procédés se perfectionnaient, le cercle des applications s'agrandissait, et le désir d'obtenir des portraits, depuis longtemps nourri, se manifestait toujours plus vivement. Mais Daguerre fut le premier à proclamer combien il était douteux qu'on pût jamais arriver à faire des portraits au moyen de la photographie. Néanmoins on fit des essais. Les premiers ne furent pas heureux (1) : on opérait avec l'appareil normal de Daguerre, et l'on comprend qu'en faisant agir à de courtes distances un objectif destiné à reproduire les objets lointains, on se privait d'une grande intensité de lumière. De là l'obligation d'exposer le modèle à la radiation du soleil pendant 15 à 20 minutes, et dans un état d'immobilité complète. Et comme cette immobilité, surtout celle des yeux, était au-dessus des forces humaines, il fallut se résoudre à faire poser les yeux fermés. Ce fut alors que, sous le nom de portraits photographiques, on vit une foule de *Bélisaires* orner la devantures des opticiens.

Enfin, après un grand nombre d'améliorations dans les opérations, et de perfectionnements dans l'appareil, dus à MM. Lerebours, Buron, Arago, Becquerel, Charles Chevalier, Claudet, Foucault, Bisson, Gaudin, Soleil, Andrieux, Choiselat, J.-J. Prechtel, de Vienne, et d'autres, on est arrivé à faire des portraits en quelques secondes, et même en une fraction de seconde. Dès lors on vit paraître des daguerréotypes parfaits, de véritables chef-d'œuvre d'exactitude et de délicatesse, rehaussés par le fini des détails.

Aussitôt que les procédés de Daguerre furent connus en Amérique, et au moment même où on supposait en Europe que ces procédés n'étaient appelés qu'à un succès limité, le Dr Draper à New-York obtenait les premiers portraits au daguerréotype. Depuis cette époque (2), ce sont surtout les frères Meade, MM. Brady, Evans, Harrison, Lawrence, W.-A. Pratt et John-A. Whipple, qui se sont distingués en Amérique dans le portrait sur plaque. En Angleterre, on remarque entre autres : MM. Warren Thompson, Claudet, Beaud, Griffiths et Le Beau,

(1) Traité de Daguerréotypie, etc. par M. E. de Valicourt, 1843.

(2) L'Exposition universelle de Londres en 1851.

Kilburn, W. Paine et James Tyrie, pour le portrait et des scènes. En France ce sont surtout MM. Blanquart-Evrard, de Lille, Sabatier-Blot, Andrieux, Plumier, A. Gouin, Saugrin, Amédée Thierry, et Martens, graveur. Ce dernier est en outre l'inventeur de l'*appareil panoramique*, qui permet de promener une image d'une grande étendue sous le foyer de l'objectif, de manière à obtenir sur chaque point d'une longue surface une même action de lumière combinée avec une égale précision.

M. Peuvion, de Lille, avait aussi inventé un daguerréotype panoramique rectiligne pour reproduire, au moyen d'un objectif ordinaire, des vues très-allongées, ayant quelque analogie avec les tableaux du panorama. L'instrument de M. Peuvion peut être regardé comme un perfectionnement du précédent.

Un artiste français, M. Thiesson, avait fait en 1844 une ingénieuse application de la photographie sur plaque, et qui montre tout ce que l'anthropologie peut attendre des procédés daguerriens. Cet artiste avait apporté en France des portraits daguerriens de Botocudes, ou naturels de l'Amérique du Sud, et des types africains recueillis dans un voyage postérieur.

De 1849 à 1851, MM. Bisson frères, de Paris, avaient fait la collection des portraits des 900 membres de l'Assemblée nationale, reproduits par 40 lithographies; et en 1850, M. Brady, de New-York, publiait les portraits des Américains célèbres, lithographiés d'après ses daguerréotypes.

MM. Donné et Foucault ont réalisé une autre application de la photographie à l'histoire naturelle. Ils ont daguerréotypé l'image amplifiée des objets microscopiques, et rendu ainsi permanentes les images éphémères formées par la lentille de l'instrument. L'image des globules du sang, par exemple, présentée au microscope solaire, est reçue sur une plaque iodurée et y laisse son empreinte, qu'il ne reste plus qu'à rendre fixe par les moyens ordinaires. Les épreuves, que l'on obtient ainsi, ont servi de modèles aux dessins de l'atlas microscopique de M. Donné.

MM. Bisson père et fils avaient, en 1844, produit des plaques d'histoire naturelle; et M. P. Specchi, à Rome, avait obtenu une image de l'éclipse solaire du 8 juillet 1851, sur plaque daguerrienne, au moyen d'une lunette astronomique.

Les vues, les monuments et les objets divers qu'offrent les arts, ont également occupé les photographes. M. le baron Gros, chargé en 1850 d'une mission en Grèce, joignit à son bagage une chambre noire, des plaques argentées et des ingrédiens nécessaires, et rapporta une riche collection d'épreuves des monuments remarquables de ce pays. M. Tiffereau rapportait du Mexique des vues d'un très-grand intérêt. M. Chevalier, opticien, reproduisait une suite de vues et de monuments d'Italie; M. J. Thierry, de Lyon, faisait de beaux paysages, et MM. Macaire et E. Bacot ont reproduit sur plaques de merveilleuses vues de l'Océan, des vaisseaux en marche, par un procédé presque instantané. M. Lerebours avait publié en 1840 les « excursions daguerriennes, » collection des vues et des monuments les plus remarquables du globe. Ce sont des gravures sur acier, exécutées d'après des calques pris sur les plaques daguerriennes.

MM. Fontaine et Porter, W. et F. Langenheim, J.-G. Mayall et J.-H. Whitchurst, en Amérique, M. William Albert, à Francfort-sur-Mein, et d'autres, avaient exposé en 1851, à Londres, de très-belles épreuves daguerriennes de vues et d'objets d'art.

Un Américain, M. A. Whipple, avait inventé en 1851 ce qu'il nomme la *daguerréotypie au crayon*. Les épreuves produites par ce procédé, qui est de la plus grande simplicité, ont l'apparence de très-beaux dessins au crayon.

Pour juger de l'importance et de l'extension qu'avait pris cet art déjà en 1850, nous remarquerons qu'il y avait à cette époque 4 à 6 publications, soit journaux, s'occupant spécialement de la daguerréotypie, et paraissant régulièrement tant en France et en Angleterre qu'en Amérique.

Dans Paris seul, en 1847, la daguerréotypie occupait anuellement plus de 300 ouvriers; il se vendait, année commune, 2,000 appareils, et on employait plus de 500,000 plaques.

A New-York, en 1850, 71 ateliers étaient uniquement consacrés à la photographie; on y comptait 127 opérateurs, plus 11 femmes et 46 enfants. Le produit de ce travail était évalué à 356,616 fr. par an pour les opérateurs; à 15,444 fr. pour les 11 femmes et à 12,916 fr. pour les enfants, sans compter le matériel et les ingrédiens.

Jusque-là on avait tout essayé en photographie sur plaque, et on avait lieu d'être satisfait; il restait cependant encore à obtenir de bonnes gravures et la couleur. La gravure fut presque abandonnée, mais la reproduction de la couleur préoccupait un grand nombre de personnes.

On apprenait donc avec joie par le *Photographic Art Journal*, publié à New-York en janvier 1851, qu'une découverte remarquable venait d'être faite par M. Hill, savoir la chromotypie daguerrienne, au moyen de laquelle il reproduisait les couleurs du modèle. Cette découverte fit un grand bruit pendant quelque temps, mais on reconnut bientôt qu'elle n'avait rien de réel, que ce n'était qu'une *attrape-penny*.

M. Boettger, de Francfort, a imaginé un procédé pour colorier les épreuves daguerriennes avec des couleurs qui surpassent en vivacité et en transparence tout ce qu'on pourrait imaginer. Son procédé n'est point connu.

Plus estimable, et véritablement réelle, était au contraire la découverte de M. Niepce de Saint-Victor, pour la reproduction des couleurs. Ce savant persévérant travaillait depuis 1850 a résoudre ce problème difficile. Contrarié et interrompu dans ses travaux à plusieurs reprises, il remit enfin le 4 mars 1851 à l'Institut un mémoire très-détaillé sur ce sujet, par l'entremise de M. Chevreul. Désormais la découverte était conquise, mais la fixation des couleurs restait encore imparfaite. M. Niepce de Saint-Victor était arrivé à ce résultat par des théories logiques et par des combinaisons raisonnées.

Cependant M. Edmond Becquerel (1) avait déjà préalablement, en 1848, fixé sur une plaque d'argent les rayons colorés du spectre solaire.

Images stéréoscopiques. Une des plus curieuses applications de la daguerréotypie a été faite par la vision binoculaire au moyen du stéréoscope (2), instrument dont le nom, formé de deux mots grecs, signifie *la vision en relief*.

(1) Lumière, 1851, nos 17 et 18.

(2) Études et lectures d'observations et leurs applications pratiques, par M. J. Babinet, de l'Institut; Paris, 1855.

Avant 1838, M. Wheatstone avait donné à cet instrument le nom qu'il porte et en avait publié une première esquisse. Il était alors encore bien imparfait. Sir David Brewster l'a perfectionné; il apporta à Paris, au printemps de 1850, un très-beau stéréoscope exécuté par Loudon, opticien, à Dundee, et un portrait binoculaire fait par lui-même. M. Dubosq-Soleil, opticien à Paris, exposa à son tour à Londres, en 1851, un stéréoscope à lentilles de sir David Brewster, avec une belle série de daguerréotypes binoculaires (il reçut la grande médaille).

Depuis cette époque le stéréoscope a eu une grande vogue, et on en a étendu l'emploi aux monuments et aux vues.

Transport sur papier des images daguerriennes. On comprend facilement que les plaques daguerriennes, par leur pesanteur, leur volume et la délicatesse du dessin, qui est sujet à se détériorer par le frottement, ne peuvent pas être conservées dans un portefeuille. Aussi, dès les premiers temps de cette invention, on avait cherché à obvier à ces inconvénients, soit en les gravant, soit en les reproduisant de différentes autres manières. La gravure a été abandonnée faute de réussite Alors on a proposé plusieurs modes de report. Un de ces procédés consiste à presser un morceau de papier noir ou brun, couvert d'une couche de quelque liquide glutineux, sur la plaque daguerrienne; le mercure qui forme les clairs s'attache au papier, et l'on a alors l'image correcte mais renversée de l'objet. La méthode de transport sur papier des images daguerriennes imaginée par M. G. Edwards est à peu près semblable à la précédente. Il enduit le papier noir d'une ou de plusieurs couches de colle de poisson ou de belle gélatine dissoute dans de l'eau chaude; il la presse ensuite sur la plaque. Cette opération doit avoir lieu lorsque la plaque est polie à l'huile, ce qui facilite la séparation. Les épreuves obtenues de cette même manière, mais sur papier blanc, sont plus vives que sur papier noir, mais elles sont négatives; d'autre part les molécules mercurielles, qui forment les clairs dans les images daguerriennes ordinaires, présentent au contraire sur ce papier une teinte noire sale.

Aux inconvénients désignés plus haut, on peut joindre encore les nombreuses difficultés de l'emploi des appareils de la daguerréotypie, qui sont lourds et volumineux, d'un transport difficile, inconvénient surtout sensible en voyage ou l'on a besoin d'un nombre considérable de plaques argentées; et puis, après tout cela, les épreuves que l'on rapportait étaient uniques. La daguerréotypie ne répondait donc pas complétement aux besoins et on avait depuis longtemps formé le vœu de pouvoir substituer le papier aux plaques métalliques.

ORIGINE. PERFECTIONNEMENTS. PROCÉDÉS. Déjà au commencement de notre siècle, lorsque rien ne présageait les merveilles des images daguerriennes, plusieurs physiciens anglais s'étaient préoccupés de cette question. Le célèbre Humphry Davy rend compte, en 1802, des essais que Wedgewood avait faits pour obtenir des reproductions de gravure sur papier. Ce rapport, contenant les premiers principes de la photographie sur papier, mérite d'être transcrit ici :

Description du procédé de M. Wedgewood pour copier des peintures sur verre et pour faire des silhouettes par l'action de la lumière sur le nitrate d'argent; publié, en 1802, par l'illustre Humphry Davy : « Le papier blanc et la peau blanche, humectés d'une solution de nitrate d'argent, ne changent pas de teinte quand on les conserve dans l'obscurité; mais, exposés à la lumière du jour, il passent promptement au gris, puis au brun, puis enfin presque au noir.

« Ces changements sont d'autant plus prompts que la lumière est plus intense. Dans les rayons directs du soleil, deux ou trois minutes suffisent à produire l'effet complet; à l'ombre il faut plusieurs heures; et la lumière, transmise par des verres diversement colorés, agit avec des degrés d'intensité divers. Ainsi les rayons rouges ont peu d'effet, les jaunes et les verts sont plus efficaces; mais les bleus et les violets ont l'action la plus énergique.

« Ces faits conduisent à un procédé facile pour copier les contours et les ombres des peintures sur verre et se procurer des profils par l'action de la lumière. Lorsqu'on place une surface blanche, couverte d'une solution de nitrate d'argent, derrière une peinture sur verre, et qu'on expose le tout aux rayons du soleil, les rayons transmis produisent des teintes très-marquées de brun ou de noir, qui diffèrent sensiblement d'intensité, selon qu'elles correspondent aux parties du tableau plus ou moins ombrées, et là où la lumière est transmise presque en sa totalité, le nitrate prend sa teinte la plus foncée. Lorsqu'on fait tomber sur la surface imprégnée de nitrate l'ombre d'une figure, la partie qu'elle cache demeure blanche, et le reste passe très-promptement au brun foncé. Cette teinte, une fois produite, est très-permanente, et on ne peut la détruire ni à l'eau, ni au savon.

« Après qu'on a ainsi obtenu un profil, il faut le tenir dans l'obscurité; on peut l'exposer sans inconvénient pendant quelques minutes à la lumière du jour, et la lumière des lampes ne produit aucune altération sensible sur les teintes. On a vainement tenté d'empêcher la partie non colorée du profil d'être influencée par l'action de la lumière. Une couche mince de vernis n'a pas détruit la susceptibilité de cette matière saline à recevoir une teinte par cette action, et les lavages répétés n'empêchent pas qu'il n'en reste assez dans une peau ou dans un papier imprégné, pour que ceux-ci se noircissent en recevant les rayons solaires.

« Ce procédé a d'autres applications: on peut s'en servir pour faire des dessins de tous les objets qui ont un tissu en partie opaque et en partie transparent. Ainsi les fibres ligneuses des feuilles et les ailes des insectes peuvent être assez exactement représentées par ce procédé. Il suffit, pour cela, de faire passer au travers la lumière solaire directe, et de recevoir l'ombre sur une peau préparée. On ne réussit que médiocrement par ce procédé à copier des estampes ordinaires; la lumière, qui traverse la partie légèrement ombrée n'agit que lentement, et celle que peuvent transmettre les parties ombrées est trop faible pour produire des teintes distinctement terminées. On a essayé aussi, sans succès, de copier des paysages avec la lumière de la chambre noire; elle est trop faible pour produire un effet sensible sur le nitrate d'argent pendant la durée ordinaire de ces expériences. C'était cependant l'espérance de réussir dans tel essai, en particulier, qui avait mis M. Wedgewood sur la voie de ces recherches. Mais on peut, à l'aide du microscope solaire, copier sans difficulté sur du papier préparé les images des objets. Seulement, pour bien réussir, il faut que ce papier soit placé à peu de distance de la lentille ; la solution se prépare en mêlant une partie de nitrate d'argent avec six d'eau.

« En comparant les effets produits par la lumière sur le nitrate et le muriate, ou chlorure d'argent, il a paru évident que le muriate était le plus susceptible, et que l'un et l'autre étaient plus sensibles à l'action de la lumière lorsqu'ils étaient humides, que lorsqu'ils étaient secs. C'est là un fait connu depuis longtemps.

« La permanence des teintes ainsi produites sur le papier ou la peau fait présumer qu'une partie de l'oxyde métallique abandonne son acide pour s'unir à la substance végétale ou animale, et forme avec elle un composé insoluble. Et en supposant que cela arrive, il n'est pas improbable qu'on ne trouve des substances qui pourront détruire ce composé par des affinités, ou simples, ou composées. Il ne manque qu'un moyen d'empêcher que les parties claires du dessin ne soient colorées par la lumière du jour, pour que ce procédé devienne aussi utile que l'exécution en est prompte et facile [1]. »

De manière que le principe de ces physiciens, quoique théoriquement vrai, se trouvait en défaut dans la pratique, à cause de certaines difficultés dont les deux principales sont: 1° que le papier ne peut être rendu suffisamment sensible pour recevoir une impression quelconque de la faible lumière d'une chambre obscure; 2° que les peintures qui sont formées par les rayons solaires ne peuvent être conservées, parce qu'elles retiennent

(1) Description d'un procédé pour copier des peintures sur verre et pour faire des silhouettes par l'action de la lumière sur nitrate d'argent. — Journal de l'Institution royale de Londres, Ier vol. p. 170, 1802. — Répert. d'opt. IIe partie, 1848, p. 695. — Lumière, n° 23, 1851.

leur propriété d'être incessamment impressionnées par la lumière.

C'est à M. Fox Talbot, amateur anglais, qu'est dû le premier pas décisif. Ne connaissant point les travaux de Davy et de Wedgewood, M. Talbot parvint cependant à surmonter tous les obstacles. Grâce à sa persévérance et à un travail de plusieurs années, il résolut la double difficulté de fixer sur le papier les images de la chambre obscure, et de les préserver de toute altération ultérieure.

Voici l'opération en général: si l'on place au foyer d'une chambre noire une feuille de papier imprégnée d'une dissolution d'un sel d'argent, l'image formée par l'objectif s'imprimera sur le papier parce que les parties obscures, restant sans action, laisseront au papier sa couleur blanche. On obtiendra ainsi une sorte de silhouette, dans laquelle les parties éclairées du modèle seront représentées sur l'épreuve par une teinte noire et les ombres par des blancs. C'est ce que l'on nomme une image inverse ou *négative*, selon l'expression consacrée. Maintenant, si l'on place cette image sur une feuille de papier imprégnée d'autre sel d'argent et qu'on expose le tout à l'action directe du soleil l'épreuve inverse laissera passer la lumière à travers les parties transparentes du dessin et lui fermera passage dans les portions opaques. Le rayon solaire allant aussi agir sur le papier sensible placé au contact de l'épreuve négative, donnera naissance à une image sur laquelle les clairs et les ombres seront placés dès lors dans leur situation naturelle. On aura donc formé ainsi une image directe ou *positive.*

Tel est le principe général de la photographie sur papier; le procédé pratique se compose, d'après cela, de deux opérations distinctes: la première ayant pour effet de préparer l'image inverse; la seconde de former l'épreuve redressée (1).

L'image a été appelée improprement *négative*; la qualification *d'inverse* est plus correcte, pourvu qu'on sous-entende le mot *ombré;* car autrement le direct étant le corrélatif d'inverse,

(1) Le Technologiste, ou archives des progrès de l'industrie française et étrangère, Paris, 1839—1840.

on pourrait croire que ces expressions se rapporteraient à la position de l'image relativement à son modèle.

Il existe une autre expression dont M. Chevreul, à qui nous empruntons ces détails, relève le sens, c'est celle de *fixer l'image*, employée souvent pour dire qu'on la fait apparaître sur la surface qui a vu la lumière: l'expression véritable est-la *dégager*. En effet, les procédés photographiques consistent essentiellement à étendre une couche mince sur une surface plane, métallique ou de papier, la matière sensible, puis à l'exposer à la lumière réfléchie ou transmise par le modèle; enfin à enlever, sitôt après la production de l'image et dans l'obscurité, la portion de matière sensible qui n'a point été frappée par la lumière. La manifestation de l'image n'est donc qu'un *dégagement;* si l'on n'enlevait pas cette portion de matière sensible, l'exposition ultérieure à la lumière lui ferait éprouver le même changement qu'à la portion représentant l'image; dès lors celle-ci se confondrait avec la première. Le mot *fixer* n'est applicable qu'à un procédé qui rend l'image *plus stable.* Sous ce rapport on peut dire que la dextrine fixe les clairs de l'image daguerrienne que l'on considère comme de l'argent amalgamé (1).

M. Fox Talbot a fait des dessins photogéniques sur papier dès 1834; il n'avait pas encore réussi alors à les conserver; c'est en 1835 qu'il est parvenu à fixer ces dessins d'une manière permanente sur du papier photogénique, et c'est alors qu'il a fait, au moyen de son procédé, un grand nombre de vues d'une maison de campagne (2). En janvier 1839, M. Talbot communiqua sa découverte à la Société royale de Londres par un mémoire intitulé: Some account of the art of photogenic Drawing, qui contenait l'ensemble de ces méthodes.

En 1841 il compléta ces descriptions dans une lettre adressée à l'Académie des sciences de Paris. Il avait fait alors des copies photographiques sur papier d'un psaume hébreux, d'une gazette persane, et d'une vieille charte latine de 1279, dont on admirait la fidélité.

(1) Considérations sur la photogr. au point de vue abstrait, etc., par M. E. Chevreul.

(2) Secrets modernes, etc., M. Pelouze, vol. III, 1840.—L'Écho, etc., n° 410, 1839.

M. Talbot a donné lui-même le nom de calotype à sa découverte, mais en Angleterre et en Amérique on avait choisi la dénomination de talbotype ; cependant le mot *photographie* a été adopté généralement, pour désigner la reproduction des images sur le papier par le moyen de la lumière (1).

Ce ne fut cependant qu'en 1847 que la découverte de M. Talbot se répandit dans le public ; la difficulté des procédés et la protection d'une patente empêchèrent qu'elle ne le devînt plus tôt. Au commencement de cette année un amateur de Lille, M. Blanquard-Evrard, photographe distingué, publia la description des procédés de la photographie sur papier (2). Ces procédés étaient les mêmes que ceux de M. Talbot, mais simplifiés. Dès lors cet art merveilleux fut vulgarisé partout.

Remarquons cependant que cette méthode de reproduire une image au moyen de la lumière sur du papier avait été tentée de diverses manières par un grand nombre d'autres personnes : au commencement de notre siècle, Charles, célèbre physicien, se servait, dans ses cours, d'un papier enduit pour engendrer des silhouettes à l'aide de l'action lumineuse. Il mourut emportant son secret, et sans qu'aucun document authentique atteste sa découverte (3). Tels sont encore les essais photographiques de MM. Steinheil et Kobell de Munich, et de M. Gustave Froment en 1839 ; les mezzo-teintes du Révérend J.-B. Reade, et les dessins photogéniques de M. Lasseigne de la même année ; les essais de MM. A. Breyer à Berlin ; A. Raifé, Ponton en France ; A. Petzhold, le Dr C. Enzmann, et le Dr Schæfhæult de Dresde, en 1840 ; les amphitypes de M. Herschel en 1842 ; les chromocyanotypes et les énergiatypes de M. Robert Hunt en 1844 (4) ;

(1) Séance de la Société héliographique de Paris, du 4 avril 1851. — Lumière, 20 avril 1851.

(2) Le Constitutionnel, journal, du 29 janvier 1847. — Répert. d'opt. 1850, IVe partie, page 1715.

(3) Répert. d'opt. II, p. 694.

(4) Voyez sur ces essais : L'Écho, etc. n° 44, 1839 ; — 14 mars 1840 ; n° 423, 1839 ; — 22 janvier et 15 août, 1840 ; — nos 38 et 43, 2me semestre 1844 ; — n° 46, 1er semestre. — 2 octobre 1839. — Lumière, 16 et 26 juillet 1853 ; — 15 juillet 1854. — Académie des sciences, 2 mars 1840. — Le Technologiste, etc. 1839 — 40. — Athenæum, 1er juin 1844.

nous devons ajouter un genre de photographies particulier connu sous le nom de gravure à jour ou gravure diaphane, pratiqué par MM. Soleil, Berri, Montvoisin, en 1839 ; par MM. Saint-Evre père, Beuvière en 1847 ; par MM. Salière, Grandguillaume en 1853, et par M. Ernest Bastien en 1855. Toutes ces *méthodes héliotypiques*, opérées sur des lames de verre enduites d'un vernis noir ou blanc, ne reproduisaient, au moyen d'une pointe, que des dessins imitant le travail à la plume ou à l'eau-forte. MM. Harville et Pont sont parvenus, en novembre 1855, à reproduire tous les autres genres de dessin, soit à l'estompe, au lavis ou à la roulette, en déposant sur la lame de verre une couche très-mince de collodion, contenant une petite quantité d'iodure d'ammonium, et en la plongeant ensuite dans un bain d'eau contenant un dixième d'acétate de plomb. Après avoir terminé le dessin, sur cette couche, on plonge la plaque dans un bain de bichromate de potasse ; on laisse sécher et on la couvre d'un vernis mat et transparent, analogue au vernis employé par les photographes pour garantir les images négatives. Dans l'une et l'autre de ces méthodes de gravure diaphane, on tire de ces planches des épreuves du dessin sur du papier positif (1).

M. Bayard avait déjà obtenu la première image en sens direct sur papier, au moyen du chlorure d'argent et de l'iodure de potassium, en février et mars 1839, et sans l'influence de la découverte de Daguerre et de celle de M. Talbot, qui ne furent révélées que plus tard. Les épreuves directes de M. Bayard, qui figurèrent successivement à l'Exposition du mois d'août 1839, au profit des victimes du tremblement de terre de la Martinique, et à celle de 1849, furent généralement admirées pour les contours et détails purs et les effets vigoureux. Par conséquent M. Bayard peut être regardé, avec Niepce, Daguerre et Talbot, comme un des révélateurs de la photographie (2).

(1) Académie des sciences, 29 octobre 1855. — Lumière, 8 déc. 1855.

(2) Pour preuve : Académie des beaux-arts, séance du 2 nov. 1839. — Constitutionnel, 3 août 1839. — Moniteur, 22 juillet, 13 nov. 1839, et 3 févr. 1840. — Rapport de M. Léon de Laborde sur l'exposit. de 1849. — Lumière, n° 35, 2 sept. 1854 ; et l'intéressant article sur l'Exposit. par M. L. Figuier, dans la Presse du 23 juin 1855.

M. Mathieu avait publié en 1847 son procédé de l'autophotographie, ou l'art de reproduire les dessins, les lithographies, les gravures, sans qu'on ait besoin d'en faire passer l'image à travers l'objectif de la chambre noire, et par la simple application du dessin à reproduire sur un papier rendu sensible à l'action de la lumière.

Dès que le problème difficile d'obtenir sur papier des images de la chambre noire par l'action de la lumière était résolu, et que la photographie était devenue familière aux savants et aux amateurs, elle prit les développements les plus larges, et on y apportait des perfectionnements notables.

En cirant ou en gélatinant le papier, M. Le Gray et M. Baldus donnèrent plus de finesse, plus de transparence à l'épreuve inverse (dite négative).

En 1847, M. Niepce de Saint-Victor, neveu de Joseph-Nicéphore Niepce, l'inventeur de l'héliographie, réalisa au profit de la photographie sur papier un progrès inespéré, auquel elle est redevable de ses produits les plus achevés, les plus parfaits, en imaginant l'enduit albumineux et créant la photographie sur verre. M. Niepce de Saint-Victor présenta le 25 octobre 1847 à l'Académie des sciences un mémoire pour remplacer le papier par une légère couche d'empois ou d'albumine (blanc d'œuf), étendue sur une lame de verre, qui, imbibée ensuite avec le sel d'argent, servirait à obtenir une image inverse, sans les pores et autres défauts du papier (1).

De nouveaux perfectionnements furent ajoutés par M. Niepce de Saint-Victor, en juin 1848 et en août 1850, pour augmenter le précédent, et dès lors toutes les épreuves produites par ce procédé eurent une finesse extraordinaire. Mais quoique M. Humbert de Molard, le 12 août 1850, et M. Talbot, le 16 juin 1851 (2), aient tous les deux indiqué encore d'autres moyens pour rendre la couche d'albumine plus sensible, on cherchait néanmoins une nouvelle préparation plus prompte, plus immédiate et plus facile pour remplacer la pâte du papier.

(1) Recherches photographiques par M. Niepce de Saint-Victor, Paris, 1855, p. 23 à 40.

(2) Lettre deM. Talbot à l'Académie des sciences de Paris; 16 juin 1851.

C'est en janvier 1850 que M. Le Gray indiqua l'emploi du collodion et du proto-sulfate de fer comme agents révélateurs sur papier [1]. — Au commencement de 1851, MM. Bingham et Cundel, en Angleterre, eurent l'idée d'appliquer le collodion sur verre, mais avec peu de succès. Dans le courant de 1851, M. Archer, Anglais, fit un collodion dont un de ses compatriotes, M. Fry, s'est servi avec une réussite parfaite. Son procédé surpassait tous les procédés connus jusque-là en promptitude et en finesse, et permettait même de reproduire le feuillé des arbres, ce qui ne se faisait qu'imparfaitement avec les préparations antérieurement connues. Un autre avantage du procédé au collodion est de pouvoir fournir à volonté une image inverse, et une directe sur verre; pour celle-ci, la pose est très-courte, et peut, par des mains habiles, être détachée de la glace, puis étendue et collée sur un fond noir, étoffe, toile cirée ou papier, sans présenter le miroitement des plaques daguerriennes [2].

Décrivons dans sa généralité le procédé au collodion, cette substance étant jusqu'à ce jour tout ce qu'on a trouvé de mieux pour la photographie [3]: Pour composer le collodion, on prend du coton-poudre, soit éther oxyline, préparé avec du coton non filé, de l'acide sulfurique pur et du salpêtre raffiné. Ce coton-poudre est dissous dans de l'éther sulfurique et de l'alcool; on y ajoute un sel ou une dissolution de sel, tels que l'iodure de potassium ou l'iodure d'ammonium, ou tout autre sel pouvant se combiner avec l'argent et être rendu impressionnable aux rayons lumineux. Ce collodion est ensuite déposé sur la lame de verre; l'éther et l'alcool s'évaporant, il ne reste bientôt sur celle-ci qu'une couche mince de coton, d'une égalité parfaite, dépassant en finesse tous les papiers possibles, et contenant dans sa pâte un sel que l'on transforme en iodure d'argent ou bromure d'argent, suivant sa nature, par un bain dans une dissolution d'azotate d'argent.

(1) Lumière, n° 27, 1854.

(2) Notice relative à l'emploi du collodion préparé par M. Archer, etc. dans The Patent journal, Lond. 1851. — Nouveau traité de photogr. par M. Le Gray. — Manuel prat. de phot. sur collodion, par M. Archer, 1852, etc.

(3) La photographie et ses divers procédés, par M. Populus, publiée dans le Bulletin de la Société des Arts de Genève, n° 54, Genève 1854.

On procède alors à l'exposition de la plaque de verre aux rayons lumineux produits dans la chambre noire par un objectif à verres simples ou combinés, reflétant un objet quelconque. Au sortir de la chambre obscure, l'image est invisible; on l'a fait apparaître par l'acide gallique ou l'acide pyrogallique, ou du sulfate de fer ajouté d'un acide, ou par l'un des autres réactifs.

Enfin on fixe l'image par une solution ayant la propriété de précipiter l'iodure d'argent formé : tels sont l'hyposulfite de soude, la cyanure de potassium dissous dans beaucoup d'eau.

D'autres substances ont été étudiées et employées; différentes modifications ont été apportées, des perfectionnements plus ou moins essentiels ont été introduits en photographie, et il ne se passe pas de semaine qu'on n'en publie de nouvelles; enfin la photographie marche de progrès en progrès, et avec une telle rapidité que nous renonçons à la suivre. Remarquons néanmoins que, comme pour la daguerréotypie, les principes fondamentaux de leurs inventeurs, Niepce et Talbot, sont toujours les mêmes.

M. A. Belloc a publié, en 1855, un traité de photographie sous le titre : *Les quatre branches de la photographie*, qui embrasse la *Daguerréotypie*, la *Talbotypie*, la *Niepçotypie* et l'*Archéotypie*, noms par lesquels il désigne les divers procédés inventés par MM. Daguerre, Talbot, Niepce de Saint-Victor et Archer, savoir la photographie sur plaque métallique, celle sur papier, celle sur verre, et celle sur collodion. Il est seulement à regretter que Nicéphore Niepce ait été sacrifié dans cette classification, qui du reste est très-ingénieuse.

APPLICATIONS DE LA PHOTOGRAPHIE. Désormais ces procédés ont ouvert un champ immense aux applications photographiques. Cet art nouveau est devenu un auxiliaire puissant pour les arts, les sciences, l'industrie, au moyen de ses applications nombreuses et variées. Notons les plus remarquables :

Photographie sur diverses substances. M. Niepce de Saint-Victor avait, déjà en 1847, émis l'idée que la photographie pourrait être appliquée avec avantage sur la pierre lithographique, sur verre opale, sur porcelaine, sur cuivre et sur bois, à l'usage des peintres et des graveurs. MM. Gimbert et Schnidre, en 1855, ont pris sur émail des épreuves photographiques, qu'ils ont fait cuire, et ils en ont obtenu un fort beau résultat.

M. Samson, professeur ès sciences, a inventé en septembre 1854 un procédé pour faire des vitraux photographiques représentant des tableaux, des statues, des vues et toutes sortes de compositions, en couleur de bistre, ou coloriés de divers émaux. Avant lui, M. Langenheim, de Philadelphie, avait déjà en 1851 exposé à Londres des vitraux héliographiques coloriés par des vernis spéciaux.

M. Ernest Conduché, en utilisant les épreuves photographiques produites sur pierre, a inventé le 5 février 1855 un nouveau procédé qu'il nomme *Typochromie photographique* et qu'il applique sur porcelaine, émail et sur tous les objets céramiques. Voici comment on opère : On tire les épreuves sur papier au moyen d'une encre contenant *en suspension*, ou à *l'état de savon*, la matière qui, par son exposition plus ou moins prolongée au feu, donnera une couleur toute différente de celle qu'elle présente dans l'encre. Si, par le moyen de repères habilement combinés, on peut introduire sur l'épreuve plusieurs encres correspondant à ces parties qui exigent des tons différents, au lieu d'obtenir une image d'une seule couleur, on obtiendra une image *polychrome*. L'épreuve sur papier étant obtenue, on conçoit ce qui reste à faire : on lui donne, au moyen d'une couche de gélatine, la propriété d'adhérer à l'objet de porcelaine, et, les matières organiques (gélatine et papier) étant détruites par la cuison, il restera sur la plaque des composés métalliques qui formeront l'image.

Ainsi deux opérations sont nécessaires dans ce procédé : l'une constitue le tirage d'une épreuve qui porte avec elle la matière colorante se développant au feu ; la seconde est une application du type sur le subjectile. C'est dans cet état que l'objet peut être mis au feu. M. Murson, de Lacrymosa, a également découvert un procédé de photographie appliqué à la peinture sur verre. Le 11 juin 1855 il l'a communiqué à l'Académie.

Pour transformer les images photographiques en peintures indélébiles, coloriées et fixées, M. Lafon, de Camarsac, choisit pour subjectiles les métaux et les matières céramiques; il emploie les composés vitrifiables pour y tracer l'image. L'épreuve exposée au feu, les matières organiques disparaissent et l'image, formée de substances indestructibles, demeure fixée par la vitrification. L'image présente l'aspect d'une peinture sur porcelaine. M. Legros, dans son Encyclopédie de la photographie de 1856, donne les procédés pour obtenir des portraits ou autre sujets sur des boules concaves de cristal (presse-papier). Enfin on applique les images photographiques sur des bracelets, sur des broches et sur des boîtes de montres, et encore sur toile, à l'usage des peintres.

La photographie a été appliquée en 1853 avec succès à la gravure sur bois par le révérend Saint-Vincent Becchey, avec une épreuve d'une belle gravure exécutée par M. Robert Langthon, Crow-Street, Manchester (Amérique), et avec un bois sur lequel on avait réussi à imprimer un dessin photographique réduit de la célèbre carte de la lune, dessinée par M. James Nasmyth de Patricoff, sur une échelle de quatre pieds de diamètre. Le dessin phothographique a été produit sur la surface nue du bois, simplement collodionnée, sans support ou fond noir ou blanc (1).

Photographie artistique. Nous pouvons dire, avec M. Ernest Lacan (2), que la photographie a passé les mers, franchi les montagnes, traversé les continents, en considérant le grand nombre de vues et de monuments que cet art a reproduits dans tous les pays. Il y a des photographes à Bombay, à Madagascar, à Valparaiso, partout.

L'Egypte, la Nubie, la Palestine ont été explorées par M. Maxime

(1) Pour plus de détails voyez : La Lumière, 1851, n° 14; 1854, n° 1, 29 juill. 1855. — Art journal, août 1854. — Cosmos. — Recherches photogr. de M. Niepce de St-Victor, p. 28, etc.

(2) Voyez son intéressant article : Moniteur du 12 janvier 1855. Et ses Esquisses photographiques, Paris, 1856, etc.

Du Camp et M. Thénard. — M. Salzmann[1] a fait des photographies à Jérusalem, représentant des frises portant un caractère tout particulier; à côté des triglyphes et des gouttes égyptiennes dont l'idée a fructifié dans le style dorique, nous voyons des palmettes assyriennes mêlées à des emblèmes d'origine israélite, tels que le cédrat, la palme, le raisin de Palestine. Le monument nommé le tombeau d'Absalon nous montre des demi-colonnes assyriennes, mais seulement une à une, sans être réunies, tandis que la corde qui entoure l'édifice en haut est phénicienne. La Judée a emprunté de l'Assyrie des rosaces pour en orner des frises égyptiennes. Nous mentionnerons encore un système d'écailles qui forme la décoration du soubassement du temple salomonien, et rappelle la manière dont quelques maisons sont décorées à Ninive. Des images de temples et de pagodes hindous sont sorties de l'imprimerie photographique de M. Blanquard-Evrard de Lille. Une collection de vues de Constantinople, ainsi que des costumes et des types des différentes classes de la population byzantine, a été publiée par M. Robertson. Plus de 800 vues de la Crimée et de Sébastopol ont été apportées au British Museum par un photographe anglais. — M. de Szathmari a produit plus de 200 épreuves photographiques, prises en Valachie, représentant les portraits des généraux turcs, russes, français, anglais, ainsi que divers costumes et des paysages.

Kiew, Saint-Pétersbourg, Moscou et d'autres villes et sites de la Russie ont été explorés par M. Roger Fenton, amateur anglais; — la Sardaigne par M. Edouard Delessert; — l'Italie par MM. Bresolin, Piot, Gustave Le Gray, Flacheron; — Naples, Pompeï et la Sicile, par M. Grillet, vues stéréoscopiques; — les merveilles de l'Espagne par M. le vicomte Vigier, Tension, M. le vicomte Dax; — les Pyrénées (sur collodion sec) par M. Maxwell Lyte, par M. Vigier; — l'Espagne, sous le rapport des paysages et des costumes, par M. Clifford; — la Suisse et les Alpes par M. Martens; — les bords romantiques du Rhin par MM. le vicomte de Dax, Marville,

(1) Rap. de M. Oppert, membre de l'expédition scientifique envoyée par le gouvernement français en Babylonie; lu à l'Académie des Beaux-Arts, août 1855.

Ferrier; — en France, le Berry par M. le comte Aguado; — l'Auvergne et la Bourgogne par M. Baldus; — les cathédrales de Strasbourg, de Rheims, de Beauvais, de Chartres, de Poitiers, par MM. Lesecq, Marville, Le Gray; — l'église du cloître de Saint-Trophyme à Arles, le palais des papes à Avignon, la tour Magne, la Maison carrée, les Arènes de Nîmes, par MM. Baldus et Nègre; — le château de Blois par MM. Bisson, Fortier et Ferrier; — les ruines, monuments et vues en Algérie par M. Moulin; — les Vosges par M. Lesecq, etc.

L'intérieur du palais de cristal a été reproduit par M. Delamothe, Anglais; — des détails de la cathédrale de Cologne, par M. Michiels, Allemand; — des monuments de Milan, par M. le Dr Formosa; — des vues de Venise, par les frères Alinari de Florence.

Des vues panoramiques de grande dimension ont été produites par M. Tension : celle de Tolède, de la grandeur d'un mètre sur 27 centimètres; — Paris, pris du pont des Saints-Pères, par M. Marville; — la vue du Pont-Neuf, par MM. Bisson frères; — celle du Mont-Blanc, par M. Martens; — celle de la bataille de l'Alma, par M. Burford.

Des paysages de tous genres, des études d'après nature ont été livrés par MM. le comte Aguado, de Courmont, Baldus, A. Giroux, le marquis de Bérenger, Fenton; et les Anglais, MM. H. Withe, Matwell, C. Hurton et Thompson.

De charmants bouquets de fleurs, artistement composés, ont été photographiés par M. Ad. Braun, dessinateur à Dornach, près de Mulhouse.

Pour la reproduction des chefs-d'œuvre de la sculpture, M. Baldus et M. Marville ont publié une série d'épreuves de premier ordre, les plus belles œuvres sculpturales du Louvre et de Versailles. Par une disposition savante des lumières, M. Bayard est arrivé à reproduire un effet si puissant, que l'œil s'y laisse tromper, et qu'en examinant une de ces copies de la Vénus à la coquille, de Jean Goujon, et de la Vénus de Milo, ou des bas-reliefs de Clodion, on croit avoir sous la main le marbre ou le plâtre lui-même. M. Alph. Bilardeaux a adopté le même genre : il a reproduit la crucifixion, bas-relief d'Emile Chatrousse, et la résurrection; mais son chef-d'œuvre est le Calvaire, d'après un bas-relief de Justin.

M. Philippe Margaritis, d'Athènes, a également reproduit dans le même genre les frises du Parthénon, et M. Lesecq une collection de bas-reliefs byzantins appartenant à M. Depauli, graveur en médailles.

La reproduction sur papier de gravures rares et précieuses avait été tentée de diverses manières et dès le commencement de la photographie : M. Lasseigne, en 1839, avait obtenu la copie de gravures sur papier, par la lumière, au moyen du nitrate d'argent.

M. Niepce de Saint-Victor signala en 1846 [1] l'attrait singulier des vapeurs de l'iode pour la couleur noire, et une propriété de cette substance qui la dispose à se fixer de préférence sur les corps en saillie. Cette double observation permit à M. Niepce de Saint-Victor de copier avec une précision remarquable les gravures les plus fines, sans sacrifier l'original. Il a reproduit des caractères du *recto* ou du *verso*, à volonté, d'une feuille imprimée des deux cotés; l'image d'un tableau en exposant celui-ci à la vapeur d'iode, et même des gravures coloriés non gommées. M. Niepce de Saint-Victor a ainsi reproduit avec l'iode des figures non-seulement sur le fer, le plomb, l'étain, le laiton, l'argent, le verre, mais aussi sur du papier préparé de diverses manières. M. Niepce a trouvé à d'autres substances la même propriété qu'à l'iode de se porter sur les noirs et sur les reliefs d'une gravure et de toute espèce de dessins. Il a reproduit avec du phosphore et du soufre, avec de l'acide azotique et l'hypochlorite de chaux.

M. Bayard avait déjà fait avec M. Renard, son élève, des reproductions photographiques de gravures anciennes, telles que les sept sacrements de Pesme, d'après le Poussin, les planches célèbres de Wille, d'après l'école flamande, etc. Ces épreuves eurent un immense succès.

M. Fortier et M. Millet ont fait des essais dans le même genre; l'un a reproduit la Cène de Léonard de Vinci, et l'autre les Willis, d'après Lehmann.

(1) L'iode fut découvert accidentellement par de Courtois en 1811 ou 1812.

M. Benjamin Delessert eut le premier l'heureuse pensée de faire servir la photographie à répandre auprès du public et des artistes les gravures des anciens maîtres. Celles de Marc-Antoine Raimondi sont, en ce genre, les plus estimées et les plus coûteuses. M. Delessert, après en avoir rassemblé la collection, en a exécuté par la photographie des reproductions identiques, de telle sorte que l'on peut aujourd'hui, pour un prix minime, posséder l'œuvre tout entière du graveur bolonais.

Cette idée remarquable a donné naissance à d'autres publications du même genre. Des éditeurs intelligents ont livré au public l'œuvre de *Rembrandt* et celle d'*Albert Durer*, photographiées avec talent par MM. Bisson frères. MM. Baldus et Charles Nègre ont, de leur côté, reproduit une grande partie des planches de *Lepautre*, enfin M. le comte Aguado a exécuté le même travail pour quelques gravures de Téniers.

Fac-simile photogrophique d'anciens manuscrits. M. Ph. Delamotte a reproduit un manuscrit de la Société royale de l'Irlande; il a été question aussi de faire un catalogue des manuscrits de la Bibliothèque impériale de Paris, en faisant photographier leurs premières pages.

On sait avec quelles peines infinies, même en s'aidant des instruments de M. Levitsky, on arrive à réduire à la main les grandes triangulations topographiques pour le travail du graveur; M. Pissarewsky à Saint-Pétersbourg a pris pour spécialité la réduction photographique des cartes topographiques, et il a parfaitement réussi.

Dans les premiers essais qui furent tentés pour reproduire les tableaux, les tons de l'original perdaient leur valeur, le modelé disparaissait: on n'obtenait que des copies plates et confuses. Heureusement les photographes modifièrent leurs procédés: ils ralentirent les opérations, afin que les parties sombres, auxquelles la lumière diffuse ne donne pas une transparence relative, comme dans la nature, eussent le temps d'être fouillées par l'objectif et de se dessiner complétement sur le cliché, avant que les parties éclairées, qui se reproduisent tout d'abord, fussent *brûlées* : ce qui était la grande difficulté de ce genre de travail; enfin ils firent si bien, qu'aujourd'hui la reproduction de la peinture est un des plus beaux attributs de la photographie.

MM. Bayard et Baldus sont les deux artistes qui excellent le plus dans ce genre. Les copies de plusieurs tableaux de Guet et d'autres peintres, par le premier, et celles de la Mort de saint François d'Assise, de Léon Benonville, du Buveur de bière de Meissonier, de quelques-unes des belles toiles de Brascassat, et d'un délicieux paysage de M. de Mercey, par le second, sont des œuvres qui peuvent rivaliser avec les meilleures gravures. Dans les publications de M. Blanquard-Evrard, de Lille, au milieu des spécimens de tous genres, on trouve aussi des copies de peintures appartenant pour la plupart à l'école flamande, et qui ont très-bien réussies. Tout récemment M. Lesecq vient de livrer au public une série d'épreuves dans lesquelles il a reproduit avec une grande habileté les tableaux les plus estimés de nos peintres modernes. On s'occupe actuellement à photographier les fresques du Campo-Santo de Pise, pour les graver ensuite.

MM. Gouin (élève de Girodet), Moulin et Braquehais ont reproduit des photographies d'académies présentant toutes les attitudes, tous les caractères, toutes les variétés de la nature, pour l'étude des artistes. En Allemagne, M. Lœcherer excelle dans ce genre. Il y a aujourd'hui des modèles spéciaux, hommes et femmes, pour la photographie.

Photographie scientifique. La fidélité et l'exactitude sont les premières conditions pour la copie des objets d'histoire naturelle, mais les moyens employés ordinairement, le burin et la pierre lithographique, ne donnaient généralement que des résultats incomplets ; la photographie, au contraire, offre des moyens parfaits de reproduction ; aussi s'est-on hâté de l'appliquer aux besoins de la science.

L'observatoire de Greenwich est pourvu depuis 1847 d'instruments qui enregistrent eux-mêmes leurs indications des phénomènes météorologiques au moyen de la photographie. Le physicien anglais, M. Thomas Woods, a appliqué la photographie aux observations astronomiques ; l'éclipse du 28 juillet

1851 a été relevée héliographiquement par MM. Vaillant et Thompson, avec un objectif sténallatique de M. Porro.

M. Bertsch a fait les images photographiques de la lune, prises à différentes phases de l'éclipse du 13 octobre 1856, avec la grande lunette de l'Institut technomatique.

M. le D[r] Fr.-Guil. Unger, de Gœttingen, vient d'entreprendre la publication d'un ouvrage dans lequel il doit rassembler les images photographiques des principales révolutions physiques du globe, et celles des animaux qui ont vécu aux différentes époques de sa formation.

M. Descloiseaux, avec le secours de M. Duboscq, a produit des épreuves de cristaux de quartz, obtenues au moyen d'un appareil de polarisation éclairé par la lumière électrique.

En 1855 on montra à la Société royale de Londres une collection de fougères de la Grande-Bretagne, obtenue de grandeur naturelle par M. Glaisher, et des copies des images photographiques des cristaux de neige.

M. Penney a fait en 1856 une reproduction photographique du fond de la mer dans la baie de Weymouth, à une profondeur de 10 mètres; il a obtenu une vue parfaite des roches et des herbes qui sont au fond de la baie.

MM. Arnaud et Bertsch, inventeurs d'un collodion rapide, ont obtenu depuis longtemps des épreuves photographiques microscopiques d'insectes et de plantes, dont les grossissements sont dans les proportions de 150, 200 et 300 fois leur volume, et au delà au microscope solaire. En Angleterre, MM. Kingsley, Delves et Higley se sont livrés avec un égal succès à des essais du même genre. Dans la célèbre Imprimerie impériale de Vienne, en Autriche, on a obtenu des photographies remarquables d'objets d'histoire naturelle grossis jusqu'à 3 mille fois, au moyen du microscope solaire.

Les productions distinguées de M. Louis Rousseau, préparateur au Jardin des Plantes de Paris, sont depuis longtemps appréciées; avec l'aide de deux praticiens habiles, il a reproduit l'Iconographie zoologique, publication d'une valeur incalculable pour la science. M. Rousseau est parvenu à surmonter les difficultés que présentait la reproduction des objets d'histoire naturelle ; au lieu de conserver la situation horizontale à la lentille dans la chambre obscure, il a placé la lentille verticalement, c'est-à-dire qu'il a disposé la chambre noire *au-dessus de l'objet à reproduire*, en plaçant cet objet lui-même horizontalement à la manière ordinaire, sur une table ou sur un support. C'est grâce à cette chambre obscure renversée, et à l'emploi des lentilles simples, que M. Rousseau a pu prendre l'impression photographique des pièces anatomiques et autres dans les conditions qu'exige leur reproduction ; il a pu obtenir ainsi des résultats d'une haute importance pour les applications futures de la photographie aux études scientifiques.

Le docteur Draper en Amérique, de son côté, a publié une méthode pour obtenir des reproductions microscopiques. Les épreuves photographiques d'une grande beauté doivent servir à l'illustration d'un ouvrage sur la physiologie humaine, qu'il publie en ce moment.

L'anthropologie est une des branches des sciences naturelles qui devrait le plus jouir des avantages qu'offre la photographie. L'artiste qui voyage dans les différents pays du monde en peut rapporter les spécimens des types des races humaines vivantes, et former ainsi des collections ethnologiques d'un grand intérêt. Les galeries du Muséum de Paris possèdent déjà un certain nombre de ces épreuves. Quant aux races éteintes, M. Rousseau a également pris soin de reproduire lui-même les crânes qui sont entre les mains des ethnographes. M. Hennemann, à Londres, a fait une collection d'épreuves prises sur nature d'un certain nombre de sauvages de la race cafre, et M. Claudet des indigènes des îles Walpole. Les différentes espèces d'animaux ont aussi eu leurs types reproduits : M. le comte Montizon a photographié les animaux vivants du jardin zoologique de Londres, et MM. Disderi et Baldus les figures d'animaux qui se trouvaient à l'exposition agronomique au Champ-de-Mars. M. Adrien Tournachon reproduit avec talent les plus beaux types de bestiaux.

Photographie judiciaire et médicale. La photographie a eu aussi son application aux actes de la justice pour le signalement des condamnés, et pour imprimer les portraits des porteurs de passeports. Cette idée est de MM. Richemont, Verneuil et Moreau-Christophe.

Le médecin trouvera un auxiliaire puissant pour ses recherches dans les reproductions photographiques des maladies. C'est ainsi que le docteur Diamond, attaché à l'asile de Surrey County près de Londres, a fait faire les reproductions des traits de femmes atteintes de folie représentant divers genres d'aliénation mentale. La photographie est depuis quelque temps déjà employé dans des instituts orthopédiques de Vienne et de Berlin. Enfin il n'y a pas une branche des arts, des sciences et de l'industre, et jusqu'aux marchés et aux fêtes, que la photographie n'ait exploitée pour les reproduire.

Les grandes scènes populaires, les fêtes publiques ont été photographiées par MM. le baron Gros, Plumier, Bertsch, Le Gray, Millet et de Disderi.

Les scènes du baptême du prince impérial ont été reproduites par M. Plumier. Le parvis de Notre-Dame pendant ces cérémonies est dû à M. Marville, ainsi qu'à MM. Pierson et Mayer frères.

MM. Bisson frères ont présenté à l'Académie des sciences, en août 1855, une collection de vues photographiées des plus intéressantes, représentant d'une manière parfaite les traces qu'ont laissées les ravages du tremblement de terre du 25 au 30 juillet de cette année, à Saint-Nicolas, à Viége et à Stalden dans le haut Valais.

M. Baldus nous a donné l'image des inondations du Rhône, et M. Ferrier celle de la Loire, de 1856. M. Taubenot a exécuté un album de plus de 25 épreuves qui représentent le Prytanée impérial militaire de La Flèche, ses bâtiments, ses jardins et son personnel.

Photographie industrielle. MM. Bisson frères ont eu l'idée d'appliquer la photographie aux affiches annonçant la mise en vente de terrains pour la construction, et à la reproduction de modèles de pendules, de machines et d'objets d'art.

MM. le comte Aguado et Edouard Delessert ont eu l'ingénieuse idée de remplacer les noms et les adresses que portaient jusqu'à présent les cartes de visites, par de délicieux petits portraits, et ont trouvé de suite une foule de corollaires à cette idée.

Premières publications photographiques. N'oublions pas de mentionner ici que, dans l'exposition des épreuves photographiques ouverte à Londres au mois de janvier 1853, on remarquait une curieuse collection d'épreuves d'après des fougères, des herbes, des fleurs, exposée par le capitaine Ibbetson, et intitulée: *Le premier livre imprimé par le soleil*, en 1840. Ce titre était justifié par ce fait, que la préface ainsi que la page frontispice elle-même étaient imprimées réellement par la lumière.

Le premier ouvrage photographique publié en France est *Paris photographié*, vues et monuments, par Renard; il est sorti de l'imprimerie photographique fondée à Paris en 1851 par M. de Fonteney, et dirigée par M. de Lachevardière. Cet ouvrage a paru chez MM. Goubil et Vipert en janvier 1853.

Mais le premier exemple de la photographie appliquée aux ouvrages imprimés a été donné en France par M. Louis-Auguste Martin, sténographe de l'Assemblée; ce sont ses *Promenades poétiques et daguerriennes.* Cet ouvrage, publié en 1850, composé de poésies descriptives sur Chantilly, Bellevue et autres, est accompagné de vues daguerréotypées et *reportées sur papier photographique.*

Le premier volume du Club des photographes de Londres a été publié en mars 1856; il se compose des photographies faites par 50 artistes, auquel M. Wittingham, de Chieswich, a joint 50 pages de texte de la plus grande beauté typographique. Ce volume fait voir les progrès merveilleux qu'a faits la photographie en Angleterre.

Dimensions des photographies. Sous le rapport de la grandeur des épreuves photographiques on a également fait des progrès. En 1851 on en faisait déjà qui étaient de la dimension de 35 centimètres de longueur sur 25 de hauteur. Maintenant on a dépassé cette mesure, et il en existe de bien plus grandes, tant en portraits qu'en monuments.

MM. Heilmann et John Steewart ont soumis, le 25 juillet 1853, à l'Académie des sciences des empreintes photographiques directes par un procédé qui permet de les obtenir de toutes dimensions; un portrait d'homme était reproduit trois fois plus petit, et trois fois plus grand.

MM. Lerebours et Salleron avaient obtenu en août 1853 des épreuves dont la grandeur était limitée seulement par la dimension du papier. MM. Victor Laisné, Leblanc, Gerothwohl, Tanner, Adrien Tournachon (Nadar jeune), ainsi que les Anglais, MM. Thomas Sharp et Mayell, obtenaient des portraits de grandeur naturelle par des procédés photographiques.

Cependant, en 1844 déjà, M. Ch. Chevalier avait construit un objectif destiné à la reproduction des détails d'un monument; cet appareil, qui n'était qu'une modification de celui qu'il employait habituellement, permettait de reproduire certaines parties sculptées d'un édifice sous de plus grandes proportions; en allongeant les foyers, on obtenait des images de grandeur naturelle et même plus grandes que l'original.

Mais le succès réel n'a été obtenu que tout récemment. M. Disderi a fait en 12 à 15 secondes des portraits de $^2/_3$ de grandeur de nature sur des glaces collodionnées de 80 centimètres sur 60, au moyen d'un objectif à verres combinés de 10 pouces de diamètre, nouvellement construit par MM. Lebruns et Maës, avec un diaphragme intérieur de 10 centimètres, et à 3 mètres de distance. Il a fait les portraits de l'Empereur, du comte Aguado, de M. Dantan et de M. Edouard Delessert, et il y avait peu de déformation, beaucoup de lumière et une grande finesse. MM. Thompson et Bingham ont également fait des portraits de grandeur naturelle sur des glaces de 80 centimètres avec un objectif de 12 pouces; ils ont reproduit des groupes de 4, 6 et 8 personnes demi-nature, qui ne laissent rien à désirer.

MM. Bisson frères ont produit des photographies de dimensions considérables. Ce sont l'Apollon du Belvédère, de grandeur naturelle, d'après un plâtre; la porte principale du Palais de l'Exposition, la place de la Concorde, et une vue générale du Pont-Neuf et de l'île Notre-Dame en deux morceaux (ces derniers ont chacun 75 centimètres de longeur); la vue du Pavillon de l'horloge, cour du Louvre, a un mètre 2 centimètres de hauteur, sur 77 centimètres de largeur.

Les vues de l'arsenal de Vienne (Autriche), faites dans l'Imprimerie impériale, ont 3′ de hauteur sur une largeur plus considérable encore; elles ont été obtenues sur verre collodionné et offrent cela de remarquable, qu'on ait pu parvenir à séparer complétement du verre la couche de collodion qui y était étendue. On a obtenu ainsi des surfaces de collodion de 4 pieds carrés de toute perfection.

Dernièrement, à Manchester en Angleterre(1), on a exposé des photographies microscopiques dont l'une d'elles, de la grosseur d'une tête d'épingle, a été examinée à l'aide d'un microscope qui grossissait cent fois. On trouva qu'elle représentait un groupe de sept portraits de la famille de l'artiste. On a exposé aussi une autre photographie microscopique de dimension encore plus exiguë, représentant une inscription murale érigée à la mémoire de William Sturgeon, auteur de différentes découvertes électriques, par ses amis de Manchester, dans l'église de Kirkby Lowedales. Cette petite inscription ne couvrait que la dix-neuf-centième partie d'un pouce carré superficiel et contenait 680 lettres, dont chacune était distinctement visible au microscope.

Héliochromie. Pour la photographie sur papier, comme pour la daguerréotypie, on a souvent annoncé d'avoir obtenu des épreuves colorées; c'est ainsi qu'on lisait en 1853 qu'un artiste suédois, Carlemann, avait fait une nouvelle découverte, qu'il a nommé photo-chromographie, par laquelle il pouvait obtenir 3 à 400 copies par jour, les divers objets étant reproduits avec leurs couleurs naturelles. — M. Tardieu avait déjà pris en 1852 un brevet pour un système d'images photographiques colorées, dit Tardéochromes. Cependant ces épreuves photographiques n'étaient pas colorées par la lumière, mais simplement coloriées à l'aide du pinceau. On n'est point encore parvenu à fixer d'une manière permanente les couleurs obtenues par la lumière, ni sur plaques métalliques, ni sur papier.

(1) Lumière, nº 4, 1856.

Le procédé de M. Tastud de Beauregard, inventé en 1855, au moyen duquel il obtient sur papier des épreuves photographiques reproduisant les couleurs naturelles des objets, ne répond nullement à son titre (1). Il obtient des teintes dépendantes de la nature des substances qu'il emploie, et *non de la couleur des objets représentés*; il n'y a aucune concordance entre les couleurs de l'épreuve et celles des objets: la preuve, c'est qu'un négatif d'après *une gravure non coloriée* donne par ce procédé des épreuves *positives coloriées.* Pour obtenir le coloris, M. Minotto applique les couleurs sous l'image d'une photographie sur verre. M. Armengaud emploie un système de coloration pratiqué en Allemagne dès l'année 1824, et qui a été appliqué aux gravures et lithographies sous le nom d'*oléocaléographie* et de lithochromie. Son procédé consiste à donner a chaque partie de l'image la couleur qui lui est propre, en la posant vigoureusement sur l'envers de l'épreuve photographique, qui a été tirée sur du papier très-mince et transparent, ou sur des substances susceptibles de le devenir. On peut peindre à l'huile ou au lavis, mais il faut vernir avec un vernis incolore, qui se compose de 7 parties d'essence de térébenthine, 1 de mastic pur, 3 de térébenthine de Venise, et 10 de verre en poudre.

M. Niepce de Saint-Victor (2), qui a fait de l'héliochromie une étude spéciale, et les recherches les plus savantes et les plus consciencieuses, en est aussi le juge le plus compétent. Il fait l'observation suivante sur ce sujet: « Chose remarquable, pour obtenir les effets de coloration il faut absolument opérer sur de l'argent métallique, préparé comme je l'ai dit; car l'azotate, le chlorure, le cyanure et le sulfate d'argent, étendus sur papier ou enduits d'amidon, ne donnent que du noir et du blanc. Peut-être, en employant la poudre d'argent, obtiendrait-on quelque résultat en enduisant une feuille de papier de ce mélange: c'est une expérience que je me propose de faire. J'ai déjà essayé le papier argenté, et cela m'a donné d'assez bons résultats, mais inférieurs à ceux de la plaque métallique. »

(1) C'est là l'opinion exprimée dans la Lumière, n° 33, 18 août 1855.

(2) Recherches photogr. etc. p. 43, 48,

Nous ne pouvons passer sous silence une invention qui, si elle se réalisait, pourrait être d'une grande utilité : c'est l'impression photo-chromatique, imaginée par M. Robert Smith de Blackford. Voici en quoi elle consiste : un tissu végétal ou animal est plongé d'abord dans une solution chimique, puis séché dans l'obscurité, et le voilà devenu sensible à la lumière. Le tissu ainsi préparé passe sous une feuille de verre sur laquelle, au moyen de combinaisons de pièces opaques ou transparentes, des morceaux de papier, par exemple, on a figuré le dessin qu'on veut produire. On expose donc à la lumière, en présence du modèle à reproduire, et toute la portion de tissu que le carreau recouvre demeure sous ce carreau le temps nécessaire pour subir l'action chimique de la lumière, temps qui varie de 2 à 20 minutes, et le tissu reste en contact avec la face inférieure du verre, au moyen de ressorts. Quand le tissu a subi l'action actinique des rayons du soleil, on le transporte dans une solution qui doit développer les couleurs et les rendre permanentes, et on le lave dans une cuve d'eau. Le sel qui imprègne les portions sur lesquelles la lumière n'a pas réagi étant enlevé par les lavages, ces portions restent blanches, ou sont décomposées par un sel de plomb pour former un chromate jaune de ce métal. M. Fritz Vogel, à Venise, a appliqué depuis 1847 la photographie, pour l'impression des étoffes de soie et de coton, en épreuves positives.

Il a reproduit entre autres le portrait du célèbre Wœhler sur tissu de coton blanc, diverses feuilles d'ornements sur ruban de soie blanche, etc.

GRAVURE HÉLIOGRAPHIQUE. Après avoir retracé sommairement l'origine, le développement et les diverses applications de la photographie sur papier, nous arrivons à une branche de cet art qui rentre plus directement dans notre sujet comme art multiplicateur : c'est la gravure photographique. Les procédés photographiques permettent bien de multiplier à l'infini les copies directes obtenues au moyen d'épreuves inverses ; mais l'opération est longue, et les épreuves sont plus coûteuses que si on les avait obtenues par l'impression d'une planche gravée. Mais l'inconvénient le plus grave, c'est que l'on est pénétré de cette idée que les épreuves photographiques n'ont que peu de durée, et que les plus solides, les mieux lavées, ne dureront pas cinquante ans.

Si donc on pouvait arriver à transporter et à graver sur des planches métalliques les images obtenues par la lumière, le problème serait résolu, et celles-ci se conserveraient toujours. C'est, en effet, ce qu'on a cherché à obtenir et on y a réussi. C'est encore à M. Niepce de Saint-Victor, à qui la photographie doit tant de perfectionnements, qu'est dû ce résultat.

En nous occupant de la daguerréotypie, nous avons parlé des tentatives qui ont été faites par plusieurs personnes pour graver les plaques daguerriennes, et que, vu le peu de succès, on a abandonnées. Nous avons aussi parlé des images reproduites au moyen de l'iode, découverte intéressante de M. Niepce de Saint-Victor.

Procédé Poitevin. Nous citerons ici le procédé pour graver ces images inventé en 1848 par M. Poitevin. Le calque de l'objet à reproduire sur la planche d'argent, ou sur la plaque de cuivre argentée et polie, se fait d'après le procédé de M. Niepce, qui est le suivant: La gravure est plongée dans une dissolution d'iode et placée ensuite sur une autre feuille enduite d'une couche d'amidon. Lorsqu'on serre ces feuilles l'une sur l'autre, l'iode se dégage des noirs et se dépose sur l'amidon; et lorsqu'on presse cette feuille sur une planche de cuivre, l'iode se détache de l'amidon et se fixe sur le cuivre, qui reçoit toute la gravure. Si on la presse sur une planche d'argent, l'iode se combine avec la plaque métallique et forme un iode d'argent. M. Poitevin plonge alors la plaque elle-même dans une solution saturée de sulfate de cuivre, où, la mettant en communication avec une pile voltaïque, le cuivre de cette dissolution vient se déposer sur les parties de la plaque non recouvertes d'iodure, c'est-à-dire répondant aux blancs de la gravure. On plonge ensuite la planche dans un bain d'hyposulfite de soude, qui dissout l'iodure et met à nu la surface argentée sous-jacente. L'on chauffe pour oxyder la partie de la plaque recouverte de cuivre, puis l'on passe une couche de mercure, en chauffant légèrement. Ce mercure ne touche pas à l'oxyde de cuivre, mais s'amalgame avec l'argent, de sorte qu'à ce moment les noirs de la gravure se trouvent représentés par l'amalgame d'argent et de mercure, et les blancs par l'oxyde de cuivre. On recouvre la plaque de deux ou de trois feuilles d'or battu, et l'on fait évaporer le mercure en chauffant; l'or adhère à l'argent que vient de quitter le mercure, puis on plonge dans une dissolution de nitrate d'argent, qui dissout l'oxyde de cuivre. La plaque d'argent se trouve alors presque ramenée à son état primitif: les noirs de la gravure étant seulement indiqués par une couche d'or, et les blancs par la surface argentée de la plaque mise à nu.

Il suffit alors de traiter par de l'acide nitrique affaiblie: les surfaces argentées, attaquées par l'acide, se creusent aussi profondément que possible; celles qui sont protégées par l'or demeurent intactes, c'est-à-dire en saillie. Les planches ainsi préparées sont propres à tirer des épreuves à la manière des gravures sur bois.

M. Niepce de Saint-Victor a repris les travaux de son oncle, Nicéphore Niepce, inventeur de l'héliographie, a fait de nouvelles recherches, et le 25 mai 1853 il a présenté à l'Académie des sciences un mémoire sur un nouveau procédé de gravure photographique. M. Fox Talbot, de son côté, avait présenté aussi un mémoire sur le même sujet un mois auparavant, savoir le 2 mai 1853. Cependant M. Arago a fait valoir dans cette même séance l'antériorité de la découverte de M. Niepce de Saint-Victor, ce dernier ayant depuis longtemps confié son secret à M. Chevreul, membre de l'Académie.

Nous allons décrire successivement les deux procédés:

Le **procédé Talbot** consiste à enduire une plaque d'acier d'une couche impressionnable, composée d'un mélange de gélatine et de bichromate de potasse, après l'avoir préalablement plongée dans du vinaigre acidulé d'un peu d'acide sulfurique et chauffée légèrement. Si l'objet à reproduire est plat, on le met sur la plaque ainsi préparée, et on l'expose au grand jour pendant 1 ou 2 minutes. Dans le cas où l'objet ne serait pas de nature à être placé directement sur la plaque, il faudrait en prendre d'abord une image inverse par les moyens photographiques ordinaires, pour tirer de là une image directe sur papier ou verre, puis on mettrait cette dernière sur la plaque d'acier pour l'impression au soleil. La plaque impressionnée se plonge alors dans une cuvette d'eau froide pendant 2 ou 3 minutes; on voit aussitôt que l'eau blanchit l'image, parce qu'elle a dissous le sel de chrome et aussi une partie de la gélatine; il faut alors la retirer de l'eau et la mettre pendant quelques instants dans l'alcool. On laisse sécher spontanément à une chaleur modérée; l'image photographique est dès lors terminée. En versant sur la plaque un liquide corrosif, il doit d'abord pénétrer par là même où il éprouve le moins de résistance, c'est-à-dire aux endroits où l'épaisseur de la couche de gélatine a été réduite par l'action dissolvante de l'eau; c'est le bichlorure de platine, mêlé d'une quantité d'eau égale au quart de son volume, qui remplit ces fonctions. Au bout de 1 à 2 minutes on voit l'image blanche photographique se noicir, signe évident que le mordant a commencé à attaquer l'acier. Après 1 ou 2 minutes encore on fait couler la solution et on sèche la plaque avec du papier brouillard, puis on lave avec de l'eau contenant beaucoup de sel marin, et on frotte fortement la plaque avec une éponge humide, pour détacher la couche de gélatine qui la couvrait. Alors on peut voir la gravure que l'on a obtenue.

M. Talbot nous apprend qu'on peut modifier de diverses manières ce procédé. En voici un autre : On prend une plaque d'acier portant une couche de gélatine sensible à la lumière, on la couvre d'abord d'un voile noir de crêpe ou de gaze, puis on l'expose au grand soleil; on la trouve après l'exposition empreinte d'un grand nombre de lignes produites par le crêpe. Alors on substitue à la gaze un objet quelconque, par exemple une feuille opaque d'une plante, et on l'expose de nouveau au soleil pendant quelques minutes; on parvient facilement à une gravure qui représente une feuille couverte des lignes intérieures. Ces lignes se terminent au bord de la feuille et manquent absolument sur tout le reste de la plaque. Ce procédé n'a cependant produit rien encore qui mérite d'être mentionné.

Procédé Niepce de Saint-Victor [1]. M. Niepce de Saint-Victor, conjointement avec M. Lemaître, graveur, a apporté des modifications au procédé de gravure inventé par son oncle, Nicéphore Niepce, et en a fait une nouvelle application. L'acier sur lequel on doit opérer ayant été dégraissé avec du blanc de craie, on verse sur la surface polie de l'eau mélangée d'un peu d'acide chlorhydrique, dans les proportions de 1 partie d'acide pour 20 parties d'eau. Par ce moyen le vernis adhère parfaitement au métal. La plaque doit être immédiatement bien lavée avec de l'eau et puis séchée. On étend ensuite, à l'aide d'un rouleau recouvert de peau, sur la surface polie, du *bitume de Judée dissous dans de l'essence de lavande;* on soumet le vernis ainsi appliqué à une chaleur modérée, et quand il est séché on préserve la plaque de l'action de la lumière et de l'humidité. Sur une plaque ainsi préparée, M. Niepce applique le recto d'une épreuve photographique directe (ou positive) sur verre albuminé, ou sur papier ciré, et il l'expose à la lumière pendant un temps plus ou moins long, suivant la nature de l'épreuve à reproduire, et suivant l'intensité de la lumière. Dans tous les cas l'opération n'est jamais très-longue, car on peut faire une épreuve en un quart d'heure au soleil, et en une heure à la lumière diffuse. Il faut même éviter de prolonger l'exposition, car dans ce cas l'image devient visible avant l'opération du dissolvant, et c'est un signe certain que l'épreuve est manquée, parce que le dissolvant ne produira plus d'effet.

On emploie pour dissolvant trois parties d'huile de naphte rectifiée et une partie de benzine (préparée par Colas) : cette proportion a en général donné de bons résultats. Pour arrêter promptement l'action et enlever le dissolvant, on jette de l'eau sur la plaque en forme de nappe, et on enlève ainsi tout le dissolvant; on sèche ensuite les gouttes d'eau qui sont restées sur la plaque, et les opérations héliographiques sont terminées. Pour graver ces plaques, M. Lemaître se servait du mordant

(1) Voyez Recherches photograph. 1855, et Traité pratique de gravure héliographique sur acier et sur verre, par M. Niepce de Saint-Victor. Paris, 1856.

suivant : acide nitrique à 36°, en volume, 1 partie ; eau distillée, 8 parties ; alcool à 36°, 2 parties.

L'action de l'acide nitrique étendu d'eau et alcoolisé dans ces proportions a lieu aussitôt que le mordant a été versé sur la plaque d'acier, préparée comme il vient d'être dit ; tandis que les mêmes quantités d'acide nitrique et d'eau sans alcool ont l'inconvénient de n'agir qu'après deux minutes au moins de contact. On laisse le mordant fort peu de temps sur la plaque, on l'en retire, puis on lave et sèche bien le vernis et la gravure, afin de pouvoir continuer et creuser le métal plus profondément sans altérer la couche héliographique. Pour cela on se sert de résine réduite en poudre très-fine, placée dans le fond d'une boîte préparée à cet effet. On l'agite à l'aide d'un soufflet, de manière à former une sorte de nuage de poussière qu'on laisse retomber sur la plaque, ainsi que cela se pratique pour la gravure à l'aqua-tinta. La plaque est alors chauffée ; la résine forme un réseau sur la totalité de la gravure ; elle consolide le vernis, qui peut alors résister plus longtemps à l'action du mordant (acide nitrique étendu d'eau, sans addition d'alcool). Elle forme dans les noirs un grain fin qui retient l'encre d'impression et permet d'obtenir de bonnes et nombreuses épreuves, après que le vernis et la résine ont été enlevés à l'aide de corps gras chauffés et des essences. Il résulte de toutes ces opérations que, sans le secours du dessin, on peut reproduire et graver sur acier toutes les épreuves photographiques, sur verre et sur papier, sans avoir besoin de la chambre obscure.

Ces premiers essais n'ayant pas complétement répondu à l'attente, M. Niepce de Saint-Victor cherchait dans des essais subséquents à perfectionner le vernis et le mordant. Le 30 octobre 1853 il communiquait à l'Académie un nouveau vernis qui avait la fluidité de l'albumine, qui s'étendait aussi facilement que le collodion et séchait aussi vite, ce qui permettait d'opérer dix minutes après avoir couvert la plaque d'acier. Il était composé de benzine, 100 grammes, de bitume de Judée pur, 5 gr. et de cire jaune pure, 1 gr. M. Niepce rendait ce vernis plus sensible en versant sur la plaque de l'éther sulfurique anhydre, contenant quelques gouttes d'essence de lavande rectifiée. De cette manière on pouvait opérer en dix minutes, un quart d'heure au plus, dans la chambre obscure, et quelques minutes suffisaient quand on opérait par contact aux rayons solaires. Le dissolvant fut également modifié et se composait de 5 parties d'huile de naphte et 1 partie de benzine.

De nouvelles recherches, surtout sur les huiles volatiles, amenèrent de meilleurs résultats encore, qui furent publiés le 2 octobre 1854; le nouveau vernis se composait de benzine, 90 grammes, d'essence de zeste de citron pure, 10 grammes, et de bitume de Judée pur, 2 grammes. L'essence qui donne le vernis le plus onctueux est celle d'aspic pure non distillée; mais celle que M. Niepce préfère à toutes les essences est celle de zeste de citron pure (obtenue par pression), parce qu'elle donne les plus beaux résultats héliographiques. Le vernis qu'elle forme est très-homogène, plus siccatif que celui que l'on prépare avec l'essence d'aspic; seulement il est plus sec, et c'est ce qui fait qu'il donne des traits plus purs.

Cependant ce nouveau vernis a un inconvénient, c'est celui de ne pas offrir assez de résistance à l'action de l'eau-forte; mais au moyen d'une *fumigation*, que M. Niepce a imaginée, on peut consolider la couche de vernis la plus mince. On procède à cette *fumigation* après que la plaque a subi l'action de la lumière et celle du dissolvant. Voici la manière d'opérer la fumigation. On a une boîte semblable à celle qui sert à passer la plaque daguerrienne au mercure, fermant hermétiquement, de la dimension des plus grandes plaques d'acier sur lesquelles on doit opérer, parce qu'au moyen de deux petites barres mobiles appuyées sur des lattes placées dans l'intérieur, on éloigne ou l'on rapproche les barres, selon la dimension de la plaque. Dans le fond de la boîte, qui doit se trouver à une certaine hauteur du sol, on place une capsule de porcelaine dans l'ouverture ronde d'une feuille de zinc; on chauffe la capsule, qui contient de l'essence d'aspic pur non distillée ou rectifiée, avec une lampe à alcool, de manière à porter la température de 70 à 80 degrés au plus, afin d'éviter de volatiliser une trop grande quantité d'huile essentielle, car alors le vernis se dissoudrait et ne présenterait pas, comme cela doit être, une couche brillante et de couleur bronze, semblable au premier aspect de la plaque vernie, avant l'exposition à la lumière. M. Niepce recommande dans cette fumigation de ne chauffer l'essence que jusqu'à ce qu'il y ait un léger dégagement de vapeur, de prolonger l'exposition de deux ou trois minutes, de chauffer de nouveau, et de recommencer une seconde fumigation si cela est nécessaire ; de laisser ensuite bien sécher la plaque, en l'exposant un instant à l'air avant de faire mordre à l'eau-forte.

M. Niepce de Saint-Victor a composé un vernis complétement imperméable à l'acide, sans le secours des *fumigations*; il suffit pour cela de mettre dans le vernis un gramme de caoutchouc, dissous préalablement dans l'essence de térébenthine, en forme de pâte onctueuse; mais alors il ne peut supporter la chaleur à laquelle on est obligé de soumettre la plaque métallique pour appliquer le grain d'aqua-tinta nécessaire pour la reproduction des épreuves photographiques. M. Niepce de Saint-Victor avait obtenu de belles gravures du portrait de l'empereur Napoléon III, et de la vue du Louvre ; les opérations héliographiques avaient été faites par Mme Pauline Riffaut, et les retouches en gravure par M. Riffaut.

M. Niepce de Saint-Victor s'est aussi occupé de recherches ayant pour but de remplacer l'*eau-forte* dans la gravure héliographique. Voici ce qu'il communiquait le 12 mars 1835 à l'Académie : « Les *fumigations* que j'ai indiquées sont certainement d'un grand secours, mais elles sont d'un emploi difficile : elles donnent souvent trop ou pas assez de résistance au vernis; de sorte qu'il était nécessaire de chercher un autre mordant que l'eau-forte, qui pût agir sur le métal sans attaquer le vernis. Dans le grand nombre d'expériences que j'ai faites à ce sujet, je n'ai rien trouvé de mieux que l'eau iodée ou saturée d'iode, à une température de 10 à 15 degrés au plus, de manière qu'elle ait une couleur d'un jaune d'or, et n'allant pas jusqu'au rouge orangé. On commence la morsure en couvrant la plaque d'eau iodée; puis, après dix minutes, un quart d'heure, on renouvelle l'eau iodée, parce que la première essence ne doit plus contenir d'iode : une partie a dû se combiner à l'acier en formant un iodure de fer, et l'autre s'est volatilisée, de sorte qu'il est important de changer deux ou trois fois l'eau iodée, c'est-à-dire jusqu'à ce que l'on juge la plaque suffisamment mordue. La morsure se fait lentement, et, de plus, elle ne serait jamais assez profonde, si on ne terminait pas par l'emploi de l'eau-forte qui, dans ce cas, doit être très-faiblement acidulée d'acide azotique : elle agit alors suffisamment pour creuser le métal plus profondément que l'iode, et sans attaquer le vernis. L'application de ce procédé a donné d'excellents résultats à M. Riffaut, graveur. Les Recherches photographiques et le Traité de gravure de M. Niepce de Saint-Victor sont ornés d'un magnifique portrait de l'auteur de ces livres, gravé héliographiquement d'après une photographie de M. Plumier, et terminé par M. Riffaut. C'est au moyen de ces procédés, élaborés par M. Niepce de Saint-Victor, que MM. **Rousseau** et **Déveria, Bisson** et **Mante** obtiennent maintenant leurs planches d'impression en acier pour leur publication de l'iconographie zoologique; mais ces procédés de gravure présentaient un inconvénient regrettable, c'était de ne pouvoir se passer de l'intervention du burin, ou des retouches du graveur pour les terminer; aussi M. Riffaut était un auxiliaire dont on n'avait pu se passer, du moins pour les premières. Cependant M. **Riffaut** a exécuté des planches d'acier parfaites gravées héliographiquement, et sans aucune retouche; telles sont les planches qui représentent les deux lézards, le polype, les scarabées, des coquillages, des crabes, des tortues et un tapir. Il a publié dernièrement le portrait de Mme Arsène Houssaye et celui de M. Niepce de Saint-Victor, qui ont parfaitement réussi. Il a gravé aussi au moyen de l'eau iodée de M. Niepce les Yaks du Jardin zoologique, et, en 1855, il a publié un cahier composé de six planches in-folio, représentant plusieurs genres de gravures et de dessins, toutes remarquablement bien faites.

M. **Charles Nègre** s'est également distingué dans la gravure par l'action de la lumière; les belles planches du midi de la France, des monuments de Paris, et de quelques tableaux de genre, sont remarquables de réussite. M. **Benjamin Deles-**

sert a commencé à remplacer les photographies sur papier par des gravures héliographiques, pour ses précieuses reproductions d'anciennes gravures. L'*annonciation* d'Albert Durer est une copie identique, une vraie réimpression de l'épreuve primitive.

Procédé Figuier. M. Louis Figuier, de son côté, propose un procédé de gravure qui n'a pas encore été essayé. Voici ce qu'il dit à ce sujet : « En examinant les clichés de verre et les épreuves positives de verre de MM. Rousseau et Déveria, il nous vint à l'idée que la galvanoplastie, qui reproduit avec une si étonnante fidélité tout ce que l'art humain forme de plus délicat, pourrait intervenir avec profit pour reproduire ces clichés, et permettrait ainsi d'éviter l'emploi de l'eau-forte dont l'action sur le métal, souvent inégale par suite d'une certaine perméabilité de l'enduit résineux, occasionne sur la planche des défauts que le burin du graveur est plus tard forcé de rectifier. Nous pensions qu'en attaquant l'épreuve photographique sur verre par l'acide fluorhydrique, de manière à obtenir sur verre une gravure en creux, et plaçant ensuite le cliché dans un bain galvanoplastique de cuivre, on pourrait obtenir une planche de ce métal propre au tirage typographique [1]. »

Procédé Baldus. M. Baldus, qui s'est également occupé avec succès de gravure photographique, vient d'imaginer un nouveau procédé qui a l'avantage remarquable de pouvoir se passer de retouches. Voici, suivant M. Louis Figuier, en quoi il consiste : Sur une lame de cuivre on étend une couche sensible de bitume de Judée, et l'on superpose une épreuve photographique sur papier de l'objet à graver; cette épreuve est positive, et doit par conséquent se traduire en négatif sur le métal par l'action de la lumière. Au bout d'un quart d'heure environ d'exposition au soleil, l'image est reproduite sur l'enduit résineux, mais elle n'y est point visible, et on la fait apparaître en lavant la plaque avec un dissolvant, qui enlève les parties non impressionnées par la lumière, et laisse voir une image négative re-

(1) Revue de Paris, 15 avril 1854.

présentée par les traits résineux du bitume. Cependant le dessin est formé d'un voile si délicat et si mince, qu'il ne tarderait pas à disparaître en partie par le séjour de la plaque au sein du liquide. Pour lui donner une solidité et une résistance convenables, on l'abandonne pendant deux jours à l'action de la lumière diffuse. Le dessin consolidé de cette manière par son exposition au jour, on plonge la lame de métal dans un bain galvanoplastique de sulfate de cuivre, et voici maintenant les véritables merveilles du procédé. Attachez la plaque au pôle négatif de la pile, déposez sur les parties du métal non défendues par l'enduit résineux une couche de cuivre en relief; placez-la au pôle positif, puis creusez le métal aux mêmes points, et formez ainsi une gravure en creux : si bien que l'on peut à volonté, et selon le pôle de la pile auquel on s'adresse, obtenir une gravure en creux ou à l'eau-forte pour le tirage sous la presse en taille-douce, ou une gravure en relief analogue à la gravure sur bois, pour le tirage à l'encre typographique. L'épreuve photographique dont on fait usage pour la transporter sur le métal n'a besoin d'aucune préparation particulière, lorsqu'il s'agit de reproduire une gravure ordinaire déjà exécutée sur papier, et c'est le cas que nous avons admis plus haut. Mais tel n'est pas le cas général; et, quand il s'agit de graver des objets d'histoire naturelle, des monuments ou des vues, l'épreuve photographique, dont on fait usage, doit être obtenue par un moyen qui diffère un peu du procédé ordinaire.

Ce qui constitue la difficulté essentielle pour la gravure des épreuves photographiques, c'est la reproduction de ce que l'on nomme dans la gravure *le grain*, c'est-à-dire les éclaircies ménagées par le burin dans les ombres du dessin. L'épreuve photographique ne présente rien de semblable : les ombres sont accusées par un empâtement uniforme. Dans les images de MM. Rousseau, Dévéria et Riffaut, on le produisait après coup à l'aide du burin ou de la roulette sur la plaque de métal gravée. M. Baldus forme ce grain sur l'épreuve négative, grâce à l'addition aux substances chimiques impressionnables d'un composé qui, en cristallisant dans la masse du papier, y forme de petits grains cristallins et transparents. Les détails du procédé ne sont point encore connus.

« Les épreuves sur papier obtenues avec ces nouvelles planches d'origine photographique, sont tellement parfaites que l'on peut regarder comme définitivement résolu le grand problème de la gravure par l'agent lumineux. »

Procédés divers. M. Ziegler, dans un excellent article sur la photographie à l'Exposition universelle de 1855 [1], nous apprend que M. Rousseau s'occupe aujourd'hui d'un nouveau procédé de gravure, importé de Chartres. La planche est de laiton; exposée d'abord aux vapeurs de l'iode, ensuite à la lumière sous un positif, l'image s'y produit par les modifications que subit l'iode sous l'influence des rayons lumineux.

« A cette opération succède une application de mercure par frottement au moyen d'un tampon. Le mercure ne s'attachant qu'aux endroits altérés par la lumière, on fait mordre avec un acide qui attaque le laiton sans altérer le mercure. Aucun métal, aucun mélange de métaux ne peut remplacer le laiton. Déjà des résultats très-remarquables ont été obtenus, les essais continuent ainsi que les progrès. »

« Depuis quelque temps M. Niepce de Saint-Victor s'occupe de recherches pour obtenir la *production directe de l'image sur acier et de la gravure comme opération subséquente.* Déjà le 25 juin 1855 il a obtenu une réussite complète en gravant sans retouche une vue de l'abside du temple protestant qui se voit des fenêtres du Louvre. Ce petit essais est aussi fin, aussi modelé et aussi délicat que des essais sur plaque de Daguerre. L'épreuve est faite sur acier, dans la chambre noire, au moyen d'un vernis de bitume et de benzine; partout où la lumière agit, le vernis sèche et devient impénétrable à l'acide; au contraire, à la place des ombres il est comme pulvérulent et séreux. L'acide agit et grave d'autant plus profondément, que la lumière a été moins active.

« Le vernis que M. Niepce de Saint-Victor recommandait le 2 octobre 1854 (voyez page 456), est excellent pour l'application qu'il a faite de la gravure héliographique sur *verre*.

(1) Dans le journal La Patrie du 4 juillet 1855.

« On opère, dans ce cas, comme sur la plaque métallique, puis on soumet la feuille de verre à l'action de la vapeur de l'acide fluorhydrique pour graver en mat, ou bien on couvre la plaque de verre de cet acide hydraté pour graver en creux. On obtient ainsi de très-jolis dessins photographiques gravés sur verre, et si l'on opère sur un verre rouge dont la couleur ne soit appliquée que d'un seul côté, on a un dessin blanc sur un fond rouge. On pourrait obtenir des dessins blancs sur toute espèce de verre de couleur. »

Hélioplastie. M. Poitevin, en 1855, a fait une nouvelle application de l'action de la lumière sur les mélanges des sels à acide chromique et des matières organiques gommeuses, pour produire immédiatement *des gravures en relief* ou *en creux*. Le procédé que M. Poitevin nomme hélioplastie repose sur la propriété qu'a la gélatine sèche et imprégnée d'un chromate ou bichromate et soumise à l'action de la lumière, de perdre la propriété de se gonfler dans l'eau, et que, soustraite à cette action, elle y prend un volume environ six fois plus grand.

Partant de ce principe, M. Poitevin applique une couche plus ou moins épaisse d'une dissolution uniforme de gélatine sur une planche de verre par exemple ; il la laisse sécher et la plonge ensuite dans une dissolution de bichromate de potasse ou de tout autre, pourvu que la base n'ait pas d'action sur la gélatine elle-même ; il laisse sécher de nouveau et alors il impressionne, soit à travers un dessin positif, soit même au foyer de la chambre noire. Après l'impression, qui doit varier selon l'intensité de la lumière, il plonge dans l'eau la couche de gélatine. Voici ce qui se passe : toutes les parties qui n'ont pas reçu la lumière forment des reliefs, tandis que celles qui ont été impressionnées forment des creux. Il restait alors à transformer en planche métallique la surface de gélatine gravée arrivée à cet état; il suffit à l'auteur de la mouler en plâtre, et au moyen de ce moule il obtient, par les procédés connus, des planches métalliques, ou bien il la moule immédiatement par la galvanoplastie, après l'avoir préalablement métallisée.

Par ce procédé, les dessins négatifs au trait fournissent des planches métalliques en relief pouvant servir à l'impression typographique, tandis que les dessins positifs donnent des planches en creux qui peuvent être imprimées comme celles en taille-douce. Il faut donc que les dessins qu'on peut reproduire par le procédé hélioplastique de M. Poitevin, soient faits par des hachures ou un pointillé apparent, si l'on veut obtenir des planches propres au tirage. En opérant sur une couche de gélatine d'une certaine épaisseur et en l'impressionnant à travers un dessin non formé par des traits, tels que les portraits photographiques, par exemple, on obtient, après le gonflement des parties non modifiées par la lumière, une surface modelée dans le genre des reliefs sur médaille (1).

M. Becquerel ajoute à ces détails: M. Poitevin n'est cependant pas le premier qui ait utilisé l'action réductrice de la lumière sur les sels formés par l'acide chromique avec les diverses bases, et principalement sur le bichromate de potasse en présence des matières organiques. M. Mungo Ponton s'en est servi pour le tirage des positifs sur papier, et M. Ed. Becquerel pour les études sur l'action chimique de la lumière et pour la reproduction des images du spectre solaire. M. Testud, de Beauregard, l'a employé pour obtenir des images diversement coloriées, et M. Talbot pour la gravure chimique, ainsi que d'autres savants anglais pour diverses applications. L'acide chromique réduit par la lumière forme, dans ces différentes circonstances, le corps colorant qui doit produire le dessin, ou bien pour la gravure il transforme la matière organique en vernis impénétrable à l'agent chimique qui doit creuser l'acier dans les parties non impressionnées.

Photogalvanographie. M. Paul Pretsch, de Vienne (Autriche), a inventé un procédé au moyen duquel il obtient, soit sur verre, soit sur tout autre plaque, couverte de substances glutineuses, mélangées de matières d'un usage photographique, un dessin en relief ou en creux qui peut être copié par le procédé électrotypique de manière à produire des planches pro-

(1) Lumière, 1856, n° 2.

pres à l'impression. La base de son procédé est l'action de la lumière sur une couche de glu mélangée avec du bichromate de potasse, du nitrate d'argent et de l'iodure de potassium. Après l'exposition de la plaque, on la lave dans de l'eau qui contient une solution de borax ou de carbonate de soude; l'image sort alors en relief. Quand elle est suffisamment développée, on lave la plaque à l'esprit-de-vin, puis elle est recouverte de vernis copal qu'on enlève ensuite avec de l'essence de térébenthine, et enfin on immerge la plaque dans une faible solution de tanin. Elle est alors toute prête à être copiée par le procédé électrotypique. On produit le dessin en creux en chauffant légèrement après le lavage à l'esprit-de-vin.

La méthode de graver de M. **Mac-Pherson**, imaginée en 1855, ne paraît être qu'une modification du procédé primitif de Niepce. La voici: La plaque métallique, acier ou cuivre, est enduite de bitume de Judée dissous dans de l'éther sulfurique; l'éther s'évapore rapidement et laisse sur la planche une légère couche de bitume étendue très-uniformément. On applique sur cet enduit sensible un positif sur verre ou sur papier, et on obtient une impression par l'exposition à la lumière; on plonge la plaque dans un bain d'éther pour dissoudre le bitume non modifié par la lumière; il reste sur la plaque un beau dessin négatif. La planche est alors plongée dans un bain galvanoplastique et dorée; l'or adhère aux parties purement métalliques sans attaquer le bitume. On dissout alors le bitume au moyen d'alcool en s'aidant d'une douce chaleur. Les lignes de l'image négative sont maintenant représentées par du métal pur, et le reste de la plaque est protégé par de l'or. On termine en attaquant la plaque par les procédés connus de la gravure à l'eau-forte pour graver en creux les traits de l'image négative, lesquels dans les épreuves donneront les noires en rétablissant la vérité du dessin (1).

Procédé Salmon et Garnier. En profitant des propriétés de l'iode de se porter sur les noires et les reliefs, dé-

(1) Cosmos, t. VII, p. 435.

signées par M. Niepce de Saint-Victor (voyez page 440), utilisant les avantages qu'offre la galvanoplastie, MM. Salmon et Garnier de Chartres ont imaginé plusieurs méthodes de *gravure photographique*. Elles diffèrent de celles de M. Niepce, parce que toutes les opérations peuvent être exécutées à l'ombre, c'est-à-dire par tous les temps et dans toutes les saisons.

L'un des procédés, dit *le décalque direct* sur cuivre de toute espèce de dessin, de gravure et de lithographie, quelles que soient leur ancienneté et la transformation de ce décalque en une gravure sur métal, s'opère de la manière suivante : On prend le dessin que l'on désire reproduire (supposons un dessin au crayon noir ordinaire) et on l'expose pendant quelques secondes à l'action des vapeurs d'iode, dans la boîte destinée à cet usage; puis retirant ce dessin, on l'applique sur la surface polie de la plaque de cuivre jaune: l'iode qui s'était porté sur les parties noires, sur les traits du dessin, se décompose sur cette plaque de cuivre, et si l'on vient ensuite à passer sur le métal une légère couche de mercure, le dessin apparaît sur le cuivre; le mercure s'est porté sur tous les endroits touchés par l'iode et a respecté, au contraire, ceux que cette dernière substance a laissée intacts; de telle façon que l'on a déjà le dessin reproduit tout entier sur la plaque de laiton, mais en blanc. Pour isoler ce dessin du reste de la plaque, il suffit de passer pardessous, sans plus de précaution, un rouleau de lithographie chargé d'encre grasse, laquelle à son tour ne prenant que sur les endroits exempts de mercure, dans les intervalles des traits du dessin, l'isole complétement et le fait ressortir davantage. Pour renforcer la couche de corps gras et lui permettre de résister aux opérations qui vont suivre, on saupoudre entièrement la plaque de résine pulvérisée. Maintenant que le dessin se trouve sur le cuivre, que chacun des traits en est parfaitement isolé, et tout disposé à être transformé en gravure, il faut débarrasser la plaque du mercure formant les traits du dessin; l'huile grasse fait ici l'effet du vernis isolant des graveurs. On dissout donc le mercure au moyen d'une solution de nitrate d'argent, additionnée d'acide nitrique, et le métal (laiton) se trouve à nu et même légèrement creusé. Ici le travail qui doit suivre change suivant l'usage auquel on destine la planche et le genre de gravure que l'on veut obtenir.

Si l'on désire graver en taille-douce, il suffit d'ajouter de l'acide et de faire mordre par les procédés ordinaires de ce genre de gravure. Désire-t-on, au contraire, obtenir une gravure pouvant être tirée à la presse lithographique, on plonge pendant quelques minutes la plaque de cuivre dans un bain galvanique chargé de chlorhydrate de fer, et l'on fait déposer une légère couche de fer métallique là où se trouvait précédemment le mercure, c'est-à-dire sur les traits du dessin. On retire la plaque de cuivre du bain, et au moyen de l'essence de térébenthine on dissout l'encre grasse. On passe alors de nouveau la plaque tout entière à la vapeur d'iode, et on la frotte avec de l'ouate chargée de globules de mercure; il en résulte que, comme la première fois, la plaque prend une teinte blanche, due à l'amalgame du mercure; mais comme ce dernier métal ne s'amalgame pas avec le fer, il suffit de frotter légèrement la plaque pour le chasser des endroits où se trouve ce fer, c'est-à-dire du dessin lui-même. Ainsi on a un dessin dont les traits sont recouverts d'une légère couche de fer, tandis que tout le reste de la plaque de laiton est revêtu d'une couche de mercure. Si maintenant l'on vient à passer un rouleau chargé d'encre grasse sur la plaque métallique, les traits seuls du dessin prendront l'encre, tandis que les endroits recouverts de mercure la refuseront. On peut alors tirer autant d'épreuves que l'on veut, en ayant soin de refrotter la plaque au mercure au bout d'un certain nombre d'épreuves tirées.

Supposons maintenant qu'au lieu d'une planche destinée à être imprimée sous la presse lithographique, on veuille en obtenir une pour la typographie, voici comment on devra procéder: Prenant la plaque au moment où elle va être plongée dans le bain galvanique, on se contenterait de substituer une préparation d'or au sel de fer et d'en laisser déposer une légère couche sur le trait (on prend l'or, parce qu'il résiste mieux à l'action des acides); on encre la plaque et l'on fait mordre tout autour du dessin; l'or préservant les traits, il n'y a que le cuivre environnant d'attaqué, de telle façon que le dessin lui-même se trouve en relief.

L'autre procédé de MM. Salmon et Garnier, la gravure des photographies, ne diffère du premier que par le point de départ : une fois l'image fixée sur la plaque de cuivre, le reste s'exécute comme un dessin ordinaire.

Si l'on expose pendant un certain temps à la lumière diffuse une plaque de laiton polie, soumise préalablement à l'action des vapeurs d'iode, et que l'on vienne ensuite à la frotter avec de la ouate chargée de globules de mercure, on observe le phénomène suivant : la plaque ne se mercurise pas, le mercure refuse de se fixer partout où l'iode a été influencé. Si, au lieu d'agir comme il vient d'être dit, on a pris soin de recouvrir une partie de la plaque avec un corps opaque quelconque, et que l'on essaie de mercuriser cette plaque comme la précédente, on remarque que le mercure prend parfaitement sur les endroits où l'iode a été soustrait à l'action de la lumière, tandis qu'il refuse toujours de se fixer dans les autres parties de la plaque. Cette découverte, due à MM. Salmon et Garnier, suffit parfaitement pour faire comprendre la possibilité de reproduire sur une plaque de laiton les images photographiques.

Prenez donc un cliché positif sur verre, ou bien une épreuve photographique sur papier, rendue transparente; appliquez ce cliché sur une plaque métallique iodée, laissez-la à l'ombre pendant un temps qui varie entre dix minutes et deux heures ; enlevez ce cliché et mercurisez la plaque, vous verrez alors s'attacher le mercure sur toutes les parties non influencées, c'est-à-dire celles qui correspondent au noir du cliché, aux traits réels du dessin, et laisser le reste de la plaque intact; si maintenant vous venez à passer par-dessus un rouleau d'encre grasse, les parties restées intactes prendront l'encre, et le dessin chargé ressortira en blanc sur le fond noir. Il ne vous restera plus qu'à continuer l'opération comme nous l'avons dit plus haut, et vous aurez résolu le problème de la gravure des photographies [1]

M. **Gueyton** [2] a trouvé un moyen d'obtenir d'une épreuve

(1) Cosmos, t. VI, 30 mars 1855, p. 345.
(2) Compte rendu de l'Acad. des sciences, n° 15, 14 avril 1856.

photographique sur verre ou sur métal, une gravure à l'eau-forte susceptible de donner des épreuves en taille-douce.

Damasquinure héliographique. M. Charles Nègre a pris, sous la date du 13 août 1856, un brevet pour un système nouveau de gravure héliographique dont il s'occupe depuis plusieurs années. Il adressa à l'Académie, dans la séance du 3 novembre 1856, deux planches gravées au moyen de son procédé et des épreuves en taille-douce, ainsi qu'une planche en cuivre pour le tirage typographique des *damasquinures héliographiques* sur cuivre. M. Dufresne avait pris un brevet pour le même objet, et M. Niepce de Saint-Victor ajoute à tous ces moyens de gravure héliographique ceux de la gravure sur marbre et sur pierre lithographique comme ornement (1).

LITHO-PHOTOGRAPHIE. Enfin on a cherché aussi à multiplier les images photographiques en les transportant sur pierre lithographique, afin de pouvoir les imprimer comme les lithographies ordinaires.

En 1839 déjà, à peine la daguerréotypie était-elle inventée, que M. J.-B.-A.-M. **Jobard**, de Bruxelles, pensait que l'application de la daguerréotypie à la lithographie ne saurait tarder d'apparaître. Voici comment il la concevait : Une pierre couverte d'iode, de bromure d'iode, de brôme ou de la composition nouvelle moins sensible, que Daguerre nous fera bientôt connaître, ayant reçu l'impression de la lumière, serait à l'instant recouverte d'un enduit de gomme noircie qu'on laisserait sécher à l'obscurité. Il est évident que la gomme soulèverait aussi bien le mercure que la poussière d'iode décomposée, pour aller donner sa préparation à la pierre, tandis que l'iode non décomposée la préserverait des atteintes de la gomme. Qu'arriverait-il quand, après avoir dépouillé la pierre de toute sa gomme en la laissant dissoudre dans l'eau, on passerait le rouleau sur cette pierre ? Evidemment le noir ne s'attacherait qu'aux parties entièrement préservées et n'adhérerait point à celles que

(1) Voyez Compte rendu, t. XLIII, n° 18. — Lumière, n° 46 et 47, 1856.

la gomme aurait touchées. On pourrait donc couvrir la pierre d'encre grasse et lui donner une préparation suffisante pour supporter un long tirage. Si la pierre ne souffrait pas ce procédé, n'avons-nous pas la plaque de zinc et l'étincelle électrique? Celui qui réussira aura fait autant pour les arts que Daguerre lui-même, et aura droit à la même récompense (1).

En inventant, en 1852, la *Litho-photographie,* MM. **Lemercier, Lerebours, Barreswil** et **Davanne** ont réalisé le vœu de M. Jobard, et ont créé une nouvelle branche des arts graphiques qui sera d'une application féconde. Ces Messieurs ont déposé à l'Académie des sciences de Paris, le 28 juin 1852, la description de leur invention. Leur procédé consiste à préparer un négatif sur papier et à produire un positif sur pierre lithographique. Le positif est obtenu par un enduit gras ou résineux, soluble dans un dissolvant par l'action de la lumière; la pierre lithographique imprégnée de cet enduit est recouverte du négatif et d'une feuille de verre, et polarisée; puis elle est mise à nu, au moyen d'un dissolvant. Ces Messieurs utilisent pour enduit les propriétés du bitume de Judée indiqué par Nicéphore Niepce, et comme dissolvant l'éther sulfurique.

Les parties mises à nu par le dissolvant sont encrées; on enlève le bitume qui reste sur les parties où l'encre grasse n'a pas agi, on acidule la pierre et on traite le reste par les procédés ordinaires de la lithographie.

Le premier cahier de litho-photographie a été présenté à l'Académie des sciences le 9 janvier 1854; il contenait six planches in-folio, de monuments de Neuville, de Strasbourg, de Chartres, de Beauvais, de Saint-Loup, de Baud, etc., toutes d'une parfaite réussite.

D'autres procédés lithographiques ont été expérimentés, par lesquels on est arrivé au même résultat.

En 1854, M. **Herman Halleux** a réussi à fixer sur la pierre lithographique les images produites dans la chambre obscure, et même les images des objets animés. Les procédés varient avec les objets à reproduire. Voici comment il opère

(1) Rapport sur l'exposition d'industrie française de 1839.

pour fixer les images des objets architectoniques : On choisit une pierre lithographique qu'on a soin de ne pas prendre trop lourde, et on la serre dans le cadre de l'exposition, puis on l'use à la meule, afin de lui donner le grain exigé pour le dessin au crayon ; ensuite on l'imprègne avec une dissolution faible et neutre d'oxalate de sesquioxyde de fer, et on a soin de faire pénétrer le liquide aussi avant que possible. Ainsi préparée, la pierre se conserve longtemps, pourvu qu'elle se trouve à l'abri de la lumière. La pierre qui doit être exposée dans la chambre noire, doit être, non pas mouillée, mais humide ; la durée de l'exposition varie.

Au sortir de la chambre obscure, la pierre porte déjà l'image en train ; en versant dessus une dissolution de carbonate d'ammoniaque, l'image se fixe et devient plus nette ; un lavage à l'eau permet d'éloigner les sels solubles qui imprègnent la pierre.

Pour reproduire l'image au moyen de la pierre, on commence à faire ronger la pierre avec un acide, puis on passe l'image à l'encre d'imprimerie et on procède comme d'habitude. Le rongeant à préférer est l'acide oxalique très-étendu. *(Cosmos.)*

M. **Poitevin** a pris, dans le mois d'août 1855, un brevet pour un procédé nouveau de lithographie, qu'il a communiqué le 7 janvier 1856 à l'Académie des sciences. M. Poitevin, abandonnant le bitume de Judée, utilise l'action réductrice de la lumière sur les sels formés par l'acide chromique avec les diverses bases, et principalement sur le bichromate de potasse en présence de matières organiques (voyez p. 462).

Ainsi son procédé consiste à appliquer une ou plusieurs couches d'un mélange à volumes égaux d'une dissolution concentrée d'albumine ou de riz, succédassées, fibrine, gomme arabique, gélatine, etc., et d'une dissolution concentrée d'un chromate ou bichromate à base alcaline, terreuse ou métallique indifféremment, excepté toutefois ceux dont la base précipiterait la matière organique de la première dissolution ; la dissolution concentrée de bichromate de potasse est celle qu'il emploie de préférence.

Après la dessiccation, on place sur la couche sensible une épreuve négative ou on expose à la chambre noire. Quand la

, terminé son action, on lave, on enlève par conséquent tout le bichromate qui n'a pas été altéré, et il reste sur la pierre une couche de gélatine portant, plus ou moins profondément, une image formée par du sesquioxyde de chrome. Si alors on passe un tampon ou un rouleau imprégné d'encre grasse sur la pierre, tous les points qui auront subi l'action de la lumière, et dans lesquels se trouve l'oxyde de chrome, retiennent l'encre grasse, tandis que la gélatine humide la refuse.

Le tirage des épreuves sur papier peut alors se faire par les mêmes procédés employés dans la lithographie (*Lumière*, 1856, n°s 2 et 14).

M. **Emile Rousseau** emploie les mêmes procédés pour la litho-photographie que M. Poitevin; il les a communiqué le 21 décembre 1855 à la Société française de photographie à Paris.

M. **Ernest Conduché**, qui a étudié sérieusement ces procédés, en signale les inconvénients dans le Journal photographique (*La Lumière*, 5 août 1856, n° 14). Le résultat de ses recherches l'ayant conduit à la découverte de plusieurs procédés de transports des images photographiques sur pierre lithographique d'un grand intérêt, nous en donnerons un résumé.

M. E. Conduché a reconnu que le tirage des pierres traitées par les procédés Poitevin et Rousseau est extrêmement restreinte. En limitant le chiffre des épreuves à soixante, il croit que c'est tout ce qu'on pourra obtenir sans empâtement des demi-teintes et l'invasion des blancs par l'encre grasse. Ainsi il doute de la possibilité pratique de tout procédé dans lequel une couche de matière étrangère (gélatine, albumine, gomme, etc.) se trouve entre la pierre et l'oxyde de chrome ou tout autre oxyde métallique qui retient l'encre lithographique. En effet, les principes sur lesquels sont basés les procédés de la lithographie servent de preuves aux observations de M. E. Conduché. On sait, dit-il, que toutes les fois qu'un corps gras est mis en contact avec une pierre lithographique, ce corps laisse son empreinte sur la pierre; si on fait mordre la pierre par un acide, le corps gras n'étant pas attaqué, il restera sur la surface de la pierre une couche grasse qui prendra l'encre lithographique toutes les fois qu'elle lui sera présentée, tandis qu'elle sera refusée dans tous les points où l'acide a mordu, si tous ces points conservent un degré d'humidité convenable. Il se passe, dans ce cas, une réaction chimique qui a pour résultat de laisser à la surface de la pierre une couche grasse formant l'image et composée *d'un véritable savon à base de chaux*. On sait, en outre, qu'il est possible de reproduire toute espèce de gravure, ancienne et récente, par la lithographie, en mettant l'encre grasse qui produit l'image dans des conditions spéciales, et, en particulier, en la transformant en un véritable savon. Une pression plus ou moins énergique et prolongée entre la pierre et l'image de nature savonneuse, formée sur le papier, laissera sur la pierre une empreinte grasse qui sera traitée par les procédés ordinaires de la lithographie.

Considérant qu'on forme avec toutes les bases métalliques des savons insolubles, soit directement, soit par double décomposition, M. Conduché applique directement ces principes à la photographie, et il prouve qu'une épreuve photographique étant produite sur papier par un procédé quelconque, la couche métallique qui forme l'image peut être transformée en savon et, par suite, transportée sur pierre.

Ce n'est pas par un procédé unique, mais par une série de procédés que M. Conduché opère, et il les résume de la manière suivante : 1° transformation de la couche formant l'image en un savon métallique insoluble ; 2° contact de ce savon avec la pierre ; 3° double décomposition produite sur la pierre laissant à sa surface un savon dur à base de chaux, qui est traité comme tout dessin sur pierre lithographique, quant à la morsure et au tirage.

Ceux qui sont familiarisés avec les études photographiques savent qu'il est un grand nombre de composés métalliques sensibles à la lumière ; or chacun de ces composés métalliques possède pour la matière grasse ou les acides gras une affinité plus ou moins marquée. Ainsi on s'explique ce qui se passe entre le savon métallique qui forme l'image et la pierre sur laquelle on l'applique par pression et par contact. Au lieu d'avoir sur la pierre un savon à base métallique, nous aurons un savon à base de chaux, produit par double décomposition. Or, comme les savons à base de chaux sont beaucoup plus durs que les savons à base métallique, tous d'une nature plus ou moins molle, on comprendra facilement que l'image formée ainsi directement sur la pierre résistera sans peine à un tirage considérable.

M. **Mac Pherson**, de Rome, dont nous avons déjà parlé (voyez p. 464), a employé aussi son procédé à la lithographie ; voici comment : On dissout du bitume et l'on étend la solution sur une pierre lithographique ordinaire ; on applique sur cette couche sensible un négatif sur verre ou sur papier ciré, on l'expose aux rayons directs du soleil pendant un temps plus ou moins long, suivant l'intensité de la lumière, et l'on obtient sur bitume une image positive. On plonge ensuite la pierre dans un bain d'éther qui dissout instantanément le bitume sur les points qui n'ont pas été frappés par la lumière, et laisse une image formée par le bitume que la lumière a modifiée. La pierre, lavée avec soin, peut être mise immédiatement entre les mains d'un lithographe, qui, en la traitant à la manière ordinaire par la gomme et l'acide, en tire des épreuves comme de coutume (Cosmos, 1855, vol. VII, p. 435).

Voilà la photographie dans son ensemble, dans ses détails et dans ses applications si diverses ; depuis son apparition, il n'y a que dix-sept ans, la voilà répandue partout, grandissant et progressant sans cesse. Cet art occupe maintenant un très-grand nombre de personnes ; il y a des ateliers et des imprimeries photographiques considérables, et des écoles pour former de jeunes photographes. L'Institut photographique du Dr Schnauss à Jéna, fondé en 1855, le premier de ce genre, est distiné à l'enseignement théorétique et pratique de la photographie. Les publications, les traités et les journaux spéciaux augmentent de jour en jour.

Maintenant, et en considérant les belles productions photographiques de Bisson, de Baldus, de Billardeau, et de tant d'autres, nous nous demandons, comme on l'a fait déjà mainte fois, quelle influence aura la photographie sur les autres arts du dessin. Les fera-t-elle disparaître ? Faudra-t-il, comme on l'a prétendu, que bientôt les peintres, les dessinateurs, les lithographes, les graveurs changent de profession et se fassent photographes pour pouvoir subsister ? — Notre conviction, à nous, est que la photographie ne remplacera jamais complétement ces arts, pas plus que la lithographie n'a entièrement supplanté la chalcographie. La photographie est un procédé de plus, un moyen nouveau et des plus précieux pour la reproduction et la multiplication, une nouvelle richesse ajoutée à celles qui existent déjà dans le domaine des arts graphiques.

Mais la plus parfaite gravure photographique de MM. Niepce de Saint-Victor, Baldus, Rousseau, etc., n'atteindra jamais les belles planches dues au burin ou à la pointe des Edelinck, des Wille, des Rembrandt, des Desnoyers. La litho-photographie la mieux réussie de MM. Lemercier restera toujours à une grande distance des lithographies si suaves et si moelleuses de nos dessinateurs modernes. Un portrait fait par un artiste de talent, ne fût-ce qu'au crayon, sera toujours plus beau, plus attrayant qu'une photographie.

Cependant il est vrai de dire que les arts du dessin n'ont qu'à gagner au concours de la photographie : en faisant mieux ressortir la véritable valeur des ombres et des demi-teintes, et en découvrant une grande quantité de détails fins, la photographie est devenue précieuse aux artistes pour l'étude. De plus, cet art merveilleux, pratiqué par un artiste habile, tiendra lieu, dans certains cas, du dessin, de la gravure et de la lithographie ; pour les détails d'architecture et d'autres choses de cette nature, il est même supérieur à tous les autres genres de reproduction. Ainsi par la photographie l'art s'est relevé.

On a discuté souvent la question de la place à assigner aux œuvres photographiques dans les expositions d'art et d'industrie, et l'on s'est demandé si la photographie est une science, un art ou une industrie. Nous croyons qu'elle n'est ni l'un ni l'autre, mais qu'elle tient de chacun d'eux, et qu'elle peut parfaitement prendre rang parmi les arts graphiques dont nous venons de parler dans notre livre. En les désignant sous le nom *d'arts industriels*, ou d'*arts graphiques de multiplication*, ces arts formeraient un groupe particulier, intermédiaire et lien entre les sciences, les beaux-arts et l'industrie, auxquels ils touchent par bien des points.

Nous voici arrivé au bout de la tâche que nous nous étions imposée, et dont la limite était tout naturellement l'Exposition universelle de Paris de l'année 1855, date marquante dans les fastes de l'industrie et des arts.

Connaissant à présent tous les arts graphiques de multiplication, nous pouvons mieux mesurer toute la distance qui nous sépare pour jamais, il faut l'espérer, des premiers essais de gravure, et apprécier, à cet égard au moins, la grande supériorité de notre époque; nous pouvons aussi nous faire une idée plus juste et plus haute des travaux immenses de ces hommes ingénieux, actifs, pleins d'ardeur pour la science, qui nous ont fourni cette quantité innombrable de moyens que nous possédons actuellement pour reproduire et propager la pensée.

Mais quoique nous soyons au terme de nos investigations dans le domaine des arts graphiques qui ont pour but spécial la propagation par l'impression, et que la récolte soit belle, soit pour l'abondance, soit pour la richesse des procédés, nous sommes convaincu que l'art n'a pas dit son dernier mot. La nature est inépuisable, et elle offre à ces travailleurs intelligents, à ces chercheurs infatigables, à ces opérateurs laborieux, dans les sciences, les arts et l'industrie, un avenir non moins magnifique, dont nous ne pouvons avoir que le pressentiment.

FIN

TABLE DES MATIÈRES

Pages

Pages

HISTOIRE
ART

www.ingramcontent.com/pod-product-compliance
Lightning Source LLC
Chambersburg PA
CBHW050542270326
41926CB00012B/1882
9782011893970